松原弘宣　著

古代瀬戸内の地域社会

同成社　古代史選書　1

はしがき

古代瀬戸内海地域社会の特質とその歴史を検討する時、最初に瀬戸内海地域をいかなる範囲で考えるのかを明らかにする必要があろう。一般的な瀬戸内海の説明は、紀淡海峡・豊予海峡・関門海峡によって外洋と閉ざされた内海ということになり、律令行政区画上では畿内の一部と山陽道・南海道諸国よりなるが、これらの全てを同一に扱うことは妥当ではない。つまり、大阪湾は古代国家の権力基盤であって畿外の瀬戸内海地域とは区別されるべきであり、また、南海道地域でも太平洋に面した紀伊・土佐国を瀬戸内海地域と同一に考えることができないことは明らかである。こうした瀬戸内海地域を地勢的に区分すると、明石海峡と紀淡海峡で閉ざされた大阪湾海域、播磨灘海域、備後灘と燧灘よりなる備讃海域、西と南を関門海峡と豊後水道で閉ざされた西瀬戸内海地域の四つに区分することができる。これらのうち国家の権力基盤であった大阪湾内と太平洋側地域を除くと、基本的には明石海峡と関門海峡・豊後水道で囲まれた範囲を瀬戸内海地域と考えることができるので、この範囲を主たる検討地域とする。

こうした古代瀬戸内海について、八木充「中国・四国と古代国家」(新版古代の日本『中国・四国』角川書店、一九九二年)は、水陸両交通による外来文化伝来の通路であり、かつ、外国文物の直接的・第一次的な交通・受容主体として列島内部での先進的役割である国際的交通機能を保持し、さらに、塩と鉄銅の産地でもあり古代国家の支配と発展に必要な物資の産地であったとする。つまり、大陸からの交通の大動脈であるとともに塩と鉄の産地で、畿内を権力基盤とする古代国家の確立にとって重要な地域であったという認識である。かかる指摘は基本的に支持されるべきであるが、問題は瀬戸内海地域を構成する諸地域の主体性と中央との関係の解明であろう。そこで、拙稿「総論　畿内王権の成立と瀬戸内海支配」(『瀬戸内海地域における交流の展開』名著出版、一九九五年)では次のように述べた。瀬戸内海地域は、様々な文化・物資が大陸・朝鮮半島から畿内まで伝達される大動脈・回廊であるが、同時に、単なるトンネル・ストローではなく、主体的な交通をおこなっていたことにも注目すべきである。また、瀬戸内海地域の特質を考える時に重要なことは、沿岸各地が大陸・半島、北部九州、畿内といかにして主体的に交通したのかを明らかにすることであり、なかでも、地域的な交通・交易圏の形成過程やその実態・特質とそれらの瀬戸内海全域に及ぶ組織化の過程を解明する必要がある。こうした地域的交通圏の瀬戸内海全域に及ぶ組織化の過程を解明することが、畿内王権の列島支配過程を解明する手がかりとなると指摘した。

そして、かかる問題関心のもとで、瀬戸内海交通の実態と機能を政治的交通との視点より著したのが拙著『古代国家と瀬戸内海交通』(吉川弘文館、二〇〇四年)である。その第一部「畿内王権と瀬戸内海交通」では、わが国の政治的交通がどのようにして展開されたのかを、前方後円墳と津の立地場所に焦点をあてて畿内王権の瀬戸内海交通の掌握のあり方を検討した。その結果、畿内王権の列島全域の統治にとって重要であったのは瀬戸内海の政治的交通の掌握であり、それは単純な暴力によってのみおこなわれたのでなく、各地に形成されていた地域交通・交易圏の瀬戸内海全域での組織化を政治的交通により推進したと考えた。また、第二部「律令国家と瀬戸内海交通」では、八・九世紀における瀬戸内海交通の実態と特質を検討したうえで、九世紀の第3四半期になり活発に活動するようになった海賊問題を政治的交通として論じた。海賊活動の検討の結果、瀬戸内海交通は、単に西海道と畿内とを結ぶ交通だけでなく新羅・唐との対外交易と密接に関連し、その交通・交易権の独占は中央政界の動向とも関わっていたことを明らかにしたところである。ただし、同著書は瀬戸内海の政治的交通という視点を主としたこともあり、瀬戸内海地域における地方豪族の在地支配の実態と特質の解明は必ずしも十分におこなわれなかった。そこで、本書では瀬戸内海各地において大化前代より国造として在地を支配していた地方豪族の特徴と、彼らが古代国家の成立過程でどのように対応して郡領となっていったのか、また、中央豪族との関係はいかなるものであったのかという点を中心に、以下のような構成で古代瀬戸内海地域を考察していくこととする。

第一章「瀬戸内海地域の郡領氏族」は、古代瀬戸内海地域に分布した郡領氏族の実態とその特質を明らかにするもので、いわば本書の序章に相当するものである。そして、瀬戸内海地域の郡領氏族の特徴の一つとして、同族関係にあるとする佐伯直・海部直・凡直氏などと、大伴・紀氏と密接な関係にあった氏族が分布したことを明らかにする。さらに、瀬戸内海地域における地域的交通・交易圏の形成と瀬戸内海全域での組織化の問題については、第六章「瀬戸内海の地域交通・交易圏」において、播磨灘海域と備讃瀬戸海域と西瀬戸内海海域という地域的交通・交易圏は大化前代より成立しており、かつ、それらは個々の海域に限定されたのでなく瀬戸内海全域との関連で成立しており、さらに、それは東西交通だけでなく南北交通をも含む重層的な構造であったことを論ずる。

そして、瀬戸内海地域社会が、国造制から評制を経て郡制へという律令国家の地方行政制度に組み込まれていく過程については、第二・三・八章で論ずる。第二章「伊予国の立評と百済の役」では、主として伊予国における立評を孝徳朝から六六一年から始まった百済の役に至る過程で論じ、第三章「西本六号遺跡と諸国大祓の成立」では、孝徳立評の実態を解明するうえで重要な問題の一つである国造から律令国造への移行を、東広島市の西本六号遺跡の性格を明らかにすることを通して考えたい。つまり、第二・三章では、国家形成過程である古墳時代に在地を支配していた国造氏族が、六世紀後半に始まる在地支配の動揺と、隋・唐帝国の登場にともなう東アジアの国際政治の展開のなかで発生した孝徳立評と百済の役をいかに乗り切ったのかを論ずる。そして、第八章の「久米官衙遺跡群の研究」では、律令国家の国郡里制への展開過程を、松山市の久米官衙遺跡群の検討を通して解明する。

第四章「久米氏についての一考察」は、第八章で論ずる久米官衙遺跡群の前史として、その造営に主体的に関わった郡領氏族である久米直氏の成立過程と大伴氏との関係を明らかにする。そして、第五章「古代の別（和気）氏」では、古代の伊予・讃岐・備前国に分布した別（和気）氏の実態と特徴を論ずる。また、第七章「法隆寺と伊予・讃岐の関係」においては、瀬戸内海地域に分布した多くの郡領氏族が大伴・紀氏と密接な関係にあったことが、その在地支配にとって重要であったことを解明する。

目次

古代瀬戸内の地域社会

第一章　瀬戸内海地域の郡領氏族

はじめに

郡領とは、戸令給侍条・国守巡行条に規定される律令用語で、戸令国守巡行条集解朱説が「少領以上」と解するように大領・少領のことで、かつ、選叙令郡司条で「其大領、少領、才用同者、先取二国造一」と規定されるように、大化前代の国造の系譜を引く氏族より選任される原則が存在した。こうした郡領についての研究は、古くは坂本太郎氏の「郡司の非律令的性格[(1)]」に始まり、戦後で書名に「郡司」と付されたものだけでも、米田雄介『郡司の研究』（法政大学出版局、一九七六年）、磯貝正義『郡司及び采女制度の研究』（吉川弘文館、一九七八年）、渡部育子『郡司制の成立』（吉川弘文館、一九八九年）、森公章『古代郡司制度の研究』（吉川弘文館、二〇〇〇年）が存するように、古代史の基本問題の一つである。かかる郡司研究は、大化前代の国造制から孝徳立評を経て大宝令の郡司制がどのように成立・展開したのかという制度と実態の解明から始まり、次第にその主体であった地方豪族を畿内王権や律令国家がいかに取り込み列島全域を支配していったのかという点に移り、律令国家の特質を解明するための重要な論点の一つとなった。そして、律令国家の権力構造は、畿内の有力豪族が太政官を構成し、国造→評造→郡司として在地を支配し続けた地方豪族を圧倒的に支配する形態であったことが共通認識とされるに至った。つまり、古代の地方豪族は、国家の官人（郡領）という立場を離れて、独立した社会的勢力として国家に対峙する形態をとることはなかったといえるのである。こうした一端は、拙著『古代国家と瀬戸内海交通』（吉川弘文館、二〇〇四年）で、畿内王権と古代国家の形成・確立過程を瀬戸内海各地の地方豪族が形成した地域的交通・交易圏の瀬戸内海全域にわたる組織化という視点より論じた。しかし、同著は瀬戸内海の政治的交通という視点を主としたこともあり、瀬戸内海地域における地方豪族の在地支配の解明は充分におこなわれたとはいいがたい。そこで、本章では瀬戸内海地域における郡領氏族の分布状況とその実態の解明と特徴を明らかにしたい。なお、瀬戸内海地域については、〃はしがき〃でも述べたように、大阪湾は畿内王権・律令国家の権力基盤で、それ以西の瀬戸内海地域と同列に考えることはできないので、明石海峡と関門海峡に挟まれた地域に分布する郡領氏族に限定して検討する。さらに、郡領氏族は、大領・少領のみを輩出するのでなく、主政・主帳に任命されることもあるので、大領・少領だけに限定することなく広く郡司を輩出した氏族や、国造であったとの記録がある氏族と有位者を出した氏族をも含めて考えることとする。なお、国造であったとの認定は、『国造本紀』が六世紀中期頃から後半に形成された伝承に従って作成されたとの見解(2)に従い、そこに記されている国造は実在したと考えて論述する。

第一節　郡領氏族の分布

本節では、最初に瀬戸内海地域に分布した郡司と有位者を抽出し、それらを明石海峡と関門海峡に挟まれた地域を播磨地域、吉備地域、安芸以西、讃岐・伊予地域の四つの地域に分けて、その実態と概要を明らかにすることより始めたい。

1　播磨地域の郡領氏族

『国造本紀』によると、播磨には明石国造・針間国造・針間鴨国造の三国造の存在が記され、「大倭直」と同祖とする明石国造は「明石」との郡名より東部の明石郡に蟠踞し、「上毛野国造」と同祖とする針間鴨国造は「鴨」記載より後の賀茂郡を本拠地とし、「伊許自部命」が任命された針間国造は、調庸綾絁墨書銘に「飾磨郡大領外従八位上播磨□」[3]とみえることと播磨国府の所在地より、飾磨郡を本拠地としていたと考えられる。また、以上の国造以外で、八・九世紀の播磨国に分布していたことが明らかな有位者を郡別に表記すると表1のようになる。

東部地域において、明石国造の系譜を引くと考えられる氏族として海直氏が想定されることは、『続日本紀』神護景雲三年六月癸卯条に「播磨國明石郡人外従八位下海直溝長等十九人大和赤石連」とみえ、明石郡の外従八位下海直溝長が「赤石連」を賜姓されていること[4]による。

ついで、針間国造・針間鴨国造の後裔氏族としては、国名を付した播磨直氏の存在が注目される。播磨国における有位者である播磨直氏としては、表1に記したように、飾磨郡大領外従八位上播磨（名前を欠く）と赤穂郡擬主帳正八位上播磨直（名前を欠く）が存在している。また、『続日本紀』神亀二年十一月己丑条にみえる唐より「甘子」を将来したことで従五位下を叙位された典鑄正六位上播磨直弟兄と、『政事要略』二四巻の官曹事類が引く養老五年九月十一日の符案の「内侍従五位下播磨直月足」と、奉写一切経所に上日していた従八位上針間直斐太麻呂（『大日本古文書』一五巻三三頁）などがみえ、いずれも有位者であることよりして、播磨直が郡領氏族であったと考えられるであろう。正六位上播磨直弟兄と内侍従五位下播磨直月足の出身郡は史料上には記されないが、播磨国賀茂郡の既多寺（気多寺）を中心にしてなされた「大智度論」の写経知識者[5]として針間国造[6]、針間鴨国造の系譜を引く針間直（播磨直）、針間国造などが数多く分布することよりして、賀茂郡であった可能性が高い[7]。栄原永遠男「郡的世界の内実―播磨国賀茂郡の場合―[8]」によると、この写経事業は賀茂郡の人々を中心に組織された知識の依頼によって天平六（七三四）年になされたもので、二七巻のすべてが「針間国造」によるものであり、針間鴨国造と称する者がいないという。さらに、大智度論を写経した針間国造氏は『国造本紀』のいう「針間鴨国造」の後裔であり、いずれかの時点で「針間国造」と称するようになったと想定している。つまり、大化前代の播磨地域には針間国造と針間鴨国造が存したが、針間鴨国造は遅くとも八世紀前半には「鴨」を省略し「針間国造」となったと想定するのである。「針間鴨国造」がいずれかの段階で「針間国造」に吸収されていったとすれば、「針間国造」とはいかなる氏族であったのかが問題となる。

　こうした点を考えるときに注目されるのは、『新撰姓氏録』右京皇別の佐伯直条の記載である。そこには、（1）佐伯直氏は景行天皇の皇子である稲背入彦命より起こるとし、成務天皇の時に播磨国を中分して与えられたことで針間別と名乗るようになったこと、（2）応神天皇の時に、直接の祖先である「伊許自別命」が後の佐伯氏をみつけたことにより針間別佐伯直を賜ったが、庚午年籍で「針間別」を省略して佐伯直となったことを記している。つまり、『新撰姓氏録』では、佐伯直氏の先祖は針間別で、針間別との氏族名は成務天皇の時に播磨国を中分されたことに起因し、ついで播磨国に分布していた佐伯氏をみつけたことによって針間別佐伯直とされたが、庚午年籍で「針間別」の三字が脱落して以後佐伯直

出　　典
書紀　清寧2.11 続紀　神護景雲3.6.7 続紀　延暦9.12.19 扶略　延喜 6.5.23
続紀　天平神護1.5.2
後紀　弘仁3.1.26 三実　仁和3.7.17
寧遺　下巻-990 三実　貞観5.9.10
続紀　延暦7.11.7 続後　紀承和13.3.15 〃 〃
東京大学史料編纂所 架蔵「東大寺文書」 3-6 三実　貞観6.8.17 平遺　3-1109号
続紀　延暦8.12.8

表1　播磨国の地方豪族

郡	氏　名	官　　位	備　　　　考
明石	忍海部造細目 海直溝長 葛江我孫馬養 赤石貞根	 外従八位下 大領外正八位上 	縮見屯倉の首 大和赤石連の賜姓 外正６位上の叙位（治績を褒賞） 穀5000石を諸司に進め外従５位下
賀古	馬養造人上	外従七位下	上宮太子により馬司に任命される
印南	浦田臣山人 佐伯直是継	権少領外従五位下 散位従五位下	節會に入京が許される 本居を山城国葛野郡に貫附される
飾磨	播磨□ 和邇部臣宅繼	大領外従八位上 播磨博士大初位上	 姓を邇宗宿祢と賜う
揖保	佐伯直諸成 百濟公請永 佐伯直宅守 佐伯直仲成	外従五位下 散位正八位上 散位正八位上 大初位下	延暦元年籍で連姓を冐注する 本居を左京３條２坊に貫附 本居を右京６條２坊に貫附 〃
赤穂	秦造 秦造雄鯖 播磨直 秦造内麻呂 秦為辰	擬大領外従八位上 擬少領無位 擬主帳正八位上 大領外正七位下 郡司大掾	延暦12．5．14の署名部 〃 〃 外従５位下に借叙される 承保２．３．16
美嚢	韓鍛首廣富	大領正六位下	私稲６万束を水児船瀬へ献じ外従５位下

注　出典の表記は『日本書紀』を書紀のように略記している。以後の表も同様である。

となったと述べているのである。かかる佐伯直氏の主張によると、針間別の系譜を引くもののなかに針間直（播磨直）とは別に、佐伯部集団を配下においた佐伯直が分布していたことを示唆するのである。佐伯直氏が播磨において有力氏族として分布したことは、表1に示したように、印南郡の散位従五位下佐伯直是継、揖保郡の外従五位下佐伯直諸成・散位正八位上佐伯直宅守・大初位下佐伯直仲成の存在によって確認される。さらに、賀茂郡にも佐伯直が分布したことは既多寺の大智度論の知識として佐伯直漢古優婆夷・等美女・東人・麿・林などがみえ(9)、かつ、平城京木簡に「・賀茂郡川合郷坂本里　・佐伯部豊嶋白米　一俵」（『平城宮発掘調査出土木簡概報』二四号三〇頁）がみえて、佐伯直氏が古くより播磨国に蟠踞していたことが認められるのである。とすると、注目されるのは『新撰姓氏録』における「卽賜二氏針間別佐伯直一（割書略）爾後至二庚午年一、脱二落針間別三字一」との記載で、この記載は全くの架空の事柄ではなく、一定の事実を踏まえたことと考えられるのではないか。なお、以上の氏族以外で注目されるのは、播磨国西部の赤穂郡の郡領氏族として秦造氏が存在することで、国造氏とは別にこの地域を支配していたと考えられる。

2　吉備地域の郡領氏族

『国造本紀』によると、吉備地域には、ⓐ吉備一族よりなる上道・下道・賀夜・三野・笠臣の五国造、ⓑ「神魂命」の末裔とする大伯・吉備中県の二国造、和邇氏の後裔とする吉備穴国造、但馬君と同祖とする吉備品治国造の計九国造が存在したと記している。こうした吉備地域の国造については吉田晶氏の研究[10]があり、上道・下道・賀夜・三野の国造は吉備全域を支配していた吉備一族が分氏したことにともない設置されたものであるという。そして、大化前代における吉備氏は、五世紀後半における朝鮮半島への侵略記事に王権の一員として活動したことが記紀にみえ、その反映として造山・作山古墳を代表とする吉備の巨大古墳が造営されたとされている。ところが六世紀になると、吉備地域における共同体内部に相対的な自立性をもつ、家父長的世帯共同体が形成されるとともに、畿内王権による瀬戸内支配が強化（部民制の実施）されたことにより、吉備氏の吉備全域に及ぶ支配は解体された。そして、かかる吉備

出　典
続紀 文武2.4.3
文実 嘉祥3.8.11
続紀 天平神護1.3.13
〃
〃
続紀 神護景雲3.6.26
〃
書紀 雄略7年条
平遺 10-補164
続紀 延暦5.10.24
大日古 6-592
〃
〃
書紀 雄略7年
大日古 2-151
続紀 天平宝字1.7.5
続紀 天平宝字3.11.5
書紀 雄略1.3
書紀 舒明2.1.戊寅
続紀 天平神護1.6.1
今昔物語 16-17
備中国風土記逸文
〃
書紀 雄略7.8
意見封事12箇条
下道氏の骨臓器銘
〃
大日古 2-585
朝野群載 巻4
聚符宣抄 第7
〃
三実 貞観6.11.10

表2　吉備地域の地方豪族

国	郡名	氏　名	官　　位	備　　　考
備前	和気	秦大兄		侏儒　　香登臣を賜姓
	磐梨	石生別公長貞	少領従八位上	雄神河で白龜一枚を得る
	藤野	藤野別真人広虫女	正六位下	吉備藤野和氣眞人を賜姓
		藤野別眞人清麻呂	右兵衛少尉従六位上	〃
		藤野別公子麻呂	大領	吉備藤野別宿祢を賜姓
		別公薗守	近衛従八位下	吉備石成別宿祢を賜姓
		別部大原		賜姓石生別公
		忍海部興志	少初位上	〃
	邑久	吉備海部直		
		海宿祢共忠	少領	長和4年（1015）4月21日
	御野	三野臣浄日女	采女正六位上	外従5位下に叙位される
	津高	薗臣（名欠）	大領外正六位上	宝亀7年津高郷陸田券署名部
		蝮王部	少領外従七位上	〃
		勝	員外少領正八位上	〃
	上道	吉備上道臣田狭		部領使
		新田部弓	主帳少初位上	
		上道臣斐太都	中衛舎人従八位上	賜姓朝臣、従4位下中衛少將、吉備國造兼備前守、中宮大夫・備中守を歴任
		上道朝臣正道	右勇士督従四位下	
備中	窪屋	吉備窪屋臣		雄略天皇の妃となる
	賀夜	蚊屋采女		舒明妃で蚊屋皇子を生む
		賀陽臣小玉売	外従五位下	賜姓朝臣
		賀陽豊仲	大領	
	下道	下道朝臣人主	大領、従六位上	
		薗臣五百国	少領、従七戸位下	
		下道臣前津屋		
		吉備真備	大領	天平神護年中
		下道朝臣圀勝		和銅1(708)年
		下道朝臣圀依		〃
	小田	小田采女	采女	天平勝宝4年の紫微中台牒
		小田朝臣幸子		康和2年の采女加階申文
		小田遂律	小田郡大領	天暦8年7月23日
		小田豊郷	〃	天暦8年12月29日
備後	品治	品治公宮雄	左史生従八位上	山城國葛野郡に貫附

氏の支配体制の解体過程において、畿内王権が吉備地域に国造や白猪屯倉や児島屯倉を設置したと考えられていて、基本的には継承すべき見解である。ただし、笠国造については、①氏姓を国造名とするように特異な存在であること、②笠臣の祖先伝承が大王に対する忠誠を強調していること、③『日本書紀』仁徳天皇六十七年是歳条で笠臣祖縣守の活動場所を「吉備中國川嶋河」とみえることより、吉田晶氏[11]は、もとは下道氏の配下にいた中小首長で、下道氏の支配より離脱するために大王に忠誠を誓い中央官人化の道を進んだのではないかと考えている。笠臣国造の本拠地について、吉田氏は下道臣の本拠地である川島県に隣接したとするが、佐伯有清氏[12]の後の備中国小田郡笠岡の地名にもとづくとの考えや、『続日本紀』天平神護二年十月丁未条の「備前國人外少初位下三財部毘登方麻呂等九煙賜二姓笠臣一」より備前国とする考えもありえて、問題は残されている。そして、以上の国造に対し、大伯・吉備穴・吉備品治の国造は、備前の邑久郡や備後の安那・品治郡という吉備一族の支配外を本拠地とした存在であると考えられている。なお、吉備氏の在地支配の実態とその成立過程については、四世紀代の吉井川河口付近の備前車塚を代表とする前方後方墳や旭川河口の操山一〇九号墳などを築造した勢力と、五世紀代における足守川流域の造山・作山古墳を代表とする巨大古墳を築造した勢力との関係の問題があり、旭川河口から足守川流域への移動とそれらの実態をいかに考えるかなど検討課題は残されている。

八世紀以後における吉備地域に分布して有位者を輩出した地方豪族の一覧は表2のようであり、その特徴の一つに、表2で知られるように邑久郡の少領海宿祢共忠を除き、郡名を氏族名としていることがあげられる。すなわち、藤野郡の藤野別真人、御野郡の三野臣、上道郡の上道朝臣、下道郡の下道朝臣、小田郡の小田氏などで、いずれも吉備一族を始祖とする上道・下道・賀夜・三野国造の後裔で、土着性の強い地方豪族であったと考えられる。それに対して備前国の東部に位置する邑久郡の郡領氏族と大伯国造との関係は注目されるであろう。長和四（一〇一五）年の備前国司解（『平安遺文』巻十、補一六四号文書）によると、「邑久郡少領外従五位上海宿祢共忠」が年老いたために少領の任務に堪えることができないので、従八位上海宿祢恒貞を少領に任命したことを記している。同史料は十一世紀初頭のもので、案文とはいえ誤記もあり問題もあるが、海宿祢について「今件恒貞譜第正胤、累代門地」と述べ、同氏が邑久郡の郡領氏族であった可能性は高い。この海宿祢の前身を明示する史料はないが、『日本書紀』雄略七年是歳条の吉備海部直赤尾、同敏達十二年七月・十月・同年是歳条の吉備海部直羽嶋に関する記事の存在よりして、吉備海部直が想定され、同氏が大伯国造であったと考えられるのではないか[13]。さらに、『日本書紀』雄略九年三月条の吉備上道采女大海が紀小弓宿祢の妻になっていることと、『日本書紀』敏達天皇十二年七月丁酉条の吉備海部直羽島が紀国造押勝とともに百済の日羅を迎えに行き日羅を吉備児島屯倉に安置したとの記事よりすると、すでに指摘されているように「海部」の在地管理氏族であった吉備海部直は紀氏と密接な関係にあったことを物語り、明石海峡という交通の要衝である播磨国明石の「海部」も同様な関係にあったのではないかと推測する。

吉備地域に分布する地方豪族を大別すると、吉備一族よりなる上道・下道・賀夜・三野・笠臣の五国造の後裔で、かつ、郡名を氏族名とする土着性の強い地方豪族と、吉備一族の支配下にいた氏族のうち早くより畿内王権に忠誠を誓うことで在地支配をおこなった笠臣や吉備海部直などに大別することができよう。

3　安芸・周防・長門・豊前の郡領氏族

安芸・周防・長門・豊前に分布した有位者を表示すると表3のようになり、また、『国造本紀』によると、安芸国の国造には「阿岐国造」がみえ、その本拠地は安芸国安芸郡と考えられ、「波久岐国造」「怒麻国造」と同祖とする[14]。波久岐国造の本拠地は、『国造本紀』の記載順序と『日本書紀』崇神天皇二十二年条の「波久芸県」より周防国に存在したと考えられ、怒麻国造は伊予国野間郡を本拠地としたと考えられ、安芸灘一帯を支配していたのであろう。

安芸　阿岐国造の氏姓は不詳であるが、『日本三代実録』貞観元年四月戊子条によって知られるように、安芸国賀茂郡を本拠地とする安芸凡直氏が郡領として存在していたこと、九世紀前半に一族から采女を貢進していたことよりして、凡直氏であった可能性が高い。なお、安芸国内の凡直氏としては、安芸国高田郡内にも分布し郡領氏族かそれにつながる存在であったことが、天喜四（一〇五六）年三月十日の白日正覚田地売券に安芸国高田郡の「郡司凡」（『平安遺文』三巻七六九号）、延久元（一〇六九）年三月四日の僧朝因田地売券に安芸国高田郡の「郷目代凡」（『平安遺文』三巻一〇六〇・一一二六号）とみえることより知られ、賀茂郡だけではなく北側の高田郡でも有力氏族として分布していたことが確認できる。安芸国賀茂郡の凡直氏も凡直国造であった可能性がきわめて高く、六世紀後半に凡直国造に任命され、八世紀代では賀茂郡の郡領氏族であり、かつ、一国一国造（律令国造）となり、九世紀代も続いて一国一国造（律令国造）として采女を貢進していたと考えられるのである。こうした凡直氏以外の安芸国の郡領氏族としては、表3よりすると、安芸国の東部の沼田郡の佐伯直氏の存在が知られ、かつ、安芸国西部に佐伯郡が存在することより、播磨国と同様に佐伯直氏が存在したことが注目される。

出典
後紀 延暦15.11.22
三実 貞観1.4.3
三実 貞観4.7.10 〃
大日古 2-130 続後紀天長10.10.9 三実 貞観14.12.26
続紀 天平神護1.3.2
続紀 宝亀1.3.20、同10.6.23
続紀 天平12.9.24 大日古 2-133 続紀 神護景雲1.4.29
三実 貞観1.2.25
木簡研究 20-214 〃 続紀 天平12.9.24 〃
霊異記 上巻30 続紀 天平12.9.25 続紀 宝亀7.12.27
続紀 天平12.9.25 大日古 1-162
続紀 天平12.9.25
〃 大日古 1-149
飛鳥・白鳳の在銘金銅仏 続紀 天平12.9.25 類史 天長4.1.25
続紀に数例みゆ 続紀に数例みゆ 続紀 天平20.8.17 東要録 弘仁12.8.15

表3　安芸・周防・長門・豊前の地方豪族

国	郡	氏　名	官　位	備　　考
安芸	沼田	佐伯直那賀女	采女	外従5位下に叙位される
	賀茂	凡直貞刀自	采女	賜姓名笠朝臣宮子
	高宮	三使部直弟繼	大領外正八位下	復本姓仲縣國造
		三使部直勝雄	少領外従八位上	〃
	佐伯	榎本連音足	佐伯団擬少毅	天平10年
		伊福部五百足		力田のため、1階を叙位
		榎本連福佐賣		2階を叙位し、戸内租を免ず
周防	佐波	尾張豊國		尾張益城宿祢に賜姓
	周防	周防凡直葦原	外従五位上	銭100万、塩3000顆を献上
長門	豊浦	額田部廣麻呂	少領外正八位上	天平13.閏3に外従5位下を叙位
		額田部直廣麻呂		天平10.10.21部領使
		額田部直塞守	豊浦團毅外正七位上	私物献上により外従5位上・大領
	不明	海部男種麿	醫師従八位下	採銅使となる
豊前	企救	物部臣今継	大領	郡召木簡（上長野A遺跡出土）
		膳臣澄信	税長	〃
		凡河内田道	板櫃鎮小長	広嗣の乱に参加して処刑される
		三田塩籠	板櫃鎮大長	〃
	京都	膳臣広国	少領	
		楉田勝勢麻呂	大領外従七位上	広嗣の乱の鎮圧で外従5位下
		楉田勝愛比	正六位上	大神楉田朝臣に賜姓
	仲津	膳東人	擬少領无位	広嗣の乱の鎮圧にあたる
		川辺勝法師	少初位上	丁里の戸主
	築城	佐伯豊石	擬少領外大初位上	広嗣の乱の鎮圧にあたる
	上毛	紀宇麻呂	擬大領	広嗣の乱の鎮圧にあたる
		塔勝岐弥	勲十一等	塔里の戸主
	下毛	周防凡直百背		三光村長谷寺の観音菩薩銘、702年
		勇山伎美麻呂	擬少領无位	広嗣の乱の鎮圧にあたる
		薦野勝宮守	擬大領	
	宇佐	大神朝臣田麻呂	外従五位下	八幡大神の主神司
		大神朝臣杜女	従四位下	〃　の祢宜尼
		大神宅女	外従五位下	〃　の祝部
		宇佐公池守	従七位下	〃　の宮司

注　出典の木簡研究20-214は『木簡研究』20号の214頁、「東要録」とは『東大寺要録』の略である。

周防　『国造本紀』によると、周防国の国造には大嶋・波久岐・周防・都怒の四国造の存在が知られ、大嶋・都怒国造の本拠地は後の郡名である大島郡と都濃郡と考えられる。そして、周防国造の本拠地については、『続日本紀』宝亀十年六月辛酉条に「周防國周防郡人外従五位上周防凡直葦原」とみえ周防郡と考えられる。『和名類聚抄』には周防郡は存在しないが、熊毛郡内に「周防郷」とみえることより、その本拠地は後の熊毛郡と考えることができる。郡領氏族と考えられるのは、周防国造であった周防凡直氏と『国造本紀』にみえる都怒国造の角臣であろう。周防国における角臣の分布については、直接的な史料は残らないが、『続日本紀』延暦十年十二月丙申条に「牛養等先祖出レ自二紀田鳥宿祢一、田鳥宿祢之孫米多臣、難波高津宮御宇天皇御世、従二周芳国一遷二讃岐国一」とみえ、角臣の祖先である紀角宿祢の子供にあたる紀田鳥宿祢はもともと周防国に存在したとする。また、『新撰姓氏録』左京皇別に「角朝臣、紀朝臣同祖、紀角宿祢之後也」とみえて、紀氏と同族であったことが注目される。

長門　長門国の国造は穴門国造で、『日本書紀』仲哀天皇二年九月条・神功皇后摂政元年二月条の「穴門豊浦宮」との記載が注目され、豊浦郡が本拠地であったと推定される。そして、穴門国造の氏姓は長門凡直か表3の豊浦郡の郡領額田部直の可能性が考えられるが、どちらかに決定することは難しい。額田部については田部の一種とする見解と応神の皇子額田大中彦皇子による名代によるとの見解があるが、部民の在地管理氏族であったと考えられる。

豊前　豊前国の国造については、豊国の豊・宇佐・国前国造が知られ、豊前国の国造は豊国造と宇佐国造が考えられ、宇佐国造が宇佐郡、国前国造は国前郡を本拠地としたと考えられる。豊国造の本拠地については、明示する史料は残されていないが、『国造本紀』の記載順序と京都郡に分布する前方後円墳と後の国府所在地より、京都郡が本拠地であったと推定される。そして、豊前国の郡領氏としては表3のように、企救郡の物部臣、京都郡の膳臣・楉田勝氏、仲津郡の膳臣、築城郡の佐伯、上毛郡の紀氏、下毛郡の勇山・蕨野勝氏などが知られる[15]。豊前国で注目されるのは企救郡の大領物部臣今継の存在で、瀬戸内海地域における物部系氏族の分布は、『続日本紀』和銅六年五月庚戌条にみえる讃岐国寒川郡の物部乱、「讃岐国計帳」にみえる物部借馬連氏(16)と、伊予国における宇摩・神野・越智・風早・温泉・宇和郡での物部氏の存在が知られ(17)、特に、伊予国での分布との関連が注目される。

4　讃岐・伊予の郡領氏族

〈讃岐国〉

讃岐国の地方豪族については、拙著『古代の地方豪族』（吉川弘文館、一九八八年）で論じたので、その概要を述べるにとどめたい。

讃岐地域に分布した有位者は表4のようになり、また、『国造本紀』では「景行帝児神櫛王三世孫須売保礼命」が任命された讃岐国造が知られるのみである。しかし、『続日本紀』延暦十年九月丙子条と『日本三代実録』貞観三年十一月十一日辛巳条により、讃岐国造以外にも存在していたことが知られる。前者の史料には、「讃岐國寒川郡人正六位上凡直千繼等言、千繼等先、星直、譯語田朝庭御世、繼二國造之業一、管二所部之堺一、於レ是因レ官命レ氏、賜二紗抜大押直之姓一、而庚午年之籍、改二大押字一、仍注二凡直一、是以星直之裔、或爲二讃岐直一、或爲二凡直一、（後略）」とあり、寒川郡に本貫地をもつ正六位上凡直千継の先祖である星直氏が六世紀後半の敏達朝に「継国造之業、管所部之堺」に際し、「於是因官命氏、賜紗抜大押直之姓」と賜姓されたという。つまり、星直氏が敏達朝に国造に任命されるに際して「紗抜大押直之姓」を賜り、その後の庚午年籍で「大押直」を「凡直」と表したことにより、八世紀代には「讃岐直」「凡直」となったというのである。そして、後者の史料には「先祖大伴健日連公、景行天皇御世、随二倭武命一、平二定東國一、功動盖レ世、賜二讃岐國一、以爲二私宅一、健日連公之子、健持大連公子、室屋大連公之第一男、御物宿祢之胤、倭胡連公、允恭天皇御世、始任二讃岐國造一、倭胡連公、是豊雄等之別祖也、孝徳天皇御世、國造之号、永従二停止一」とみえる。本部分は、佐伯直で佐伯宿祢への改姓と平安京へ改居された人名が列記された後に、改姓・改居を支持する伴宿祢善男の奏言部分で、大伴健日連—健持大連—室屋大連—御物宿祢の後裔にあたる倭胡連公が「允恭天皇御世」に「任二讃岐國造一」られ、「孝徳天皇御世、國造之号、永従二停止一」と孝徳立評によって国造でなくなったと記している。

以上の二史料よりすると、讃岐国の国造として、東部の「讃岐公」と西部の「佐伯直」の先祖が存在し、それは紗抜大押直氏と佐伯直氏であったことが知られるのである。

讃岐国の郡領氏族の分布は表4のようで、その特徴を列記すると概ね次の三点に要約することができる。

①大内・寒川・三木郡という讃岐東部地域における有力地方豪族は讃岐朝臣氏であり、同氏は寒川郡を本拠地とし、山田郡でも少領を輩出している。こうした讃岐朝臣氏は、上述した『続日本紀』延暦十年九月丙子条で確認できるように、本来は星直氏であったが、六世紀後半に凡直国造に任命された氏族であった。これに続くものとして紀氏の同族である韓鐵師（坂本臣へ改姓）・佐婆部首（岡田臣へ改姓）氏と物部・桜井田部氏が存在した。

②山田・香河・阿野郡という中部地域の最大の地方豪族は山田・阿野郡の郡領氏族であった綾公氏である。かかる綾公氏については『播磨国風土記』飾磨郡漢部里条の記事と積石塚の存在より渡来系氏族とする見解があるが、論証

出　典
三実 仁和1.11.17
続紀 延暦10.9.18
〃
続紀 神護景雲2.2.2
続紀 延暦10.12.10
続後紀 承和3.3.19
〃
〃
三実 元慶1.12.25
霊異記 下－26
三実 貞観15.12.2
〃
東寺百合21
〃
〃
〃
〃
続後紀 承和3.3.19
大日古 25-164
続紀 神護景雲3.10.10
続後紀 承和9.6.22
〃
三実 元慶1.12.25
〃
続紀 延暦10.9.20
続後紀 嘉祥2.2.23
〃
正倉院銘 98
三実 貞観8.10.27
平遺 8-4314
三実 貞観3.11.11
〃
三実 貞観5.8.22
三実 貞観6.8.8
〃
続紀 宝亀2.3.4
続後紀 嘉祥1.10,1
三実 貞観15.12.25
三実 元慶1.12.25
三実 貞観4.5.13
〃

表4　讃岐国の地方豪族

郡名	氏　名	官　　位	備　　　　考
大内	凡直春宗	正六位上右少史	兼明法博士、右京へ貫付
寒川	星直	紗抜大押直国造	敏達朝の人物、讃岐公の祖先
	凡直千継	正六位上	讃岐公に改姓
	韓鐵師毗登毛人	外正八位下	坂本臣に改姓
	佐婆部首牛養	外従五位下	岡田臣に改姓
	讃岐公広直	明法博士	讃岐朝臣に賜姓、右京貫付
	永直	外従五位下大判事	兼明法博士、　〃
	永成	右少史	兼明法博士、右京へ貫付
	矢田部造利人	正六位上木工大允	山城国へ貫付
三木	小屋県主宮手	外従六位上大領	8世紀の人
	桜井田部連貞相	従五位下大判事	右京へ貫付　兼明法博士
	桜井田部連貞世	大初位下明法得業生	〃
山田	綾公人足	外正八位上大領	天平宝字7年
	凡直	従八位上少領	〃
	佐伯	従八位下主政	〃
	秦公大成	大初位上復擬主政	〃
	秦	外少初位下（主帳）	〃
	讃岐公全雄	外従七位上	右京へ貫附
香河	秦人部長田	従八位下	
	秦勝倉下		秦原公へ改姓
	秦人部永楫		承和9年に酒部へ改姓
	秦人部春世		〃
	秦公直本	正七位上弾正少忠	左京へ貫付
	秦公直宗	正六位上左少史	左京へ貫付
阿野	綾公菅麻呂	正六位上	朝臣姓を賜う
	綾公姑継	外従五位下内膳掌膳	左京へ貫付
	綾公武主	従八位上主計少属	〃
鵜足	當麻由□	無位の擬主帳	
那珂	因支首	円珍の一族	貞観8年に「和気姓」を賜る
多度	佐伯直道長	正六位上	延暦24年の弘田郷戸主
	空海		弘法大師
	佐伯直氏	郡領氏族	貞観3年に宿祢改姓記事あり
	刑部造真鯨	正六位上斉院権判官	貞観5年に左京へ貫付
	秦子上成	正六位下美作掾	貞観6年に忌寸を賜う
	秦子弥成	無位	〃
三野	丸部臣豊球		宝亀2年に私物で窮民を救う
	丸部臣明麻呂	大領	父親は外従8位上丸部臣己西成
	桜井田部連豊貞	正六位上右近衛将監	右京へ貫付
	桜井田部連豊直	外従五位下遠江介	山城へ貫付
刈田	刈田首安雄	従六位上直講	左京へ貫付
	刈田首氏雄	従七位上	左京へ貫付

注　出典の「正倉院銘98」は『正倉院宝物銘文集成』の98号の略である。

されたものではない。ただ、綾公氏に次ぐ地方豪族として秦氏が存在したことは事実であり、秦氏の勢力は無視できず、播磨国赤穂郡における分布との関係が注目される。

③鵜足・那珂・多度・三野・刈田郡という西部地域における最大の地方豪族は多度郡を本拠地とする佐伯直である。同氏の分布については、『日本三代実録』貞観三年十一月辛巳条により多度郡大領の外従五位下佐伯直鈴伎麻呂をはじめ正六位上の酒麻呂・正七位下魚主、従六位上貞持、大初位下貞継、従七位上葛野、書博士正六位上豊雄、従六位上豊守、従八位上粟氏らとともに空海を輩出したことが知られる。こうした佐伯直に続く多度郡の地方豪族には伴良田連・刑部造氏などが存在し、また、三野郡では桜井田部氏と刈田郡の刈田首氏が存在していた。

以上のように讃岐国においても凡直氏と佐伯直氏の存在が注目されるのである。さらに、すでに岸俊男氏[18]によって明らかにされていることであるが、讃岐国山田・鵜足・刈田郡にはいずれも坂本郷が存在すること、寒川郡の韓鐵師毗登が坂本臣に改姓されていること、刈田郡にも紀伊郷が存在し、刈田首が紀朝臣に改姓されていることなどより、紀氏と同族関係を主張する地方豪族が分布していたことが注目される。

〈伊予国〉

伊予国における国造と地方豪族についてもすでに論じた[19]ことがあるので、ここではその概要を述べるにとどめたい。すなわち、『国造本紀』によると、伊余国造（成務朝）→怒間国造（神功皇后）→久味・小市・風早国造（応神朝）という五国造の存在が知られる。讃岐国と異なっているのは、以上の五国造はいずれも郡名と対応し、数郡を統括する大国造の存在は史料上で確認できないことが注目される。こうした伊予国の地方豪族の分布の特徴は、越智郡の越智直、風早郡の風早直、久米郡の久米直、浮穴郡の浮穴直氏という郡名を冠する氏族が分布する地域と、凡直氏が郡領であった地域に大別することができることであろう。

いま、八世紀以後における有位氏族を表示すると表5のようになるので、これを参考にして、伊予国における地方豪族の分布の特徴を讃岐国と同様に列記すると次の四点に要約することができよう。

①凡直氏は宇摩・桑村・宇和郡に分布し、桑村・宇和郡の凡直氏は郡領であり、宇摩郡の凡直氏も有力地方豪族で郡司に任命されたとみられる。こうした伊予国における凡直氏の分布状況は讃岐国とは明確に異なり、小国造を再編するという形態とは考えられず、おそらくは、六世紀後半の凡直国造の設置に際して、それ以前までに国造が未設置であった地域に設置されたと考えられる。

②越智郡の郡領氏族は、国造小市の系譜を引く越智直氏が七世紀後半の立評以後、一貫して郡領であったと考えられる。また、かかる越智直氏は、『続日本紀』延暦十年十二月甲午条によると、「伊予国越智郡人正六位上越智直広川等五人言、広川等七世祖紀博世、小墾田朝廷御世被㆑遣㆓於伊与国㆒、博世之孫忍人、便娶㆓越智直之女㆒生㆓在手㆒、在手庚午年之籍不㆑尋㆓本源㆒、誤従㆓母姓㆒、自尓以来、負㆓越智直姓㆒、今廣川等幸属㆓皇朝開泰之運㆒、適値㆓群品樂㆑生之秋㆒、請依㆓本姓㆒、欲㆑賜㆓紀臣㆒、許㆑之」とみえ、推古朝に越智直氏と紀氏との間に婚姻関係を結んだとしている。この記事よりすると、もともと物部系の国造であった越智氏は、推古朝になり、物部氏との関係より離脱し、紀氏との関係に移ったことが知られる。おそらくは、中央政界における仏教受容をめぐる対立に具現される蘇我氏との対立に物部大連が敗退したことに起因するのであろう。

③久米郡の久米直氏は、久味国造の系譜を引き、伊予来目部小楯の活動を通して中央の山部連・大伴氏と関係を結び、孝徳立評以来九世紀を通じて大領を輩出した郡領氏族で、南側の浮穴郡の郡領浮穴直氏は同族であった。

④その他の地方豪族には、神野郡の賀茂直氏、周敷郡の多治比連氏、桑村郡の大伴首氏、風早郡の物部氏・風早直氏、和気郡の伊予別公氏、温泉郡の味酒部氏、宇和郡の贄首氏・物部氏などが存在した。

以上の伊予国に分布した地方豪族を大別すると、（Ａ）大伴連を中心とする宮城十二門の門号を負う「天皇近侍氏族」ともいう大化前代より大王家の軍事力を構成していた大伴首・多治比連・久米直（山部連）・浮穴直氏などのグループ、（Ｂ）物部系の国造の系譜を引く越智直・荊田首氏などのグループ、（Ｃ）凡直・賀茂直・味酒部・贄首氏などのグループの三つに大別することができる。

（Ａ）・（Ｃ）ついては後述するので（三一〜三六頁）、ここでは宇摩・越智郡の郡領氏族が物部氏の系譜を引いていた点について言及しておきたい。上述したように伊予国の物部は宇摩・神野・越智・風早・温泉・宇和郡というように全域に分布したが、その中心は物部系の国造とする越智・風早郡にあった。こうした物部の分布について直木孝次郎氏は、[20]五世紀中期に畿内王権が東国に進出したのにともない東国に物部が設置され、継体天皇即位後に大連となった物部氏は、六世紀以後の半島進出に応じて西国にも物部を設置したと考えられた。確かに、瀬戸内海地域の物部の分布は、讃岐東部を経て伊予全域に及び、さらに、豊前国企救郡の大領として物部が存したことよりして、六世紀代に勢力を有した物部氏は大伴氏とともに讃岐→伊予→豊前に勢力を有したことを物語っている。しかしながら、六世紀末の蘇我氏との対立に敗北したことでその関係は解消され、越智国造は物部氏から紀氏へと接近し、風早国造の勢力は相対的に低下していったと考えられる。それに対して、道後平野においては大伴氏と密接な関係にあった久米直・

出　　典
続紀　神護景雲1.10.17
〃
三実　貞観12.12.26
〃
続紀　天平宝字2.3.11
続紀　神護景雲2.4.28
続紀　天平宝字8.7.14
北山抄　巻２年中要抄下
大日古　2-6
〃
霊異記　上巻17話
続紀・集解・家伝
大日古　2-7
〃
続紀　神護景雲1.2.20
続紀　神護景雲1.6.3
続紀　宝亀1.10.26
続紀　宝亀6.1.16
続紀　宝亀11.7.21
続紀　延暦10.12.8
続紀　延暦18.8.22
類史　弘仁11.1.7
続後紀　承和2.11.13
〃
三実　貞観13.11.13
書紀　持統10.4.27
類史　天長7.6.18
続後紀　承和1.1.7
三実　貞観2.10.3
続紀　神護景雲3.4.5
大日古　3-80
木簡研究　12-52
類史　天長4.1.22
続後紀　承和1.5.丙子
〃
大日古　2-5
〃
〃
続紀　天平勝宝1.5.15
続紀　天平神護2.9.13
〃
続紀　神護景雲2.8.12
続紀　延暦10.7.22
後紀　弘仁4.2.21

表5　伊予国の地方豪族

郡名	氏　名	官　位	備　考
宇摩	凡直継人	外従六位下	献物叙位
	凡直稲積	外従五位下	献物叙位（凡直継人の父）
	苅田首倉繼	従七位上	賜姓物部連
	苅田首浄根		〃
神野	賀茂直馬主	少初位上	賀茂伊予朝臣を賜姓
	賀茂直人主		伊豫賀茂朝臣を賜姓
周敷	多治比連真国	大初位下	周敷連を賜姓
	多治比宗安	大領	
桑村	凡直広田	正八位上大領	天平8年伊予国正税出挙帳にみゆ
	大伴部大山	大初位下主帳	〃
越智	越智直（名欠）		白村江の捕虜、帰国後に評督
	越智直広江	従五位下大学博士	令師・刑部少輔
	越智直広国	従五位上大領	天平8年伊予国正税出挙帳にみゆ
	越智直東人	無位主政	〃
	越智直飛鳥麻呂	外正七位下大領	献物により外従5位下に叙位
	越智直国益	白丁	〃
	越智直南淵麻呂	外散位外従五位下	外従5位上（貢祥瑞）
	越智直入立	正六位上	外従5位下
	越智直静養女		窮弊百姓158人資養し爵2級を賜う
	越智直廣川	正六位上	紀臣に改姓
	越知直祖継	従七位下	左京へ貫附
	越智直吉継	正六位上	外従5位下に叙位
	越智直年足	正六位上	左京人とみえ宿祢に改姓
	越智直広成	正六位上	伊予国人で宿祢に改姓
	越智直広峯	外従五位下行直講	左京に貫附
風早	物部薬	百済の役参加者	白村江の捕虜、後叙位・賜物
	風早直益吉女		叙位2階、終身免其戸田租
	風早直豊宗	正六位上	外従5位下
	物部朝臣廣泉	正五位下行内藥正	卒伝　姓物部首、京貫附、朝臣
温泉	味酒部稲依	正八位上	賜姓平群味酒臣
久米	久米直熊鷹	少初位下	経師　天山郷戸主
	久米直飯成女	久米采女	長岡京出土木簡
	久米直雄田麻呂	（大領）	外従五位下
浮穴	浮穴直千繼	正六位上	春江宿祢を賜う
	浮穴直真徳	大初位下	〃
宇和	凡直宅麻呂	正八位上大領	天平8年伊予国正税出挙帳にみゆ
	贄首石前	従八位上少領	〃
	物部荒人	少初位下主帳	〃
	凡直鎌足	外大初位下	献物により外従5位下
不明	大直足山		献物により外従5位下
	大山氏山	外少初位下	〃
	凡直黒鯛	正七位上大學直講	賜稲千束、母に従8位下
	凡直大成		白雀を捕獲したことにより爵2級
	吉弥侯部勝麻呂	勳六等	野原を賜姓される

浮穴直氏が勢力を維持していた。いずれにしても伊予国における地方豪族の最大の特徴は、他地域のような大国造による再編がおこなわれず、小国造がそのまま郡司へと移行したことである。この点は、八世紀以後の道後平野の五郡は神戸・餘部郷を除くと、計二〇郷で一郡あたり四郷になることより確認できる。また、郡の郷数の少ないことは、道後平野の生産性の高いことを示しているものであろう。

第二節　郡領氏族の特徴

前節では、瀬戸内海地域における国造と郡領氏族の分布状況を概観したので、本節ではそれらの特徴を明らかにしたい。いうまでもなく大領・少領という郡領は、国造の系譜を引く氏族のなかから任命される原則にあり、きわめて土着性・在地性の高い氏族で、特に郡名が付されていることに具現するように、他国の豪族との直接的な血縁関連をもたないと考えられるのである。

ところが、瀬戸内海地域の郡領氏族の特徴として、(1)佐伯直・海部直・秦氏のように、数カ国に及んで分布し同一名の氏族が郡領である場合が存在すること、(2)中央の大伴・紀氏と関係を密にする氏族の分布がみられること、(3)凡直氏のように国名+凡+直という擬制的同族関係を表す氏族が分布することの三点があげられるので、以下において、それぞれにあてはまる氏族を主に検討したい。

1　同一名称の郡領氏族

瀬戸内海地域において同一名称をもつ氏族のなかで、最大勢力を有したのは五箇国に分布した佐伯直氏であり、播磨国赤穂郡と讃岐国山田・香川郡に分布した秦公氏と、播磨国明石郡と備前国邑久郡に分布した海部直氏がそれに続く存在であった。なお、秦氏が全国各地に分布することはよく知られ、瀬戸内海地域においても播磨国赤穂郡と讃岐国中部地域の有力氏族として分布していたことが注目されるが、秦氏が同族氏族として特殊な動きをおこなったとの確認は現在のところできないといえよう。

〈海部直〉

古代における「海部」の全体的な分布とその特質については別に検討する必要があるが、ここでは全国的な分布状況を概観した後に、瀬戸内海地域に分布した海部に限定して検討することとする。今、列島全域に及ぶ海部の分布を古代の史料より抽出して表示すると表6のようである。こうした海部の設置については、『日本書紀』応神天皇五年八月壬寅条に「令二諸國一定二海人及山守部一」とみえ、『古事記』応神記では「定賜海部山部山守部伊勢部」と記し、海産物の貢納と航海術で奉仕する集団として応神朝に設定されたとみえている。そして、表6を一覧すると明らかなように、海部はほぼ全国に分布していたことが確認できるが、その設置時期を記紀のように応神朝と考えられるのか、また、設置の主目的が何にあったのかなど検討すべき課題は多い。しかし、ここでは有位者の海部氏と郡郷名の分布に限定して述べることにする。

表6をみると知られるように、海部は列島全域に分布するのであるが、評・郡名に海部が付されたのは尾張・隠岐・紀伊・豊後の四箇国の「海部郡」であり、そこでは海部直氏が郡領であったことが確認でき、海部の拠点であったと考えられる。この四箇国以外で海部氏が郡領となったことが確認できるのは、越前国坂井郡少領外正八位下海直大食、丹後国与謝郡大領外従八位下海直忍立、播磨国明石郡の外従八位下海直溝長、備前国邑久郡少領外従五位上海宿祢共忠などである。以上の八箇国に設置された海部がそれぞれの地域における拠点であったとみられ、尾張国の海部氏が

表６　地名「海部」と海部氏の分布

道	国名	地名「海部」	氏族の表記	出典
東海	伊勢	河曲郡海部郷		『和名類聚抄』
			安麻手里五保海部子首	平概 21-30
	尾張	海部郡海部里		『和名類聚抄』
		海評堤田・海評津嶋五十戸		木簡研究 21·25
			尾張中島海部直	旧事本紀
			愛智郡海連馬手・津守	大日古 25-140
			尾治国海郡嶋里人海連赤麻呂	平概 10-5
	三河		參河國海直玉依賣	続紀 勝宝2.7.18
			参河国渥美郡大壁郷海部首万呂	平城宮 1-324
			参河国播豆郡篠嶋と析嶋海部供奉	多くの木簡
	上総	市原郡海部郷		『和名類聚抄』
東山	信濃	小縣郡海部郷		正倉院銘文
北陸	越前	坂井郡海部郷		『和名類聚抄』
			坂井郡少領外正八位下海直大食	大日古 1-435·71
	若狭		若狭国三方郡能登郷戸主海部□麻呂	平城宮 2-2823
山陰	丹後	熊野郡海部郷		『和名類聚抄』
			与謝郡大領外従八位下海直忍立	大日古 2-61
			＊「海部系図」の存在	
	因幡		海部・海部直（因幡国戸籍）	大日古 1巻
	隠岐	海部郡海部郷		『和名類聚抄』
			海部郡少領外従八位上海部直大伴	大日古 1-389
			智夫郡大領外正八位上海部諸石	大日古 1-455
			隠伎国海部郡作佐郷大井里海部吉万呂	平概 31-29
			隠伎国海部郡佐支郷都深里凡海部弥都麻	平概 30-45
			隠伎国海部郡作佐郷大井里海部直麻呂	平概 24-29
			隠伎国海部郡作佐郷冶田里海部直牟都	平概 31-29
山陽	播磨		外従八位下海直溝長（明石郡）	続紀 神亀1.10.
	吉備		吉備海部直赤尾・難波・羽嶋	書紀 雄略紀
			備前国□郡□上郷戸主海部三□万	平概 38-24
			備前国邑久郡少領外従五位上海宿祢共忠	平遺 10-補164
			備中国浅口郡大嶋郷塩二斗海部大万呂	平概 22-38
	安芸	佐伯郡海部郷		『和名類聚抄』
	周防		周防国大嶋郡屋代里凡海部、務理里凡海部	平概 27-20·21
	長門		・厚狭郡久喜郷庸米□・凡海部凡	木簡研究 19-195
南海	紀伊	海部郡		『和名類聚抄』
			名草郡少領正八位下海部直土形	続紀 神亀1.10.16
			海部郡可太郷戸主海部老人・海部宅虫	平城宮 1-428、木研 4
		海部評		飛 18-22
	淡路	三原郡阿万郷		『和名類聚抄』
			三原郡阿麻郷戸主海部麻呂戸口同姓嶋万呂	平概 38-22
			淡路国津名郡阿餅郷人夫海部荒海	平城京 3-4490
			淡路国津名郡育波郷月里百姓戸海部飯万呂	平概 24-30
	阿波	那賀郡海部郷		『和名類聚抄』
			名方郡従八位上海直豊宗・外少初位下	三実 貞観6.4.23
			海直千常ら７人に大和連を賜姓	
			阿波国板野郡井隈郷戸主海部馬長戸	平城宮 1-427
	讃岐		多土評難田海部刀良	木簡研究 26
			綾郡海部	平概 27-21
	伊予		神野郡海部	平概 31-31
		伊予郡川村·石井郷の海部里		木研 5、平概 22-39
	土佐	高岡郡海部郷		『和名類聚抄』
西海	筑前	那珂郡海部郷		『和名類聚抄』
		宗像郡海部郷		『和名類聚抄』
	豊前		海部（上三毛郡戸籍）	大日古 1-148
	豊後	海部郡		『和名類聚抄』
			海部（海部郡戸籍）	大日古 1-214～218
		海部郡真紫草		木簡研究 8
			海部郡大領外正六位上海部公常山	続紀 延暦4.1.27
	肥前		海部直嶋	風土記 三根郡

伊勢湾、隠岐国の海部が出雲沖、越前・丹後国の海部が日本海、紀伊・播磨・備前・豊後国の海部氏が瀬戸内海をその活動地域としていたと考えられる。

瀬戸内海地域における海部直氏の分布を、表6と前節で表示した有位者の分布を参考にして列記すると次のようになる。①播磨国赤穂郡の外従八位下海直溝長、②十一世紀初頭の備前国邑久郡の少領海宿祢共忠の分布とその前身とみられる雄略朝の吉備海部直赤尾、敏達朝の吉備海部直難波・吉備海部直羽嶋、③安芸国の佐伯郡海郷、④長門国の海部男種麿（出身郡名は不明）、⑤豊後国の海部郡大領外正六位上海部公常山、⑥紀伊国海部郡との郡名と名草郡少領海部直土形、⑦淡路国の三原郡阿萬郷との郷名、⑧阿波国の那賀郡海部郷との郷名と名方郡従八位上海直豊宗と外少初位下海直千常、⑨伊予国では和気郡海部里、伊予郡の川村郷海部里・石井郷海部里との里名がみられる。さらに、周防国における凡海部の存在、備中国の犬海部[21]の存在も確認できる。こうした分布よりして、瀬戸内海地域にも「海部」が設置されたことは間違いないが、八世紀以後において海部氏が郡領であったことが知られるのは播磨の明石郡、備前の邑久郡、豊後の海部郡、紀伊の海部郡で、いずれも瀬戸内海交通の要衝であることが注目される。さらに、吉備海部直難波が高句麗使の送使、吉備海部直羽嶋は紀国造押勝と百済に渡ったとの『日本書紀』の記事、『国造本紀』に「国前国造、志賀高穴穂朝、吉備臣同祖」として国前国造と吉備氏が同族関係とする伝承がみえる。こうしたことよりすると、少なくとも瀬戸内海各地に分布する海部直氏の存在は、上述した水産物の確保というより、畿内王権の海上交通を担う集団を在地で管理する存在であり、それらを王権のもとで掌握した紀氏の活動と関係して設置されたものと考えられるのではないか。

〈佐伯直〉

佐伯直氏は諸国に設置された佐伯部の在地管理氏族であったと考えられるが、瀬戸内海地域以外に分布する佐伯

表7　佐伯直と佐伯部の分布

道	国名	郡・郷名	表　記	出　典
山陽	播磨		佐伯部	書紀 景行51.8
			佐伯直阿俄能古	書紀 仁徳40.2
		賀茂郡	佐伯直漢古	大日古 24-44
		佐伯郡海部郷	佐伯直東人・林・麻呂、佐伯宣等美女	日本写経綜覧 273
		神前郡	佐伯部	風土記
		揖保郡	外従五位下佐伯直諸成	続紀 天応1.1.22
			佐伯君麻呂	続紀 延暦8.5.19
			正八位上佐伯直宅守・大初位上同仲成	続後紀 承和13.3.15
		印南郡	従五位下佐伯直是継	三実 仁和3.7.17
	安芸		佐伯部	書紀 景行51.8
		沼田郡	佐伯部	書紀 仁徳38.7
			采女佐伯直那賀成	後紀 延暦15.11.22
南海	阿波		佐伯部	書紀 景行51.8
		三好郡	少領外従八位上佐伯直浄宗（仕直浄宗）	三実 貞観12.7.19
		板野郡田上郷	佐伯福吉売	平遺 1-227
			阿波国美馬郡三野郷戸主佐伯直国分	平概 24-30
			阿波国美馬郡三野郷戸主佐伯直国麻呂	平概 29-36
	讃岐		佐伯部	書紀 景行51.8
			佐伯部稲奈知	平遺 1-335号
		多度郡方田郷	正六位上佐伯直道長	平遺 8-4314号
			道長の子供真継・長人・正雄、孫真持	注①
			佐伯直田公とその子供	三実 貞観3.11 注②
			讃岐国三野郡阿麻郷戸主佐伯直赤猪	平概 22-39
	伊予		佐伯部	書紀 景行51.8
		桑村郡林里	佐伯（名欠）	平概 12-10
西海	豊前	築城郡	擬少領外大初位上佐伯豊石	続紀 天平12.9.25

注　①・②については拙著『古代の地方豪族』（吉川弘文館、1985年）を参照のこと。

直・佐伯部は、『新撰姓氏録』にみえる平安右京の佐伯直・佐伯造、河内国の佐伯直・佐伯首と摂津国河辺郡猪名県の佐伯部（『日本書紀』仁徳三十八年七月条）が畿内にみえ、その他は全て瀬戸内海地域に集中しているのが特徴である。いま、佐伯直・佐伯部の瀬戸内海地域の分布状況を表示すると表7のようになり、播磨・安芸・阿波・讃岐・伊予国には二例以上の分布が確認でき、『日本書紀』景行五十一年八月条の「是今播磨・讃岐・伊予・安芸・阿波、凡五国佐伯部之祖也」と関連する。さらに前述したように、播磨国の印南・揖保郡に有位者佐伯直氏が分布し、安芸国では沼田郡の郡領と郡名佐伯郡が存在し、豊前国では擬少領外大初位上佐伯豊石がみられ、讃岐国では多度郡と山田郡の郡領氏族（表4参照）で、阿波国では三好郡の少領外従八位上佐伯直浄宗(22)がみえて、郡領氏族であったと考えられる。さらに、阿波国板野郡田上郷と伊予国桑村郡林里(23)にも佐伯氏がみられ、瀬戸内海地域における佐伯直氏の分布が特徴的であったことは間違いない。

以上のように瀬戸内海地域に佐伯直氏が広範に分布したのは「佐伯部」の設置に起因するであろうことは、『日本書紀』景行五十一年八月壬子条より想定することができる。同記事によると、日本武尊によって伊勢神宮に献上された蝦夷は「晝夜喧譁、出入無レ禮」という状態であったため、朝廷に進上したが「悉伐二神山樹一、叫二呼隣里一、而脅二人民一」したので、播磨・讃岐・伊予・安芸・阿波国に移住させられ、それが「五國佐伯部之祖」であると記している。この記事の信憑性が問題となるが、通常であれば国名は播磨→安芸、阿波→讃岐→伊予の順番で記されるべきであるが、それと異なった順序で記されていることが注目され、単純な追記とすることはできない。ただ、佐伯部が蝦夷出身であるとの記載は、坂本・直木両氏が指摘(24)するように、佐伯部が軍事的部であることを主張するために蝦夷の勇猛にあやかり、七世紀後半に作り上げられたと考えられるが、その全てが架空のことではなく、設置場所などでは史実を記したものではなかろうか。

国名の記載順より五箇国に佐伯部が設置されたとする点は、文献史料では伊予国の佐伯の分布が確認できなかったが、平城宮跡の出土木簡によって五箇国に設置されたとの記事は認められることにもよる。ただし、問題はその設置時期がいつで、いかなる目的であったのかを明らかにする必要がある。この点で注目されるのは『新撰姓氏録』右京皇別佐伯直条の次の記載である。

景行天皇皇子稲背入彦命之後也、男御諸別命、稚足彦天皇〈諡成務〉御代、中二分針間国一給レ之、仍号二針間別一、男阿良都命〈一名伊許自別〉誉田天皇為レ定二国堺一、車駕巡幸、到二針間国神崎郡瓦村東崗上一、于レ時青菜葉自二崗辺川一流下、天皇詔レ應二川上有レ人也、仍差二伊許自別命一往問、即答曰、己等是日本武尊平二東夷一時、所レ俘蝦夷之後也、散二遣於針間、阿藝、阿波、讃岐、伊予等国一、仍居レ此氏也、後改為二佐伯一伊許自別命以レ状復奏、天皇詔曰、宜二汝為レ君治レ之、即賜二氏針間別佐伯直一、佐伯者所謂氏姓也、直者謂レ君也、爾後至二庚午年一、脱二落針間別三字一、偏為二佐伯直一

すなわち、佐伯直氏の祖先が播磨に居住したのは成務天皇の時で、その時には針間別と名乗ったが、応神天皇の時に「伊許自別命」が蝦夷の後裔集団を発見したことにより、針間別佐伯直へと改姓されたという。ところが庚午年籍では「針間別」の三字が脱落して以後、佐伯直となったと主張している。この記事によると、もともとは針間の「別」であったが、応神天皇の時に針間別佐伯直を賜姓され、その後に佐伯直となったと主張しているのである。応神朝に播磨巡行がおこなわれたことは『播磨国風土記』に数多くみえ、『播磨国風土記』神前郡多陀里条の「所三以号二多駝一者、品太天皇、巡行之時、大御伴人、佐伯部等始祖、阿我乃古、申三欲二請此土一、爾時、天皇勅云、直請哉、故曰二多駝一」との地名起源説話において、応神天皇の大御伴人であった「阿我乃古」を「佐伯部等始祖」と記しているのが注目される。しかし、この記事は『日本書紀』仁徳四十年二月条と是歳条の「播磨佐伯直阿俄能胡」記事を基にした可能性が高く、ただちに信用することはできない。ただし、『日本書紀』仁徳三十八年七月条において摂津国猪名県の佐伯部が牡鹿を贄として献上したところ天皇の不興をかい「移二郷于安芸渟田一」されたのを、「此今渟田佐伯部之祖也」と記していることもあり、仁徳・応神朝が注目されることは間違いのないところである。

さらに、『日本三代実録』貞観三年十一月十一日辛巳条には、「先祖大伴健日連公、景行天皇御世、随二倭武命一、平二定東國一、功勲盖レ世、賜二讃岐國一、以爲二私宅一、健日連公之子、健持大連公子、室屋大連公之第一男、御物宿祢之胤、倭胡連公、允恭天皇御世、始任二讃岐國造一、倭胡連公、是豊雄等之別祖也、孝徳天皇御世、國造之号、永從二停止一」とみえる。これは、讃岐国多度郡の郡領氏族であった佐伯直氏が、佐伯宿祢への改姓と平安左京への改居に際して、

中納言兼民部卿皇太后宮大夫伴宿祢善男がそれを支持するための奏言の一部分である。すなわち、大伴室屋大連公の第一男である御物宿祢の後裔の倭胡連公が允恭天皇の時代に「始任㆓讃岐國造㆒」られ、允恭天皇の時期に讃岐国造に任命されたと主張したことを伴善男が認めたことを示すものである。[25] 讃岐国多度郡の佐伯直氏は古くより国造として存在したことは、かつて論じたように空海一族を輩出し、満濃の池を築造し、八・九世紀を通して多度郡の郡領氏族であり、丸亀平野の前方後円墳の分布状況からしても認められよう。

瀬戸内海地域における佐伯直の分布より、播磨・讃岐・伊予・安芸・阿波国に佐伯部が設置され、それを在地で管理する氏族として佐伯直氏がいたことは間違いない。ただ、その設置時期について、『日本書紀』は景行五十一年八月とするが、この記載をただちに信じることはできず、他の史料よりすると、仁徳・応神・允恭という五世紀代の大王の時期とする伝承が数多く、それには一定の論拠が存在していたのではないかと推測する。設置時期を考えるに際して重要なことは佐伯部の設置目的で、別な言い方をすると佐伯部を中央で統轄した佐伯連氏の問題であろう。

こうした意味で、讃岐の佐伯直氏が宿祢への改姓と平安京への改居を申請するに際して、伴善男が「検㆓家記㆒、事不㆓憑虚㆒、従㆑之」と記し、大伴氏と同族であったことを認めていることは注目される。佐伯氏と大伴氏との関係についての記述は記紀にはみえないが、『新撰姓氏録』の左京神別条では「佐伯宿祢　大伴宿祢同祖、道臣命七世孫室屋大連公之後也」と記されている。こうした両氏の関係について、津田左右吉氏[26]は両氏族がともに宮門の警備にあたったことにより同祖とする伝承が作られたと理解したが、井上光貞氏[27]は『万葉集』巻一八の四〇九四番で「大伴等、佐伯乃氏者、人祖乃、立流辞立、人子者、祖名不絶、大君尓、麻都呂布物能等」（大伴氏と佐伯氏とは、祖先の立てた「辞立」（誓い）に「子孫はその祖先の名を絶たず、大君にお仕えするものだ」と歌っている）[28]ことと、『続日本紀』天平勝宝元年四月甲午条と天平宝字元年七月戊申条の宣命に「大伴佐伯宿祢」とみえ、また、橘奈良麻呂が「大伴佐伯之族」と述べていることより、大伴氏は佐伯氏と同族であることを認めていると考えられる。

すなわち、『新撰姓氏録』佐伯宿祢条によると、「佐伯宿祢、大伴宿祢同祖、道臣命七世孫、室屋大連公之後」とし、大伴宿祢は「高皇産霊尊五世孫天押日命之後也、初天孫彦火瓊々杵尊神駕之降也、（中略）雄略天皇御世、以㆓入部靫部㆒賜㆓大連公㆒、奏曰、衛門開闔之務、於㆑職已重、若有㆓一身難㆑堪、望与㆓愚児語㆒、相伴奉㆑衛㆓左右㆒、勅依㆑奏、是大伴佐伯二氏、掌㆓左右開闔㆒縁也」と述べ、雄略朝に大伴・佐伯二氏が左右に分かれて門を警備したという伝承をあげている。また、『続日本紀』天平宝字元年七月戊申条の宣命では「又大伴佐伯宿祢等波自遠天皇御世内乃兵止為而仕奉來、又大伴宿祢等波吾族尓母在、諸同心尓為而皇朝乎助仕奉牟時尓如是醜事者聞曳自、汝多知乃不能尓依氐志如是在良志、諸以明清心皇朝乎助仕奉礼止宣」と述べている。また、『万葉集』の歌や、橘奈良麻呂・藤原仲麻呂・藤原種継などの事件で佐伯氏は大伴氏とともに行動していることが多い。また、佐伯宿祢氏の代表的人物であった造東大寺司長官の佐伯今毛人以後、特に、藤原種継事件以後では有力な人物が登場しなくなっている。以上の諸点よりして、両氏族が同族であったか否かについては断定できないが、大伴・佐伯両氏が同族と考えていたことは間違いないであろう。

また、第四章で論ずるように伊予国久米郡の郡領であった久米直氏の祖先に当たる伊予来目部小楯が播磨において後の顕宗・仁賢天皇を発見した功績により山部連氏へ改姓されたという伝承[29]が残されていること、また、伊予国桑村郡の郡領に多治比氏がいたことと、播磨国には山部氏が分布[30]していたことなどよりして、瀬戸内海地域の郡領氏族には、大伴氏―佐伯氏―山部―多治比氏という関係が存在したことが注目されるのである。以上のように、佐伯直氏の瀬戸内海各地での分布は、大伴氏と佐伯氏―山部―多治比氏という宮城十二門号氏族との関係を重視すると、その時期は五世紀代とみることが可能ではないだろうか。

2　大伴・紀氏の関連氏族

〈大伴関連氏族〉

いま、瀬戸内海地域に分布する大伴・大伴部との氏族を表示すると表8のようになり、圧倒的に紀伊国に多く分布し、ついで、播磨・讃岐・伊予国にも分布していたことが知られる。まず、大伴氏の紀伊国における分布については、『続日本紀』神亀元年十月壬寅条の「賜㆓造離宮司及紀伊國國郡司、并行宮側近高年七十已上祿㆒、各有㆑差、百姓今年調庸、名草海部二郡田租咸免㆑之、又赦㆓罪人死罪以下㆒、名草郡大領外従八位上紀直摩祖爲㆓國造㆒、進㆓位三階㆒、少領正八位下大伴櫟津連子人、海部直土形二階、自餘五十二人各位一階」との記事が注目される。これは紀伊国那賀郡玉垣勾頓宮と海部郡玉津嶋頓宮への行幸に際しての、離宮造営にともなう叙位記事で、紀伊国名草郡の大領は紀直摩祖で、少領が正八位下大伴櫟津連子人であったことを示す。こうした紀氏と大伴氏の関係は、『日本書紀』雄略九年紀にみえる勅において「汝大伴卿、紀卿らと同国近隣の人にして、由来尚し」

表8　大伴関係の分布

国名	郡名	郷名	記載内容	出典
播磨	賀古	鴨波	大部造等の始祖古理売	播磨国風土記
	揖保		法隆寺の「水田司」	日本霊異記
	赤穂		播磨国赤穂郡での塩生産	平遺 1-9
周防	玖珂	玖珂	伴部稲虫売（他10名）	平遺 1-291～303
紀伊	名草	忌部	大伴若宮連部良・真虫	大日古 25-74
			大伴若宮連大淵	大日古 25-7
		宇治	大伴連（大部屋栖野古連）	日本霊異記 上5
		片岡	大伴部押人等の祖大伴部直	続紀 神護景雲3.11.25
			少領大伴櫟津連子人	続紀 神亀1.10.16
		弥気	大伴連	日本霊異記
			大伴連伯万呂・大伴連簑麻呂	大日古 3-78
			正六位上伴連貞宗・正六位上伴連益継	三実 貞観14.8.13
			伴連宅子（節婦）	三実 貞観6.8.13
			大伴孔子古	元亨釈書 28巻
阿波	板野	田上	伴秋刀自売	平遺 1-237
讃岐	鵜足	小川	大伴首三成	正倉院銘文集成 15
	多度	藤原	大伴部首豊国・大伴部田次	大日古 25-122
		良田	伴良田連宗定・定宗	類聚符宣抄
伊予	桑村		主帳大伴首大山	大日古 2-6

と述べており、また、両氏が密接な関係にあったことは壬申の乱で両氏が天武側で活躍したことよりも確認できる。ついで、播磨国における大伴氏の有位者の分布は確認できなかったが、法隆寺の鵤庄の「水田司」に大部屋栖野古が任命されており、かつ、周辺における山部の分布も確認でき、法隆寺の経営にともなって播磨地域へ進出し、かつ、赤穂郡での塩生産に際し、大伴氏は秦氏を在地に派遣し東大寺と争って敗北したことも知られる。また、四国側では、讃岐国鵜足郡の大伴首氏と多度郡の大伴部首と伴良田連氏、伊予国桑村郡での大伴首氏の分布が確認できる。上述したように、表7の佐伯直と第四章で論じる久米直の分布を併せて考えると、大伴氏と佐伯直・久米直氏は播磨・安芸・讃岐・伊予という瀬戸内海地域の郡領氏族として存在していたことは事実である。

ただし、大伴関連氏族自らが郡領氏族であったことが確認できるのは、紀伊国名草郡少領大伴櫟津連子人と、貞元二年六月二十五日の讃岐国司解に「請レ被下二散位正六位上伴良田連定信一越レ次補中仕管多度郡大領外従七位上伴良田連宗定死欠替上状」（『類聚符宣抄』）とみえる多度郡の伴良田連氏である。二例とも複姓であることが注目され、前者の「櫟津」は不明であるが、後者はすでに論じたように(31)「良田」郷のことであることよりすると、地名の可能性が高いであろう。また、八世紀代の讃岐国多度郡における大伴部首豊国・大伴部田次、伊予国桑村郡の主帳大伴首大山の存在よりすると、これらは設置された大伴部の在地管理者であった大伴部首・大伴首の後裔と考えられる。

〈紀氏関連氏族〉

瀬戸内海地域の紀氏と紀伊郷、同族である坂本臣と坂本郷、刈田首・佐婆部首・越智直（紀氏と婚姻）などの分布については、岸俊男氏(32)が「紀氏とその同族が、紀伊・和泉から讃岐・伊予・周防、あるいは豊前と、瀬戸内海の要地を占拠し、内海航路の一つを掌握していたらしいことが明らかになった」と述べたとおりで、その航路は紀伊→讃岐→伊予→豊前という四国側のルートであったといえるであろう。とすると、紀氏とその同族の分布がみられない摂津

〜安芸までの山陽道沿いの航路と紀氏との関係が問題となろう。この間の航路については、雄略天皇の時期における朝鮮半島の経営と吉備氏との関係よりして、吉備海部の存在が注目される。『日本書紀』より関連記事を抽出すると、ⓐ任那国司に任ぜられた吉備上道臣田狭が、雄略天皇が田狭の婦人を寵愛したことを聞いて怒り、日本朝廷に謀反を企てたが、弟の妻である樟媛の密告のため殺され、樟媛は吉備海部直赤尾とともに百済の献上した手末才伎を連れて帰国したという伝承。ⓑ高句麗の攻撃を受けた新羅を救援するため、任那日本府から吉備臣小梨らが派遣されたという記事。ⓒ征新羅将軍に任ぜられた吉備臣尾代が、率いていた蝦夷の反乱を平定したという物語などである。いずれも岸氏が指摘するようにこれらの記事の信憑性には疑問があるが、吉備氏一族が対朝鮮活動において活躍したことは間違いなく、こうした吉備海部の活動には紀氏が重要な役割を果たしたのではないだろうか。かかる想定の論拠としては、①吉備海部直羽島が紀国造押勝とともに百済の日羅を迎えに行き、日羅を吉備児島屯倉に置いたという吉備海部直氏の活動記事、②紀小弓宿祢の妻に吉備上道采女大海がいるとの記事より想定しうる紀氏と吉備地域との婚姻関係の存在、③『和名類聚抄』によると紀伊国有田郡に吉備郷が存在することなどがあげられる。すなわち、吉備地域の海部の在地管理氏族であった吉備海部直氏が、畿内王権の水軍を構成する存在となったのは、紀氏との関係によって吉備海部直氏が参加したことにともなうものであろう。さらに、かかる紀氏と大伴氏が密接な関係にあったことは紀伊国における分布状況と応天門の変における伴善男と紀夏井の行動よりも推定されるところである。

3　凡直氏

凡直氏についてもすでに拙著『日本古代水上交通史の研究』（吉川弘文館、一九八五年）で論じたことがあるので、ここではその概要を述べるにとどめたい。最初に、凡直氏（地名＋大押＋直氏）の分布表を掲げると表9のようにな

表9　凡直（地名＋大押＋直）氏の分布

国名	郡名	官位・姓名	備　考	出典
安芸	賀茂	采女凡直貞刀自	賜姓笠朝臣宮子	三実 貞観1.4.3
	高田	郡司凡	三田郷の人	平遺 1-796
		郷目代凡	風早郷の人	平遺 3-1060・1126
周防	周防	外従五位下周防凡直葦原	献物叙位	続紀 宝亀1.3.20
	玖珂	周防凡直	延喜9年の玖珂郡戸籍	平遺 1-199
		周防凡直実則	玖珂郡伊宝郷（東宝記）	『続々群書類従』12
		周防凡直百背	大宝2年の長谷寺観音菩薩造像記	飛鳥・白鳳の在銘金銅仏
長門	豊浦	豊浦郡人散仕長門凡	長岡京木簡にみゆ	木簡研究 3
紀伊	不明	大直	紀伊国造系図にみゆ	群書系図 巻183
淡路	不明	當国凡直氏		延喜式 神祇由加物条
阿波	板野	従五位下板野采女粟国造若子	粟凡直若子ともみゆ	続紀 天平17.1.7
		粟凡直国継	西大寺に土地を施入	寧遺 414頁
		凡直	「百姓凡直」とみゆ	続紀 神護景雲1.3.16
		凡直	大僧都伝燈大法師位勝倍	後紀 弘仁2.6.6
		外従五位下粟凡直鱒麻呂	粟宿祢を賜う	三実 貞観4.9.23
		少初位下粟凡直貞宗	〃	〃
		粟凡直49名、凡直61名	田上郷戸籍	平遺 1-188
	名方	名方郡大領粟凡直弟臣	養老7年阿波国造碑	
		凡直	「百姓凡直」とみゆ	続紀 神護景雲1.3.16
	阿波	粟人道足	賜姓粟直	続紀 宝亀7.6.8
		凡直	「百姓凡直」とみゆ	続紀 神護景雲1.3.16
	不明	正六位上阿波国造粟凡直豊穂	阿波国造	続紀 延暦2.12.2
		阿波評督粟凡直麻呂		続紀 神護景雲1.3.16
讃岐	寒川	正六位上凡直千継	賜姓讃岐公	続紀 延暦10.9.18
	大内	正六位上凡直春宗	右京へ貫附	三実 仁和1.11.17
		凡	寛弘1年入野郷戸籍	平遺 2-437
	山田	従八位上少領凡直		東寺百合文書21
		凡直佐留	田井郷にみゆ	平概 24-30
	多度	「掾凡」・「府老凡」		平遺 9-3568～3573
伊予	宇摩	外従五位下凡直稲積	献物叙位	続紀 神護景雲1.10.17
		外従六位下凡直継人	〃	〃
	桑村	大領正八位上盆地区広田	伊予国正税出挙帳署名部	大日古 2-5～8
		大直足山、大直氏山		続紀 神護景雲2.9.13
	温泉	湯評大井五十戸凡人部己夫	飛鳥池出土木簡	木簡研究 14-30
	宇和	大領正八位上凡直宅麻呂	伊予国正税出挙帳署名部	大日古 2-5～8
		外従五位下凡直鎌足	献物叙位	続紀 天平勝宝1.5.15
土佐	安芸	少領外従五位上凡直伊賀麻呂	献物叙位	続紀 神護景雲1.6.22

る。前著で論じた以後に、平城宮跡から「幡太郷戸主凡直」[33]との木簡が出土し、「幡太郷」の所在地が問題である。可能性としては三河国渥美郡・遠江国長下郡・相模国餘綾郡・備前国上道郡・淡路国三原郡が考えられるが、備前国上道郡か淡路国三原郡の幡多郷とも考えることができるので、凡直氏の分布は山陽道安芸以西と南海道諸国に限定され、八・九世紀以後の各国の郡領氏族として分布していることは修正する必要はない。

さらに、前述した『続日本紀』延暦十年九月丙子条によって、凡直氏の先祖であった星直氏が「譯語田朝庭御世、繼二國造之業一、管二所部之堺一、於レ是因レ官命レ氏、賜二紗抜大押直之姓一」とみえ、敏達朝に星直氏が国造に任命されるにあたり、畿内王権より「紗抜大押直之姓」が与えられているのである。そして、庚午年籍で地名を省略し、「大押直」を凡直としたことは、「地名＋大押直」が凡直国造であることを表象するものであったためである。いま、表9の凡直氏の分布より、①「地名＋凡＋直」氏の分布が安芸以西の山陽道と南海道に集中していること、②本来的な地名表記は、「周防凡直」「長門凡」「粟凡直」などの存在よりして、「国名＋凡＋直」であったと考えられること、③瀬戸内海地域に限定的に分布した凡直氏はいずれも郡領氏族かそれに準ずるものであったことが確認できる。こうしたことより、敏達朝になり、畿内王権は瀬戸内海地域の氏族に地名＋大押＋直という氏姓を与えて擬制的同族関係を形成したうえで凡直国造に任命したと考えられる。さらに、かかる凡直国造が六世紀後半に設置された理由については、各地で群集墳が築造されたことに表れるように、国造制が設置されて以後一世紀以上経過したことにより国造制支配に内部矛盾が発生し、国造制の再編・強化が必要となったのであろう。[34]そうした国造制の再編・強化策には、大国造として「地名＋大押＋直」との擬制的同族関係を作り凡直国造を設置する方法と、国造未設置の領域に設置する方式で瀬戸内海地域の国造制の再編・強化を推進したと考えられるのである。

全ての凡直国造の設置を、単純に小国造を併合したもので、その領域を総括する広領域の大国造であったと断定できないことは、伊予国の凡直氏は小国造の支配領域には見いだすことができず、いずれも国造設置が確認できない宇摩・桑村・宇和郡に分布していることによる。もしも、全ての凡直国造が小国造の支配領域を統括していたならば、八世紀代においても小国造の領域に有力氏族として存在しているはずである。少なくとも伊予国においてそうした例を見いだしえないことは、国造未設置の地域に設定することも存在していたことを物語るのである。

おわりに

瀬戸内海地域に分布した郡領氏族の分布実態を検討してきたのであるが、この地域における最大の特徴は、備前・備中・備後国という吉備地域と伊予国と、それ以外の地域の郡領氏族とでは、その性格が異なっていたことがあげられる。すなわち、吉備地域の郡領氏族は海部直氏を除き他地域の郡領氏族とは同一の氏族名のものがいなく郡名を冠する氏族が多く、伊予国においても越智・風早・久米・浮穴郡の郡領は郡名を冠しているのである。そして、郡名を冠した地方豪族のなかからは、備中国下道郡出身の下道臣のように八世紀代に大納言となった吉備朝臣真備を輩出したり、本来は笠国造の系譜を引く笠臣が笠朝臣氏となるように中央官人化した氏族が存在した。

一方、それ以外の郡領氏族の特徴としては次の点があげられる。①佐伯直・海部直のように同一の氏族名を冠した郡領が広範に分布したこと、②「国名＋凡＋直」という擬制的同族名をもった凡直が安芸国以西の山陽道と南海道全域に分布したこと、③大伴連氏を中心に佐伯・伊福部・多治比・山部という宮城十二門号氏族が分布すること、④紀氏の同族である氏族が紀伊・讃岐・伊予・周防・豊前に分布したことなどである。①のなかでも、郡領佐伯直氏は播磨国・安芸国・豊前国・讃岐国に分布したことが確認でき、『日本書紀』の播磨・讃岐・伊予・安芸・阿波国に佐伯部を設置したとある五箇国の全てに佐伯直が分布したことが知られる。こうした郡領氏族である佐伯直氏の瀬戸内海地域での分布は、大伴氏のもとで設置されたと考えられ、大伴連氏の瀬戸内海地域への影響力の存在は、③の宮城十二門号氏族の分布(35)においても確認できる。また、④の紀氏とその同族と紀氏を媒介として設置されたと考えられる海部の設置によっても確認できるところである。そして、②の国名＋凡＋直という擬制的同族関係を表す凡直氏の分布も特徴的であり、六世紀後半における国造制の再編・強化策として瀬戸内海地域に設置されたものである。こうした凡直国造の設置がいかなる状況でなされたのかを明確にすることはできなかったが、かつて論じたように凡直氏の分布は南海道全域と安芸・周防・長門に限定されており、安芸国を除き凡直氏が分布する瀬戸内海側諸国には、屯倉設置記事がみえないことが注目される。また、吉備地域における白猪屯倉・児島屯倉の設置が安閑・欽明朝において蘇我氏を中心におこなわれたことに対し、凡直国造が設置された地域には大伴・紀氏の影響力が色濃く存在したことが関連するのであろうか。

注

(1)『歴史地理』五三―一、一九二九年。
(2)篠川賢『日本古代国造制の研究』吉川弘文館、一九九六年。
(3)『寧楽遺文』下巻、九九〇頁。
(4)明石郡に海直氏が分布していたことは、飛鳥京跡苑池遺構より出土した木簡に「・播磨国明伊川里五戸海直恵万呂
・俵一斛　行司舂米玉丑」(『木簡研究』二五号、四八頁)が存在することでも確認できる。
(5)田中塊堂『日本写経綜覧』(思文閣、一九七四年)に所収されている播磨国既多寺の「大智度論」の知識者をいう。
(6)針間国造については、藤原宮跡より「・□大舎人寮召坂本旦臣梶取　・針間国造毛人」(『藤原宮木簡』Ⅱ、木簡番号

六三二）と記された木簡が出土しており、藤原宮段階において針間国造の系譜を引く針間国造毛人が大舎人として出仕していた可能性がある。

（7）田中塊堂『日本写経綜覧』（前掲）、岡田精司「播磨国既多寺の知識経について」（『兵庫県の歴史』一一、一九七四年）、佐藤信「石山寺所蔵の奈良朝社旗様―播磨国既多寺の知識経『大智度論』をめぐって―」（『古代遺跡と文字資料』名著刊行会、一九九九年）が存在する。

（8）『人文研究』五一―一一、一九九九年。

（9）栄原永遠男注8論文の表4「既多寺大智度論の知識」による。

（10）『日本古代国家成立史論』（東京大学出版会、一九七三年）・『吉備古代史の展開』（塙書房、一九九五年）。

（11）『吉備古代史の展開』（前掲）の五二頁。

（12）『新撰姓氏録の研究』考証篇第二（吉川弘文館、一九八二年）の二六四頁。

（13）吉田晶「古代邑久地域史に関する一考察」『吉備古代史の展開』（前掲）。

（14）なお、『国造本紀』は阿尺・思・伊久・染羽・信夫・白河・佐渡国造も同祖とする。前の六国造は東北地域南部でまとまりがあるが、佐渡国造も同祖とする理由は明らかでない。

（15）拙稿「豊前国の地方豪族について」『愛媛大学教養部紀要』第二一号、一九八八年。なお、企救郡司の召木簡にみえる大領物部臣今継は注目され、亀井輝一郎「物部公と物部臣―長野角屋敷遺跡出土木簡をめぐって―」（『福岡教育大学紀要』第五七号第二分冊、二〇〇八年）は「物部公」の可能性を述べている。

（16）拙稿「『讃岐国戸籍』断簡と物部借馬連氏」『古代の地方豪族』吉川弘文館、一九八八年。

（17）拙稿「伊予国の地方豪族」『古代の地方豪族』（前掲）。

（18）「紀氏に関する一考察」『日本古代政治史研究』塙書房、一九六六年。

（19）拙著『古代の地方豪族』（前掲）・『熟田津と古代伊予国』（創風社出版、一九九二年）。

（20）「物部連に関する二、三の考察」『日本書紀研究』第二冊、一九六六年。

(21)　奈良文化財研究所『飛鳥藤原京木簡一』の三二号木簡。
(22)　『日本三代実録』貞観十二年七月十九日条。
(23)　『平城宮発掘調査出土木簡概報』一二号、一九七八年。
(24)　坂本太郎「日本書紀と蝦夷」(『日本古代史の基礎的研究』上、東京大学出版会、一九六四年)、直木孝次郎『日本古代兵制史の研究』(吉川弘文館、一九六八年)。
(25)　拙著『古代の地方豪族』(前掲)。
(26)　『日本上代史の研究』(岩波書店、一九七二年)の三一頁。
(27)　「大和国家の軍事的基礎」『日本古代史の諸問題』思索社、一九四九年。
(28)　『万葉集』(岩波書店、一九六二年)四巻の二八〇番の頭注。
(29)　『日本書紀』顕宗天皇元年四月丁未条で伊予来目部小楯を山部連へ賜姓している。
(30)　播磨の山部の分布は表22(二一〇頁)を参照のこと。
(31)　拙稿「讃岐国西部地域における地方豪族」『古代の地方豪族』(前掲)。
(32)　注18に同じ。
(33)　奈良文化財研究所『平城宮木簡二』の二一九四号木簡。
(34)　八木充「凡直国造と屯倉」『古代の地方史』2、朝倉書店、一九七七年。
(35)　瀬戸内海地域において、宮城十二門号氏族の同族が郡領氏族であったことが知られるのは、播磨・安芸・讃岐・伊予に分布する佐伯直氏以外では、安芸国沼田郡の伊福部氏、伊予国桑村郡の多治比氏と山部連氏に賜姓された久米氏である。また、山部氏が播磨国に蟠踞したことは後に論ずる。

第二章　伊予国の立評と百済の役

はじめに

日本の古代国家は、乙巳の変、百済の役、壬申の乱を経て、大宝律令の制定・施行によって確立したと考えられている。そして、古代国家にとって不可欠な中央集権的な地方行政制度の確立は孝徳立評を画期とするのが大方の見方であるが、六六一年から始まる百済の役と、庚午（六七〇）年に全国でおこなわれた戸籍作成はそれに勝るとも劣らないと考える。立評が孝徳朝から始まるとの見方に異論はないが、孝徳立評の実態が全国一斉実施であったのか部分的なものであったのか、また、孝徳朝以後の立評は評の分割にすぎないのか立評とみるべきかで見解が分かれる。(1)その最大の理由は、孝徳朝の全国一斉立評を主張する見解(2)が、主たる論拠を八世紀の編纂物である『常陸国風土記』の「香島評」（己酉年＝六四九〔大化五〕年）、「信太評」「行方評」「石城評」（以上癸丑年＝六五三〔白雉四〕年）の立評に求め、その肯定的評価によっているからである。そのため、その後における国造の「クニ」と評の「コホリ」の並存を主張し、以後の立評を評の分評とはみず、段階的な立評がなされたと考えうる余地が存在する。つまり、孝徳立評の最大の問題は、それ以前の国造制支配とは全く異なった新たな行政組織を創出する宣言にすぎないのか、実際に全国一斉に立評されたのか、あるいは、それ以前の制度を修正したものにすぎないのかという孝徳立評の本質をいかに理解するのかという点にある。

一九八三年に、山中敏史氏は全国各地の評家関連遺跡の発掘調査結果を踏まえ、評家関連遺跡の出現が七世紀第4四半期に集中することを論拠として浄御原令の施行による全面立評説を主張した(3)。その後、二〇〇一年には七世紀中期に遡りうる評家関連遺跡が登場したことにより、初期評家と後期評家とを分けて考えられるようになっている(4)。こうした考古学での研究成果をみるとき、立評問題の解明には評家関連遺跡の検討が不可避で、この点を踏まえて孝徳立評を論ずる必要がある。また、孝徳立評が編戸を基礎にしたものであるか否かについては、七世紀代の荷札木簡の「五十戸」表記から「里」表記への移行時期をいかに理解するかという問題が論じられるようになり(5)、この点からの詳論も必要であろう。

こうした状況よりすると、単純に孝徳立評に地方支配制度成立の画期があるとは断定できず、百済の役、天智朝の庚午年籍、天武朝の浄御原令、大宝令の施行などに注目せざるをえない。評家関連遺跡については第八章において伊予国の久米官衙遺跡群の検討を通しておこなうので、本章では立評関連の文字資料の検討を中心に、伊予地域での立評過程を論ずることにする。その際に問題となるのは、単に七世紀後半の史料にみえる「評」記事の検討だけでなく、七世紀後半における国造制の変遷の理解と、わが国を取り巻く極東アジアの国際関係をも論ずる必要がある。前者の国造制については、三章「西本六号遺跡と諸国大祓の成立」で論じるので、本章では六六一年から始まった百済の役とその敗戦の影響と立評との関係についても考えていくことにする。

第一節　瀬戸内海地域の立評状況—伊予国を中心にして—

瀬戸内海地域において立評されたことが文字資料によって確認される評名を表示すると表10のようになり、国別の評名を数の多い方より列記すると、伊予国の馬評・久米評・別評・風早評・越智評・湯評・宇和評の七評、播磨国の□加麻評・粒評・佐由評・宍粟評・神前評・加毛評の六評、備中国の「評軽マ部里」（窪屋郡軽部里）・加夜評・下道評・浅口評・小田評・後木評の六評が続く。以下、備後国の神石評・「深津五十戸」（深津評）・三谷評・亀石評の四評、阿波国の板野評・三間評・麻殖評・長評の四評、備前国の大伯評・三野評の二評、周防国の熊毛評・佐波評の二評、讃岐国の山田評・御城評・多土評の三評などが確認できる。播磨と備中国の六評、備後・阿波国の四評に比しても伊予国における七評の存在はきわめて注目される。以上の諸史料にみえる評が七世紀後半に存在したことは間違いないが、すべてが立評時期を示すものではなく、全ての史料より立評時期を論ずることはできない。上述したように本章の主目的は、孝徳立評は全国一斉立評か、段階的な立評を考えるべきかを論ずる点にあるので、立評時期が想定しうる場合を中心に検討したい。

1　伊予国以外での立評

表10のように、播磨国では飾磨・揖保・佐由・宍粟・神埼・加毛評の六評の存在が確認できるが、これらの荷札木簡には紀年が記されていないこともあり立評時期を確定することはできない。しかし、『播磨国風土記』の記載には立評を考えるに際し注目されるものがあるので、荷札木簡によって確認できた評に関する記載を検討することにする。

表10　瀬戸内海地域における評の存在

国	評表記	備考	出典
播磨	□加麻評	飾磨郡	藤 1-194
	・飯□評若倭マ柏　・五戸乎加ツ	揖保郡	藤原宮 118
	粒評石見里	揖保郡石見里	飛鳥池 435
	・佐由評中川里秦マ　・田加米俵	佐用郡中川郷	飛 18-20
	・宍粟評山守里　・山マ赤皮□□	宍粟郡	藤 2-548
	・神前評川辺里　・三宅人荒人俵	神埼崎郡川辺郷	飛 11-12
	神前評□山里	神埼郡蔭山郷	藤 1-170
	・加毛評柞原里　・「児島マ□俵」	平城宮木簡に柞原郷みゆ	飛鳥池 87
	飾磨評	上野大夫が里名改正	風土記
	揖保評	〃	〃
備前	大伯評□＿＿ ＿＿三斗	邑久郡	藤 1-186
	三野評物部色夫知	備前か讃岐の三野郡	藤 2-811
備中	・己亥年十月吉備中＿　・評軽マ里□	窪屋郡軽部郷	藤 1-183
	・吉備道中国加夜評　・葦守里俵六□	賀夜郡足守郷	木簡研究 14-30
	・加夜評阿□□〔蘇里〕人　・□□□〔羅曳連〕	賀夜郡阿曽郷	木簡研究 21-27
	・加□評□□□〔矢田部〕里　・犬海部皮佐□俵六	賀夜郡八部郷	〃
	・賀賜評塞課部里　・人蝮王部斯非俵	賀夜郡	〃
	加夜評□□□部	加夜評守里□部か	木簡研究 5-84
	・吉備中国下道評二万部里　・多比大贄	下道郡迩磨郷	木簡研究 5-85
	吉備道中国浅口評神部	浅口郡神部	飛 20-26
	小田評甲野五十戸日下部閇海贄	小田郡甲野郷	飛 20-31
	＿国後木評	後月郡	木簡研究 5-85
備後	・神石評小近五十戸　・□米六斗□升	神石郡小近郷	飛 17-21
	深津五十戸養	深津郡深津郷	飛 17-18
	三谷評	三谷郡	日本霊異記
	亀石評	亀石郡	書紀 天武2.3
周防	熊毛評大贄伊委之煮	熊毛郡	木簡研究 5-85
	・周防国佐波評　・牟々礼君西利	佐波郡	飛 20-28
讃岐	山田評	山田郡	書紀 天智6.11
	御城評	三木郡	書紀 持統3.8
	・多土評難田　・海部刀良佐匹部足奈	多度郡方田郷	飛 17-15
伊予	馬評	宇摩郡	須恵器銘
	久米評	久米郡	〃
	別評	和気郡	円珍系図
	風早評	風早郡	書紀 持統10.4
	越智評	越智郡	日本霊異記
	・湯評大井五十戸　・凡人部己夫	温泉郡	飛 11-13
	・湯評笶原五十戸　・足支首知与尓俵	〃	飛 15-13
	湯評伊皮田人葛木部鳥	〃	飛 11-13
	湯評井刀大マ首俵	〃	〃
	・伊余国久米評□　・「天山里人〇宮末呂」	久米郡	藤 1-159
	・汙和評石野五十戸	宇和郡	飛 18-104
	宇和評小物代贄	〃	飛 20-26
阿波	板野評津屋里猪脯	板野郡	藤 1-153
	三間評小豆	美馬郡	飛 13-16
	麻殖評伎珥宍二升	麻殖郡	観音寺 1-41
	・長評和佐里　・郡□方俵	那賀郡	飛 20-28
土佐	長岡評	長岡郡	飛 20-31
豊後	・久須評大伴部　・太丹□　□□	玖珠郡	太宰概 1-2

立評が確認できた飾磨評少川里の成立過程について、『播磨国風土記』飾磨郡少川里条は「右、号二私里一、嶋宮御宇天皇世、私部弓束等祖、田又利君鼻留、請二此処一而居之、故号二私里一、以後、庚寅年、上野大夫、為レ宰之時、改為二小川一」と記している。すなわち、嶋宮御宇天皇（欽明天皇）の時代に私部弓束などの先祖が居住したことにより私里と称していたが、上野大夫が播磨国宰であった庚寅（持統四）年に里名を小川里と改名したというのである。欽明天皇の時期に「私里」が成立していたとは考えられず、「私部」の可能性が高いが、庚寅年以前に立評されていたと考えることができる。ついで、『播磨国風土記』揖保郡石海里条に「石海里土惟上中右所三以称二石海一者、難波長柄豊前天皇之世、是里中、有二百便之野一、生二百枝之稲一、即阿曇連百足、仍取二其稲一献之、爾時、天皇勅曰、宜下墾二此野一作上レ田、乃遣二阿曇連太牟一、召二石海人夫一令レ墾レ之、故野名曰二百便一、村号二石海一也」との記載も注目される。難波長柄豊前天皇（孝徳天皇）の時代に、阿曇連百足が「百枝之稲」を献上したことで同地の開墾が命じられ、その関係者とみられる阿曇連太牟が「石海人夫」を徴発して開墾したことにより石海と称したという。出土木簡で「粒評石見里」の存在が確認され、その前身である石海との里名は孝徳朝に成立したと記していることを考えあわせると、揖保評の立評は風土記が記すように孝徳朝と考えられる。さらに、『播磨国風土記』宍禾郡比治里条の「比治里土中上所三以名二比治一者、難波長柄豊前天皇之世、分二揖保郡一、作二宍禾郡一之時、山部比治、任為二里長一、依二此人名一故曰二比治里一」との記事も、表10で確認できる「宍粟評山守里」よりして、孝徳立評の存在を物語るものではなかろうか。

備前・備中・備後国の評で注目されるのは備中の評で、「・己亥年十月吉備中［　・評軽マ部里　」の「己亥年」が文武三（六九九）年であり、「小田評甲野五十戸日下部閑海贄」は「甲野五十戸」記載であることより、天武十年以前のものである可能性が高い。また、「・吉備中国下道評二万マ里　・多比大贄　」については後述の『備中国風土記』逸文が注目される。すなわち、六六一年から始まる百済の役に際して、難波津を出発した斉明一行が吉備中国下道評の迩磨里に到着し、同地で百済救援軍への参加兵士を徴発したところ二万人の兵士が集まったので、この地を二万郷としたというものである。この伝承については後に論ずるが、少なくとも斉明七（六六一）年には「二万マ里」が存在していた可能性を示し、孝徳立評の存在を物語っている。

阿波国の評は、「板野評津屋里」「三間評」「麻殖評伎珥宍」「長評和佐里」が知られるが、立評時期を示す荷札木簡は存在しない。ただ、『続日本紀』神護景雲元年三月乙丑条には「阿波国板野名方阿波等三郡百姓言、己等姓、庚午年籍被レ記二凡直一唯籍皆著二費字一、自レ此之後、評督凡直麻呂等披二陳朝庭一、改為二粟凡直姓一、已畢、天平寶字二年編籍之日、追注二凡費一、情所レ不レ安、於レ是改為二粟凡直一」とみえ、庚午年籍以後に「評督凡直麻呂」の存在したことが確認できる。また、阿波国造碑で「阿波国造　名方郡大領正七位下　粟凡直弟臣墓」「養老七年歳次癸亥　年立」が確認され、粟凡直氏が六世紀後半の敏達朝に設置された「国名＋大押＋直」の国造の後裔であることより、孝徳朝に阿波国造の本拠地で立評した可能性は高いと考えられる。こうした点は、観音寺遺跡出土木簡[7]に、七世紀前半のⅧ層の七九号木簡の「大マ□」と八〇号木簡の「䢦䢦」、七世紀中期のⅦ層出土の七七号木簡（論語木簡）が存在することより、直接的ではないが孝徳立評の存在が想定可能であろう。

以上、孝徳立評を直接記す史料はないが、孝徳立評がおこなわれたことは間違いのないところである。

2　伊予国での立評

表10に示したように、伊予国では馬評・越智評・風早評・別評・湯評・久米評・宇和評と瀬戸内海地域でももっとも多くの評の存在が確認できる。孝徳朝に立評されたと想定できるものに久米評があり、その立評経過については第八章で詳論する。また、岡山県立博物館所蔵の須恵器銘「馬評」は、伊藤純氏の検討[8]によると伊予国宇摩郡の前身で

ある可能性が強く、陶邑編年Ⅲ形式二から三段階に最も近く、実年代でいえば七世紀中期と考えられるという。この見解に従えば伊予国東部においても馬評が孝徳朝に立評されたことになるが、現時点で馬評銘の須恵器の出土地点を明らかにすることは困難であり[9]、宇摩郡の前身と断定することは差し控えるべきであろう。この点を確認する方法には、同須恵器の胎土分析をおこない、伊予国宇摩郡の七世紀代の窯跡を発見し、それとの比較をおこなうことであろうが、それは今後の課題であり特段の予測をもっているわけではない。

伊予国での孝徳立評については、和気系図（円珍系図、以下和気系図と記す）の記載が注目されるので、以下において和気系図を中心にして伊予国道後平野における立評過程を明らかにしたい。

和気系図は、讃岐国那珂・多度郡に分布した因支首氏が「和気公」に改姓するに際して作成したもので、因支首氏の改姓理由を伊予国和気郡から移住したことを論拠とし、その点を明らかにする一つの手段として作成されたものである。そのため和気系図には、讃岐へ移住する前の伊予国における別氏の系譜が記され、そこに「評造小山上宮手古乃別君」「評督大建大別君」「評造小乙下意伊古乃別君」がみられる。この和気系図については、古くは大倉粂馬氏の研究[10]をはじめ佐伯有清・義江明子氏の研究[11]があり、かつ、その史料的信憑性については、評関係史料として貴重なものであることより「郡評論争」のなかで論じられ、大方の認めるところであるといえる[12]。

因支首氏の和気公への改姓は、『日本三代実録』貞観八年十月戊戌条に「讃岐国那珂郡人因支首秋主、同姓道麿、宅主、多度郡人因支首純雄、同姓国益、巨足、男縄、文武、陶道等九人、賜二姓和気公一、其先、武国凝別皇子之苗裔也」とみえ、貞観八（八六六）年十月に公認されたことが知られる。そして、改姓の論拠の一つとして作成したのが「和気系図」であり、和気公氏への改姓過程は貞観九年二月十六日付の讃岐国司解（『平安遺文』一巻一五二号）に詳細である。いま、同解文所収の袖書き・改姓人・日付と讃岐国司の署名部を略して全文を掲げると次のようである。

右、被二民部省去貞観八年十一月四日符一偁、太政官去十月廿七日符偁、得二彼国解一偁、管二那珂多度一郡司解状偁、秋主等解状偁、謹案二太政官去大同二年三月廿三日符一偁、右大臣宣、奉　レ勅、諸氏雑姓概多二錯謬一、或宗異姓同、本源難レ弁、或嫌レ賎仮レ貴、枝派無レ別、此而不レ正、豈称二実録一、撰定之後何更刊改、宜下検二故記一、請二改姓一輩、限二今年内一任令中申畢上者、諸国承知、依レ宣行レ之者、国依二符旨一、下二知諸郡一、爰祖父国益道麻呂等、検二據実録一、進下本系帳幷請二改姓一状上、復案二旧跡一、依二太政官延暦十八年十二月廿九日符旨一、共二伊予別公等一、具注下為二同宗一之由上、即十九年七月十日進上之矣、而報符未レ下、祖耶已没、秋主等幸荷二継絶之恩　勅一、久悲二素情之未レ允、加以因支両字、義理無レ憑、別公本姓亦渉二忌諱一、當今　聖明照臨、昆虫霑　レ恩、望請、幸被二言上一、忍尾五世孫少初位上身之苗裔在二此部一者、皆據二元祖所一レ封郡名一、賜二和気公姓一、将レ貽二栄于後代一者、郡司引二検舊記一、所レ申有レ道、仍請二国裁一者、国司覆審、所レ陳不レ虚、謹請二官裁一者、右大臣宣、奉　レ勅依レ請者、省宜二承知一、依レ宣行者、国宜二承知一、依レ件行レ之者、具録下于預二改姓一之人等夾名上、言上如レ件、謹解

讃岐国那珂・多度郡に分布していた因支首氏の和気公への改姓運動は、律令政府が諸氏族に対して本系帳を提出するよう命じた延暦十八（七九九）年十二月二十九日の太政官符に従って、伊予別公氏と同宗である旨を記して進上したことに始まる。ついで、大同二（八〇七）年三月二十三日の改姓を望む氏族は同年中に申請するように命じた太政官符[13]に従い、因支首国益・道麻呂が「検二據実録一進下本系帳幷請二改姓一状上」めたが、この申請は許可されなかった。貞観年間になり、孫にあたる秋主などがこの経緯を述べたうえで、「據二元祖所レ封郡名一」って和気公姓を賜るよう再申請した[14]。その申請に対して、那珂郡司（申請者たる秋主が那珂郡に所貫されていることによる）は「引二検舊記一、所レ申有レ道」と判断し、その後に、国裁・官裁を経て許可されたことを記している。

以上の経緯よりすると、因支首の和気公氏への改姓に、延暦年間に作成した本系帳を基にして系図を作成する必要

図1　伊予国の別君氏の略系図

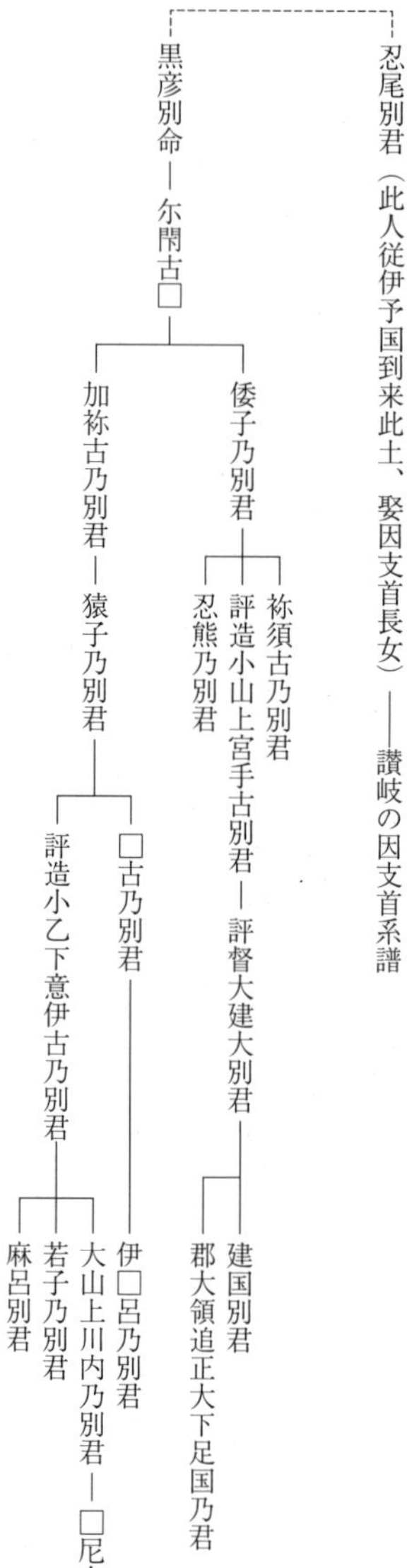

があったと考えられる。かかる事情の下で作成されたのが和気系図であり、同系図を作成したのは、系図の「□系図并長承和初従　家□　□□於円珍所□　」との書き入れと、系図の最後が円珍と弟の福雄であることよりして、承和の初年に延暦寺第五代の座主円珍の下で作成されたと考えられる。なお、改姓が許可されたのが貞観八（八六六）年十月二十七日であったにもかかわらず、讃岐国司が貞観九年二月二十六日に解文を出しているのは、改姓に預かる人名を報告するものであったと考えられる。以上よりして、因支首氏は本来伊予国和気郡に存在したことは明らかで、和気系図で伊予国の別氏の系譜を記した部分を略記すると図1のようになる。

この略系図で注目されるのは、①伊予国の別氏には倭子乃別君の系列と加祢古乃別君という二系統が存在していたこと、②倭子乃別君系列が嫡子系と考えられ、その系列には評造小山上宮手古別君→評督大建大別君→郡大領追正大下足国乃君が存在したこと、③倭子乃別君の弟と考えられる系列には猿子乃別君→評造小乙下意伊古乃別君→大山上川内乃別君→□尼牟□乃別君が存在したことがあげられる。このように讃岐国の因支首氏の改姓に際して伊予国の別君氏の系図が記されたことは、延暦十八年の太政官符に従って「本系帳」を、「共二伊予別公等一、具記下為二同宗一之由上、即十九年七月十日進上矣」したことに関連するものである。さらに注意しなければならないのは、この二系列のいずれにも「評造」がいたことで、評造から評督・郡大領への変遷がみられることである。

そこで、倭子乃別君と加祢古乃別君の二系列に分けて検討したい。長男倭子乃別君の系譜は、倭子乃別君―次評造小山上宮手古別君―子評督大建大別君―次郡大領追正大下足国乃別君とみえている。まず、評造小山上宮手古は、「小山上」が大化五（六四九）年の位階であることより、孝徳朝の人物と考えられる。(15) 評督大建大別君は、「大建」が天智三年の位階であるので、天智三（六六四）年から天武十四（六八五）年の間に死去した人物とみられる。(16) 足国乃別君は「郡大領追正大下」と記され、「郡大領」であり八世紀の郡司の長官で間違いない。また、「追正大下」という位階については、大宝令制の八位に相当する「追大」と『続日本紀』大宝元年三月甲午条にみえる「正正」「正従」という大宝令制位階への過渡期のものと考えられ、正しく大宝初年の位階を記したものと考えられる。

弟の加祢古乃別君の系列は、猿子乃別君―評造小乙下意伊古乃別君―大山上川内乃別君―□尼牟□乃別君とみえる。四代目の川内乃別君は「大山上」とみえ、同位階は大化五年から天武十四年の間のもので、評造小乙下意伊古乃別君は孝徳朝の人物と考えることもできるが、「和気系図」の記載によると、孝徳朝の評造小山上宮手古別君と同世代が評造小乙下意伊古乃別君の父である猿子乃別君にあたることより、評造小乙下意伊古乃別君は天智朝の人物と考えるのが自然であろう。さらに、この二系列以前の人名記載が「〇〇別命」と記しているのに対して、二系列の最初から「〇〇乃別君」と「命」から「君」へと変化していることが注目される。佐伯有清氏(17)によれば君が付されることは別が氏族名化したとみられ、別氏に何らかの性格の変化があったことを示唆し、推測すれば孝徳立評にともなうものであったと考えられよう。

以上の和気系図で注目されるのは評造→評督→郡大領との記載で、「評造」をどのように考えるべきかとの問題である。井上光貞氏[18]はこの和気系図の表記より評・郡の長官を評造→評督→大領と変遷したと考えられたが、磯貝正義氏[19]は、『皇太神宮儀式帳』の記載より孝徳朝に督領・助督の二官が存したと考え、評造は後の郡領に相当する語で評の長官・次官たる評督・助督を総称する官名で、それは孝徳朝に成立し大宝令直前まで存在したとした。ついで鎌田元一氏[20]は、薗田香融説[21]を継承し『常陸国風土記』の「石城評造部志許赤」との記載より、評造は二名の立郡人の次官に付されたと推定し、国造出身者ではない評の官人に適用された「身分・地位を表す称号」と考え、森公章氏[22]も鎌田説を継承し通説のように考えられている。以上の見解に対し、ⓐ上述した和気系図の評造→評督→郡大領記載と、妙心寺鐘銘の「戊戌年四月十三日壬寅収、糟屋評造春米連廣国」などの評造を官名ではないとするのは解釈にすぎないこと、ⓑ『皇太神宮儀式帳』の督領・助督記載を孝徳朝のものと断定できないこと、ⓒ『常陸国風土記』の「石城評造部志許赤」は石城評の最初の立評者とされていることなどより、評造とは最初に立評した者に対し与えられた身分的称号であるとともに長官を示すものであったが、天智朝になり長官・次官を「評督」「助督」と称するようになり、評造は最初の立評者に与えられた身分的称号として残ったと考えることも可能であろう[23]。

すなわち、伊予国の別君氏は、孝徳朝に宮手古別君がその支配領域で立評し、ついで、天智朝になると意伊古乃別君がもう一評を分評したと考えられるのである。こうした別君の分布地域と立評地域については、①貞観九年の讃岐国司解に「據二元祖所レ封郡名一、賜二和気公姓一」とみえること、②『和名類聚抄』の伊予国和気郡は平城宮や長岡京出土木簡により八世紀前半より存在していたことが確認されること、③『日本霊異記』上巻第十八話に「伊予国別郡」とみえることなどの点よりして、伊予国の別公氏が分布していた地域として伊予国和気・温泉郡周辺が考えられ、孝徳朝に立評された評が令制の和気郡の前身であったことは誤りのないところである。

もう一つの評が問題であるが、別君氏の同族であることより、令制和気郡の周辺の温泉郡と風早郡が注目される。拙著『古代の地方豪族』（吉川弘文館、一九八八年）で述べたように、風早郡は現在の愛媛県松山市の北条一帯（旧北条市）にあたり、「風早国造」が存在しており郡領氏族としては風早直氏か物部首氏が想定されることより、風早郡にその一評を求めることは困難であろう。温泉郡の郡域は、桑原・埴生・立花・井上・味酒郷よりなる松山市一帯と考えられる。この地域が古くより発展していたことは、大量の平形銅剣を出土し、かつ、文京遺跡よりの照明鏡、若草遺跡からの日光鏡、前期古墳である朝日谷二号墳よりの二禽二獣鏡などの舶載鏡が出土していること、さらに、四世紀代の灌漑施設を出土した古照遺跡の存在などより確認されているところである。こうした温泉郡については、『伊予国風土記』逸文が「湯郡」と一字記載であることより立評されたと考えていたが、その点は飛鳥池遺跡の出土木簡によって確認された[24]。その釈文は表10に示したが、注目されるのは、①凡人部が湯評に分布すること[25]、②「湯評井刀大マ首俵」と大伴部の存在が確認できたこと、③湯評関係木簡の内三点が文書木簡であること、④「大井五十戸」と「笶原五十戸」の五十戸記載が二点みえることなどである。これら湯評関係木簡の実年代を考えるとき注目されるのは④であるが、まず、八世紀代の温泉郡には桑原・埴生・立花・井上・味酒の五里が存在するが、それにつながる五十戸が存在していないことが注目される。おそらくは湯評から温泉郡への移行に際して大きな変化が生じたとみられるが、「五十戸」記載から立評年代を導き出すことは困難である。しかし、遅くとも天武朝に湯評が存在したことは間違いなく、断定することはできないが伊予の別氏が孝徳朝に後の和気・温泉郡域で立評し、ついで、それを分評したのが令制の温泉郡ではないかと想定できるのである。

以上よりすると、少なくとも伊予国の道後平野では七世紀中期の孝徳朝に久米・別の立評がおこなわれ、ついで天智朝に湯評が分評されたと考えられるのである。問題は、瀬戸内海全域における孝徳立評の存否であるが、残念ながらこの点についての論証はできないといわざるをえない。しかし、従来は八世紀の編纂物である『常陸国風土記』を論拠として孝徳全国立評を主張していたのに対して、伊予国道後平野という限られた地域ではあるが、孝徳立評の存在が確認されることは重要であろう。孝徳朝の全国立評の可能性はきわめて高いと考えるが、それは、あくまで全国各地における立評であって、全国一斉立評というのではない。孝徳立評が五十戸編戸を基盤とするか否かについては、「五十戸」記載が孝徳朝に遡りうると断言できないことと、『常陸国風土記』の記載を除いては編戸されていたとはいいがたく、やはり、全面的な編戸は庚午年籍の作成まで待たなければならなかったと考えるべきであろう。

第二節　百済の役と瀬戸内海地域社会

孝徳立評の要因は、国造による在地支配の内部矛盾というよりは、隋・唐帝国の覇権主義にともなう東アジア情勢の展開が存在したと考えられる。すなわち、隋の三度にわたる侵略を排撃した高句麗は軍事力強化を国策とし、百済の攻撃を受けていた新羅は唐と結ぶ方針を取り、百済は高句麗と倭国と結ぶ方針を採用し、七世紀中期における極東アジアの国際政治は、唐・新羅と百済・高句麗・倭国という二大陣営の対立を基本軸として展開したのである(26)。そして、軍事的衝突は六四四年末における唐の高句麗侵攻に始まり、唐は高句麗軍の抵抗によりいったんは撤退するも、高句麗侵攻を諦めず六四八年にも出兵したが、六五〇年の皇帝太宗の死去により高句麗への侵略は一段落した。こうした唐の軍事行動に応じて、新羅は三万の兵士を派遣したが、その出兵の隙に百済が新羅へと侵攻し、高句麗・百済両国より攻められた新羅は、唐との結びつきを強めるのと同時に、わが国にも真智王の孫の金春秋（後の武烈王）を人質として送るという接近策をとった。そして、六四七年の毗曇の乱後の新羅は、日本から帰国した金春秋を唐へ派遣し、服装の唐制化・唐衣冠制度の採用・唐の永徽年号の採用のように、唐と強く結びつくことを通して、勢力を立て直していったのである。

　こうしたなかでわが国は、斉明五（六五九）年七月に坂合部連石布・津守連吉祥らを第四次遣唐使として派遣したが、この遣唐使一行は、皇帝高宗の謁見後にとらわれの身となった。伊吉連博徳の申し立てにより罪は許されたが、高宗は「国家、来年、必有㆓海東之政㆒、汝等倭客、不㆑得㆓東帰㆒」[27]として一行を長安の一所に幽閉した。「海東之政」とは、六六〇年に新羅と連合して百済へ侵攻することで、この計画の妨げにならないように遣唐使一行を足止めしたのである。唐の百済侵攻は、直接的には新羅の武烈王が、百済が高句麗の勢力を頼ってしきりに新羅へ侵攻したことを唐に訴えたことに始まるが、唐も高句麗への侵攻に際し、新羅と連合して百済を滅ぼすことが得策と考えたことによるのであろう。そして、六六〇年三月に唐の高宗は蘇定方を将軍として水陸十万の兵を派遣し、新羅の武烈王も五万の兵を百済に向けて出兵し、七月に唐軍と「黄山」で合流した。そして七月十三日に連合軍は泗沘城をかこみ、義慈王は熊津城へと逃れたが、義慈王と太子余隆は唐軍に降り、義慈王らは唐の洛陽に送られ、ここに百済は滅亡したのである。唐は百済を平定した後に休むことなく高句麗へとその鉾先を転じたため、百済の各地では唐に対する抵抗が勃発し、ついには百済復興運動へと発展した[28]。『日本書紀』斉明六年十月条によると、百済復興運動の中心人物の一人であった鬼室福信が、唐の捕虜百余人をわが国に献じ、日本の救援軍派遣と義慈王の王子である余豊璋の送還を申請してきた。わが国が百済の滅亡を知ったのは、滅亡の二カ月後の九月に百済の達率某の情報[29]によると『日本書紀』は記すが、井上光貞氏[30]が推定するように、百済が危ないとの情報は滅亡以前より知っており、鬼室福信が使者を派遣した十月には百済救援を決定していたとみるべきであろう。このようにわが国が百済救援軍の派遣を早急に決定した理由は、①六世紀以前よりわが国と百済が友好関係を結んでいたこと、②わが国の朝鮮半島での権益は百済を通しておこなわれており、百済が滅亡することはわが国の権益の喪失にあたること、③わが国の大国主義的な外交が不可能になること、④国内的には六世紀後半より不安定になった地方支配と「大化改新」における中央政界の動揺を対外戦争で権力集中して押える必要があったことなどが考えられる。

わが国は、鬼室福信の要請に対してただちに救援軍の派遣を伝え、筑紫に本拠をかまえることを決定し、斉明六年十二月二十四日に、斉明天皇は皇太子中大兄・皇太弟の大海人皇子ら天皇家全体と中臣鎌足など朝廷の重臣たちを従えて難波宮に赴いた。翌七年正月六日に難波津を出発した斉明一行は、八日には備前国の邑久の海に到着している。その後の経過について『日本書紀』は、正月十四日に伊予熟田津の石湯行宮に到着し、二カ月強後の三月二十五日に那大津（博多津）に至り磐瀬行宮に到着したことを記すのみである。しかし、次に掲げる『備中国風土記』逸文によると、備前国邑久郡より伊予国熟田津に至る途中に備中国下道郡の港に立ち寄ったことが知られる。

臣、去寛平五年、任二備中介一、彼国下道郡、有二邇磨郷一、爰見二彼国風土記一、皇極天皇六年、大唐将軍蘇定方、率二新羅軍一伐二百済一、百済遣レ使乞レ救、天皇行二幸筑紫一、将レ出二救兵一、時天智天皇、為二皇太子一、摂レ政従行、路宿二下道郡一、見二一郷戸邑甚盛一、天皇下レ詔、試徴二此郷軍士一、即得二勝兵二萬人一、天皇大悦、名二此邑一曰二二萬郷一、後改曰二邇磨一、其後天皇崩二於筑紫行宮一、終不レ遣二此軍一

この記事は延喜十四（九一四）年の三善清行の意見封事十二箇条に引用されていたもので、奈良時代の『備中国風土記』の逸文で、ここにみえる地名説話は奈良時代前半のものである。ただし、「皇極天皇六年」とするのは誤りで皇極の重祚後の斉明六年のことであることはいうまでもない。逸文の内容は、斉明一行が百済救援で西に向かう途中で、後の備中国下道郡邇磨里に至り、同地で百済救援軍を徴兵したところ二万の兵士が集まったので、この地を二万郷としたというものである。邇磨里のみで二万の兵士が徴兵できるはずがなく、地名より作られた物語であることは

間違いないであろう。こうした地名起源説話を考える時、藤原宮跡出土木簡「・吉備中国下道評二万マ里　・多比大贄」[31]は注目され、備中国下道郡邇磨郷は浄御原令制下では「吉備中国下道評二万マ里」であったことが確認される。天平十一（七三九）年備中国大税負死亡人帳による備中国窪屋郡白髪部郷川辺里の「戸主爾麻部宇弖口爾麻部大坂麻呂」（『大日本古文書』二巻二五〇頁）や、天平十一年出雲国大税賑給歴名帳による出雲国出雲郡出雲郷朝妻里の「爾麻阿比古族弟山」（『大日本古文書』二巻二一九頁）を参考にすると、「二万部里」は部民の存在により付された地名と考えられる。すなわち、邇磨里の地名は本来「二万部里」であり、かつ、部民制の遺制にもとづく可能性の強いものである。かかる経過であったにもかかわらず、八世紀前半に百済の役と結び付けた起源説話を造っていることは、鬼頭清明氏[32]が指摘するようにこの地域における百済救援軍の徴兵という史実の影が認められるのではないか。

邇磨里の比定地は、現在の岡山県倉敷市真備町の上二万・下二万で、旧高梁川河口の右岸に求められる。古代の児島半島は島であり、瀬戸内海航路は吉備の内海を航行[33]しており、古代の高梁川河口の地形を復原しないと正確ではないが、高梁川と小田川が合流すると同時に瀬戸内海に接する形で、邇磨里付近まで湾入していたと考えられる。すなわち、邇磨里は当時の瀬戸内海交通路であった吉備内海の西側に位置していたことは誤りのないところで、斉明一行が停泊する地点としてふさわしい所であったことは間違いない。

さらに、『日本霊異記』上巻第七話に収められている備後国三谷郡大領の先祖が百済の役に参加した話でも知られるように、吉備地域の地方豪族が百済の役に参加しているのである。このように吉備地域の人々が百済の役に徴兵されたことは明白であり、吉備地域の兵士たちが集合・出発するに際し、斉明一行は何らかの戦勝儀式を吉備の地でおこなう必要があったと考えられる。その際、吉備地域全域より集合したのが高梁川河口の邇磨の地で、その時に数多くの兵士が集まったという事実が風土記の地名起源説話とされたのではなかろうか。こうした推測は、斉明天皇一行の旅程よりも想定することができる。すなわち、斉明一行は難波津—備前邑久郡を二日間、邑久郡—伊予熟田津を六日間で航行しているのであるが、備前国邑久郡と伊予熟田津の間の六日間は、難波—邑久間の二日間に比して長すぎる。天平八（七三六）年の遣新羅使の航行行程は、多麻浦（高梁川河口）より安芸国長門浦までの航路を、長井浦（広島県三原市糸崎港）・風早（広島県安芸町三津）で一泊ずつして三日で到着しているからである。こうした点よりしても、高梁川河口で斉明一行が停泊し儀式をおこなったと考えることは充分可能である。

正月十四日に伊予国の熟田津に到着した斉明天皇一行が伊予より那津（博多津）に到着したのは三月二十五日で、熟田津への到着から那津への到着まで二カ月強の期間がある。『日本書紀』斉明七年三月庚申条には「御船還至二于那大津一」とみえ、斉明一行は筑紫への航路に戻って那大津（博多津）に到着したと記し、斉明一行は二カ月近く伊予国に滞在していたと考えられる。二カ月強に及ぶ石湯行宮での滞在は、四国地域における百済の役参加兵士の徴兵と戦勝を祈る儀式や筑紫の磐瀬行宮の造営期間にあてられたのであろう。そして、斉明七年三月二十五日に磐瀬行宮に到着した一行は、同年五月九日に朝倉橘広庭宮に移るが、『日本書紀』には「是時、斮二除朝倉社木一、而作二此宮一之故、神忿壊レ殿、亦見二宮中鬼火一、由レ是、大舎人及諸近侍、病死者衆」[34]とみえ、周辺では反対運動が存在し、七月二十四日に斉明天皇は死去した。その後をついだ皇太子の中大兄は磐瀬行宮（「長津宮」と改名さる）へ移り、「水表の軍政」をとり、表11に示すように玄界灘を渡海し、白江村での戦いに及んで敗北し、わが国へと撤退したのである。

こうした百済の役に参加した総数はどの程度であったのか。どのように玄界灘を渡海したのかを考えるとき注意しなければならないのは、表11の（A）の人数と（B）・（C）の豊璋を百済へ送るとの記事で、この理解にはいくつかの可能性があり、井上光貞氏[35]は、斉明七年九月に別働隊で豊璋を百済へ送り、天智元年五月に本隊を派遣して豊璋を王位につかせたと考えている。そのように考えることも可能であるが、本稿では（C）の数の中に（B）の五千人が入っていると考えておきたい。とすると、玄界灘を渡ったのは（A）の前・後将軍による渡海人数と、（C）の一七〇艘（Bの五千人を含む）と、（D）の二万七千人となる。問題は（A）と（C）の人数で、（A）は（D）の三将軍体制では二万七千人であるので一万八千人との人数を想定することが可能である。（C）の船一七〇艘の場合は、一艘の定員は四三人から一二一人との数がみえ[36]正確な人数は確定できないが、最小人数として五千人が考えられ、（A）の一万八千、（C）の五千人以上、（D）の二万七千人の計五万人以上であったと考えることが可能である。すなわち、五万人以上の人々が斉明七年九月から天智二年三月にかけて玄界灘を渡り、唐・新羅軍と戦い敗北し、天智二年九月にその多くがわが国に戻って来たのである。こうした対外交通がその後のわが国の政治・文化に及ぼした影響は計り知りえず、地方支配のあり方にも多大の影響を与えたと考えられるのである。

以上のように、百済の役に参加した五万人以上の百済派遣軍は、畿内豪族軍だけでなく西国を中心とする地方豪族軍よりなっていたことは岸俊男氏が指摘した[37]ところである。百済派遣軍で注目されるのは、養老軍防令の征討軍が大将軍—将軍三人—副将軍四人—軍監四人—軍曹一〇人—録事八人—兵士であるのに対し、百済派遣軍は前・中・後将軍とみえ将軍相互間の指揮系統が体系化されていないことである。この点は鬼頭清明氏[38]が指摘するように、百済派遣軍が

表11　『日本書紀』に見える百済の役の経過

年月日	記載内容
斉明　7.1.6	難波津を出発
7.1.8	大伯海（備前国邑久郡牛窓湾）に到着
	備中国下道郡邇磨郷にて徴兵・戦勝儀礼をおこなう
7.1.14	伊予国熟田津に到着、伊予にて徴兵・戦勝儀礼をおこなう
7.3.25	那大津に到着し、磐瀬行宮に滞在
7.5.9	朝倉橘広庭宮へ移る
7.7.24	斉明天皇死去する
7.8	前・後将軍を朝鮮半島へ派遣（A）
7.9	豊璋を5000の兵士で百済へ送る（B）
天智　1.5	船170隻で豊璋を百済へ送り、王位に就かせる（C）
2.3	前・中・後将軍が27000人の兵士とともに出兵(D)
2.8.11	唐の軍船170隻が白村江に連なる
2.8.27	戦闘が始まり、日本と百済軍の敗戦
2.9.25	日本軍が日本へ向かい撤兵

各氏族単位の軍事組織よりなっていたことに関連し、畿内豪族軍の基本構造は畿内の氏上のもとに舎人や資人による軍隊が形成され、基本的には部民制に支えられていたと考えられるのである。

地方豪族軍の多くは西海道と瀬戸内海地域より徴兵されたと考えられ、その点を記す史料として以下の四史料が存在するので、それを掲げたうえで実態を検討したい。

（A）『日本霊異記』上巻第十七話

伊予国越知郡大領之先祖越智直、當レ為レ救二百済一遣到レ軍之時、唐兵所レ擒、至二其唐国一、我八人同住レ洲、儻得二観音菩薩像一、信教尊重、八人同レ心、竊截二松木一以為二一舟一、奉レ請二其像一、安二置舟上一、各立二誓願一、念二彼観音一、爰随二西風一、直来二筑紫一、朝廷聞之召、問二事状一、天皇忽矜、令申所レ楽、於レ是越智直言、立レ郡欲レ仕、天皇許可、然後建レ郡造レ寺、即置二其像一、自レ時迄二于今世一、子孫相続帰敬、蓋是観音之力、信心至之、丁蘭木母猶現二生相一、尚応、況是菩薩而不レ応乎

（B）『日本霊異記』上巻第七話

禅師弘済者、百済国人也、當二百済乱時一、備後三谷郡大領之先祖、為レ救二百済一遣軍旅、時発二誓願一言、若平還来、為二諸神祇一、造二立伽藍一、遂免二災難一、即請二禅師一、相共還来、造三谷寺、其禅師所造立伽藍、多諸寺、道俗観之共為二欽敬一、禅師為レ造二尊像一上レ京、売レ財既買二得金丹等物一、還到二難波之津一、（後略）

（C）『日本書紀』持統十年四月戊戌条

以二追大貳一授三伊豫国風早郡物部藥、與二肥後国皮石郡壬生諸石一、并賜二人絁四匹、絲十鈎、布廿端、鍬廿口、稻一千束、水田四町一、復二戸調役一、以慰三久苦二唐地一

（D）『続日本紀』慶雲四年五月癸亥条

讃岐国那賀郡錦部刀良、陸奥国信太郡生王五百足、筑後国山門郡許勢部形見等、各賜㆓衣一襲及鹽穀㆒、初救㆓百濟㆒也、官軍不㆑利、刀良等被㆓唐兵虜㆒、沒作㆓官戸㆒、歴㆓卅餘年㆒乃免、刀良至㆑是遇㆓我使粟田朝臣眞人等㆒、隨而歸朝、憐㆓其勤苦㆒有㆓此賜㆒也

（A）『日本霊異記』上巻第十七話の内容を要約すると次のように列記することができる。①百済派遣軍に伊予国越智郡の大領の先祖である越智直（人名は不明）が参加し、朝鮮半島へ渡ったが戦いで捕虜となり唐へ連行された。②唐に連行されていた越智直氏の八人は心を合わせて船を作り、観音菩薩を安置して念じたために、西風に乗り筑紫に帰国することができた。③このことを聞いた天皇が越智一族の苦労を憐れんで願い事を聞くと、越智直は「立郡欲仕」と願い、許可された。なかでも③の点に注目すると、越智氏の百済の役への参加は評造軍としてではなく国造軍として参加したと考えられるのである。さらに、越智直氏の帰国がいつであったのかについて説話は明確にしていないが、他の史料にみえる百済の役での捕虜の帰国後の対応が叙位・賜物・免課役という律令制度に準拠したものであるのに対して、この史料では、越智氏が「立郡」「造寺」を願いそれが許可されたと記していることよりすると、白村江の敗戦からそれほど経ていない時期（天智朝）が考えられる。すなわち、越智国造の支配地域においては、孝徳朝では立評されず、百済の役を経て以後の天智朝に立評されたことが知られ、孝徳朝の立評は全国的ではあったが一斉立評ではなかったと考えられるのである。

（B）『日本霊異記』上巻第七話の内容は、百済派遣軍に参加した備後国三谷郡の大領の先祖が出発するに際し、無事に帰国することができたなら「為㆓諸神祇㆒、造㆓立伽藍㆒」と誓ったところ、災難を免れ帰国することができたので、百済の弘済禅師を招請し、三谷郡に寺を造営したというものである。すでに指摘されているように[39]、三谷寺は三次盆地の北側に位置する寺町廃寺が相当し、同廃寺跡よりは、百済扶余出土と類似した素弁蓮華文の軒丸瓦を出土し、そ

の年代も七世紀後半であるという。この説話で注目されるのは、①帰国してから立評という点の記述のないことよりすると、三谷郡の大領の先祖は百済の役へは評造として参加したと考えられる。②出発に際して「為二諸神祇一、造二立伽藍一」と誓っていることは、百済の役以前の時期に造寺ということを認識していたことを示す。③ただ、「造立伽藍」の正しい意味を理解していなかったことは、「為諸神祇」と記していることより想定できる可能性がある。いずれにしても吉備の山中においても百済の役への参加兵が徴発されたことは間違いのないところである。

（C）『日本書紀』持統十（六九六）年四月戊戌条の内容は、伊予国風早郡で徴兵された物部薬と肥後国皮石郡の壬生諸石とが戦後三十三年経て帰国することができたため、その労をねぎらい追大弐の位階を与え、その他に絁四匹、絲十鈎、布廿端、鍬廿口、稲一千束、水田四町を与え、かつ、それぞれの戸の税を免除したというものである。こうした戦争などで外国に没落した人々に対する対応は、令規定では戸令没落外蕃条・賦役令没落外蕃条に規定されている。ただ、この場合は、浄御原令施行下であるので浄御原令規定に従った可能性もある。

（D）『続日本紀』慶雲四（七〇七）年五月癸亥条の内容は、百済の役に出兵して唐の捕虜になり、唐の「官戸」とされていた錦部刀良・生王五百足・許勢部形見が四十余年後に「官戸」より許されて、遣唐使粟田朝臣真人一行に従って帰国することができたというものである。生王は「壬生」の可能性が高く、いずれも部民であったことが注目され、地方豪族の参加も部民制に従って徴兵されたことがあったことを示唆するが、断定することは困難である。

以上の（A）～（D）の史料にみえる人々の百済の役への徴兵のあり方より、次のように考えることができよう。すなわち、百済の役の段階では後の軍団のような軍事組織は未成立であったと考えられる(40)が、評衙に軍事徴兵権が存在していたことは想定できる(41)。この点は、『日本書紀』持統四（六九〇）年九月丁酉条と十月乙丑条が参考になり、九月丁酉条には「大唐學問僧智宗、義德、淨願、軍丁筑紫国上陽咩郡大伴部博麻、従二新羅送使大奈末金高訓等一、還至二筑紫二」と「新羅送使大奈末金高訓等」にともなわれ筑紫に帰還した「軍丁筑紫国上陽咩郡大伴部博麻」に対する詔が同年十月乙丑条にみえている。つまり、「天豊財重日足姫天皇七年、救二百濟一之役、汝爲二唐軍一見レ虜」となった大伴部博麻は百済の役に「軍丁」として徴発され、唐の捕虜となるもわが国に逃れてきた人物であることが確認できるのである。無論、「軍丁」との記載が後の令規定による修飾の可能性もあるが、「軍丁」との記載は『日本書紀』では大伴部博麻にしか付されていないことよりすると、「軍ノ丁」で、筑後国上陽咩評で徴兵された一般公民であった可能性が高いのではないか。つまり、(B)~(D)の備後国三谷郡大領の先祖、伊予国風早郡の物部薬、讃岐国那珂郡の錦部刀良、陸奥国信太郡の生王五百足、筑後国山門郡の許勢部形見等も同様に評造により徴兵されたと考えられるのである。しかし、地方豪族軍の全てが「軍ノ丁」として徴兵されたのかといえばそうではなく、(A)のように国造軍の存在も否定できない。すなわち、(A)の越智直一族は、拙著『古代の地方豪族』(前掲)で明らかにしたように小市国造の系譜を引く氏族であり、帰国後に立評し、古代越智郡の郡領を独占した氏族で、国造軍として参加したと考えられるのである。

以上の点からすると、百済派遣軍の徴兵命令は、立評されている地域には評造(最初の立評者で評の長官)、未立評地域に対しては国造に対して出されたと考えられる。ただ、評造といっても立評後それほどの期間を経ていないこともあって、実際上では国造に対して徴兵されたといっても過言ではなかろう。

第三節　百済の役以後における立評

百済の役がその後の歴史展開に多大の影響を及ぼしたことは周知の事柄であるが、ここでは、瀬戸内海地域にどのような影響を与えたのかを中心に検討する。六六三年の白村江の戦いで敗北した天智朝政権にとって最大の関心事は唐軍の動向であり、通説的な見解としては唐の軍事的侵攻に備えるのが天智朝の最大の課題であったと考えられている。[42] すなわち、(A) 中大兄は即位せずに称制のまま政治を執ったこと、(B) 防衛上飛鳥の地より近江大津の地が有利であるため近江遷都したと考えられていること、(C) 瀬戸内海沿岸各地に山城を中心とする防衛施設を建設していることなどを論拠とするものである。

確かに、『日本書紀』によると、天智三年是歳条では対馬・壱岐・筑紫に防人と烽を設置し、筑紫に水城を造ったことを記し、天智四年八月条では長門城と筑紫の大野城・椽城、天智六年十一月是月条では大和の高安城、讃岐の屋島城、対馬の金田城の築造を記していて、玄界灘と瀬戸内海を防衛しようとしていたことは誤りのないところであろう。ただ、かかる瀬戸内海を中心とする防衛施設の建設、中大兄の称制、近江遷都ということが、唐の軍事的侵攻に備えるだけのものとする見解には若干の疑問をもつ。すなわち、白村江の戦い以後の唐を中心とする朝鮮半島の政治状況よりすると唐軍がわが国へ軍事的侵攻をするとは想定できないからである。

六六三年の白村江の戦いに勝利した唐は、ただちに高句麗への軍事行動に突入することはせず、六六四年に新羅王法敏と旧百済の太子餘隆との間に和平の盟約を結ばせて南朝鮮の安定をはかり、六六五年には、泰山における封禅(天子が国威を内外に誇示するための儀式)に新羅・百済・倭などの人々を参集させ唐帝国の威勢を天下に誇示しているのである。そして、六六六年に高句麗の泉蓋蘇文が病死したことを契機に唐の高句麗への軍事行動が開始され、六六八年に唐・新羅の攻撃によって高句麗は滅亡したのである。しかし高句麗の遺臣の抵抗を契機として、新羅は高句麗へ兵士を派遣して援助し、唐との戦争を開始するに至り、この戦いは六七六年に新羅が朝鮮半島を統一するまで続いており、天智朝に唐軍が玄界灘を渡ってわが国にまで侵攻する余裕はなかったと考えられるのである。

事実、六六三年から天智が即位した六六八年の間に、唐は三度わが国に使者を派遣しており、高句麗も六六六・六六七年に使者を派遣してきているのである(43)。百済の役後における唐のわが国への最初の使者は、『日本書紀』天智三年五月甲子条に「百済鎮将劉仁願、遣二朝散大夫郭務悰等一、進三表函与二献物一」とみえるもので、百済故地に設置された唐の百済鎮の将軍である劉仁願がわが国に使者を派遣したものである。唐のわが国への遣使は、天智四年九月にも劉徳高が派遣されていて、かかる唐のわが国への使者の派遣は、松田好弘氏の指摘(44)のように、日本と修好関係を結び、高句麗の孤立化と日本の百済への影響力をなくす目的であったといえるであろう。こうした唐の朝鮮半島における立場や外交姿勢よりすると、天智朝における軍事的緊張の継続は、中大兄の指導下でなされた百済の役の敗戦の結果により生じた国内的な不満や責任問題を、対外緊張を高めることで外らせようとしたことに主たる意図があったのではないか。すなわち、軍事的緊張を意図的に継続させることによって国内の分裂と責任追求を避けようとし、さらには、瀬戸内海各地に防衛施設を建設することを通して未立評地域での立評をおこない、地方支配の中央集権化を確立しようとしたのではないだろうか。そして、中央の中・下級官人に対しては、従来一九階であった官位の数を二六階に増加することで不満を解消したのである。さらに、百済の役に際して大将軍に任命されなかった大伴・阿倍・紀氏などの畿内大豪族の動向に対して、その本拠地であった飛鳥の地を避け近江遷都で対応したのではないか(45)。すなわち、天智天皇が軍事的緊張関係を継続し続けたのは権力の中央集権化を推進するためであったと考えられるのである。

　以上の中央政界における軍事的緊張を継続する必然性は、瀬戸内海地域の支配においても存在していたのである。百済の役の最大の特徴の一つには、五万以上のわが国の人々が直接に朝鮮半島へ渡ったことがある。しかも、その構成は、斉明天皇―朝廷―評造―一般公民という部分的な評体制と、畿内豪族―国造―国造軍という大化前代の国造制による形式が混在するように、当時のわが国の社会体制の一部がそのまま朝鮮半島へ渡っているのである。特定の氏ある。

族集団だけが渡海したのでなく、共同体と切り離された軍事組織だけが渡海したのでもなかったことに注意すべきである。

百済の役からの帰国後、瀬戸内海地域で生じた変化を考えるうえで注目されるのは上述した越智郡大領の先祖の話である。この説話だけでなく七世紀後半における地方寺院の造営より、瀬戸内海地域での立評と地方における仏教の普及ということが知られる。越智直氏一族が百済の役に参加するときには、「小市国造」として国造軍を組織して参加したのであるが、帰国後、越智直氏は「立郡欲仕」と願い出ているように越智評の立評を申請し許可されているのである。つまり、孝徳朝では立評に従わなかった国造が百済の役後になり立評していることを示しているのである。

こうしたことは、百済の役において、国造軍として参加したいくつかの国造は、評造—公民という形式で徴兵された組織された集団の存在を知り、評体制の存在が全国的に施行されつつあることを、自らとその配下の人々が確認したことを物語っているのである。そもそも国造制から評制への全面的な移行には、六世紀後半の群集墳の築造にみられるような国造の在地支配力の低下という国造制の内部矛盾の存在を必然とすると考えるべきである。しかし、孝徳朝の直前の時期に全ての国造の在地支配の内部矛盾が激化したとの痕跡を見いだすことはできないのである。こうしたことよりすると、中央政府より一時的に派遣された非常駐の初期国宰による一片の立評命令によって全国一斉の立評などを強行することは不可能と考えられるのである。であるが故に、孝徳立評に従わなかった国造は一定程度存在したと考えられ、彼らは百済の役においても国造軍として参加することにより在地支配を続けようとしたのであるが、百済の役の敗戦は、天智天皇の支配力だけでなく、彼らの在地支配力も低下させたと考えられるのである。そして、かかる在地支配力の低下を阻止するには立評以外に選択の余地はなくなったのであろう。

そもそも孝徳朝における全国一斉立評はいかなる命令（詔）によったと考えるべきなのか。全国一斉立評を主張する鎌田元一氏は「孝徳朝における全面的な評制の施行は部民制の廃止に対応する体制であった」と述べているにとど[46]まり明言してはいないが、全面立評の法的根拠は大化改新の原詔を想定せざるをえないのである。もし、そのように考えてよいとすると、その原詔に従った立評は、『常陸国風土記』では「己酉年」（大化五＝六四九年）と「癸丑年」（白雉四＝六五三年）の二度にわたっておこなわれたと記しているのをいかに考えるかが問題であろう。この点について、「己酉年」は神郡での先行であり、「癸丑年」が全国立評と薗田香融氏が想定する[47]のに対し、鎌田氏は癸丑年以前に笠評が存在することより「己酉年」を全国立評とした。とすると、「癸丑年」の立評の存在はいかに考えるべきなのか、この立評の存在を認める限り一片の詔によりただちに全国一斉におこなわれたとは考えられず、地方の実状に応じて段階的になされたと考える方が自然である。さらに、原詔の施行という問題だけでなく、述べてきた伊予国の越智直氏による立評をいかに考えるかということも問題である。鎌田氏は「この建部《ママ》（評）の時期が明かではないが、いずれにしても天智朝以後である。しかもこの場合も『朝廷聞之召、問二事状一、天皇忽矜、令レ申レ所レ楽、於レ是越智直言、立レ郡欲レ仕、天皇許可』とあるように、その労をねぎらう意味で恩典として新郡を建てることが許されたというのであり、やはり既に存在する評を分割して越智評を新置したものと見られよう」と述べている[48]。また、森公章氏は「伊予では、孝徳朝にまず凡直国造のクニが評となり、凡直統属下の越智直の越智評は、百済の役の報償もあって、天智朝に分立が認められたと考えたい。つまり、小市国造のクニが初めて評になったのではなく、既存の某評（伊予評か）から分立したと見るのである[49]」と述べている。

　こうした見解は、孝徳立評以後に立評されたのは全て既存の某評を分割して立評されたものであり、国造のクニよりの立評ではないとするものである。しかしながら、鎌田氏の見解では「既に存在する評を分割して越智評を新置した」とする論拠が不明であるといわざるをえない。既存の評を分割して越智評を立評するというのであるから、少なくとも越智評の近辺である桑村評か野間評の孝徳立評が確認されない限り、鎌田氏の指摘は推定にすぎないのである。さらに、桑村・野間郡と越智郡の生産力や地理的条件よりすると桑村評より越智評の分評は考えにくいし、また両郡の規模をみるとき、野間評から越智評が分評されたとは考えにくく、この点からも従うことはできない。森氏の見解では、「凡直統属下の越智直の越智評」とするが、そうした論拠はないだけでなく痕跡すらないといわざるをえない。また、「既存の某評（伊予評か）から分立した」とするが、伊予評からの分立という点は何の根拠もない見解で、孝徳朝の全国一斉立評より導かれた恣意的なものといわざるをえない。そもそも、究極の力役徴発である対外戦争への参加が国造軍であったとすると、そうしたものを内包する全国一斉立評とはいかなるものであろうか。上述してきたように越智直一族の百済の役への参加のあり方が「国造軍」として参加している可能性が高いことよりして、小市国造のクニが越智評に立評されたと考えるのが最も自然である。

さて、立評の経過については、孝徳朝全国立評説と、段階的立評説が存在しているのであるが、孝徳朝の全国立評説といっても、全国立評の宣言とする考えと、実態としての全面一斉立評と全国的立評とは異なるのである。すなわち、この問題は突き詰めると孝徳朝以後における国造のクニの存在を認めうるか否かということになり、孝徳朝以後には国造のクニの存在は全く認められないことが論証されて初めて全国一斉立評説は成立するのである。現時点で考えていることを先にいえば、孝徳立評は全国立評を宣言したものであり、孝徳朝の立評実態は全国的に施行されたが、それに従わない国造もいくつか存在し、それらの領域での立評が終了したのが天智朝であったと考えている。そこで、次に、天武朝の全面立評説についてそれが成立しえないことを述べておきたい。天武朝の全面立評の論拠とされているのは、飛鳥浄御原令の施行、庚寅年籍の作成、永昌元（持統三＝六八九）年の年紀のある「那須国造碑」であろう。なかでも重要なのは「那須国造碑」であるが、それは持統三年に那須国造であった葦提が「那須評督」に任命されたことを示すだけで、それ以前に那須評が存在していたと考えて矛盾はない。また、天武朝でも飛鳥浄御原令の施行を画期とするとの見解は、評関連遺跡が七世紀第4四半期から八世紀初頭に集中しているという事実によるものである。ただし、評家遺跡の実年代を一〇年単位で限定できるか若干問題であり、また、浄御原令の施行は持統三（六八九）年であり、評家遺構がそれに先行する可能性を考える時、浄御原令の施行を画期とすることは困難で、それ以前に画期があり、おそらくは、天武朝における都城の整備に関連して地方官衙も整備されたと考えるべきであろう。

　次に、天智朝の全面立評の論拠をあげると、一般的な傾向という所論を除くと次の三点があげられる。ⓐ上述した越智評の立評、ⓑ庚午年籍の作成、ⓒ「皇太神宮儀式帳」の「近江大津朝廷天命開別天皇御代仁以甲子年、小乙中久米勝錬呂仁多気郡四箇郷申弖、立飯野高宮村屯倉弖、評督領仕奉支」である。ただし、ⓒの点はすでに評が存在していてそれを分割したのにすぎないとの指摘に従うべきであるが、かかる指摘にもかかわらず、孝徳朝に全ての地域で立評されたことが論証されたとは断定できないのである。さらに、常陸国においても「己酉年」と「癸丑年」の二度にわたる立評が確認され、白雉四年までは国造のクニの存在が想定でき、孝徳朝に全国の全ての国造のクニが廃止され、立評されたとは考えにくいといわざるをえない。すなわち、孝徳立評は一片の命令により全ての国造のクニで立評したのでないことは明白である。上述したように、立評が可能であったのはそれぞれの地域の内部矛盾の存在によるのであり、その実状は地域によって異なっていたと考えられるのである。とすると、孝徳朝には立評できなかった地域の存在を認めるべきであり、そうした地域での立評をどのように考えるのかが問題となるのである。すなわち、天智朝の立評を八世紀代にみえる郡の分割と同様に既存の評より分立させたと考えるか、孝徳朝に立評できなかった地域における国造のクニにおける立評とみるかである。前者の見解によると、孝徳朝に越智国造の支配領域で立評されたが、それに従わなかった国造が存在し国造軍として百済の役に参加して天智朝で分評したことになり、後の越智郡とは別の地域と考えられるのであるが、とすると、『日本霊異記』の当該説話の冒頭で「伊予国越知郡大領之先祖越智直」とすることが理解できなくなる。こうした点よりして、越智評の立評は既存の評の分割というより、未立評地域の国造支配地での立評と考えるべきである。

『日本霊異記』によると、唐より帰国した後に越智直氏の立評が許可されると、越智直氏は「然後建レ郡造レ寺、即置二其像一、自レ時迄二于今世一、子孫相続帰敬」という。つまり、越智直氏が帰国後の在地支配をおこなうイデオロギーとして、それ以前の氏神信仰でなく世界的宗教たる仏教によらざるをえなかったことを示し、このことは、伊予国だけでなく全国的な傾向であったと考えられる。さらに、問題とすべきは、「然後建郡造寺」と記すように立評と造寺が対に記され、立評と造寺が密接な関係にあったと記されていることである。かかる点は、上述した備後国三谷郡の大領の先祖の場合も同様で、百済の役出発に際して無事に帰国できたなら「為二諸神祇一、造二立伽藍一」と誓願しているのは、仏教そのものの意味の理解より誓願したのではなく、孝徳朝の立評と造寺が対になっているということに起因していたことを示唆する。さらに、「造寺」ということが政府の許可なしでおこないえるのか、また、伊予国越智地域で国造として「造寺」をおこなうことができえたか疑問である。前者の問題は、七世紀後半の地方寺院統制の実態が不詳であるので、確実なところは解らないが、一般論として郡衙と郡寺が対になっていたことと、『日本霊異記』の記述によると立評が許可されて「建郡造寺」していることは間違いない。後者の問題は、令制下の国造制の展開をみていくならば、国造として寺院の造営ということは考えにくいといえるであろう。すなわち、地方寺院の大量の造営はまさしく立評の全面的実施にともなうことを物語っているのであろう。

以上よりして、孝徳立評以後における越智評の立評は、百済の役の敗戦による政策的な軍事的緊張の継続のなかで、天智朝においてなされたと考えるのである。他の地域における立評状況については、史料の絶対的不足より断言でき

郵便はがき

料金受取人払郵便

麹町支店承認

9146

差出有効期限
平成22年９月
５日まで

102-8790

104

東京都千代田区飯田橋4-4-8
東京中央ビル406

株式会社　同成社

読者カード係　行

ご購読ありがとうございます。このハガキをお送りくださった方には今後小社の出版案内を差し上げます。また、出版案内の送付を希望されない場合は右記□欄にチェックを入れてご返送ください。　□

お名前《ふりがな》　　　歳　　　男・女

〒　　　TEL

ご住所

ご職業

お読みになっている新聞・雑誌名

〔新聞名〕　　　〔雑誌名〕

お買上げ書店名

〔市町村〕　　　〔書店名〕

愛読者カード

お買上の
タイトル

本書の出版を何でお知りになりましたか？

イ．書店で　　ロ．新聞・雑誌の広告で（誌名　　　　）

ハ．人に勧められて　　ニ．書評・紹介記事をみて（誌名　　　　）

ホ．その他（　　　　）

この本についてのご感想・ご意見をお書き下さい。

注文書　　年　月　日

書　名	税込価格	冊　数

★お支払いは代金引き替えの着払いでお願いいたします。また、注文書籍の合計金額（税込価格）が10,000円未満のときは荷造送料として380円をご負担いただき、10,000円を越える場合は無料です。

ないのであるが、立評がそのクニの人民把握を不可欠とするとき、国造のクニにおける最終的立評は、百済の役参加兵士の徴兵を経た後で、かつ、全国的な戸籍である庚午年籍を作成した天智朝であったと考えておきたい。それ以後における立評は正しく評の分割であり、評家遺構の集中出現は天武朝における都城の整備にともなうものであろう。

おわりに

以上で、伊予国における孝徳立評と百済の役についての検討をおえるが、結果を要約すると概ね次のようである。孝徳朝の全国一斉立評説は、八世紀代の編纂物である『常陸国風土記』の分析より導き出された見解であり、その後の立評の実態についても数少ない史料より想定されてきたものであり、孝徳朝に全国での立評をおこなうという「天下立評」の宣言がなされたというものにすぎない。さらに、孝徳立評の法的論拠が改新詔と考えられるならば、改新の原詔において全国での立評を宣言したものにすぎないといえるのである。特に、孝徳立評の実態の解明と、その後の立評は評の分割に過ぎないのか否かを、当該時期の資料により明らかにする必要があろう。前者の孝徳立評の実態解明については、第八章で詳論する松山市来住台地上の七世紀代の久米官衙遺跡群の検討で詳論するので、本章では伊予国における立評過程を主に文字資料より論じた。そして、伊予国の立評については、荷札木簡によって湯・久米・宇和評が、須恵器銘より久米・馬評が、「和気系図」の分析より別評・湯評が、さらに、『日本霊異記』や『日本書紀』より越智評・風早・湯評というように数多く確認でき、立評の過程を考える際の貴重な地域である。なかでも、「和気系図」の分析によって別評が、「久米評」銘須恵器の出土により、孝徳立評が確認できただけでなく、天智朝における湯評と越智評の立評も確認できたといえる。また、瀬戸内海地域における立評の実態よりして、孝徳朝に全国的な立評がされたことは間違いないが、それは全国一斉立評ではなく、全国各地における立評と考えるべきである。小市国造が統治していた後の越智地域における立評が天智朝と考えられることより、全国立評は孝徳朝に始まったが、その一斉立評は、百済の役とその敗北にともなう天智朝の政策的な軍事的緊張のなかでおこなわれ、最終的には庚午年籍によって完了したと考えたのである。無論、こうした推定は特殊伊予国における立評状況よりの推定にすぎないとの批判もありえるが、評というものを編戸にもとづいて設定された存在と考える以上、全国的な編戸がおこなわれた庚午（六七〇）年をまって完了すると考えることは決して不自然ではない。さらに、先進地域である瀬戸内海の伊予の状況がこのようであるとすると、東国での孝徳立評が全国一斉立評であったとは考えにくいのではないだろうか。

注

（1）孝徳全面立評を主張する見解としては、薗田香融「国衙と土豪との政治的関係」（『古代の日本』9、角川書店、一九七一年）、鎌田元一「評の成立と国造」（『日本史研究』一七六、一九七七年）、大山誠一「大化改新像の再構築」（『古代史論叢』上巻、吉川弘文館、一九七八年）、森公章「評の成立と評造」（『日本史研究』二九九、一九八七年）などがあり、鎌田氏の見解が代表的なものである。孝徳朝・天智朝・天武朝の段階的立評を主張するのは、井上光貞「大化改新の詔の研究」（『史学雑誌』七三―一・二、一九六四年）、関口裕子「『大化改新』批判による律令制成立過程の再構築」（『日本史研究』一三二・一三三、一九七三年）、米田雄介「評の成立と構造」（『郡司の研究』法政大学出版局、一九七六年）などが文献史学における代表的な研究である。

（2）薗田香融・鎌田元一注1論文。

（3）「評・郡衙成立とその意義」『文化財論叢』（同朋舎出版、一九八三年、その後『古代地方官衙遺跡の研究』塙書房、一九九四年に所収される）。

（4）山中敏史「一評制の成立過程と領域区分―評衙の構造と評支配域に関する試論―」『考古学の学際的研究』岸和田市・岸和田市教育委員会、二〇〇一年。

（5）孝徳立評が編戸をともなうものであるとの論拠は、『常陸国風土記』の立評記事と飛鳥地域より出土した大化五年から天智三年の冠位制関係木簡と伴出した「白髪部五十戸」木簡であろう。そして、この木簡出土と編戸の関連は旧部民の編戸と考えるべきであることは、孝徳朝の全面立評を主張する鎌田元一氏が指摘しているところである（注1論文）。しかしながら、全国的な編戸の実施は庚午年籍によっておこなわれたと考えるべきであり、孝徳立評が編戸された里を基礎とするものであったとは考えられないのではないか。鎌田氏は「評制下でまず旧部民の五十戸編成が進められていった」とするのであるが、孝徳朝の全国立評の論拠とする『常陸国風土記』には、「里」「〇〇戸」と記載されており、一方を実施の論拠とし、一方をおこなわれる目標とするのはいかがであろうか。また、七世紀代の荷札木簡の出土に伴い「五十戸」表記木簡が数多く出土し、「部」を冠しない「五十戸」が天武朝に登場することと庚午年籍の作成との関連が注目される。

（6）奈良文化財研究所『評制下荷札木簡集成』（二〇〇六年）の市大樹氏による総説。

（7）徳島県教育委員会『観音寺遺跡Ⅰ　観音寺遺跡木簡編』二〇〇二年。

（8）「岡山県立博物館蔵の須恵器銘『馬評』について」『古代文化』三五―一二、一九八三年。

（9）岡山県立博物館で同須恵器の所蔵に至った経緯を聞いたが、出土地点などに関する手がかりを得ることはできず、不明であるという。

（10）『上代史の研究　伊予路のふみ賀良』大倉粂馬翁遺稿刊行会、一九五六年。

（11）佐伯有清『古代氏族の系図』（学生社、一九七五年）、義江明子『日本古代の氏の構造』（吉川弘文館、一九八六年）。

（12）田中卓「郡司制の成立（下）」（『社会問題研究』二―四）は、「之は承和年間の初めに円珍の手に入つた由、自筆の書加へを帯び、更に讃岐国司解及三代実録と勘へ合せても、確かにその内容は貞観八・九年の頃より一世代以前の姿を示してをり、充分に信用し得る古系図」とされた。また、黛弘道「官位十二階考」（『律令国家成立史の研究』吉川弘文館、一九八二年）は冠位の検討から、井上光貞「大化改新とその国制」（『古代国家の研究』岩波書店、一九六五年）は伝来・形式・内容などから認めているところである。

(13) この太政官符の内容は『日本後紀』延暦二十三年十二月戊戌条にみえる。

(14) この間の経緯は拙著『古代の地方豪族』(吉川弘文館、一九八八年)で論じているので、それに依りたい。

(15) 田中卓注12論文。

(16) 「大建」との位階は天武十四年正月丁卯条の位階制度ではなくなっていることによる。

(17) 「日本古代の別(和気)とその実態」『日本古代の政治と社会』吉川弘文館、一九七〇年。

(18) 「大化改新の詔の研究」(前掲)。

(19) 『郡司及び采女制度の研究』吉川弘文館、一九七八年。

(20) 「評の成立と国造」(前掲)。

(21) 「国衙と土豪との政治的関係」(前掲)。

(22) 「評の成立と評造」(『古代郡司制度の研究』吉川弘文館、二〇〇〇年)に諸見解が整理されている。

(23) 拙稿「総領と評領」(『日本歴史』四九二、一九八九年)参照のこと。また、「評造小乙下意伊古乃別君」を天智朝の人物と推定する点は、天智朝初年の立評と考えれば矛盾はないであろう。

(24) 拙稿「飛鳥池遺跡と古代伊予国」『日本歴史』六一八、一九九九年。

(25) 飛鳥京跡の東西石組溝より「・多具万五十戸　・凡人久□□」(橿原考古学研究所『奈良県遺跡調査概報一九九五年度』一九九六年)が出土していて、凡直氏の配下に「凡人部」が存在したことが確認できた。

(26) 七世紀前半の東アジア情勢については、鬼頭清明「七世紀後半の東アジアと日本」(『日本古代国家の形成と東アジア』校倉書房、一九七六年)、西嶋定生「六〜八世紀の東アジア」(岩波講座『日本歴史』古代2、岩波書店、一九六二年)・「七世紀の東アジアと日本」(『東アジア世界における日本』古代史講座5、学生社、一九八一年)などが代表的研究である。

(27) 『日本書紀』斉明五年七月戊寅条に所収されている「伊吉連博徳書」による。

(28) 百済の役をめぐる大陸と半島の情勢については、鬼頭清明「白村江の戦いと律令制の成立」(『日本古代国家の形成と東アジア』前掲）・『白村江—東アジアの動乱と日本』（教育社、一九八一年）。

(29)『日本書紀』斉明六年九月条にみえる名前不詳の達率と沙彌覺従による情報。

(30)『日本の歴史3　飛鳥の朝廷』（小学館、一九七四年）の三七五〜三七六頁。

(31)『木簡研究』五（一九八三年）の八五頁。

(32)「朝鮮出兵と内海交通」『古代の地方史』2、朝倉書店、一九七七年。

(33)拙著『日本古代水上交通史の研究』吉川弘文館、一九八五年。

(34)『日本書紀』斉明天皇七年五月癸卯条。

(35)注30に同じ。

(36)栄原永遠男「舟運の展開とその条件」『奈良時代流通経済史の研究』塙書房、一九九二年。

(37)「防人考」『日本古代政治史研究』塙書房、一九六六年。

(38)注32に同じ。

(39)注32に同じ。

(40)高橋崇「天武・持統朝の兵制」（『芸林』六—六、一九五五年）、関晃「甲斐の勇者」（『甲斐史学』一、一九五七年）。

(41)磯貝正義注19研究。

(42)代表的な見解として石母田正『日本の古代国家』（岩波書店、一九七一年）が存在している。

(43)『日本書紀』によると、唐の使者は天智三年五月の劉仁願の使者郭務悰、天智四年九月の唐使劉徳高、天智六年十一月の劉仁願がみえ、高句麗からは天智五年正月戊寅条・天智六年七月条にみえる。

(44)「天智朝の外交について—壬申の乱との関連をめぐって—」『立命館文学』四一五・四一六・四一七、一九八〇年。こうした百済の役後の唐のわが国にたいする外交姿勢については、かつて鈴木靖民氏が「百済救援の役後の日唐交渉」（『続日本古代史論集』上巻、吉川弘文館、一九七二年）で「百済の役までは朝鮮半島に古来伝統的に政治・外交関係の深かった日本朝廷に対して、唐の立場の了解を求め、かつ好意・保障を期待する」というものでなかったかと述べている。

(45) 鬼頭清明氏が『白村江—東アジアの動乱と日本』(前掲)でこうした可能性を示唆している。
(46) 鎌田元一注1論文。
(47) 薗田香融注1論文。
(48) 注46に同じ。
(49) 森公章注1論文。

第三章　西本六号遺跡と諸国大祓の成立

はじめに

広島県東広島市高屋町に存在する西本六号遺跡は、傾斜地に二重の溝で区画された内部に棟持柱をもつ二間×四間の建物（SB一〇九）などを配置する遺跡である。この西本六号遺跡の性格については、ⓐ正殿および脇殿という官衙的性格をもった施設、ⓑ豪族居館、ⓒ天武朝に始まった諸国大祓に関連する施設などの考え方が存在している。こうした見解のなかでも、出土遺構に棟持柱建物が存すること、出土土器が天武・持統朝に特定できること、「解除」と読みうる可能性をもつ墨書土器が出土したことなどより、天武朝に成立した諸国大祓に関連する施設の可能性が指摘されている。(1) 本遺跡の性格を確定するためには、検出した遺構と出土遺物の詳細な検討と周辺地域における関連遺構の発掘が必要であろう。出土遺構では、二重の溝で区画された施設が傾斜地に設定されているという遺跡の立地条件をいかに考えるのか、区画内部に存在する四間×五間の四面庇付建物（SB一〇二）が神事に奉仕した神職や参加者が酒食などに利用する直会殿と考えられるか、棟持柱をもつ建物が本当に神殿的建物であるのかを検討する必要がある。出土遺物では、七世紀後半の天武・持統朝の須恵器が大半で、かつ、煮炊き具や貯蔵具の出土が極端に少ないという特徴の出土土器はいかなる組み合わせが多いかとの検討も不可欠であろう。さらに、墨書土器銘が本当に「解除」と読みうるか、出土した金銅製馬具や鉄製具がいかなるもので、いかなる性格の施設から出土しうるかなどの出土遺物の実態と性格の検討も不可欠であろう。そこで、現時点で明らかにされている出土遺構・遺物の検討を通して、西本六号遺跡の性格と本遺跡の歴史的意義について論じてみたい。

第一節　西本六号遺跡について

1　歴史地理的環境

西本六号遺跡の存在する広島県東広島市高屋町大字杵原・大字大畠の地は、標高二〇〇～三〇〇メートルの西条盆地に位置しているので、西条盆地の歴史地理的環境について述べることより始めたい。まず、西本六号遺跡の存する東広島市高屋町一帯は、その多くの丘陵に存在する弥生中期以後の集落や共同墓地の特徴より、弥生時代中期に人口が急激に増加したが、他地域を圧倒するような権力を集中した有力首長や集落の発生・形成は認められず大きな変化はなかった。ところが、五世紀後半になると、東広島市西条町御園宇字江熊に安芸国最大の三ツ城前方後円墳（全長九一メートル、三段築製で円筒埴輪列をもつ、後円部に竪穴式石槨二と箱形石棺が存す）と、同地点の南南東約二・五キロに位置する東広島市西条町御園宇長者原に全長六二メートルの帆立貝式前方後円墳のスクモ塚1号墳が築造され、この地域を支配する首長が登場した。ただ、六世紀代にこれらを築造した強力な首長の後裔であることを示唆するような古墳などは築造されていない(2)。こうした点より、脇坂光彦・小都隆『日本の古代遺跡 26広島』(3)は、五世紀後半に築造された三ツ城前方後円墳を畿内王権が派遣した豪族の墓ではなかったかと述べている。この見解が成立するか否かは別に考える必要があるが、前方後円墳の築造ということのみを論拠として畿内王権との関連を強調し、畿内王権が派遣した豪族の墓と考えることはいかがであろうか。畿内王権が派遣した豪族が三ツ城・スクモ古墳を築造したと考える最大の論拠は、かかる前方後円墳を築造した首長の前身と後裔の存在を示す古墳が確認されないという点にあろう。しかし、二世代程度のあいだ前方後円墳が築造されない例は他の地域にもみられ、そうした場合を全て畿内王権の派遣豪族が築造したものとみることは困難であろう。

いずれにしても、五世紀後半に安芸国最大の前方後円墳が築造されたことは事実で、遅くとも五世紀後半までに畿内王権と関係を結んだ在地首長が存在したことは事実と考えられよう。それがいかなる性格であったのかは今後の課題であるが、その際に問題になるのは、畿内王権によって設置された国造と前方後円墳の関係である。安芸国に設置された国造には、第一章でみたように、『国造本紀』にみえる阿岐国造と、六世紀後半の敏達朝に安芸以西の山陽道と南海道諸国で設置された凡直国造[4]が想定され、安芸国賀茂郡に凡直国造が設置されたことは間違いなかろう。ただ六世紀後半における凡直国造の設置とそれ以前の国造とをどのように考えるのか、また、この安芸凡直国造が八世紀以後どのように在地支配を展開していったかが問題であり、この点については最後に論述する。

六世紀後半に設置された凡直国造の支配下にあったとみられるこの地域は、七世紀中期以後の立評を経て、大宝令で律令国郡里制が確立し、安芸国賀茂郡（『和名類聚抄』によると賀茂・志芳・造果・高屋・入農・訓養・香津・木綿・大弓《（山か）》郷が存在し、西本六号遺跡は高屋郷に所属したと考えられる）との行政区画に位置づけられるのである。かかる律令行政制度の確立に際して重要なのは国府と郡衙の設置で、それらがどこに設置されたかが問題である。賀茂郡衙の所在地については不詳であるが、安芸の国府については若干の手がかりがある。

『和名類聚抄』には「国府在㆓安芸郡㆒」とみえ、少なくとも十世紀の安芸国府が「安芸郡」に存在したことは誤りないが、大宝令の施行にともない安芸国府がいつ・どこに設置されたのかは必ずしも明らかではない。八世紀代における安芸国府の所在地については、安芸郡に存在していたとすると、安芸国分寺との距離が離れすぎているとの理由より、八世紀代の安芸国府は西条盆地に設置され、後に安芸郡府中町へ移転されたと考えられている。(5)安芸国府の西条盆地から安芸郡府中への移転説については、西条の地には水運の便がないとして否定的な見解(6)もあるが、八世紀代の国府の設置は駅路との関係で考えるべきであることより、水運の便を初期国府の必須条件とすることはできないであろう。(7)むしろ、西条盆地の東北隅の東広島市西条町吉行に安芸国分寺跡が存在したことは間違いのないところで、初期の安芸国府が西条盆地内に存在した可能性は高いといえ、この地域が古墳時代から奈良・平安時代にかけての安芸国における政治的中心地であったことは誤りのないところである。

こうした点は、京と諸国を結ぶ駅路山陽道が西条盆地内を通過していることよりも知られる。すなわち、『延喜式』における安芸国の駅家は東から真良→梨葉→都宇→鹿附→木綿→大山→荒山→安芸→伴部→大町→種篦→濃唹→遠管の諸駅家で、西条盆地内の山陽道を考えるとき、重要なのは都宇→鹿附→木綿の諸駅家を通過するルートである。この間の駅路山陽道については、(イ)国分寺・国分尼寺の南側を通過する現在のJR山陽本線沿いのルートと、(ロ)それより南の田万里町・新庄町を通過するルートが想定されており、駅家でいえば都宇駅の所在地をどこに考えるかという問題と関連する。すなわち、都宇駅の所在地については、近世の山陽道上に位置する竹原市北方の新庄説と、それより北側の高屋町元兼説が存在するが現状ではどちらとも断定しがたい。次の鹿附駅と木綿駅も正確なところは不詳であるが、木綿駅は「ゆう」駅と読み、「寺家村のうちにユウツクリといへる地名あり」との記事より、東広島市西条町寺家に求められている。さらに、同地に木綿駅を求める論拠として、「安芸国分寺を起点として北西へ延びる道は山麓に沿い、溜池の堤等に利用されていて、古代の計画道路を思わせる(8)」、「国分寺の南をほぼ直線状に断続して寺家青谷から上寺家に至る道路が古代山陽道の遺構と思われ」[9]というように同地を通過する古道の痕跡があげられ、木綿駅の所在地は東広島市西条町寺家が通説であろう。問題は都宇・木綿駅の間に位置する鹿附駅である。水田義一氏によると鹿附駅の所在地は高屋東か西高屋に求められ[10]、この見解に従うと、西本六号遺跡の位置する東広島市高屋町大字杵原・大字大畠の地点が注目されるが、正確なところは発掘調査によらざるをえない。ただし、現状の山陽道の研究では、この近くを山陽道が通っていたと考えても問題はないといえよう。

2　西本六号遺跡の出土遺構と遺物について

以上の歴史地理的環境をもつ西本六号遺跡についての報告には、東広島市教育文化振興事業団発行の「阿岐のまほろば」、妹尾周三・中山学「広島県東広島市西本6号遺跡」[11]、中山学「東広島市高屋町西本6号遺跡の調査」[12]、吉野健志「広島県西本6号遺跡―飛鳥時代の大規模祭祀跡―」[13]などがある。これらによると、西本六号遺跡は標高二三七メートルから二四七メートルの間の盆地にあり、遺跡の立地場所は、北から南に延びた幅の狭い低丘陵の奥まったところで、ほぼ平坦な頂部から東側に一五～二〇度を測る標高差一〇メートルの傾斜面に、二条の溝で区画された内部に、図2「西本六号遺跡平面図」のような八棟の掘立柱建物が建築されている。いま、これらの掘立柱建物群の概略を述べると、遺構群の西南にSB一〇二の二間×三間の四面庇付建物（前面には目隠し塀をもつ）を中心とする建物群（三棟）、中央に二間×四間の棟持柱をもつSB一〇九を主とする建物群（三棟）、北西の倉庫（二棟）と考えられている建物群の三つに大別することができる。

〈遺構〉

それぞれの掘立柱建物についての詳細な検討は正報告書[14]によることとし、ここでは全体的な特徴を列記することど

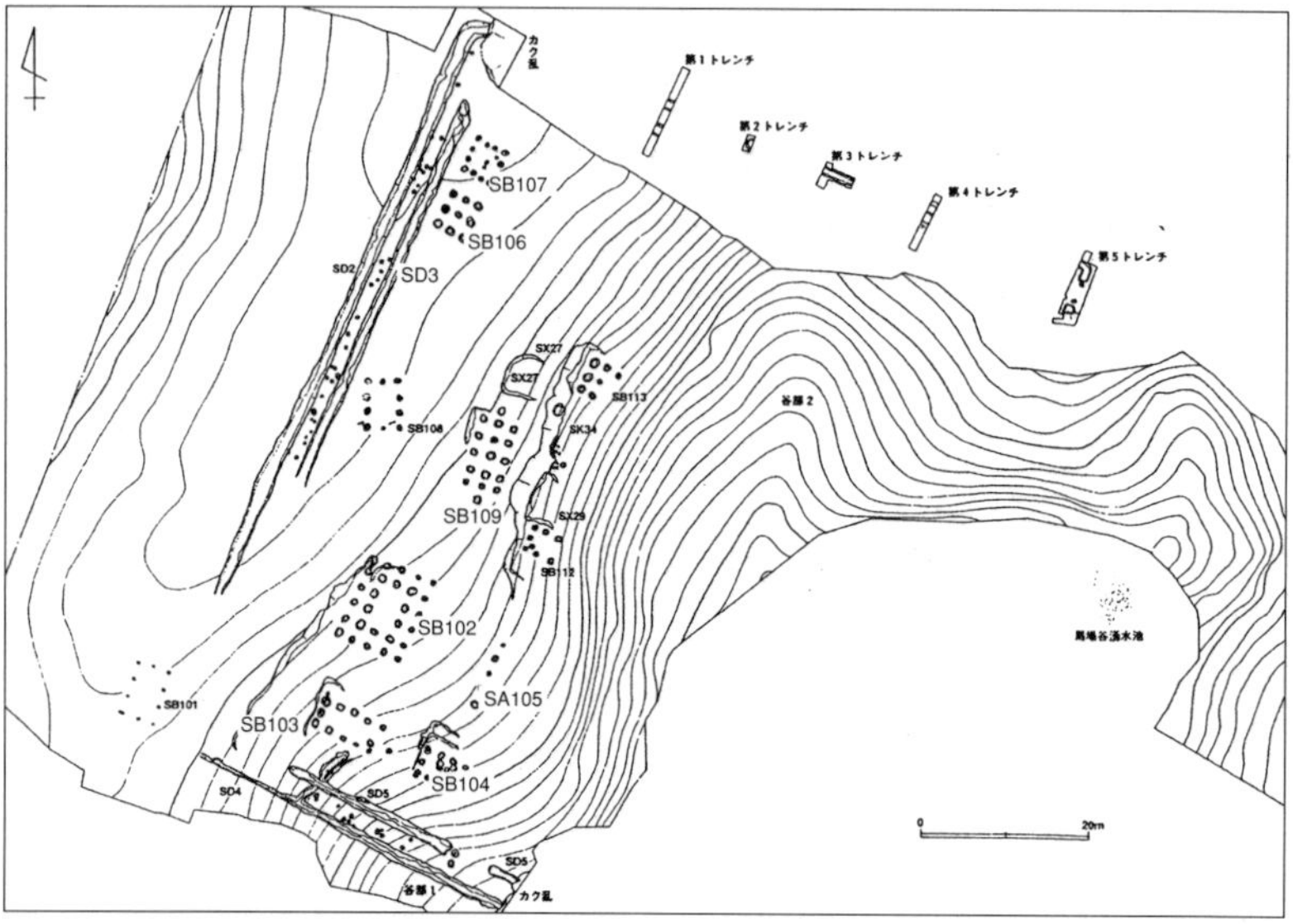

図２　西本６号遺跡平面図

めたい。

①八棟の掘立柱建物群よりなる西本六号遺跡が二重の溝で区画された傾斜地に建てられていたことは、この遺跡の特徴を考える際にきわめて注目される。こうした傾斜地に掘立柱建物を建てるということは、日常の生活の便宜を考えて選地したのではなく、それぞれの建物がひときわ目立つように建築されたと考えることができる。また、図面上で確認できる門跡としては北西角と南の溝のとぎれた二箇所が想定されている。

②ＳＢ一〇九は南北四間（七・八メートル）、東西二間（四メートル）で、南北の妻側に一間分張り出した独立棟持柱をもつ総柱建物である。この性格については、宮本長二郎氏[15]が古墳時代後期初頭の神戸市松野遺跡の棟持柱をもつ二間×三間の建物を神殿的な性格の建物としていることが注目される。正報告書で宮本氏は、南側の柱間が狭いことより、この建物の正面は南妻側にあり、主室である高床敷きの上層部だけでなく、下層の土間床部も側壁で仕切り主室の神聖な空間を保護するという構成の神

殿に近い機能をもった建物であると指摘している。

③SB一〇二は桁行五間、梁間四間の四面庇付建物で、報告書で宮本氏は、床束痕跡と建物の周辺に側溝がないことより、四面吹放しの土間床形式の建物であるとする。ただ、この四面庇付建物の性格を考えるとき東側の目隠し塀（SA一〇五）の存在は注目され、また、この南側に存在するSB一〇三・一〇四は四面庇付建物に関連する可能性がある。

④北西部分の二つの建物（SB一〇六・一〇七）については、SB一〇六は高床建物で物資を納める倉庫の可能性が考えられ、SB一〇七は他の建物に比べ雑な造りであることより土間床平屋建物である。

〈出土土器〉

出土土器の大半は須恵器で、実測可能なものだけで三〇〇点以上存在し、そのほとんどは有蓋・無蓋の坏であり、他に高坏・皿・鉢・平瓶・甕・壺・円面硯などがある。さらに、須恵器の器種では、飲食器以外の煮炊具や貯蔵具の出土が極端に少なく数個体分しかないという。そして、かかる須恵器の時期については、藤原京編年でいう飛鳥Ⅳ期に相当し、七世紀後半代、より細かくいえば天武・持統朝で、時期差はほとんどないという。古墳ではない建物群遺跡よりの出土土器の大半が須恵器であるという点と煮炊具や貯蔵具がほとんど出土しない点よりすると、この遺跡が単純な豪族居館というのでなく特殊な性格をもったものであったことを示唆するものである。

また、図3の墨書土器（写真）に示したように墨書をもつ須恵器の高坏が

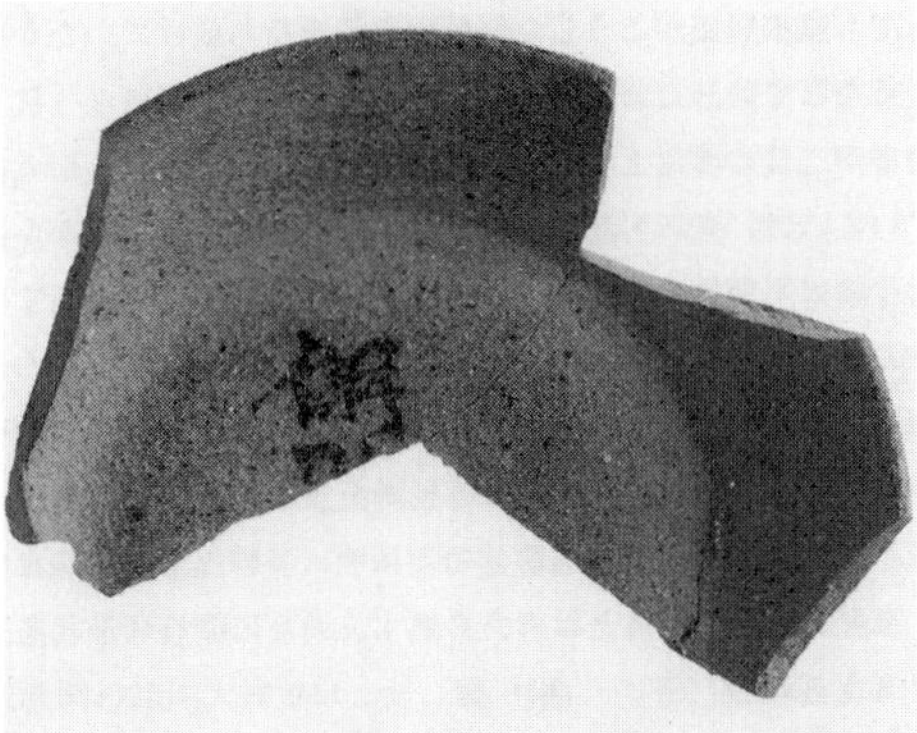

図3　墨書土器

出土し、従来の諸報告では、「解除」と読んでいる。解の字の下に位置する文字が「除」と読みうるか否かが問題で、文字自体から「除」と読むことはできないが、「除」と読むことに抵触する点はないというのが正確なところであろう。

〈金銅製馬具〉

ＳＤ３の下層から、表面にハート型の毛彫りと縦方向の毛彫りを組み合わせ、鍍金が施された金銅製の杏葉馬具が出土している。錆化が著しく、残存長さは八二ミリ、厚さ一・三ミリ、重さ四・五グラムであり、径三ミリの鋲痕が認められる。七世紀後半の建物遺構群より金銅製の杏葉具という馬具が出土していることは大変珍しく、同遺跡において飾り馬が何らかに利用されたことを示唆する。

〈鉄製具〉

鉄製具についても詳細に整理・検討する必要があろうが、刀子四点とＵ字型の鉄製器三点（钁先か鍬先のミニチュア）と鎌一点が出土していることが注目される。三点のＵ字型鉄製器のなかで最大のものは残存長六六・五ミリ、厚さ二・五ミリ、重さ四・五グラムというように、いずれも実用品でなくミニチュアである。こうした钁先か鍬先のミニチュアの出土は祭器として使用された可能性を示し、かつ、刀子と钁・鎌の出土は天武五（六七六）年の諸国大祓で用意されることになっていた鉄製品で、同遺跡が祭祀関連施設であることを示唆するものといえよう。

以上よりして、同遺跡の成立と廃絶時期は、出土須恵器と建て替えの痕跡がみられないことより七世紀後半、より具体的には天武・持統朝という比較的短期間に、造営・廃絶されたと考えられる。さらに、建物遺構・出土遺物より指摘されているように祭祀関連の施設の可能性が考えられるであろう。

3　西本六号遺跡の性格について

七世紀第4四半期の天武・持統朝において以上の特徴をもつ地方の施設として想定できるものには、（A）豪族の居館、（B）官衙関連建物、（C）祭祀に関連する建物群などがあげられよう。そこで以下において、それぞれの可能性について論じることにしたい。

（A）豪族居館の可能性

七世紀後半の豪族居館を定式化することがどの程度可能か若干疑義もあるが、まず、豪族居館と考えた場合の問題点としては以下の諸点があげられよう。

①四間×五間の四面庇付建物（SB一〇二）と北西部の二つの建物の存在は、豪族居館として問題ないが、棟持柱のSB一〇九はやはり高床式建物で祭祀に関連すると考えられ、七世紀後半における豪族居館内部の建物としてはそぐわない。棟持柱をもつ建物がある神戸市の松野遺跡は棟持柱建物と二つの総柱建物が二重の柵列に囲まれた内部に存在する形態で西本六号遺跡とは異なっている。ただし、棟持柱建物は存在しないが、群馬県の三ツ寺遺跡や原之城遺跡などの豪族居館の内部構造は、居館内に祭祀と政治の両空間をもつ例が存在していることより、古代豪族居館は祭政両面の権限を有していたと考えられている。(16) 確かに、古墳時代における豪族居館に祭祀と政治の二つの空間の存在する傾向がみられることは事実であるが、七世紀第4四半期になっても豪族居館がこうした祭政両要素をもち続けていたかは疑問で、むしろ、そうした傾向は少なくなっていったと考えるべきであろう。②この建物群が一重の溝（土塁か築地が存在したと考えられるが考古学的には確認されていない）で囲まれている点は、豪族居館・官衙としてもありえて問題はないが、豪族の居館としては立地条件が日常生活に不便をもたらす傾斜地にあることは気になる点である。③出土遺物よりすると、土師器に比して須恵器の出土が圧倒的に多いことも、単純な豪族居館とするには若干

問題があるし、かつ、飲食器以外の煮炊具や貯蔵具の出土が極端に少なく数個体分しかないという点と、炊事・生産関係の遺物もきわめて少ないことも、豪族居館と考える際に問題になろう。さらに、金銅製馬具や鉄製農耕具のミニチュアの出土も問題となろう。

以上の点よりして、単純な豪族居館跡とは考えられず、かりに豪族居館と考えるにしてもきわめて祭祀的要素の強い施設と考えられるのである。

（B）官衙関連建物の可能性

七世紀第4四半期における官衙関連建物として想定可能なものには、（a）初期国宰関連施設、（b）評衙、（c）駅家、（d）里に関連する施設などが考えられる。まず、（c）の可能性は、その立地条件と出土遺物よりして考えなくてもいいであろう。つぎに、（a）・（b）の初期国宰関連施設・評衙関連施設の可能性としては、仮にSB一〇二の四間×五間の四面庇付建物を政治的施設と考えてみても、その北東に神殿的建物と考えられるSB一〇九、北西部に倉庫が立地するというように、全体的な平面プランとしてコンパクトにまとまりすぎている。さらに、出土遺物よりしても、（a）・（b）の可能性を示唆するものはないといえるであろう。最後に、（d）の可能性であるが、この点は（A）の豪族の居館との関連が問題となるが、稲などの律令諸税物の収納に関する遺構・遺物が見いだせなく、その可能性は少ないといえよう。すなわち、全体的に官衙プランの存在を遺構面で確認することができないし、また、出土遺物の特徴よりしても、官衙関連施設の可能性を示唆するものはなく、行政機関としての建物群の可能性は少ないといわざるをえないであろう。

（C）祭祀に関連する建物群の可能性

遺跡の立地条件、神殿的要素をもつ棟持柱建物、四間×五間の四面庇付建物、二つの倉庫と考えられる建物の存在、さらに、出土した土器・金銅製馬具・鉄製具の特徴よりして、西本六号遺跡が七世紀第4四半期における祭祀に関連するものである可能性の高いことは誤りないところである。さらに、天武・持統朝と考えられることと、須恵器に墨書されている文字が「解除」であるとすると、天武朝に開始された諸国大祓に関連する遺跡と考えられるのではないだろうか。すなわち、『日本書紀』天武五年八月辛亥条によると、

詔曰、四方為二大解除一、用物則国別国造輸、祓柱、馬一匹、布一常、以外郡司各刀一口、鹿皮一張、钁一口、刀子一口、鎌一口、矢一具、稲一束、且毎レ戸麻一条

とみえ、天武五（六七六）年八月から諸国で大祓がおこなわれ、その際に使用する祓柱の確保について命令が出されているのである。出土した墨書土器の文字が「解除」と読めると、西本六号遺跡が諸国大祓に関連する遺跡である可能性がきわめて強まるといえるが、出土土器の文字そのものより、「解除」と読みうるかということについては否定的にならざるをえない。しかし、逆に「解除」と読むのに否定的な点もないといえるであろう。

さらに、天武五年時の諸国大祓の祓柱をみると、国造が土馬ではなく生きた馬を用意していることが知られ、同遺跡より毛彫りの線刻をいれた金銅製の杏葉を出土していることは大祓の施設と考えることと符合するものである。また、郡司（評司）が用意すべき物として、刀・鹿皮・钁・刀子・鎌・矢などがあり、同遺跡より、刀子、钁先・鍬先のミニチュア、鎌が出土していることもきわめて示唆的である。つまり、天武朝の諸国大祓では、馬・钁・刀子・鎌が祓物として用意されたと考えられ、それらが出土しているのである。かかる点よりして、同遺跡で大祓に関連する儀式がおこなわれた可能性は高く、同遺跡を諸国大祓に関連する遺跡と考えてよいであろう。

現状の発掘調査より得た知見から、同遺跡を天武朝の諸国大祓の関連施設と断定することには、慎重であるべきかもしれない。しかしながら、最も蓋然性の高い見解として諸国大祓の関連施設とすることは可能であると考える。そ

こで、同遺跡を諸国大祓の関連施設として位置づけ、以下において、その歴史的な位置づけをおこなうこととしたい。

第二節　諸国大祓の成立について

大祓とは、人々の罪穢を祓い除き、清浄にするための神道儀礼のことで、毎年六月・十二月の晦日におこなう以外に、大嘗祭、斎宮・斎院の卜定・群行、または疫病の流行、妖星の出現、災害異変（天変地異）に際して臨時におこなわれるものであるという(17)。こうした大祓は養老神祇令大祓条と諸国条において次のように規定されている。

『令義解』神祇令大祓条

凡六月十二月晦日大祓者、中臣上二御祓麻一、東西文部上二祓刀一、読二祓詞一訖、百官男女聚二集祓所一、中臣宣二祓詞一、卜部為二解除一

『令義解』神祇令諸国条

凡諸国須二大祓一者、毎レ郡、出二刀一口、皮一張、钁一口、及雑物等一、戸別、麻一条、其国造出二馬一疋一

前者の養老神祇令大祓条の大宝令規定は、『令集解』の古記の記載より「大祓」「東西文部上祓刀、并読二祓詞一訖」の部分が復原でき、また、『続日本紀』大宝二年十二月壬戌条の「廃二大祓一、但東西文部解除如レ常」との記事より、大宝令も養老令条文とほぼ同様の規定であったと推定される。そして、養老神祇令大祓条は、六月と十二月の晦日に京でおこなわれる恒例の大祓に関する規定であり、その行事次第は、中臣氏が「御祓麻」を天皇にたてまつり、ついで東西文部が「祓刀」を天皇にたてまつり「祓詞」を読むことに始まり、その後に、百官男女が「祓所」に聚集し、中臣が「祓詞」を宣し、卜部が「解除」をなすというものであった。

九世紀後半以後に成立した『貞観儀式』『延喜式』にみえる六月と十二月の晦日におこなわれる大祓は、養老令と同様に、まず中臣氏が「御麻」を、東西文部が「祓刀」を、中臣・宮主・卜部が「荒世」「和世」の御服を天皇にたてまつり、その後、河上において解除する。さらに、親王以下百官が朱雀門の前に集まる前に、神祇官が、「祓物」を朱雀門の前路南に設置しておき、集合後に卜部が「祈詞」を読むというものであった[18]。すなわち、六月と十二月の晦日におこなわれる大祓は、天皇に対する行事と、「祓所」（後には朱雀門）に「百官男女」が集合しておこなう行事よりなっていたのである。こうしたことは、『続日本紀』大宝二年十二月三十日条で「廃㆓大祓㆒、但東西文部解除如㆑常」とみえ、大祓を停止したことを記す記事であるが、そこで百官男女が祓所に聚集し、中臣が祓詞を宣し、神祇官の卜部が解除をおこなうということを廃すが、「東西文部解除如㆑常」と記し、東西文部が祓刀を天皇にたてまつり祓詞を読むことはおこなわれたと解釈できることより知られる。

後者の養老神祇令諸国条の大宝令条文は、同条集解古記説より復原可能な語句は「大祓」「皮」「钁」「雑物」との語句のみであるが、上述した『日本書紀』天武五年八月辛亥条より、養老令条文と基本的には同一であったと考えられる。すなわち、神祇令諸国条規定は、神祇令大祓条が京における六月と十二月の晦日の恒例の大祓に関する規定であったのに対して、諸国における大祓に関する規定であった。ただし、この諸国大祓条は、いかなる時におこなわれるかは規定されていなく、かつ、諸国における大祓の行事内容について規定したものでもなく、諸国大祓の祓柱をいかにして確保するかという点にあったといえよう。そして、諸国大祓の祓柱は、郡毎に「刀一口、皮一張、钁一口、及雑物等」、戸別に「麻一条」、そして、国造が「馬一疋」を出すべきことを規定したもので、いかなる時に、どのようにして諸国大祓がおこなわれるかを同条文は規定していない。諸国大祓がいかなる時におこなわれたのかを考える際の重要な史料として、『令集解』神祇令諸国条古記説の「天皇即位、惣祭㆓天神地祇㆒、必須㆓天下大祓㆒、以外臨時在耳」をあげることができる。すなわち、八世紀前半の明法家古記の解釈によると、諸国大祓は天皇が即位するに際しての「惣祭㆓天神地祇㆒」時には必ずおこなわれ、他は臨時におこなわれることになっていたといえる。

次に、諸国大祓がいかにおこなわれたかについては、まず神祇令大祓条では、天皇に対する行事と、「祓所」に「百官男女」が集合しておこなう行事とでなっていたことより推定すると、後者の「祓所」に「百官男女」が集合しておこなう行事が存在したことは誤りない。さらに、諸国大祓がいかなる場所でおこなわれたかについては不明であるが、三宅和朗氏が「諸国大祓考」[19]で「但馬国府推定地付近の数カ所の遺跡や郡衙推定地の伊場遺跡などの地方官衙から、中央の都城と共通する、木製の人形・馬形等の大祓関係遺物が出土している」ことを参考にして「恐らくは各国の国・郡衙において大祓を実施する程度であった」と指摘し、神野清一氏も「諸国の国衙」[20]でおこなわれると述べているように、八世紀以後の諸国大祓は国衙もしくは郡衙でおこなわれたと考えられているといえる。

さらに、こうした諸国大祓が中央神祇官主導のもとでおこなわれたことは、中央より諸国へ大祓使が派遣されたことより知ることができる。すなわち、『延喜式』によると、伊勢神宮の遷宮に際して装束・神宝が奉納されるに先だっておこなわれる大祓、斎宮の伊勢への群行に際しての諸国大祓、践祚大嘗祭の前におこなわれる大祓に際して大祓使が派遣されることになっていたのである。前の二例は伊勢神宮との関連でおこなわれるもので、最後の践祚大嘗祭に先だっておこなわれる大祓が、諸国大祓と同レベルと考えられるので、以下においてその規定について言及したい。その規定は『延喜式』神祇七大祓使事条に次のように見えている。

凡大祓使者、八月上旬卜定差遣、左右京一人、五畿内一人、七道各一人、下旬更卜㆓定祓使㆒差遣、左右京一人、五畿内一人、近江、伊勢二箇国一人、在京諸司晦日集祓如㆓二季儀㆒

践祚大嘗祭に先だっておこなわれる大祓は、八月上旬に卜定して左右京一人、五畿内一人、七道諸国に各一人の大祓使が派遣され、八月下旬に再び卜定して左右京一人、五畿内一人、近江・伊勢国一人の大祓使が派遣されることになっている。こうしたことよりすると七道諸国への大祓使の派遣は、それぞれ一人が一度であったことが知られる。

次に、かかる大祓使の派遣が確認される早い例は、天平九（七三七）年の和泉監正税帳（『大日本古文書』二巻九一頁）の「祭幣帛幷大祓使従七位下村国連広田、将従貳人、従監史生壱人、将従壱人、経壱箇日、食稲壱束漆把、酒壱升八合」との記載で、天平九年度の和泉監の正税支出のなかに「祭幣帛幷大祓使従七位下村国連広田、将従貳人」の食料費が計上されているのである。同部分の存在する断簡は和泉国国府（和泉監の政治的中心地は不詳である）の南に位置する日根郡にあたることより、「祭幣帛幷大祓使従七位下村国連広田」が従者二人を率いて、日根郡内を一日で通過したことを示す。おそらくは、南海道諸国へ派遣された大祓使が和泉監内を通過するに際して支出した稲と酒を記したものであろう。この時の諸国大祓は、『続日本紀』天平九年五月壬辰、同年七月乙未条、同年八月甲寅条にみられるように、諸国における疫病と干ばつにより「奠祭神祇」や「天下大赦」をおこなっていることと関連するものであろう。

以上よりして、遅くとも天平九（七三七）年には中央から大祓使が派遣されて諸国大祓がおこなわれていたことが確認されるのである。つまり、諸国大祓は中央神祇官から大祓使が派遣されその指導下でおこなわれるもので、その成立は地方における祭祀儀礼を中央神祇官の下に組織化したということを意味するのである。

第三節　七世紀代における諸国大祓の実例

大化前代から地方において祓の神事がおこなわれていたであろうことは容易に想定され、その起源と考えられる説話として、『古事記』仲哀記の「更取二国之大奴佐一而、種々求二生剥・逆剥・阿離・溝埋・屎戸・上通下通婚・馬婚・牛婚・鶏婚・犬婚之罪類一、為二国之大祓一」が注目される。周知のように、ここに記された罪は、『延喜式』大祓詞では天津罪・国津罪に区別され、それぞれについて議論されているが、いまここで問題にしたいのは、仲哀記はこれらの罪を祓うことを「国之大祓」としていることである。すなわち、「生剥」〜「犬婚」という罪により災気が発生するので、その災気を祓うために神に供される祓柱（ハラエツモノ）を「国之大奴佐」としているのである。そして、こうした祓柱の本来的な姿は、様々な罪を重ねたスサノヲに対して「責二其祓具一、是以、有二手端吉廃棄物、足端凶棄物一、亦以レ唾為二白和幣一、以レ洟為二青和幣一、用レ此解除竟」（『日本書紀』神代紀第七段）と記し、スサノヲに対して手足の爪や唾液・洟を祓柱として神に捧げ本人の力を奪い罪を解除していることより、本人の肉体の一部を祓柱として神に捧げる形態であったと考えられる。それが後には本人の肉体ではなく人形・馬形・人面土器・斎串を使って祓いがおこなわれるようになっていったのである。いずれにしても大祓の本源的形態は祓柱に悪しき霊を取り付けて捨てるというものであったと考えられる(21)。

　こうした大祓の起源が「国之大祓」と記されていることよりすると、かかる祓いは、国造が支配する領域内で国造が中心になっておこなわれたものと考えられる。そして、『日本書紀』大化二年三月甲申条では、女が夫の死後に再婚する際の祓除、役民の帰郷途中で病死した時の祓除、河で溺れ死んだ時の祓除、役民が途中で炊飯する際の祓除、馬の妊娠に際しての祓除などを「愚俗の祓い」として禁止している。かかる祓除が本当におこなわれていたかについては若干の疑点もあるが、民間で種々の祓除がおこなわれていたことは事実であろうし、また、かかる諸祓除を地方で中心におこなっていたのが国造であったと考えられる。であるが故に、国造制から評制への移行に際して、かかるいくつかの祓いを「愚俗の祓い」として禁止したのである。すなわち、大化前代における国造の重要権限として領域内における祓い神事をおこなうことが存在していたと考えられるのである。

そこで、以下において、『日本書紀』にみえる大宝令以前の諸国大祓の事例を検討することにしたい。諸国大祓の初見は、上述した『日本書紀』天武五年八月辛亥条「詔曰、四方為二大解除一、用物則国別国造輸、祓柱、馬一匹、布一常、以外郡司各刀一口、鹿皮一張、钁一口、刀子一口、鎌一口、矢一具、稲一束、且毎レ戸麻一条」である。この詔の内容は、四方（諸国）で大解除をおこなうときの「用物」について規定したもので、「祓柱」として馬一匹と布一常を国造が、刀一口、鹿皮一張、钁一口、刀子一口、鎌一口、矢一具、稲一束を「各」郡司が用意し、戸別に麻一条を負担させるということを命じたものである。つまり、諸国大祓に際しての「祓柱」として最初に「馬」を掲げ、馬が諸国大祓の中心となる物品であったこと示し、さらに、それを用意するのは国造であるとしているのである。こうしたことよりすると、この時における諸国大祓の在地における中心が、評司でなく国造であったことは明らかであり、国造は単なる身分を示す称号ではなく諸国大祓を主催する存在であったことは明らかである。

そして、この詔が神祇令諸国条の「凡諸国須二大祓一者、毎レ郡、出二刀一口、皮一張、钁一口、及雑物等一、戸別、麻一条、其国造出二馬一疋一」の法的起源となったことについては異論のないところで、大宝神祇令諸国条として規定されたと考えられる。ただ、大宝令条文と比較すると、その記載順序は、天武五年紀で国造→郡司（評司）→戸であるのに対して、大宝令では郡司→戸別→国造と記され、諸国大祓における国造の位置が変化したことを示しているが、このことは天武五年の記事の信憑性を高めるものといえよう。

上述のように大祓の本源的形態は本人の肉体の一部を祓柱（ハラエツモノ）として神に捧げるものであったが、後には本人の肉体に代わって人形・馬形・人面土器・斎串が使われるようになっていったのであるが、そうしたとき天武五年八月の諸国大祓の「祓柱」が本人の肉体もしくはその代用品としての人形・馬形・人面土器・斎串でなく、馬・

布（国造）、刀・鹿皮・钁・刀子・鎌・矢（評司＝郡司）、稲（公民）というものであったことはきわめて注目される。そして、その諸国大祓の中心とされた祓柱に国造が用意する馬があてられていたことは、天武五年の諸国大祓は公民一人一人の災気・邪気を取り払うということが中心ではなく、国全体に発生した災気・邪気を国造が中心になって解除するというもので、諸国における大祓神事は国造がおこなうべきことを明確にしたものと考えられるのである。

その後、『日本書紀』天武七年是春条では「将レ祠二天神地祇一、而天下悉祓禊之、堅二斎宮於倉梯河上一」とみえて、この時の大祓は、天神地祇を祀ろうとして諸国（天下）で大祓がおこなわれ、斎宮を大和川の支流（奈良県桜井市を流れる）の河上に堅めたという。ただし天武七年四月に斎宮に行幸しようとしたが、天武の子供である十市皇女が死去したため、倉梯河上の斎宮に行幸することができず、「遂不レ祭二神祇一」[22]であったと記す。こうしたことよりすると、この時の諸国大祓は「天神地祇」を祀るためであったといえよう。さらに、『日本書紀』天武十年七月丁酉条では「令二天下一、悉大解除、国造等各出二祓柱奴婢一口一而解除焉」とみえ、神野清一氏[23]は「大王天武の災気を祓い、祓柱の奴婢（奴隷）にこの災気やツミの穢を移すことによって、一方に清浄なる大王、そしてその対極に罪穢を一身に負う奴婢（賤）という虚偽の構造を創出し、浄御原令に採用が予定されていた良賤制のイデオロギー面での地ならしをすることにあった」と指摘している。さらに注意しなければならないのは、かかる大祓に際して祓柱を出すのを国造としていることであり、この点について、神野氏は「彼ら（国造）の有する地域の祭祀権を大王に集中するという意義も認められよう」と述べている。そして、『日本書紀』朱鳥元年七月辛丑条の「詔二諸国一大解除」は、重病に陥った天武の病気回復のためにおこなわれたもので、『続日本紀』文武二年十一月癸亥条の「遣二使諸国一大祓」は、文武天皇が即位後におこなわれる大嘗祭に先だっておこなわれたものと想定されよう。こうした大嘗祭に先だっておこなわれた諸国大祓の確実な例は、『続日本紀』天平宝字二年八月乙卯条の「遣レ使大二祓天下諸国一、欲レ行二大嘗一故也」であるが、

表12　8世紀における大祓

年月日	記載内容の概要
大宝 2.3.12	大安殿を鎮め大祓して、諸国に幣帛を頒布する。
2.12.30	大祓を停止する。ただし東西文部の解除はおこなう。
慶雲 4. 2. 6	諸国の疫病により、使者を遣わして大祓する。
養老 5. 7. 4	6・12月の晦日の大祓に百官の妻子姉妹も参加する。
神亀 3.12.29	東文忌寸で弁官の官人が大蔵の刀をたてまつることを定める。
天平 1. 2.18	百官が大祓する。
9	疫病の流行により天下諸国で大祓する。(＊1)
天平宝字 2. 8.16	大嘗祭に先立ち、使者を使わして天下諸国で大祓する。
5. 8.29	斎内親王の伊勢行幸による大祓がおこなわれる。
宝亀 1. 9.22	京師および天下諸国で大祓する。
6. 8.30	伊勢・美濃の風雨の災により大祓する。
7. 5.29	災変がしばしばみえることにより大祓する。
7. 6.18	京師および畿内で大祓し、黒毛馬を丹生川上神へ奉ずる。
8. 3.19	宮中にしばしば妖怪が現れるため大祓する。
延暦 1. 1.30	大祓がおこなわれる。
3.12. 6	使者を畿内七道に遣わして大祓する。
9. 1.30	大祓がおこなわれる。
9.潤3.30	百官が釈服して大祓する。

注　＊1の出典は『大日本古文書』によるが、他は全て『続日本紀』である。

上述したように『令集解』神祇令諸国条の古記説が「天皇即位、惣祭㆓天神地祇㆒、必須㆓天下大祓㆒、以外臨時在耳」と述べていることより、天平十年以前におこなわれていたことが知られる。『延喜式』によると、践祚大嘗祭に先だっておこなわれる大祓の場合は、八月上旬に卜定して左右京一人、五畿内一人、七道諸国に各一人の大祓使が派遣されることになっていて、この時の大祓使の派遣は十一月である点が相違しており若干問題があるが、この時の大祓は、おそらくこの即位に際した諸国大祓の前身で、大宝令以前に使者(大祓使)が諸国に派遣されていたことが確認されるのである。

いま、八世紀の諸国大祓の開催を表示すると表12のようで、史料上で確認できる諸国大祓は、慶雲四(七〇七)年・天平九(七三七)年・天平宝字二(七五八)年・宝亀元(七七〇)年・延暦三(七八四)年の五例で、かつ、践祚大嘗祭に先だっておこなわれる大祓・斎王の伊勢群行という場合以外の臨時の諸国大祓は、慶雲四年、天平九年、延暦三年の三例しか確認できない。つまり、天武五年から大宝元年までの四分の一世紀の間に四例みられるのは、その頻度は高いといわざるをないであろう。すでに岡田精司氏が「天智・天武朝において新しい祭祀形態による宗教的支配が開始され、その形は『浄御原令』において完成の域に達した」[24]と指摘するように、律令的祭祀制度の成立が天武・持統朝に求められる[25]ことに関連するのである。

　このように天武・持統朝に律令制的祭祀制度が確立していったのであるが、諸国における大祓の全国的制度化以外で、地方における祭祀の全国的な組織化としては、祈年祭における班幣（天皇から全国の神々への幣帛＝祭祀料の下賜）のあり方にもみることができる。『続日本紀』大宝二年二月庚戌条には「是日、為レ班二大幣一、馳レ駅追二諸国国造等一入レ京」とみえ、祈年祭に「大幣」を班幣するために、諸国の「律令国造」（新国造）を急いで入京させているのである。『延喜式』では、祈年祭に幣帛を班幣されるのは諸社の祝部であることに対して、ここでは諸国の「律令国造」（新国造）であることが注目される。すなわち、大宝令施行直後において、「律令国造」（新国造）に対し祈年祭の幣帛を受けるために上京させていることは、上述した諸国大祓の制度化とともに、「律令国造」（新国造）を中央神祇官の下で地方祭祀を司るものとして制度化したことを物語るのである。ただ、『続日本紀』大宝二年三月己卯条では「鎮二大安殿一大祓、天皇御二新宮正殿一斎戒、惣頒二幣帛於畿内及七道諸社一」とみえ、大安殿を清め大祓をするに際して、文武天皇は藤原宮に新たに建てられた殿舎に出御し斎戒し、幣帛を全国の諸社に班幣したという。こうした臨時の大祓に際して、幣帛の頒布がおこなわれる例は、『続日本紀』延暦三年十二月癸丑条に「遣二使畿内七道一、大祓奉二幣於天神地神一」とみえているように、諸国大祓に際し「幣帛」を諸国に頒布したと考えられ、おそらくは諸国へ派遣された大祓使がもってゆくのであろう。

第四節　諸国大祓と律令国造

天武五（六七六）年八月に制定された諸国大祓の制度が神祇令諸国条の規定となっていったと考えられるが、天武五年八月の段階で、何故に令制の諸国大祓の基盤となるべき政策が出されたのかという点が問題であろう。

上述したように大宝令制の諸国大祓には、天皇即位に際して「惣祭㆓天神地祇㆒、必須㆓天下大祓㆒」という飢饉・疫病などの災気を祓うためにおこなわれる臨時の諸国大祓が存在したが、天武五年の諸国大祓は天皇の即位にともなうものではなかった点に注目すべきであろう。この時に諸国大祓が挙行された直接的な契機としては、古くは、新嘗祭によるものとする見解も存在したが[26]、現在のところ、地震説[27]と干ばつ説[28]があり、干ばつによるとの見解が主流であろう。干ばつ説の論拠は、『日本書紀』天武五年是夏条に「大旱、遣㆓使四方㆒、以捧㆓幣帛㆒、祈㆓諸神祇㆒、亦請㆓諸僧尼㆒、祈㆓于三宝㆒、然不㆑雨、由㆑是、五穀不㆑登、百姓飢之」とみえ、諸国へ使者を派遣し幣帛を捧げ諸神祇に祈らせたが、それでも雨が降らず五穀が実らず百姓が飢えたという。すなわち、干ばつに対して諸国へ使者を派遣し幣帛を捧げ諸神祇に祈らせたが効き目がなかったため、八月になり、国造の提供する馬・布を祓柱とし、それ以外に評司と戸に用物を提供させて諸国で大祓を挙行させたというものである。

ただし、矢野健一氏は、同条にみえる「戸麻一条」に注目して「天武四年二月の部曲の廃止にともない人々の罪穢を祓除するという宗教的粉飾として諸国大祓が行われた」との見解を提起された[29]。この見解については「戸麻一条」の理解について神野清一氏の批判[30]もあって問題がある。いずれにしても天武五年の諸国大祓の挙行の直接的契機は干ばつであったことは異論がないが、何故に天武五年夏の干ばつが注目されたのかについては検討する必要があり、自然条件のみに求めることには問題があろう。その点で、最初に国造が祓柱として「馬一匹、布一常」を出していることには意味があり、律令国家の国造制に関する政策の一つとして考えるべきであろう。

すなわち、大化前代に国造が伝統的に保持していた祓い神事に注目し、そうした地域的な祓い神事を中央神祇官のもとに全国的に組織することがあったと考えられるのである。とした時、天武朝に諸国大祓を地方で司るものとして位置づけられた国造が大化前代の国造と同じものか、あるいは新たなものかという問題に直面するのである。従来の通説的見解は、虎尾俊哉・新野直吉氏の研究[31]の如く、天武朝の国造は旧国造が停止されて新たに設置された新国造（律令国造＝一国一国造）であるといえるであろう。[32]こうした新国造の性格については、上述した天武五年と大宝二年の記事よりして、地方神祇官として設置されたと考えられ、代表的見解は「律令制下の国に一国一員宛置かれた『地方神祇官』であるということになり、これが律令国造の定義的位置づけとなる」[33]というものであろう。ただ、天武・持統朝に成立した「律令国造」（新国造）の本質をいかに考えるかは問題で、大宝令の施行により有名無実の「名誉職」的存在になったとの高島弘志氏の見解[34]や、「新国造」なるものの成立を認めない篠川賢氏の見解[35]も存在している。すなわち、篠川氏は、天武五年八月の諸国大祓の記事にみえる「用物則国別国造輸」の「国別の国造」は「国別に国造」と読むべきで、この記事から「一国一国造」は主張できないとし、かつ、ここでいう「国」の実態が「国造のクニ」か「令制国」かが問題で、令制国の国境が決定されるのは天武十二～十四年であるから、天武五年の「国」は国造のクニであると主張する。しかしながら、天武十二年以前の「国」は全て国造のクニと考えられるかといえば、壬申紀やそれ以後の「諸国」に関する『日本書紀』の記載よりすると、令制通りではないにしても「令制国」であると考えられる。

ただし、高島・篠川両氏も天武五年の諸国大祓の成立を、国造の保持していた祓い神事を国家的な祭祀として統一・

整備しようとしたと考える点では同じで、問題になっているのは、天武五年の国造が新たに地方神祇官として一国に一員設置された新国造(律令国造)であるか、それとも大化前代からの国造であるのかという点である。この問題は、孝徳朝における立評と国造制の廃止という問題をいかに考えるのかという問題でもあり別に考えなければならない。ただ、孝徳立評以後における国造は、孝徳朝における全国一斉立評を認めない立場であっても、それ以前とは異なる存在であることは明らかである。

さて、天武五年の諸国大祓は、大化前代において諸国の国造がその支配下でおこなっていた祓い神事を基盤として、天皇の下でおこなわれる大祓神事として組織化したことであり、それは大化前代に存在していた諸国造たちを地域的祭祀を主として新たに秩序化をはかり、地域的祭祀権の中心として「律令国造」(新国造)を位置づけたと考えられるのではないか。つまり、孝徳朝以後にも国造の存在を示す史料があり、その存在をいかに理解するかで議論がわかれていたが、通説的見解は天武四年頃まで国造は「一族全体にかかる身分的称号」として機能していたというものである(36)。このように存続していた国造の存在を否定するためには、地方における神祇を司る官という特定の役割を有した「国造」(律令国造・新国造)を設定することが必要であったのではないか。すなわち、そうした「律令国造」(一国一国造・新国造)を設定することをとおして、それ以外の旧国造の有した祓い神事機能を「律令国造」を中心に秩序化したものと考えられるのである。しかしながら、こうして成立した「律令国造」(新国造)の「地方神祇官」的性格は、大宝令の施行と新たな諸社体制の成立と、国衙における諸国大祓の施行により、その「地方神祇官」的性格は希薄になっていったと考えられるのである。すなわち、「律令国造」(新国造)は地方における律令制的祭祀制度確立のために設置され、それが確立すると存在意義をなくしていったものといえるのではないだろうか。

以上の点を、安芸国における国造との関連で述べておくことにしたい。

まず、八世紀以後に安芸国に一国一国造（律令国造）が存在していたことは、延喜十四（九一四）年八月八日の太政官符に「安芸国六町」[37]の国造田が存在していたことより確認できる。一方、大化前代の安芸国における国造については、『国造本紀』によると、安芸郡安芸郷を本拠とする「阿岐国造」の存在が想定される。史料上に国造とみえるのは阿岐国造のみであるが、これ以外に、安芸国賀茂郡に凡直国造が存在したことが、次の『日本三代実録』貞観元年四月三日戊子条によって想定することができる。

安芸国采女凡直貞刀自賜二姓名笠朝臣宮子一、隷二左京職一、宮子、中務少丞正六位上笠朝臣豊主之女、母雄宗王之女浄村女王、大同元年、雄宗王以二伊予親王家人一、配二流安芸国一、宮子少年従レ母、不レ知二父族一、貫二安芸国賀茂郡凡直氏一、預二采女之貢一、美濃守従五位上笠朝臣数道、越前守従五位下笠朝臣豊興等證レ之、仍復二本貫姓名一

すなわち同記事は、安芸国より貢進された采女である凡直貞刀自が笠朝臣宮子という姓名を賜り、本籍も左京に貫付されたというものである。安芸の采女である凡直貞刀自は、中務少丞正六位上笠朝臣豊主の娘で母は雄宗王の娘の浄村女王であった。大同元(八〇六)年の伊予親王事件に際して、母浄村女王の父である雄宗王が伊予親王家人であったことにより安芸国に流され、宮子も母に従って安芸に配流され安芸国賀茂郡の凡直氏に貫付された。そして、成長して安芸国賀茂郡の凡直氏の一員として采女になり中央に派遣されたことを契機に、美濃守従五位上笠朝臣数道と越前守従五位下笠朝臣豊興などの証明により笠朝臣一族であることが認められたという。この記事より、安芸国賀茂郡を本拠地とする安芸国の凡直氏が存在していたことと、九世紀前半になり一族に貫付された「宮子」を采女として貢進していたことが知られるのである。なお、安芸国内における凡直氏は、安芸国高田郡内にも分布し、郡領氏族かそれにつながる存在であったことが、天喜四（一〇五七）年三月十日の白日正覚田地売券で安芸国高田郡の「郡司凡」と、延久元（一〇六九）年三月四日の僧朝因田地売券で安芸国高田郡の「郷目代凡」など[38]より知られ、賀茂郡だけで

はなくその北側の高田郡においても有力氏族として分布していたことが確認できる。

八世紀代の采女は、「其貢二采女一者、郡少領以上姉妹及女、形容端正者」と後宮職員令に規定されているように、郡領氏族が貢進する規定であった。しかし九世紀になると、大同二（八〇七）年に采女貢進の停止命令が出されているように、采女制度は大きく変化しているのである。こうした采女制度の変化ついては、すでに磯貝正義氏が指摘されたように、大同二年の采女貢進停止命令は采女貢進の停止を徹底したものでなく定数を四二名に制限した点に意義があり、これ以後、采女の貢進主体は郡ではなく国を単位とするようになり、寛平九（八九七）年には定数を四七名に決定されていったのである。こうした九世紀の采女貢進主体は、八世紀代のように郡領氏族というのでなく、代々采女を貢進する家柄という采女譜代家があたり、その采女譜代家は一国一国造（律令国造）が選ばれることが多かったと考えられる。すなわち、九世紀代の采女は一国一采女として貢進され、安芸国賀茂郡の凡直氏が安芸国の貢進氏族として采女を貢進していたのである。こうした点よりしても、安芸国賀茂郡の凡直氏は一国一国造（律令国造）であった可能性が高いといえるのである。さらに、かかる采女譜代家は郡領氏族でもあったわけであるから、八世紀代における賀茂郡の郡領であり、かつ、大化前代の凡直国造の系譜を引いていたと考えられるのである。

凡直氏については第一章で論じたので、その概要を述べると概ね次のようになる。すなわち、凡直氏の分布は安芸以西の山陽道と南海道諸国に限定され、かつ、それらはいずれも郡領氏族かそれに準ずる氏族であり、また、こうした凡直氏の本来の氏族名は「国名＋大押＋直」であった。そして、こうした凡直氏のなかでも特に讃岐国の凡直国造の検討よりして、凡直国造は、六世紀後半の敏達朝に安芸以西の山陽道と南海道諸国で凡直国造が設置され、かつ、その際に畿内王権は凡直国造に対して擬制的同族関係を強制したと考えられるのである。[42] 以上よりして、安芸国賀茂郡の凡直氏も凡直国造であった可能性がきわめて高く、六世紀後半に凡直国造に任命され、八世紀代では賀茂郡の郡領氏族であり、かつ、一国一国造（律令国造）となり、九世紀代も続いて一国一国造（律令国造）として采女を貢進していたと考えられるのである。こうした安芸凡直国造ときわめて類似したものに阿波（粟）凡直国造が存在し、粟凡直氏は律令国造であるとともに名方郡の郡領氏族であったことが、「阿波国造名方郡大領正□位下粟凡直弟臣墓養老七年歳次癸亥年立」と記された阿波国造碑(43)によって知られる。

すなわち、八世紀前半の阿波国造として名方郡大領正□位下粟凡直弟の存したことが知られ、また、『続日本紀』延暦二年十二月甲辰条によると、「阿波国人正六位上粟凡直豊穂、飛驒国人従七位上飛驒国造祖門並任二国造一」とみえ、延暦二（七八三）年に粟凡直豊穂が阿波国の律令国造に任命されたことが知られる。すなわち、阿波国の律令国造は、天武朝（不明）→八世紀第1四半期（名方郡大領正□位下粟凡直弟臣）→八世紀第2四半期（不明）→八世紀第3四半期（従五位下粟凡直若子）→延暦二年（正六位上粟凡直豊穂）というように粟凡直氏が阿波の律令国造に任命されていたことが知られるのである。さらに、かかる阿波律令国造である粟凡直氏は采女をも貢進していたことが『続日本紀』天平十七年正月乙丑条に「従五位下板野采女粟国造若子」とみえることより知られ、こうした阿波国の粟凡直氏の動向をみると、きわめて安芸国賀茂郡の凡直氏と類似していることが確認されるであろう。

以上よりして、安芸国賀茂郡の凡直氏は、賀茂郡を本拠地とする郡領氏族でその一族は北側の高田郡にまで分布していたことが知られ、大化前代の凡直国造の系譜を引いていたと考えられる。そして、七世紀中期からの立評により国造制が廃止され評制を経て郡制へ移行すると、賀茂郡の郡領氏族で、かつ、一国一国造（律令国造）に任命されたようで、九世紀以後には采女譜代家として一国一采女を貢進していた氏族であったことが知られる。

上述したように、天武朝における一国一国造（律令国造）成立の意義は、律令制的祭祀制度確立のために設置された点にあり、それが確立すると存在意義は低下していったのである。であるが故に、八世紀代の諸国大祓は、天武・

持統朝のように特別な施設を設置しておこなうのではなく国衙でおこなわれたのであろう。そして、こうしたことが西本六号遺跡が天武・持統朝という短期間の間しか存続しなかった理由でもある。

おわりに

以上、東広島市の西本六号遺跡の性格を天武朝に始まる諸国大祓に関連するものと考えて、諸国大祓の成立とその意義を論じてきた。無論、同遺跡が諸国大祓に関連するものと断定することはできないとの批判もありうるが、現状では、諸国大祓に関連するものと考えることが最も蓋然性の高い考え方であろう。そして、西本六号遺跡が天武・持統朝という短期間しか機能していないことも、上述した七世紀第4四半期の「律令国造」(新国造)の性格とも符合するといえるのである。すなわち、『日本書紀』天武五年八月辛亥条の詔により、律令制的祭祀制度確立のために設置された律令国造が諸国大祓を執りおこなうことを決定し、それが確立すると、そのために特別な儀式の場は必要でなくなることが、遺構上でも確認されたことになるのである。

さらにいえば、西本六号遺跡の存在は、孝徳立評によって在地の行政支配権を取り上げられ、祭祀権の執行という機能だけの存在に押し込まれた国造を、天武朝に至って在地の祭祀権の秩序のなかに位置づけたことを示し、天武朝までは在地の祭祀権を保持した存在であったことを示す遺構と考えられるのである。そして、こうした国造の諸国大祓が天武五年八月の段階でおこなわれたことは、まさしく天武四年二月の部曲の廃止にともなうものであったことを物語るものではなかろうか。

注

（1）天武朝における諸国大祓の関連施設の可能性を指摘したのは、松原弘宣編『瀬戸内海における交流の展開』（名著出版、一九九五年）の口絵、『阿岐のまほろば』vol.5（一九九五年）、吉野健志「広島県西本6号遺跡―飛鳥時代の大規模祭殿跡―」（『祭祀考古』第五号、一九九六年）がある。
（2）古瀬清秀「安芸」（『前方後円墳集成』中国・四国編、山川出版社、一九九一年）、石井隆博「東広島市三ツ城古墳」（『考古学ジャーナル』四〇八号、一九九六年）。
（3）保育社、一九八六年。
（4）八木充「凡直国造と屯倉」（『古代の地方史』2、朝倉書店、一九七七年）、拙著『日本古代水上交通史の研究』（吉川弘文館、一九八五年）。
（5）小林利宣「安芸国府の研究」（『芸備地方史研究』二四号、一九五八年）、藤岡謙二郎『国府』（吉川弘文館、一九六九年）。
（6）八木充「山陽と南海の渦」『古代の日本』四、角川書店、一九七〇年。
（7）拙稿「古代国家の海上交通体系について」『続日本紀研究』二七三、一九九一年。
（8）水田義一「安芸国」藤岡謙二郎編『古代日本の交通路』Ⅲ、大明堂、一九七八年。
（9）潮見浩・安田龍太郎「安芸―国分寺」角田文衛『新修国分寺の研究』第四巻　山陰道と山陽道、吉川弘文館、一九九一年。
（10）注8論文。
（11）『日本考古学年報』四六、吉川弘文館、一九九五年。
（12）『考古学ジャーナル』三八八号、一九九五年。
（13）『祭祀考古』第六号、一九九六年。
（14）東広島市教育文化振興事業団『西本6号遺跡発掘調査報告書2』一九九七年。
（15）『日本原始古代の住居建築』中央公論美術出版、一九九六年。
（16）辰巳和弘『高殿の古代学―豪族の居館と王権祭儀』（白水社、一九九〇年）・「豪族居館の諸相」（『季刊考古学』三六、一九九一年）。

(17)『国史大辞典』二巻（吉川弘文館、一九八〇年）の六八〇頁。

(18)故実叢書本『儀式』『延喜式』。

(19)黛弘道編『古代王権と祭儀』吉川弘文館、一九九〇年。

(20)「天武十年紀の天下大解除と祓柱奴婢」『日本古代奴婢の研究』名古屋大学出版会、一九九三年。このように、八世紀以後の諸国大祓が国郡衙でおこなわれたとする見解には、金子裕之「平城京と祭場」（『国立歴史民族博物館研究報告』第七集共同研究「古代の祭祀と信仰」一九八五年）と加賀見省一「但馬国府と祓所」（『歴史学と考古学』真陽社、一九八八年）などがある。

(21)神野清一氏の注20論文を参照のこと。

(22)『日本書紀』天武七年四月癸巳条。

(23)注20論文。

(24)「律令的祭祀形態の成立」『古代王権の祭祀と神話』塙書房、一九七〇年。

(25)井上光貞『古代の王権と祭祀』東京大学出版会、一九八四年。

(26)次田真幸『日本神話の構成』明治書院、一九七三年。

(27)牧英正「日本古代贖罪制度考」『法学雑誌』四―三・四、一九五八年。

(28)梅田義彦「臨時大祓考」（『神道宗教』二八、一九六二年）、横田健一「中臣氏と卜部」（『日本書紀研究』第五冊、一九七一年）。

(29)「天下（四方）大祓の成立と公民意識」『歴史学研究』六二〇、一九九一年。

(30)注20論文に同じ。

(31)虎尾俊哉「大化改新の国造」（『芸林』四―四、一九五三年）・「大化改新後国造再論」（『弘前大学国史研究』六、一九五七年）。新野直吉氏の関連論文は多いので、主なもののみをあげると「大化改新後の国造」（『岩手大学学芸部研究年報』七、一九五二年）・「奈良平安時代の国造」（『文化』一八―一、一九五四年）・「再び『大化改新後の国造』について」（『岩手大学学芸学部研究年報』一二、一九五六年）・『謎の国造』（学生社、一九七五年）がある。また、これらの研究史については新野直吉『研究史　国造』（吉川弘文館、一九七四年）が詳細である。
(32) 新野直吉『研究史　国造』（前掲）が詳細である。
(33) 新野直吉「律令国造が大祓に馬を出すこと小考」『続日本紀研究』一五八、一九七一年。
(34) 「律令新国造についての一試論」『日本古代史論考』吉川弘文館、一九八〇年。
(35) 『国造制の成立と展開』吉川弘文館、一九八五年。
(36) 鎌田元一「評の成立と国造」『日本史研究』一七六、一九七七年。
(37) 『別聚符宣抄』。なお、国造田については新野直吉「『国造田』小論」（『日本歴史』一五七、一九六一年）参照のこと。
(38) 『平安遺文』一巻の七六九号文書と『平安遺文』一巻の一〇三七号文書。
(39) 『類聚国史』大同二年五月癸卯条・大同二年十一月辛丑条。
(40) 『郡司及び采女制度の研究』吉川弘文館、一九七八年。
(41) 『類聚三代格』寛平九年正月二十五日の太政官符「応改貢定額采女四十七人事」。
(42) 拙著『日本古代水上交通史の研究』吉川弘文館、一九八五年。
(43) 拙著『古代の地方豪族』吉川弘文館、一九八八年。

第四章　久米氏についての一考察

はじめに

久米氏については、①久米歌の理解、②久米氏の動向と大伴氏との関係、③久米部などの問題がある。①はわが国における「英雄時代」の存在との関係で注目される問題で、②は大伴家持が『万葉集』四〇九四番で「大伴乃、遠都神祖乃、其名乎婆、大来目主等、於比母知弖」と歌う大伴氏との関係と、中央政界における八・九世紀代の久米朝臣の実態の問題で、③は地方の久米部とその管理氏族の久米直氏の実態解明である。しかし、八・九世紀の久米朝臣氏については、史料が少なく中央政界での活躍もそれほどでないため、その検討はほとんどおこなわれていない。

しかしながら、久米部が設置されていた伊勢国での状況や、伊予・美作国の久米郡における近年の発掘調査の進展によって、その在地支配の実態がある程度検討しうるようになったので、①～③の問題を検討したいと考える。なかでも伊予国の久米郡については、第八章で詳論するように七世紀代における大王家と関連の深い一辺一〇〇メートルに及ぶ回廊状遺構をはじめとする諸遺構が発掘されたこともあり、伊予国の久米直氏については議論することが可能であるので、伊予来目部小楯を中心にして、郡領氏族である久米直氏と久米部について検討してみたいと思う。

第一節　久米歌と久米氏

久米歌についての研究史は、上田正昭氏の研究(1)が詳細であるのでそれによりながら概観してみたい。久米歌について注目すべき見解を提起したのは戦前における高木市之助氏(2)で、高木氏は、①これらの歌謡は戦闘もしくはこれに関連する事柄を主題とするいわば一種の戦闘歌謡であること、②現実の狩猟や耕作と切り離せない生活的なものであること、③久米集団が主体であるかにみえるが、その主体は久米集団の外にあることなどを主張した。敗戦後になり、高木氏の久米歌の理解を参考にした石母田正氏(3)は、「久米氏の戦闘歌謡であったこれらの歌の主人公＝英雄が久米氏の族長であったことも自然に理解されるところである。すなわちここに見られる英雄時代の構造は、族長が英雄であり、その社会が氏族集団であることにある」と、わが国における英雄時代の存在を主張した。石母田氏が提起した「英雄時代」論については、数多くの研究者によって論じられたことは周知のことであるが(4)、ここでは、「英雄時代」論に立ち入るつもりはないが、久米歌を理解するのに必要な点だけを最初に述べておきたい。石母田氏は「内部に階級的対立をふくんではいても、それがこの体制を腐朽せしめるのではなく、反対に対立がかえって全体を躍動せしめ、また族長は氏族集団と明確に区別され、全体の支配者の地位にあっても、しかし氏族全体の生命が未だ族長のなかに体現されていた段階」として、久米歌の検討より英雄時代の存在を主張した。これに対して、北山茂夫氏は「日本における英雄時代の問題によせて(5)」で、かかる歌謡は六世紀以降の所産であり、四・五世紀の「英雄時代」のものではないことを明らかにした。こうした北山氏の反論について、石母田氏は『倭宮廷に従属』していた部集団が、なおかつ、かかる『活気に満ちた雰囲気』をもち、それをあのような歌謡に表現し得たということが、どうしておこり得たのであろうか[6]」と述べるにとどまっている。

久米歌の成立を理解する際の最大の問題は、多くの諸氏族がもっていたであろう集団歌のなかで、何故に久米氏の歌謡が『古事記』や『日本書紀』に伝えられたのかという点である。石母田氏は、久米氏が久米舞の楽府の特殊な行事に関連した偶然的な事情によるとされるが、論証された見解ではない。何故久米氏の集団歌であったのかを正面から論じた研究はなく、残されている重要な問題である。ついで、土橋寛「古代の文学と歴史―英雄説話を中心として―[7]」は、久米歌を歌の主体と相手は誰かという点を中心に検討し、久米歌を次の三群に分けた。

（A）群＝久米部の族長の歌ではなく久米部の部民（兵士）の歌[8]

（B）群＝久米部の族長が部民を歌った歌[9]

（C）群＝族長が部下に呼びかける歌[10]

（A）群の歌は部民の間で歌われた歌謡で久米部という部民集団の歌謡であり、（B）群の歌は久米氏が部下の兵士を統率して敵を撃滅する決意を天皇の前で誓う歌、（C）群の歌は族長が部下に呼びかける歌と整理したうえで、「何れにしても、大嘗会などで天皇の前で、忠誠、服従の誓いとして歌われたという点では、異なるところはなかったと思われるのであり[11]」と述べた。その後、土橋氏は「久米歌と英雄物語[12]」において、久米歌は久米氏内部で成立した戦闘歌群と天皇に忠誠を誓う歌で宮廷内部で成立した歌よりなることを主張したのである[13]。なお、本論で天皇と表現するのは正確には大王とすべきであるが、記紀などの表記に従ったものであり、天皇との表記はその時期に天皇が存在していたという意味ではない。

こうした土橋氏の見解を継承した上田正昭氏[14]は、久米歌の全てを戦闘歌謡とか、また、六世紀以後のものとすることに反対し、『日本書紀』で「来目歌」と「御謡」と書き分けていることに注目して、久米氏の集団歌（来目歌）と宮廷儀礼のなかで新たに形成されたものとに分けて理解すべきであると指摘した。確かに、上田氏の指摘のように、久米歌を全て戦闘歌とか六世紀以後の成立とみるべきではなく、久米氏内部の嘲笑的要素をもった集団歌と王権に服属した伴造が大王に仕える歌が混在している。そして、それら全体が宮廷儀礼歌謡に転化しているといえるのである。しかし、他の多くの諸氏族ももっていたであろう集団歌のなかで、久米氏の集団歌が何故に宮廷歌になったのかという点こそが問題である。石母田氏は「久米氏の歌謡だけが伝えられたのは久米歌、久米舞の楽府の特殊な行事に関連した偶然的な事情による」とする。上田氏は「狩や山菜の収穫によって武力を蓄えた久米集団は、その共同体的結合の根強さにおいて、また弓矢の軍事力においても有効なものがあったから、大王家の権力補強のために、王権がいちはやく大王軍にとりいれ、さらに大伴氏の統属下に編成された」ことに求めている。

以上のように、久米歌の内容理解についての研究は進んだが、久米歌が集団歌から宮廷歌舞（御謡）へ転化した理由については十分な検討がなされたとはいえない。石母田氏のように偶然的な理由に求めると、大伴氏との関係が全く不明になる。また、上田氏のように共同体的結合の強さと弓矢の軍事力にもとめることは、それでは何故に久米氏であったのかが理解できなくなるのである。すなわち、久米氏が共同体的結合の強さや弓矢の軍事力において他の氏族に勝っていたことを証明しなければ、充分なものとはいえないであろう。そこで、久米歌が集団歌（来目歌）から宮廷歌舞（御謡）へ転化した時期、転化しえた理由を中心にして検討していきたい。

第二節　久米氏の動向

『古事記』『日本書紀』の伝承にみえる久米についての記述は概ね次のようである。

（イ）『古事記』天孫降臨条

天忍日命と天津久米命の二人が、天の石勒を取り負い、「頭椎大刀」をはき、「天之波士弓」を取り持ち、「天之真鹿児矢」を手挟み御前を前駆したと記す。なお、天忍日命は「此者大伴連等之祖」、天津久米命は「此者久米直等之祖也」と記している。

（ロ）『日本書紀』天孫降臨条一書

（イ）の『古事記』と同様のことを記すが、『日本書紀』は「于レ時大伴連遠祖天忍日命、帥二來目部遠祖天槵津大來目一、背負二天磐靫一、臂著二稜威高鞆一、手捉二天梔弓・天羽羽矢一、及副二持八目鳴鏑一、又帯二頭槌釼一」と、大伴連の遠祖天忍日命が来目部遠祖を率いて天孫の前を前駆したと記している。

（ハ）『古事記』神武天皇条

大伴連祖の道臣命と久米直祖の大久米命の二人が、皇軍に敵対する「兄宇迦斯」を召して叱責するとみえる。

（ニ）『日本書紀』神武即位前紀戊午年六月条

大伴氏の遠祖「日臣命」が「帥二大來目一、督二將元戎一、蹈レ山啓行、乃尋二烏所向一、仰視而追之」と、大来目を率いたと記している。

（ホ）『日本書紀』神武即位前紀戊午年十月条

賊を忍坂邑の大室に誘うにさいして、大伴氏の祖である道臣命は大来目部を帥いたと記している。

（ヘ）『万葉集』四〇九四番

大伴家持は「大伴の、遠つ神祖の、その名をば、大来目主」と歌っている。

（ト）『新撰姓氏録』大伴宿祢条

「天孫彦火瓊々杵尊」は、大伴氏の遠祖である「天押日命」と「大来目部」とを御前に立てて、日向の高千穂峯に降った。その後に、「大来目部」をもって「天靫部」とした。そして、雄略天皇御世に「入部靫負」を大伴公（大伴室屋）に賜ったと主張している。

以上の諸伝より、久米部が軍事的な氏族・部であり、かつ、大伴と密接な関係にあったことが知られる。ただし、『日本書紀』は大伴連が大来目・大来目部を率いるという上下関係を示す（史料ロ・ニ・ホ）のに対し、『古事記』は両者を対等の関係と記している（史料イ・ハ）。また、『万葉集』は大伴氏の祖先を「大来目主」としている（史料ヘ）が、史料トの『新撰姓氏録』は、当初「天押日命」と「大来目部」は対等の立場で御前に立ったが、雄略天皇の時に「大来目部」が大伴氏の下に入ったと記すように、『古事記』の記事を重視している。こうした記紀における諸伝の相違については以下の諸説が存在している。

ⓐ『古事記』の伝承を重視し、大伴と久米氏は本来対等の関係にあったが、久米氏の勢力が衰退したことにより大伴氏の部民に編成されたとする見解(15)

ⓑ『日本書紀』の記述を重視し、大伴氏が古くから来目部を支配していたという見解(16)

ⓒ大伴氏は本来来目氏であったが、その勢力の拡大によって改姓して大伴氏となった。それにともない来目は、大伴氏に属する「八十伴緒」のうち、本来の職を継承する単位集団の名称として残り、その来目部の族長として来目直がおかれたという見解(17)

かかる諸見解に対して直木孝次郎氏(18)は、ⓐについて『古事記』の所伝が古いとはいえないことと姓の「連」と「直」が対等とは考えにくいと指摘し、ついで、ⓒに対して「来目氏が大伴氏に改姓したことを証明する史料が十分でないことが、この論の難点」とする。そして、基本的には『日本書紀』の記述に従うべきとし、『古事記』の記載が生じたのは「大伴連と来目部の間には、上下関係は確立しているが、大伴連と来目直とのあいだには、制度的に上下関係が固定して成立しているのではない」と述べ、「大伴氏の全盛期には上下関係があったであろうが、大伴氏の勢力の衰えた六世紀前半以後約一世紀のあいだは、この関係が厳密に維持されたとはいえないだろう。少なくとも来目直の側からは、大伴氏との対等の関係が主張された」とする。こうした直木氏の見解で問題となるのは、次の二点である。①大伴家持が一族を代表して歌った歌で「大伴の、遠つ神祖の、その名をば、大来目主」としていること、また、『新撰姓氏録』が当初は対等であったが雄略天皇の時に大伴氏の下に入ったと主張していることは無視することはできない。②六世紀前半以後の一世紀間大伴氏が勢力を衰退したとする点はそのとおりであるが、その時期に中央における来目直の勢力が強かったとする点[19]は証明されたものではない。つまり、久米氏の主張が取り入れられるほどに久米氏の勢力が拡大したとの論証とその理由の説明はなされていないといえるのである。

こうした点の解明は、久米歌が集団歌（来目歌）から宮廷歌舞（御謡）へ転化した時期、転化しえた理由を明らかにすることによって可能になると考える。そこで、次に大宝令以前と以後に分けて久米氏の動向を考えていくことにする。最初に大宝令以前で人名の知られる久米を表示すると表13のようになり、いま、表13より大宝令以前の久米氏の特徴を列記すると概ね次の諸点があげられる。

（1）伊予来目部小楯や紀岡前来目のように伊予と紀伊国の地名を付した来目が存在し、伊予国と紀伊国に久米部が存在していたと考えられる。

（2）来目稚子（顕宗の幼名）や久米皇子（用明の皇子）のように久米を付した皇族が存在していることより、久米氏と大王家との関係が密接であったことを示唆する。

（3）大化後になると、「法頭」「河内国宰」「常陸国宰」などの官職についた久米臣が存在したことが注目される。

表13　大宝令以前における久米氏の動向

人　名	時期	記　載　内　容	出　典
久米部	雄略朝	大伴室屋に命ぜられ、石河楯と池津媛を処刑する	紀 雄略2.7
紀崗前来目連	〃	大伴談連とともに新羅に遠征して戦死する	紀 雄略9.3
城丘前来目	清寧朝	星川王の乱に従って焼き殺される	紀 即位前紀
伊予来目部小楯	〃	後の顕宗・仁賢を播磨で発見し山官となる	書紀
来目稚子	顕宗朝	顕宗天皇の幼名	紀 即位前紀
来目皇子	用明朝	用明天皇の子供で登美真人の祖	紀 姓氏録
来目物部伊区比	舒明朝	蘇我蝦夷の命により境部臣摩理勢父子を殺す	紀 即位前紀
来目臣（名欠）	大　化	法頭となる	紀 大化1.8
久米禅師	天智朝	『万葉集』にみゆ	
来目臣塩籠	天武朝	壬申の乱の時、河内守で天武側につく	紀 天武1.7
来目舎人造	〃	来目舎人造より久米連と賜姓される	紀 天武12.9
久米大夫	7c後半	常陸の国宰となる	常陸国風土記
久米勝麻呂	7c後半	伊勢国竹評の評督領	神宮儀式帳

（4）「来目舎人造」の存在よりして「久米舎人」を管掌する伴造も存在していたと考えられる。

（5）伊勢国竹評に「評督領久米勝麻呂」が存在し、評の長官になった久米氏が存在し、伊勢国にも久米部が存在したと考えられる。

（6）具体的な久米氏の人名が登場するのは雄略天皇の時からと考えられ、かつ、大伴連の配下として登場していることなどである。

以上の諸点を参考にすると、大化前代のいずれかの時点で紀伊・伊予・伊勢国などの地域において久米部が設置されたと考えられる。さらに、（2）の点よりすると、久米氏は一時期大王家と密接な関係があったと考えられる。ただし、（3）・（5）よりすると、七世紀後半における久米氏は法頭、河内国宰と常陸国宰を出していることが知られ、中級氏族であったといえるであろう。

次に、八世紀以後の男性の久米氏の動向を表示すると表14、女性を表示すると表15のようになる。久米部との地名分布については後述することにし、まず、表14より知られる中央政界における久米氏の特徴を列記すると次のようになる。

（1）久米朝臣氏は、天武十三（六八四）年の八色の姓で臣より朝

表14　8世紀以後の久米氏（男性）

人　　名	経　　歴　　な　　ど	出　　典
久米朝臣尾張麻呂	和銅1年3月に従5位上で伊予守	続紀
久米朝臣三阿麻呂	養老2年1月に従5位下	続紀
久米直広道	養老3年11月に忍海手人→久米連へ賜姓	続紀
久米連奈保麻呂	正6位上、藤原百川の外祖父、神亀1年に連姓	続紀、尊卑分脈
久米嶋守	校生、8世紀前半の人物	大日古にみゆ
久米勝足	優婆塞	寧遺 下-885
久米朝臣麻呂	迎新羅使左副将軍・主税頭、従5位上	続紀
久米朝臣広縄	天平20年越中掾、大伴家持と親交あり	万葉集、大日古
久米朝臣継麻呂	越中守大伴家持の布勢海遊覧に参加する	万 19-4202
久米部吉嶋	伊勢国桑名郡能代郷戸主	大日古 25-103
久米部馬	伊勢国桑名郡能代郷の久米部吉嶋の戸口	〃
久米部馬	伊勢国桑名郡猟原郷戸主	大日古 25-84
久米部家主	伊勢国桑名郡猟原郷の久米部馬の戸口	〃
久米直家足	装潢、8世紀中期の人物、少初位下	大日古にみゆ
久米稲人	仕丁、8世紀中期の人物	〃
久米福人	仕丁、8世紀中期の人物	〃
久米直熊鷹	経師、8世紀伊予国久米郡天山郷戸主少初位下	〃
久米連真上	下野・大和介、外従5位下	続紀
久米虫万呂	凡福成の従者	大日古 5-525
久米朝臣湯守	駿河掾、従5位下	続紀
久米阿古万呂	宝字6年10月の僧光覚願経の知識	寧遺 下-636
久米朝臣子虫	宝字8年仲麻呂の乱の功績→従5位下で伊賀守	続紀
久米広足	資人	寧遺 下-933
久米舎人望足	信濃国小縣郡の人、讃岐国へ配流	類史 延暦14.4
久米部當人	上総国夷灊郡の税長	類史 弘仁7.8
久米舎人虎取	天長4年時の不明郡の大領	類史 天長4.1
久米直雄田麻呂	天長4年時の伊予国久米郡の大領か	類史 天長4.1
久米峯雄	石見国那賀郡大領外正6位下	三実 仁和2.5
久米直阿古人丸	延喜8年周防国玖珂郡玖珂郷の人物	平遺 1-289
久米直安丸	延喜8年周防国玖珂郡玖珂郷の人物	〃
久米直道男	延喜8年周防国玖珂郡玖珂郷の人物	平遺 1-304
久米乙衛	延長7年伊勢国飯野郡擬少領	平遺 1-344

表15　8世紀以後の久米氏（女性）

人　　名	経　　歴　　な　　ど	出　　典
久米女郎	8世紀中期、厚見王より贈歌	万 8−1459
久米女王	天平17年正月に無位より従5位下	万 8−1583、続紀
久米舎人妹女	前部宝公の妻、天平19年5月に外少初位上	続紀
久米連形名女	宝亀10年3月に無位より従5位下	続紀
久米朝臣比良女	宝亀1年4月に無位より従5位下	続紀
久米連若女	藤原百川の母、極位は従4位下	続紀
久米部奈良売	筑前国嶋郡川辺里の戸主卜部恵比の戸口	大日古 1−181
久米直麻奈保	采女で正8位上より外従5位下となる	続紀　天応1.3.1

臣とされ、従五位上伊予守久米朝臣尾張麻呂、越中掾久米朝臣広縄、従五位下駿河掾久米朝臣湯守、従五位下伊賀守久米朝臣子虫などの地方官を輩出しており、極位を従五位とする中級官人を出す氏族であった。

（2）八世紀代においても久米朝臣氏が大伴宿祢氏と密接な関係を保持していたことが以下の例で確認できる。久米朝臣広縄は天平十七（七四五）年四月に従七位上左馬少允[20]に任命され、『万葉集』四一一六番の題詞に「國掾久米朝臣廣縄、以㆓天平廿年㆒、附㆓朝集使㆒入㆑京、其事畢、而天平感寳元年閏五月廿七日還㆓到本任㆒、仍長官之舘設㆓詩酒宴㆒樂飲[21]」とみえる。また、大伴家持が主催した「布勢海の遊覧」に久米朝臣継麻呂も参加していたことが知られる。

（3）久米連氏には、正六位上久米連奈保麻呂と外従五位下久米連真上がみられるが、同氏は、『続日本紀』神亀元年五月辛未条で「正六位上久米奈保麻呂」が連姓を賜ったことに始まったと考えられる。さらに、同日に賜姓された人々をみると、いずれも渡来系氏族であることが注目され、久米連氏も渡来系氏族[22]であったと考えられるであろう。この点は、『新撰姓氏録』の河内諸蕃に「佐良々連　出自百済国人久米都彦也」とみえることも参考になり、百済系の渡来氏族の可能性が高いであろう。

表15より知られることには、①久米女王のように王の存在、②朝臣・連・舎人・部の存在、③久米連形名女や久米朝臣比良女のように無位より従五位下に叙位された例

のあることなどである。そして、注目されるのは久米舎人妹女で、『続日本紀』天平十九年五月辛卯条によると、夫の正六位下前部宝公が力田として外従五位下に叙位されたのに従って外少初位上に叙位された人物で、いうまでもなく、前部氏は高句麗前部より渡来してきた氏族である。さらに、久米連若女はその卒伝によると、「散位従四位下久米連若女卒、贈右大臣従二位藤原百川之母也」(23)とみえる人物で、『続日本紀』によると、天平十一年三月庚申条で石上乙麻呂との和姧の罪により下総国に配流されたが、同十二年六月の恩赦により入京し、神護景雲元年十月に無位より従五位下、同二年十月に従五位上、宝亀三年正月に正五位上となり、宝亀十一年六月に死去した。藤原百川は『続日本紀』宝亀十年七月丙辰条によると四十八歳で死去しているので、久米連若女が藤原宇合の子百川を生んだのは天平四年のことであったと考えられる。いずれにしても、かかる久米連氏が渡来系氏族であったことは上述の如くである。

なお、地方の久米直や久米部については、①伊勢国・伊予国・信濃国・上総国・石見国・周防国に存在していたこと、②伊予国久米郡・石見国那賀郡の久米氏は郡領氏族であったこと、③久米舎人は信濃国小縣郡に、久米部は伊勢国桑名郡・上総国夷灊郡に存在していたことなどが確認できる。

第三節　久米の分布と特質

すでに明らかにしてきたように、大宝令以前における久米氏の地方での分布は、伊予国・紀伊国と伊勢国竹評に確認できる。そして、八世紀以後では、伊勢国・伊予国・信濃国・上総国・石見国・周防国などに存在し、なかでも、伊予国久米郡・石見国那賀郡の久米氏は郡領氏族であったことが確認できた。さらに、『和名類聚抄』の郡・郷名や地名などを含めた全ての「久米」の分布を表示すると表16「久米」の分布のようになる。

表16のなかでも、久米が郡名であったり、久米直氏が郡領であったのは、伊勢国多気郡（評督領久米勝麻呂）、伯耆国久米郡久米郷、石見国那賀郡（大領久米峯雄）、美作国久米郡久米郷、伊予国久米郡（大領久米直雄田麿）などであり、これらの地域が久米直氏が蟠踞した中心地域であったといえるであろう。

すなわち、久米の分布は、（1）本拠地である畿内、（2）伊勢湾を中心とする東国、（3）伯耆国・石見国・美作国・伊予国などの西国に大別することができる。

そこで、以下においてこれら三地域に分けて考えていくことにする。

表16　「久米」の分布

道名	国名	和名抄	氏族分布	地名分布
畿内	大和	高市郡久米郷		☆邑・川　＊御縣神社
	摂津			☆難波来目邑
東海	伊勢	員弁郡久米郷		
			竹評＝久米勝麻呂	
			飯野郡擬少領＝久米	
			桑名郡＝久米部	
	遠江	磐田郡久米郷		
	上総		夷隅郡＝久米部	
	常陸	久慈郡久米郷		
東山	信濃		小縣郡＝久米舎人	
山陰	伯耆	久米郡久米郷		
	石見		那賀郡大領＝久米	
山陽	美作	久米郡久米郷		
	周防	都濃郡久米郷		
			那珂郡＝久米直	
南海	紀伊		紀崗前来目連	
	伊予	久米郡	久米郡大領＝久米直	
		喜多郡久米郷		
西海	筑前	志麻郡久米郷		
			嶋郡＝久米部	
	肥前	球磨郡久米郷		

注　☆は記紀にみえ、＊は『延喜式』にみえる。また、氏族分布は前掲表による。

1　畿内の久米

〈大和国〉

『日本書紀』神武二年二月乙巳条には、道臣命の功績に報いるために宅地を「築坂邑」に与え、大来目は「居㆓于畝傍山以西川辺之地㆒、今号㆓来目邑㆒、此其縁也」とみえ、畝傍山の西側に居住したことにより来目邑と名付けられたと

郵便はがき

料金受取人払郵便

麴町支店承認

9146

差出有効期限
平成22年9月
5日まで

102-8790

104

東京都千代田区飯田橋4-4-8
東京中央ビル406

株式会社 同成社

読者カード係 行

ご購読ありがとうございます。このハガキをお送りくださった方には今後小社の出版案内を差し上げます。また、出版案内の送付を希望されない場合は右記□欄にチェックを入れてご返送ください。 □

お名前《ふりがな》　歳　男・女

〒　TEL

ご住所

ご職業

お読みになっている新聞・雑誌名

〔新聞名〕　〔雑誌名〕

お買上げ書店名

〔市町村〕　〔書店名〕

愛読者カード

お買上の
タイトル

本書の出版を何でお知りになりましたか？

イ．書店で　　ロ．新聞・雑誌の広告で（誌名　　　　　）
ハ．人に勧められて　　ニ．書評・紹介記事をみて（誌名　　　　　）
ホ．その他（　　　　　）

この本についてのご感想・ご意見をお書き下さい。

注文書

年　　月　　日

書　名	税込価格	冊　数

★お支払いは代金引き替えの着払いでお願いいたします。また、注文書籍の合計金額（税込価格）が10,000円未満のときは荷造送料として380円をご負担いただき、10,000円を越える場合は無料です。

いう地名起源を記している。また、垂仁二十七年是歳条では「興二屯倉于来目邑一」とみえ、来目邑に屯倉が設置されたと記されている。これら以外では、『日本書紀』雄略四年二月条には大和国に「久米水《川》」の存在が、『延喜式』によると大和国高市郡に「久米御県神社」が存在しているとみえる。これらの記載によると、「来目邑」は「畝傍山の西側の川辺」に存在し、かつ、その川は「久米水」との名称であったという[24]。こうした記載よりして、「来目邑」「久米水」は大和国高市郡久米郷にあったと考えられるであろう。

〈摂津国〉

『日本書紀』清寧即位前紀によると、星川王の乱に関係した河内三野縣主小根は、その罪を逃れるために、大伴室屋大連に「難波来目邑大井戸田十町」を、草香部吉士漢彦には「田地」を贈り、その罪を逃れたと記されている。難波来目邑大井戸について、日本古典文学大系『日本書紀』（岩波書店）上の頭注は、「摂津志に『住吉郡遠里小野、旧名難波来目大井戸』とあるが如何[25]」と記している。もし、『摂津志』の指摘に取るべきものがあるとすると、大伴氏が住吉郡遠里小野の地を掌握したことになり、一九八八年十二月に発掘された遠里小野遺跡[26]との関連が注目される。

〈紀伊国〉

『日本書紀』雄略九年三月条によると、雄略天皇が新羅侵攻を紀小弓・蘇我韓子・大伴談・小鹿火の四人に命じ朝鮮半島へ出兵させた。ところが、「大伴談連及紀岡前来目連、皆力闘而死」とみえ、「紀岡前来目連」は大伴談大連とともに朝鮮半島へ出兵し行動をともにし死去したと記されている。なお、『日本書紀』清寧即位前紀によると、星川王の乱に従って死去した人物のなかに「城丘前来目名欠」が存在していたと記されている。日本古典文学大系『日本書紀』上の頭注は、紀伊国名草郡岡崎村（現和歌山市岡崎）を本拠地とした氏族の可能性を指摘し、かつ、補注は「雄略九年三月条の紀岡前来目連、大伴連が統率する以前の久米郡・久米直の統率者か[27]」としている。

以上の畿内と周辺における久米の分布の検討より、その特徴は次のようにまとめることができよう。すなわち、久米氏の畿内における本拠地は大和国高市郡久米郷にあったと考えられ[28]、それに従いたいが、雄略天皇の前後の記事によると、大阪湾沿岸に難波来目邑があり、かつ、紀伊国にも久米の存在していたことが知られ、大和国高市郡を本拠とし、大阪湾と紀伊国へと進出したと考えられる。そして、いずれかの時期より伊勢国、伯耆国・石見国・美作国、伊予国へ進出し、さらには、表16のように勢力を拡大していったのであろう。

2　伊勢国を中心とする東国における久米

伊勢国では、多気・飯野・員弁・桑名の四郡に久米の分布が確認されるが、その分布状況よりして、その中心は多気・飯野両郡にあったと考えてよいであろう。

『皇太神宮儀式帳』によると、

> 難波朝廷天下立レ評給時仁、以二十郷一分弖、度会乃山田原立二屯倉一弖、新家連阿久多督領、磯連牟良助督仕奉支、以二十郷一分、竹村立二屯倉一、麻績連広背督領、磯部真夜手助督仕奉支、（中略）、近江大津朝庭天命開別天皇御代仁、以二甲子年一、小乙中久米勝麻呂仁多気郡四箇郷申割弖、立二飯野高宮村屯倉一弖、評督領仕奉支

とみえ、伊勢国内での立評についての記載が存在している。すなわち、まず孝徳朝に渡会・多気の二評が立評（「度合乃山田原立二屯倉一」「竹村立二屯倉一」）され、ついで、甲子（天智三＝六六四）年に、小乙中久米勝麻呂に命じて、多気評内の四郷（里）を割いて飯野・高宮村に屯倉を建てさせ、久米勝麻呂を評督領としたという。孝徳朝に立評されたと断定できるか若干の疑点があるが、七世紀後半の立評までを疑う必要はない。

竹評（竹屯倉）の所在地は、『和名類聚抄』がいう多気郡三宅郷のことで、現在の多気町ではないかと考えられて

いる[29]。飯野・高宮村に屯倉を建てたのを「何評」と称したか明記されていないが飯野評とみられ、現在の櫛田川左岸下流域に立評されたと考えられる。その評督領に久米勝麻呂が任命されたとみえ、かつ、十世紀前半の延長七（九二九）年七月の「伊勢国飯野荘大神宮勘注[30]」に飯野郡擬少領として久米乙衛が存在していることよりすると、七世紀後半以降における伊勢の久米氏の本拠地が飯野郡にあったといえるであろう。ただし、大化前代における久米氏を考える場合、その本拠地を飯野郡に限定することはできず、多気郡を含む櫛田川流域一帯を想定すべきであろう。

さて、表16で明らかなように、東国における久米の分布は、遠江国磐田郡久米郷、常陸国久慈郡久米郷が郷名として存在し、上総国夷灊郡に久米部が、信濃国小縣郡に久米舎人のいたことが確認される。しかし、東国の久米氏の最大の本拠地は伊勢国にあったといっても過言ではなかろう。そこで、伊勢国の久米氏について検討することにするが、そのために久米氏が勢力を有した伊勢国の櫛田川流域に分布する前方後円墳の概要を述べる[31]ことより始める。

〈櫛田川北側地域〉

この地域は、雲出川水系の一志郡と櫛田川左岸下流域の飯野郡にわけて考えることができる。まず、雲出川水系の一志郡には、庵ノ門一号墳（前方後方墳か）→西山一号墳（全長六〇メートルの前方後方墳）→筒野一号墳（全長三九・五メートルの前方後方墳、二面の三角縁神獣鏡を含む五面の鏡を出土）→錆山古墳（全長四七メートルの前方後方墳）→向山古墳（全長七一・四メートルの前方後方墳、小形仿製鏡三面・石釧）のようになり、四世紀中期から四世紀末の築造で、前方後方墳という墳形をとることが特徴である。ついで、櫛田川左岸下流域の飯野郡では、四世紀中期の古墳としては妨山一号墳（直径三五メートルの円墳）、四世紀後半の久保古墳（直径五二・五メートルの円墳、二面の三角縁神獣鏡出土、四世紀後半）・茶臼山古墳（直径五五メートルの円墳、内行花文鏡・仿製三角縁神獣鏡出土）、五世紀前半になり宝塚一号墳（全長九五メートルの前方後円墳）→五世紀中期の宝塚二号墳（全長六〇メートルの帆立貝式前方後円墳）が分布している。この地域で注目されるのは、四世紀中期から後半にかけて大型の円墳が築造され、五世紀代になると伊勢地域で最大の前方後円墳である宝塚一号墳が築造されていることである。

〈櫛田川南側地域〉

櫛田川右岸地域の多気郡における最古の古墳は、権現山二号墳（三九×四六メートルの方墳）で、出土遺物より五世紀前半の築造と考えられている。ついで、五世紀後半になり神前山一号墳（全長三八メートルの帆立貝式前方後円墳、三面の画文帯同行式神獣鏡を出土）・大塚一号墳（直径四四メートルの円墳）・高塚一号墳（全長七五メートルの帆立貝式前方後円墳）が築造され、六世紀代では、天皇山一九号墳（直径四七メートルの円墳）・天皇山六号墳（全長三九メートルの前方後円墳）が築造されている。ただし、『前方後円墳集成』中部編（山川出版社、一九九二年）では、高塚一号墳を五世紀中期としているが、その論拠は曖昧で規模が大きい点をあげるのみであるので、従来の見解に従って五世紀後半としておくことにする。

以上の伊勢国中部の櫛田川流域の古墳分布よりすると、櫛田川北側地域の庵ノ門一号墳・西山一号墳の首長が四世紀前半に畿内王権と関係を結び、以後もその関係は継続されたとみられるのに対し、櫛田川南側では神前山一号墳のように畿内との関係は五世紀後半になってからということができる。五世紀後半に、突然築造され始めた明和町大字上山の神前山古墳群(32)のなかでも最初に築造されたのはその盟主墓である一号墳である。以後この地域には、高塚一号墳、天皇山一九号墳（円墳）・天皇山六号前方後円墳・ゆぶみ二号前方後円墳・中山六号前方後円墳などが連続して築造されている。前方後円墳の築造と畿内王権に一定の関係が認められるとすれば、早くに畿内王権と関係を結んだのが櫛田川北側一志郡の分布氏族で、それについで、五世紀後半から登場したのが、櫛田川南側地域の神前山古墳群である。七世紀後半に評造を出した久米氏は、その場所と時期よりして櫛田川北側地域ではなく櫛田川南側地域を本拠地としていたと考えられる。そして、この古墳群最古の盟主墓である神前山一号墳は、主体部は盗掘により不詳であるが、画文帯同向式神獣鏡三面を出土していることと、陶邑古窯のTK二〇八号式須恵器を出土していることが注目され、五世紀後半の築造と考えられ、なかでも同古墳から同型鏡を多くもつ画文帯同向式神獣鏡B類を三面出土していることが注目されるのである。[33]

樋口隆康氏[34]によると、B類の画文帯同向式神獣鏡は同型鏡が二一面と多く出土しており、なかでも三重県・愛知県の伊勢湾沿岸に多いとしている。つまり、三重県亀山市（伊勢国鈴鹿郡）の井田川茶臼山古墳（径二〇メートルの円墳）の二面、三重県鳥羽市の海中の神嶋出八代神社所蔵の一面、静岡県掛川市（遠江国磐田郡に近接する）の岡津古墳の一面、長野県飯田市（信濃国安曇郡）川路の出土鏡などである。こうした出土場所をみると、必ずしも郡名は一致しないが、久米の分布とB類の画文帯同向式神獣鏡の分布の一致することは注目に値するのであろう。

なお、画文帯神獣鏡は原鏡とその踏みかえし鏡よりなることが明らかにされて[35]いるが、問題はわが国への輸入時期である。この点について、川西宏幸氏は「中期畿内政権論[36]」において、伴出した甲冑の形式より五世紀後葉を上限とするとされている。確かに、B類の同型鏡のなかには、著名な熊本県江田船山古墳出土のものがあり、同古墳の築造も五世紀後半と考えられていることよりして、この舶載鏡の個々については問題があるにしても、わが国へ伝えられ分与された時期を、五世紀代の倭王の時期と考えることは可能である。いま、B類の同型鏡出土古墳をその規模や築造時期の知られるものを、上述の江田船山古墳以外でみると次のようである。

（1）宮崎県児湯郡の持田二四・二五号項（円墳）、（2）広島県三次市の酒屋高塚古墳（全長四六メートルの帆立貝式前方後円墳で、五世紀後半から六世紀初頭[37]）、（3）岡山県邑久郡の牛文茶臼山古墳（全長五〇メートルの帆立貝式前方後円墳で五世紀末から六世紀初頭[38]）、（4）奈良県橿原市の新沢一〇九号墳（全長二八メートルの前方後方墳で五世紀後半より群構成するようになる[39]、(5)福井県遠敷郡の天徳寺丸山塚古墳(直径五〇メートルの円墳で六世紀前半か中期[40])、(6)三重県亀山市の茶臼山古墳(円墳で二面出土、六世紀初頭[41])、(7)栃木県宇都宮市の雀宮牛塚古墳(全長五六・七メートルの帆立貝式前方後円墳で五世紀末[42])があげられる。

すなわち、五世紀後半から六世紀初頭にかけての築造で、帆立貝式前方後円墳の多いことが特徴といえるであろう。いま、帆立貝式前方後円墳の築造の意味について言及することはしないが、かかる鏡が地方の諸豪族に伝わった時期を、五世紀後半と考えることには問題ないであろう。

次に、伊勢国に久米氏が分布した理由を久米歌より考えると、やはり、記紀の歌謡久米歌のなかに「宇陀の、高城」(奈良県宇陀郡菟田野町大字佐倉[43])とみえ、さらに、「神風の、伊勢の海の[44]」と歌われていることを無視することはできない。

大和国と伊勢国とを結ぶ交通路としては、図4「伊勢国の交通路」に示したように、次の四ルートが存在している。すなわち、(A)壬申の乱時のルート、(B)桜井市→榛原町→伊賀→名張→青山峠→二本松→松坂のルート、(C)榛原町→宇陀郡御杖村→飯南町→明和町のルート、(D)榛原町→高見峠→飯南町のルートの四ルートである。

こうした四つの交通路のなかでも、久米歌にみえる「宇陀の、高城」の比定地が奈良県宇陀郡菟田野町大字佐倉と考えられることと、上述した伊勢国の古墳分布と聖武天皇の東国行幸ルートよりすると、古くは四世紀代から(B)の大和国→榛原町→伊賀国名張→青山峠→一志郡→飯野郡のルートを通って、櫛田川左岸地域の首長が畿内王権と関係を結んだと考えられることを示唆するのである。ところが、五世紀後半以降になると、突然、櫛田川右岸地域に、帆立貝式前方後円墳と画文帯同向式神獣鏡を出土する古墳が築造されるようになるのである。そして、このルートは、大和国から高見峠を越えて伊勢国に通ずるルートの開発に伴うものである。すなわち、伊勢国における久米部の設置は、大和国高市地域より高見峠を越えて伊勢に至るルートの開発に関連する可能性を示唆するのである。

いずれにしても、久米部と画文帯神獣鏡の出土とをただちに結び付けることには慎重でなければならないが、少なくとも畿内の勢力が、こうしたルートで五世紀中期以降に東国へ進出していった可能性は高いと考える次第である。

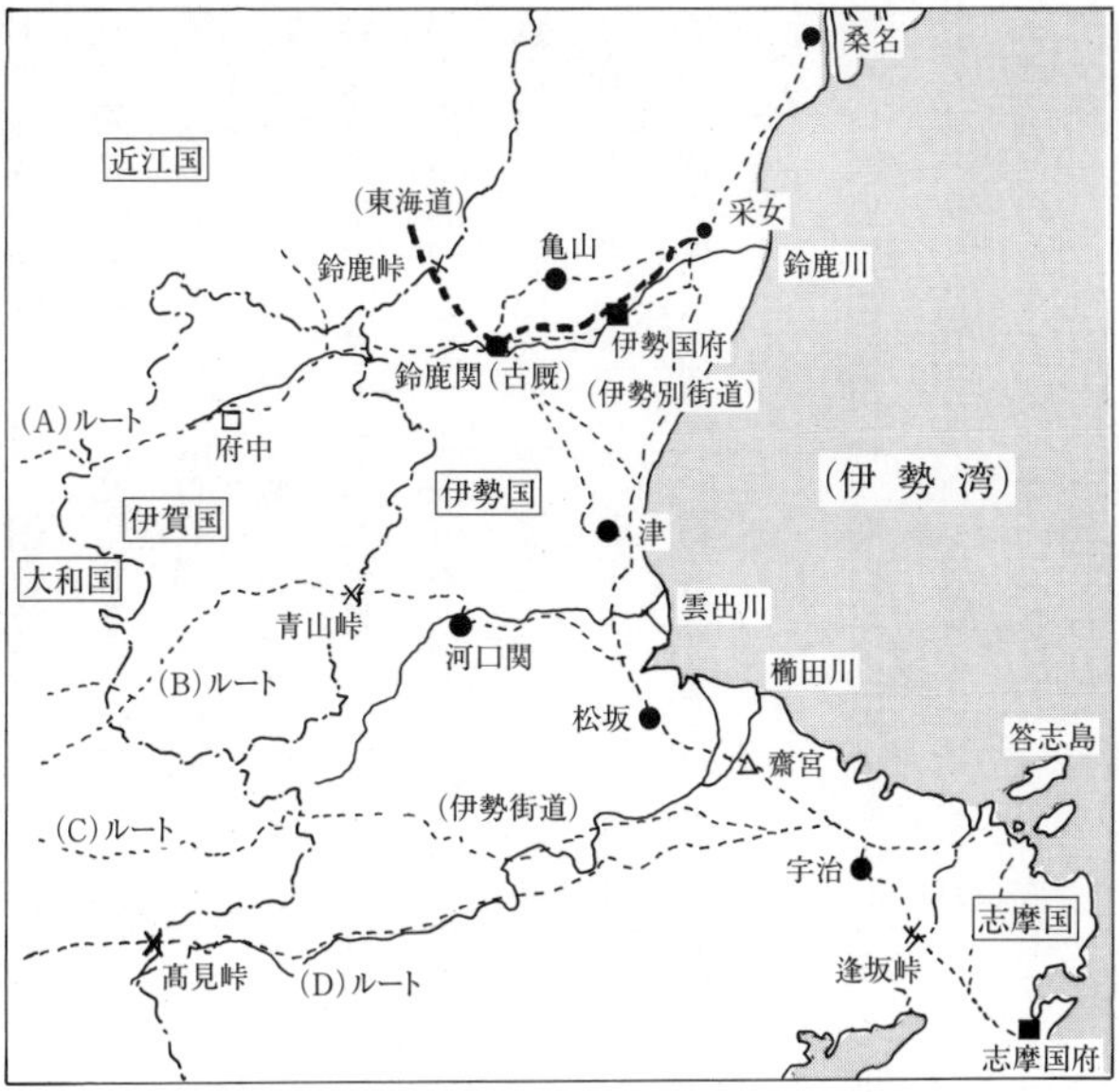

図４　伊勢国の交通路

3　伯耆・石見・美作国、伊予国など西国における久米

〈伯耆国〉

伯耆国久米郡は、『和名類聚抄』によると八代・楯縫・山守・大鴨・小鴨・久米・勝部・神代・上神・下神の十郷よりなり、久米郡域は現在の東伯郡天神川左岸一帯と考えられている[45]。そして、『和名類聚抄』によると伯耆国の国府は久米郡に存在したと記され、かつ、発掘調査により鳥取県倉吉市国府の地に国府が設定されていたことが確認され、まさに久米郡は古代伯耆国の中心地であったといえるのである。ただ、久米郷については遺称地もなく不詳であるが、郡名をもつ郷域であるので、久米郡の中心地であったと考えてよいのではないか。

久米郡に分布する前方後円墳としては、全長六〇メートル程度の国分寺古墳（船載鏡三面、碧玉製鍬形石、鉄剣、農工具の出土、四世紀後半の築造か）と、四世紀末から五世紀初頭の築造と考えられる上神大将塚（径二七メートルの円墳であるが、主体部は箱式石棺で、三角縁神獣鏡一面・碧玉製鍬形石・滑石製琴柱形石製品・管玉・臼玉などを出土）が注目される。この他で、久米郡で注目しなければならないのは小型の前方後円墳が多いことである。すなわち、直線距離でみると南北四キロ、東西六・五キロ以内の地域のなかに、久米郡上神郷周辺の上神古墳群の七基、倉吉市北部の向山周辺の向山古墳群の一一基、羽合町の大平山古墳群の七基、北条町の土下古墳群の六基が確認され、総計は三一基を数える。これらのなかで内部主体が知られるのは、向山六号墳（横穴式石室、ガラス玉、馬具）[46]・向山三七五・三七六・三七七号墳（横穴式石室）[47]、上神四八号墳（横穴式石室）[48]で、いずれも六世紀以降の小形の前方後円墳である。つまり、六世紀になっても小形の前方後円墳が伯耆国久米郡地域で築造されていることが注目されるが、久米氏との関係は全く不明である。

〈石見国〉

石見国那賀郡は現在の島根県浜田市を中心とする地域で、那賀郡の郡領氏族として久米氏のいたことが確認され、古くより久米直氏が支配していたと考えられる。この地域における前方後円墳としては、浜田市治和町三宅にある周布古墳とめんぐろ古墳が注目される。周布古墳は、現存六六・六メートル（復原全長六八メートル）で葺石・円筒埴輪をもち五世紀代の築造と考えられている。めんぐろ古墳は、水田開発で消滅したが、横穴式石室で小型の仿製乳文鏡・水晶切小玉・鈴釧・金銅製三輪玉・大刀・馬具・須恵器など多くの遺物を出土し、須恵器よりして六世紀前半の築造と考えられている[49]。

〈美作国〉

美作国久米郡は現在の津山市西部地域の現久米郡久米町周辺と考えられる。この地域の前方後円墳には、三成前方後方墳（全長三五メートル、五世紀中期）・狐塚古墳（全長三四・八メートル、六世紀代）や油木高塚古墳（全長七〇メートル）等が存在している。(50)さらに、この地域で注目されるのは製鉄遺跡である。潮見浩氏の「鉄・鉄器の生産」(51)によると、古墳時代の製鉄遺跡として岡山県久米郡久米町大蔵池南遺跡（糘山の南西に製錬炉が六基、炉にともなう作業面が七面、その下に二面）があり、六世紀後半から七世紀初頭にわたって操業されていたという。(52)さらに、久米郡久米町糘山に存在する遺跡は、村上幸雄『糘山遺跡群Ⅱ』(53)によると次のような特徴がある。

ⓐ北斜面に三〇余基、南斜面に横穴式石室墳六〇基が存在する。ⓑ各支群において一か二墳に陶棺があり、コウデン二号墳では陶棺三個と木棺三個が存在し、そして、土師器坏から小鉄滓が出土している。ⓒ一七基中の九基より鉄滓が出土する。ⓓ糘山古墳群の成立時期は六世紀中期から末で、糘山古墳群の築造集団と鉄生産との関連が考えられる。以上の製鉄関連遺跡が存在する久米郡の郡領氏族については、史料上で確認することはできないが、七世紀末から八世紀にかけて四時期にわたる久米郡衙跡（宮尾遺跡）・久米廃寺・集落遺跡である領家遺跡などが存在し、(54)これら諸遺跡に関連する氏族は、郡・郷名よりして、久米直氏と考えてよいのではないだろうか。

〈伊予国〉

伊予国の久米地域については、本書第八章で詳論するので省略するが、五世紀中期以降になって、それまで有力な首長の存在が確認できなかった久米地域に、前方後円墳が築造されるようになっている。(55)さらに、七世紀代の政治的中心地である来住台地の北西部において、五世紀後半よりつくられた掘立柱建物の集落群の存在が発掘によって明らかにされている。(56)また、来住台地の北側では久米国造の統治機関から久米評衙と考えられる久米高畑遺跡、「久米評」銘須恵器の出土、濠で方形状に区画された遺跡、一辺約一〇〇メートルの回廊状遺構、久米氏の氏寺と考えられる来住廃寺、墨書土器を出土した前川遺跡、八世紀の久米郡衙の可能性をもつ久米窪田Ⅱ遺跡などが存在している。こうした点よりして、五世紀中期になり「久米部」が設定され、それらを管理したのが久米直氏で、国造久米直氏のクニにおいて孝徳朝に久米評が立評されたことが想定できる。

第四節　顕宗・仁賢の即位と伊予来目部小楯

伊予来目部小楯が史料上にみえるのは、雄略の死後の清寧・顕宗・仁賢の即位過程においてである。具体的には、播磨国での億計・弘計皇子の発見者であり、その功績によって「山部連」を賜り「山官」となったとの記録を残している。このように伊予来目部小楯の活躍は、雄略天皇以後の皇位継承問題と無関係ではない。

そこで、最初に億計・弘計皇子の発見とその即位過程について、『播磨国風土記』『古事記』『日本書紀』はどのような物語構成を取っているか述べることより始めたい。

（A）『播磨国風土記』美嚢郡条の構成

市辺押磐皇子（市辺天皇命とみゆ）が近江国で殺され、子供である二人の皇子は日下部連意美とともに播磨国に逃走し、志深村首伊等尾の家で使役されていた。そして、同家の新室の宴に赴いた「針間国之山門領、所遣山部少楯」が二皇子の歌謡を聞いて市辺押磐皇子の子どもであることを知り、「手白髪命」に連絡した。手白髪命（『日本書紀』によると荑媛）は「山部少楯」を遣わして二皇子を迎えた。その後、「更還下、造㆓宮於此土㆒」と記し[57]、それらは「高野・少野・宮川・池野宮」であると記している。『日本書紀』顕宗元年正月己巳・仁賢元年正月乙酉条の「或本」に関連記事がみえ、『日本書紀』の「或本」は『播磨国風土記』の伝承の可能性もある。さらに、高野宮にいた二人の皇子が「山部少楯」を派遣して播磨鴨国造の娘を妻問ったとの記事もみえる[58]。

（B）『古事記』清寧記の構成

清寧天皇には子供がいなかったので、その死後、「市辺忍歯別王之妹、忍海郎女」（飯豊王）が、葛城忍海之高木角刺宮に坐す（飯豊王の大王位就任を示唆する）という状況であった。そうしたなかで、山部連小楯が「針間国之宰」に任命され、「志自牟之新屋」における二皇子の歌謡で発見し、仮宮に安置したうえ報告した。それを聞いた二皇子の伯母である「飯豊王」が畿内へと迎えたのであるが、顕宗が即位するのに敵対した「平群臣之祖、名志毗臣」を打倒したという記事がみえる。[59]

（C）『日本書紀』での構成

清寧二年十一月によると、「依㆓大嘗供奉之料㆒」ために「遣㆓播磨国㆒司」である「山部連先祖伊予来目部小楯」を派遣したところ、「赤石郡縮見屯倉首忍海部造細目新屋」における歌謡において、小楯が二皇子を発見し清寧天皇に報告した。後継者のいなかった清寧は悦んで二皇子を迎えて、「以㆓億計王㆒為㆓皇太子㆒、以㆓弘計王㆒為㆓皇子㆒」とした[60]。そして、清寧五年正月に清寧天皇が死去すると、二皇子は王位を譲り合ったため、顕宗の姉飯豊青皇女が忍海角刺宮で「臨朝秉政[61]」するという事態が発生したが、その飯豊青皇女が死去したことにともない弘計王が即位し顕宗天皇となったという。そして、『日本書紀』顕宗元年四月丁未条においては、二皇子を発見した功績によって来目部小楯は、「山官」に任命され、「山部連」と賜姓され、「山官」の副には吉備臣が存在し、山守部を山部連の「民」としたと記されている。なお、『古事記』において顕宗即位前とする平群臣志毗の殺害記述は、『日本書紀』武烈即位前紀において仁賢天皇が死去すると「大臣平群真鳥臣、専擅㆓国政㆒、欲㆑王㆓日本㆒、陽為㆓太子㆒営㆑宮」という状態であったため平群真鳥臣を殺害したと記されている。

以上の三種類の史料より知られるのは、まず、伊予来目部小楯が億計・弘計の二皇子を播磨国美嚢郡志深の地で発見したとする点は、三史料とも同様に記していることである。しかし、問題は、その発見時期とその後の展開である。この点について、『古事記』は清寧の死後→飯豊王が「坐高木角刺宮」→二皇子の発見→平群臣の打倒→顕宗即位と記すのに対し、『日本書紀』は清寧即位→二皇子の発見・立太子→清寧の死去→飯豊王の臨政とその死去→顕宗・仁賢即位→平群臣の打倒という経過を記している。こうした物語で注目されるのは次の諸点である。

①記紀ともに、清寧の死後の一定期間「飯豊王」が大王として存在したとする。

②二皇子を発見し、畿内に迎え入れた人物について、『古事記』は「伯母飯豊王」、『播磨国風土記』は明示していないが「母手白髪命」を主体とし、『日本書紀』は清寧としている。

③平群氏の打倒を、『古事記』は顕宗即位前とし、『日本書紀』は武烈即位前としている。

さらに、清寧・顕宗・仁賢・武烈という四人の天皇については、『古事記』が崩年干支を記していなく、かつ、いずれも治世期間が短くその叙述が簡略であること、また、顕宗・仁賢の幼名は「億計・弘計」という対句的名称で、その発見経過も伝承的世界であること、「飯豊王」の執政の存在、武烈に関する記述の作為性などより、この四天皇のなかには実在しない天皇がいたとする見解がだされている。たとえば、清寧以降の四代の天皇はいずれも実在しないとの見解(62)、雄略→清寧→飯豊王→継体と継承されたとの見解(63)、雄略→顕宗→仁賢→継体説(64)、雄略→飯豊王→仁賢→継体説(65)などである。この継承問題について論じることはしないが、どちらにしても、雄略以後の皇位継承になんらかの問題があったことは事実であろう。ただし、顕宗・仁賢天皇のいずれもが非実在であるとすると、伊予来目部小楯が億計・弘計の二皇子を播磨国美嚢郡志深の地で発見したとする物語も後の述作で史実でないということになる。そこで、伊予来目部小楯についての記事の信憑性を中心にして論ずることとする。上述したように記紀と風土記という三種類の史料がどれも二皇子を播磨国で発見したとしており、この点に関しては矛盾する点は全く存在していないのである。この点よりしても、「億計・弘計」との名前が実名か、二皇子が存在していたのか、また、顕宗・仁賢として即位したか否かは別にしても、雄略以後の皇位継承問題に際してそれを解消するものとして、飯豊王と二皇子の登場は必然であったと考えられるのである。伊予来目部小楯が報告した後に、二皇子を畿内に迎えた主体について、『古事記』は伯母の飯豊王（父の市辺押磐皇子の妹）とし、『日本書紀』は清寧と記している。ところが、『播磨国風土記』は、母である「手白髪命」が小楯を遣わして「召上」と記しているが、即位後の宮として播磨国にも存在したと記し、それは『日本書紀』でも「或本」の伝承として記録しているのである。この点をどのように考えるべきかはいくつかの考えがありうるが断案を提出することは困難であろう。ただ、『古事記』が二皇子の発見後に平群臣を打倒してから即位したと記し顕宗・仁賢の即位が問題なくとり進められたとは考えにくい。

いま、二皇子の系譜を図示すると図5のようで、『日本書紀』によると、二皇子の母は荑媛（葦田宿祢の子供＝蟻臣の娘）と記し葛城系の人物で、飯豊王は顕宗の姉（同母の姪か）としているのである。それに対して、『古事記』は、二皇子の母についての記述はないが、飯豊王は履中天皇と葦田宿祢の娘である黒媛との子供で市辺押磐皇子の妹としていて、葛城系の人物ということができる。こうしたことよりすると、記紀はいずれも葛城系の人物とし、大王と葛城氏の対立という雄略朝の基本構造とは異なった系譜を記し、両者に根本的な矛盾は存在していない。それに対し、『播磨国風土記』の「母手白髪命」という記載は、『日本書紀』には矛盾するが、『古事記』には矛盾しないといえる。

図5　顕宗・仁賢の系譜

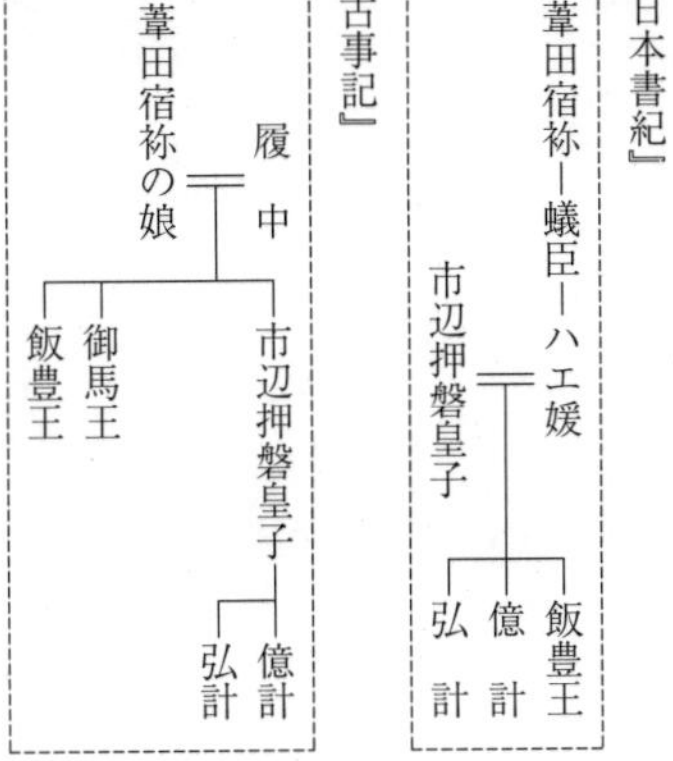

いずれにしても、雄略死後におけるこの二人の皇子の発見と即位、飯豊王

図6　応神系列の略系図

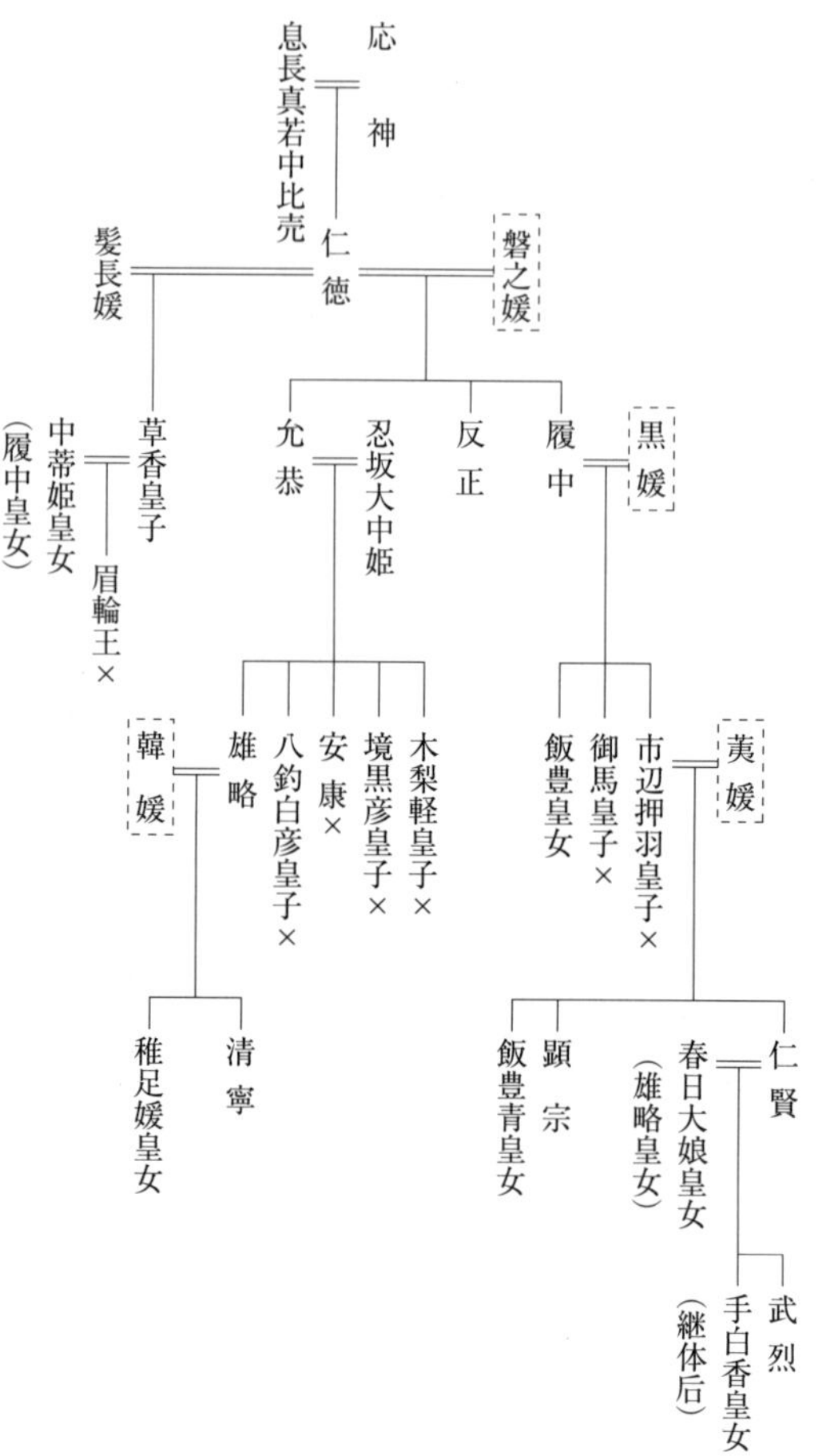

注　□で囲った人物は葛城氏出身の人物であり、×をしたのは殺害された人物であることを示す。

の執政ということは、雄略天皇によって打倒させられた葛城氏との関係修復を図ることによって、王権を維持しようとしたことを物語っているのでないか。いま、応神系列の略系図を示すと図6のようになり、雄略天皇の登場を考える時には大王位継承有資格者の殺戮、葛城氏の打倒、ということ抜きでは考えられない。その端緒は眉輪王が父大草香皇子を殺した安康を殺害したことに始まる。雄略天皇は、まず兄の八釣白彦皇子の行動に疑いをかけたちどころに斬り殺し、葛城円大臣のもとへ逃げた境黒彦皇子と眉輪王を殺害した。さらに、履中天皇の長子である市辺押磐皇子を近江国で殺害し、その同母弟である御馬皇子を待ちうけて捕え、死刑に処した。このように、雄略が大王に即くまでに五人を殺害し、そのうち、眉輪王をのぞいて、市辺押磐皇子と御馬皇子とは、葛城襲津彦の子葦田宿祢の娘であった黒媛が母であり、また、雄略の同母兄弟の境黒彦皇子と八釣白彦皇子は、葛城襲津彦の娘の磐之媛が祖母であり、葛城氏と血縁関係にあり、その過程で葛城の円大臣をも殺したと記されているのである。

すなわち、『日本書紀』の記載によると雄略天皇の即位は、葛城系の市辺押磐皇子と同母弟達と葛城円大臣を打倒することを通してなされたといえるのである。そして、雄略天皇の即位によって葛城氏は滅亡したと考えられているのであるが、本当に雄略即位とともに葛城氏は滅亡したのであろうか。清寧天皇の後を継いだ顕宗・仁賢と、執政したという飯豊皇女は図6に示したようにいずれも葛城氏の系譜を引く人物であることが注目される。さらに、雄略天皇が葛城氏を粉砕しきっていなかったことは、何よりも、葛城円大臣の娘である韓媛を妃とし清寧を生んでいることからも知られ、『日本書紀』雄略紀の一言之主の話のなかにも見いだすことができる。(66) さらに、葛城氏の一族の墳墓群と考えられる馬見古墳群には、五世紀中期の築造と考えられる築山古墳（全長二一〇メートル）・新木山古墳（全長二〇五メートル）、五世紀後半の河合大塚山古墳（全長二一五メートル）、六世紀前半の狐井城山古墳（全長一四〇メートル）などが存在しており、(67) 五世紀後半～六世紀前半にはその在地勢力は健在であったと想定でき、葛城氏の勢力が中央政界より完全に没落したのは継体天皇の登場以後とみるべきであろう。つまり、雄略以後の一定期間は力を保持しており、かかる葛城氏と大王家との関係修復を図ることこそが重要で、その際に重要な役割を果したのが伊予来目部小楯ではなかったのかと考える。そこで次に伊予来目部小楯を中心に述べることとする。

小楯について、『播磨国風土記』は「山部連少楯」、『古事記』は「山部連小楯」、『日本書紀』は「山部連先祖伊予来目部小楯」と記している。小楯が播磨国に至った理由については、『播磨国風土記』は「針間国之山門領、所遣」とするだけであるが、『古事記』が「針間国之宰」、『日本書紀』は「播磨国司」としている。この時期に「播磨国司」は存在せず、『日本書紀』編者による修飾であって、『播磨国風土記』の「針間国之山門領」という記載に従うべきであろう。また、氏族名については、この段階では「伊予来目部小楯」という『日本書紀』によるべきであろう。

伊予来目部小楯は、二人を発見したとの功績により、『日本書紀』顕宗元年四月丁未条には、

詔曰、凡人主之所二以勧一レ民者、惟授官也、国之所二以興一者、惟賞レ功也、夫前播磨国司来目部小楯、更名磐楯求迎挙レ朕、厥功茂焉、所二志願一勿レ難言、小楯謝曰、山官宿所レ願、乃拝二山官一、改賜二姓山部連氏一、以二吉備臣一為レ副、以二山守部一為レ民

というように、「山官」を希望し許可され、かつ、それにともなって「山部連」と賜姓されたと記している。上述したように、二皇子の発見伝承が史実そのものであると断定することは、岡田精司氏[68]が指摘するように、その伝承がきわめて「口論伝承と歌物語」の世界であることより疑問で、かつ、二皇子発見後の活動と山官任命と山部連の賜姓も史実でないと考えることも可能であろう。しかしながら、清寧以後の王権維持に際し、伊予来目部小楯が二皇子を発見し連絡したとするのはいずれの史料も記しており、さらに、顕宗天皇の幼名を来目稚子とすることもあり、伊予来目部小楯の役割が大きかったと考えられるのである。そして、小楯の活躍の結果、小楯は吉備の「山官」を掌握し、「山部連」と賜姓されたという伝承が成立したことは間違いない。かかる事柄が史実そのものであるか否かはさておいても、雄略以降の王権維持に際して、伊予来目部小楯が重要な役割を果たしたとの伝承が存在したことは事実である。また、伝承そのままであったと論ずることは困難であるにしても、雄略即位がきわめて専制的・暴力的になされ、その死後の畿内王権の維持には、残存している葛城系氏族との関係修復が不可欠であったという条件は充分存在し、かかる伝承にみえるような状況があったと考えることは決して不可能ではない。

こうしたなかで、伊予来目部小楯が活躍するのであるが、『日本書紀』は伊予来目部小楯を「山部連」の始祖と記している。この点については、小林昌二氏の慎重であるべきとの見解もあるが[69]、「伊予来目部小楯」の記述について

は認められるであろう。そこで、以下において伊予来目部小楯の活動を列記すると次の点が考えられる。

（1）第八章で詳論するが五世紀中期には伊予国の道後平野に「久米部」が設置されたと考えることができる。つまり、令制の伊予国久米郡に相当する地域の弥生時代から古墳時代にかけての状況を検討すると、同地域に弥生時代の有力氏族・集落の存在は認められないが、五世紀中期になると、前方後円墳が連続して築造され、かつ、五世紀後半から六世紀初頭にかけての掘立柱集落遺跡が発見されていて、伊予国における久米部の設置は五世紀中期ごろと考えられる。[70]

（2）伊予の久米部の在地管理者であった伊予来目部小楯は、雄略朝に畿内に出仕し、「針間国之山門領」であったと記しているのであるが、かかる点は、埼玉県行田市の稲荷山古墳出土の鉄剣銘にみえる「杖刀人首」や熊本県の江田船山古墳出土の大刀銘にみえる「典曹人」などよりも想定することが可能である。

（3）小楯の二皇子発見という功績の結果として、「拝㆓山官㆒、改賜㆓姓山部連氏㆒、以㆓吉備臣㆒為㆑副、以㆓山守部㆒為㆑民」との『日本書紀』顕宗元年四月丁未条は、前述したように、美作国を中心とする吉備北部地域に久米郡が存在し、かつ、製鉄遺跡が存在している点とも合致して矛盾する点はない。

以上の諸点より、久米氏が清寧以後の畿内王権の維持に一定程度の役割を果たし、その結果、「山官」となり吉備地域の鉄生産を掌握したことが想定されよう。こうした点は、顕宗が「多良知志、吉備鐵、狭鍬持、如田打、手拍子等、吾将為舞」[71]と歌っていることとも関連するものである。つまり、顕宗・仁賢天皇即位の軍事・経済的基盤は吉備の鉄生産力であり、その生産の任務を担ったのが久米直氏であったと考えるのである。

久米氏の集団歌であった久米歌が天皇への忠誠を誓う歌へ転化したのであるが、久米氏がその後の中央政界において大勢力となりえなかった理由については次のように考える。すなわち、久米歌が天皇への忠誠を誓う歌へ転化したのは、雄略以後の応神系列の王権維持に久米一族が重要な役割を果したという事実に裏打ちされていたが、その王権が長く続かなかったために、久米氏が中央政界における大勢力となりえなかった理由と考えるのである。

久米氏が畿内王権の維持に重要な役割を果しえた基盤はいうまでもなく、吉備地域の鉄生産力の掌握であったのであるが、久米部の設置が大伴氏の勢力下で行われていったことと関連し、久米氏独自で行われたのではなく、大伴氏の勢力下で鉄生産力を掌握していったのではないだろうか。そしてかかる想定は次の『万葉集』の歌より想定することができるのではないか。

（A）大伴の　遠つ神祖の　その名をば　大来目主と　負い持ちて　仕えし官（四〇九四番）

（B）大久米の　丈夫健雄を　先に立て　（中略）　仕え来る　祖の職と　言立てて（四四六五番）

（A）の歌は、著名な天平二十一（七四九）年四月一日の「陸奥国出金詔書」を前にした大伴家持の歌で、大化前代における大伴氏と久米氏との関係を歌ったものである。（B）は、天平勝宝八（七五六）歳五月十日の大伴古慈悲の連座事件に際して、家持が「族に諭す」ために歌ったもので、大伴氏と天皇との関係を強調するものである。いずれも大伴氏の大化前代の状況を歌うときに、「大来目主」「大久米」を祖先としていることは無視できない。

高橋富雄氏(72)のように大伴・久米の同族説は取らないが、大伴氏は、雄略以後の王権と葛城氏との関係修復をおこなっていた久米氏を支えたのであろう。ついで、応神系の王権が終焉し継体天皇が登場する過程で、全面に登場するようになっていったのではないだろうか。第二節の表13「大宝令以前の久米氏の動向」に示したように、具体的な久米氏の人名が史料上で登場するのは雄略以後であり、かつ、大伴連氏の配下として記されていることは一定の史実を反映したものと考えられるのである。

おわりに

記紀の伝承分析よりすると、久米氏が大王家と密接な関係をもち、かつ、中央政界において大伴氏に匹敵する活躍をした時期は、雄略天皇の死後から継体天皇の登場までの間である。そして、その内容は雄略の即位過程で生じた葛城氏と大王家との対立を、伊予来目部小楯をして葛城系の大王を擁立することによって関係修復することであった。こうした事柄の実在があって、初めて一氏族である久米氏の集団歌が天皇に忠誠を誓う宮廷儀礼歌に転化したことが理解できるのである。つまり、かかる久米氏を中心とする伝承は、記紀の記述どおりとはしないが史実にもとづいたものと考えたのである。また、伊勢・美作・伊予国における考古学的分析より次の点が想定可能になった。東国では、五世紀中期頃に大和より高見峠を越えて伊勢に出て久米部が設置され、そこを拠点として東国へ久米一族が進出していった。西国では、同じく五世紀中頃に伊予国に久米部が設置され、その在地管理者であった伊予来目部小楯の活躍により、六世紀以降に美作国へ進出していったのである。

すなわち、五世紀中頃までに、大和国高市郡を本拠地とする久米氏の部として、伊勢国・伊予国に久米部は設置されたのである。そして、雄略以後の畿内王権の混乱のなかで、久米氏は、畿内王権と葛城氏との一時的な関係修復に多大な役割を果たしたことにより、吉備地域における鉄生産力を掌握して行ったのである。ところが、応神系の大王による王権維持は武烈の死去によって終焉し、それにともなって大伴金村が継体を擁立していったのであるが、その際の経済的・軍事的基盤こそが、久米氏が掌握していた吉備地域の鉄生産力であったと考えられる。つまり、応神系の大王の終焉にともない、久米氏は大伴氏の配下に位置づけられることにより存続し、また、大伴氏も久米氏を組み入れることにより鉄生産力を掌握していったと考えたのである。

注

(1)「戦闘歌舞の伝統」『日本古代国家論究』塙書房、一九六八年。
(2)「日本文学における叙事詩時代」『吉野の鮎』岩波書店、一九四一年。
(3)「古代貴族の英雄時代」『石母田正著作集』第十巻、岩波書店、一九八九年。
(4)『歴史科学体系1　日本原始共産制社会と国家の形成』(校倉書房、一九七二年)に納められている藤間生大「日本に於ける英雄時代」、上田正昭「ヤマト王権の歴史的考察—英雄時代をめぐって—」の諸論文、さらには、吉田晶「石母田正『古代貴族の英雄時代』に関する覚え書き」(『歴史科学』三一、一九七〇年)、原秀三郎「日本における科学的原始・古代史研究の成立と展開」(『歴史科学体系1　日本原始共産制社会と国家の形成』前掲)などに詳細である。
(5)『日本古代の政治と文学』青木書店、一九五六年。
(6)「古代貴族の英雄時代」『石母田正著作集』第十巻(前掲)の一〇一頁。
(7)『日本史研究』三六、一九五八年。
(8)「宇陀の　高城に　鴫わな張る」に始まる歌謡(日本古典文学大系3『古代歌謡集』岩波書店、一九五七年に所収される「古事記歌謡集」の9番、「日本書紀歌謡集」の7番)、以下、記9、紀7のように略記する。
(9)「みつみつし　久米の子らが」と歌う歌謡(記10・紀9・記11・紀13、記12・紀14)と「楯並めて　伊那佐の山の」(記11・紀12)。
(10)「神風の　伊勢の海の　大石に」と歌う歌謡(記13・紀8)、「今はよ　今はよ」と歌う歌謡(紀10)、「蝦夷を」と歌う歌謡(紀11)。
(11)『日本史研究』三六(前掲)の一一三頁。

(12)　「久米歌と英雄物語」『古代歌謡論』三一書房、一九六〇年。

(13)　前稿でA群としたものとC群とした「今はよ　今はよ」（紀10）と「蝦夷を」（紀11）を久米氏内部で成立した戦闘歌とし、B群としたものとC群に入れた「神風の　伊勢の海の　大石に」（記13・紀8）を天皇に忠誠に誓う歌とされた。

(14)　「戦闘歌舞の伝流」『日本古代国家論究』（前掲）。

(15)　喜田貞吉「久米部と佐伯部」『日本兵制史』日本学術普及会、一九三九年。

(16)　津田左右吉『日本古典の研究』上巻、岩波書店、一九四八年。

(17)　高橋富雄「大伴氏と来目部」『日本歴史』一六六、一九六二年。

(18)　『日本古代兵制史の研究』吉川弘文館、一九六八年。

(19)　『日本古代兵制史の研究』（前掲）の三二頁。

(20)　『大日本古文書』二巻四二三頁。

(21)　久米朝臣広縄と大伴家持との関係を中心に述べると以下のように密接なものであった。まず、久米朝臣広縄の経歴は、天平十七（七四五）年四月二十一日の左馬寮移（『大日本古文書』二巻四二三頁）により従七位上左馬少允であったことが知られる。その後、『万葉集』によると、天平二十（七四八）年三月二十五日には越中掾に任命されていて、越中守大伴家持の「布勢海の遊覧」に参加し（四〇五〇番）、同年四月一日には「掾久米朝臣広縄之館宴」が開かれ、そこには遊行女や大伴家持・羽咋郡擬主帳能登臣乙美などが参加していた（四〇六六～六九番番）ことが確認できる。そして、『万葉集』四一一六番には、「国掾久米朝臣広縄、以二天平廿年一附二朝集使一入レ京、其事畢而、天平勝宝元年閏五月廿七日、還二到本任一、仍長官之館、設二詩宴一楽飲」とみえ、朝集使として入京したことも知られる。さらに、同二年正月五日には「判官久米朝臣広縄之館」で宴が開催され（四一三七番）、同三年二月二日には「判官久米朝臣広縄、以二正税帳一応レ入二京師一」（四二三八番）とみえ再び正税帳使として京に向かった。さらに、「正税帳使掾久米朝臣広縄、事畢退レ任、適遇二於越前国掾大伴宿祢池主之館一、仍共飲楽也」（四二五二番）とみえ、上司である大伴家持だけでなく、隣の越前国掾である大伴宿祢池主とも交わりをもったことが知られる。なお、広縄以外の久米朝臣氏と大伴宿祢氏の交流としては、天平勝宝二年四月十二日の大伴家持が開催した布勢海の遊覧に、次官内蔵忌寸縄麻呂、判官久米朝臣廣縄、久米朝臣継麻呂、講師僧恵行が参加しており（『万葉集』四二〇〇～四二〇四番）、久米朝臣継麻呂も大伴家持と交流したことが知られ、両氏族の関係は密接なものであったと考えられるのである。

(22) 久米舎人妹女は、高句麗より渡来してきた前部宝公の妻となっている。

(23) 『続日本紀』宝亀十一年六月己未条。

(24) 吉田東伍『大日本地名辞書』（冨山房、一九六九年）二巻三五五頁。

(25) 五〇四頁。

(26) 大阪市教育委員会・大阪市文化財協会「現地説明会資料」。

(27) 五七三頁。

(28) 直木孝次郎『日本古代兵制史の研究』（前掲）三一頁。

(29) 原島礼二『日本古代王権の形成』（校倉書房、一九七七年）の二九五頁。

(30) 『平安遺文』一巻、三四四頁。

(31) 伊勢国の古墳については、伊藤禎樹「伊勢湾と『海つ道』」（『古代の地方史』4、朝倉書店、一九七八年）、水口昌也「伊賀・伊勢」（『季刊考古学』一〇、雄山閣出版、一九八五年）、田中勝弘「近畿東部（滋賀・三重）」（『古墳時代の研究』10 地域の古墳1　西日本、雄山閣出版、一九九〇年）などによる。

(32) 澄田正一「伊勢湾沿岸の画文帯神獣鏡について—櫛田川流域の調査を中心にして—」（橿原考古学研究所編『近畿古文化論攷』吉川弘文館、一九六三年）、伊藤禎樹「伊勢湾と『海つ道』」（『古代の地方史』4、前掲）。

(33) 斎藤孝正「東海地方」（『日本陶磁の源流』柏書房、一九八四年）によると、地元の生産の可能性もあるという。

(34) 『古鏡』（新潮社、一九七九年）の二三八～二四三頁、「埼玉稲荷山古墳出土鏡をめぐって」（『考古学』メモワール、一九八〇年）。

(35) 小林行雄「鏡・大刀・玉のなぞ」（堅田直編『考古学談話会第二〇〇回記念古墳の謎を探る』）帝塚山大学考古学研究室、

一九八一年。
(36) 『古墳時代政治史序説』塙書房、一九八八年。
(37) 脇坂光彦・小都隆『日本の古代遺跡』26広島、保育社、一九八六年。
(38) 『岡山県史』第一八巻、考古資料、山陽新聞社、一九八六年。間壁忠彦・間壁葭子『日本の古代遺跡』23岡山、保育社、一九八五年。
(39) 伊達宗泰「新沢千塚古墳群」『探訪日本の古墳 西日本編』有斐閣、一九八一年。
(40) 斎藤忠『若狭上中町の古墳』上中町教育委員会、一九七〇年。入江文敏「若狭」(『季刊考古学』一〇、前掲)。
(41) 田中勝弘「近畿東部(滋賀・三重)」(『古墳時代の研究』10 地域の古墳1 西日本、前掲)。
(42) 大和久震平『牛塚古墳』宇都宮市教育委員会、一九八四年。
(43) 角田文衛「宇陀の高城」(『近畿古文化論攷』前掲)。
(44) 『日本書紀』神武即位前紀戊午年九月条。
(45) 『大日本地名辞書』(前掲)三巻三二六頁。
(46) 野田久男・清水真二『日本の古代遺跡』9鳥取、保育社、一九八三年。
(47) 注46に同じ。
(48) 近藤義郎『前方後円墳集成』中国・四国編、山川出版社、一九九一年。
(49) 前島己基『日本の古代遺跡』20島根、保育社、一九八五年。
(50) 『日本の古代遺跡』23岡山(前掲)、『岡山県史』考古資料(前掲)。
(51) 岩波講座『日本考古学』3、岩波書店、一九八六年。
(52) 光永真一「まがねふく吉備」『えとのす』二五、一九八四年。
(53) 久米開発事業に伴う文化財調査委員会『糘山遺跡群Ⅱ』一九八〇年。
(54) 『岡山県史』考古資料(前掲)。

(55) 拙稿「伊予国久米評の成立と回廊状遺構」『日本歴史』五〇四、一九九〇年。
(56) 松山市教育委員会『国道11号バイパス埋蔵文化財発掘調査報告書』一九八三年、松山市教育委員会・埋蔵文化財センター『松山市埋蔵文化財調査年報』Ⅲ、一九九一年、同『福音小学校構内遺跡Ⅱ―古墳時代以降編―』二〇〇三年。
(57) 『播磨国風土記』美嚢郡志深里条。
(58) 『播磨国風土記』賀毛郡楢原条。
(59) 『古事記』清寧記。
(60) 『日本書紀』清寧三年四月辛卯条。
(61) 『日本書紀』顕宗即位前紀。
(62) 水野祐『日本古代王朝史論序説』小宮山書店、一九六八年。
(63) 岡田精司「古代の王朝交替」『古代の地方史』3、朝倉書店、一九七九年。
(64) 北郷美保「顕宗・仁賢即位伝承考」『日本古代史論考』吉川弘文館、一九八〇年。
(65) 加藤謙吉「応神王朝の衰亡」『古代を考える　雄略天皇とその時代』吉川弘文館、一九八八年。
(66) 塚口義信「葛城の一言主大神と雄略天皇」『堺女子短期大学紀要』第二〇、一九八五年。
(67) 前園実知雄「馬見古墳群」（『探訪日本の古墳　西日本』前掲）。伊藤勇輔・楠元哲夫『日本の古代遺跡』6奈良南部、保育社、一九八五年。
(68) 注63に同じ。
(69) 「日本古代鉄生産集団に関する一試論」『「社会科」学研究』九、一九八五年。
(70) 拙稿「伊予国久米評の成立と回廊状遺構」（前掲）。
(71) 『播磨国風土記』美嚢郡志深里条。
(72) 注17に同じ。

第五章　古代の別（和気）氏

はじめに

古代の「別」についての包括的・代表的な研究である佐伯有清「日本古代の別（和気）とその実態」[1]によると、五世紀中期以前の「別」は天皇・皇族・地方豪族が均しく有した称号であったが、支配機構の整備にともないカバネ的身分秩序が形成されると、「別」はカバネとして地方豪族に賜与される。その結果、地方豪族の称号であった「別」もカバネ化したが[2]、「公」「君」などのカバネが固定化されると、カバネ「別」はその存在意義をなくし、六世紀後半から七世紀初頭に氏族名となっていったと指摘している。かかる通説的見解で検討すべきは、五世紀中期から六世紀に「別」がカバネ化したとする点と、七世紀以後の別（和気）氏の実態と特徴の解明である。なお、純然たる地方豪族で「別」を自称したものはなく、王族と何らかの関係を有したもので本家に対する分家との見解[3]や、ワケを称する王族が地方へ派遣されたとの見解など[4]も存在し、また、稲荷山古墳出土鉄剣銘の「獲居」の存在も注目される。すなわち、「ホムタワケ」（応神）に代表される大王家の称号的意味をもつ人名として成立した[5]「別」は、畿内王権の全国支配確立にともない、服属した地方豪族が使用することが許されたことを物語り[6]、地方豪族の畿内王権への服属過程で「別」の賜与が重視され、現実に機能したことを示し、こうしたことが記紀における天皇の皇子を諸国に分封したという記事に集約されたのであろう。

以上のような「別」理解に対して、七～九世紀代の「別」氏族はきわめて限られた地域にしか分布していないことはいかなる理由によるのであろうか。七世紀以後にカバネ「別」の存在意義がなくなったためと考えられるにしても、大王名として成立した氏族名「別」を主張する氏族が数少ないことは何故なのであろうか。そこで、七～九世紀における別（和気）氏の分布の特徴と実態の検討を通して、かかる点を明らかにできたらと考える。

第一節　別（和気）氏の分布状況とその特徴

大化前代の別氏は、『古事記』一二四氏、『日本書紀』六氏、『旧事本紀』九氏の計一三九氏で、過半数を占める『古事記』の「〇〇之別」は懿徳・開化・垂仁・景行天皇の子供たちで、『日本書紀』『旧事本紀』では景行天皇の子供に集中するように、その実在が不確実な時代の伝承にみえ、実在の別氏と断定することはできない。いま、七～九世紀の氏族名「別」を表示すると表17のようになり、備前国の和気朝臣は垂仁天皇の子供鐸石別命(7)、越前国の別公は垂仁天皇の磐衝別命(8)、伊予国の伊予別君は景行天皇の孫（日本武尊の子供）十城別王(9)とする伝承をもっている。これに対して、記紀や旧事本紀にみえる別氏の後裔氏族の実在は確認できず、忍之別皇子・大酢別皇子・神櫛皇子（讃岐国造始祖）・稲背入彦皇子（播磨別始祖）・武国凝別皇子（伊予国御村別）・国乳別皇子（水沼別始祖）・豊戸別皇子（火国別）(10)などは景行天皇の子供とするが、その後裔の実在は確認できず、景行天皇の孫にあたる人物を始祖とする別氏が伊予国に実在するだけである。

表17より、七～九世紀における別（和気）氏について知りうるのは次の諸点である。

（1）別は和気とも記され、備前と讃岐の例よりすると、別から和気へとその表記は移行したと考えられる。

（2）別には「公」「臣」「君」、和気には「君」「宿祢」「朝臣」のカバネが与えられていた。さらに、「別部」の存在が確認でき、別部から石生別公へ変化していることよりして、別部は別氏の部民であった可能性を示唆する。

（3）「地名＋別」には、備前国の藤野・磐梨という郡名と、針間別佐伯直、伊予別君のような国名が存在することより、別氏は一定の地域に分布したと考えられ、これは大王が地方豪族に「別」を賜与したとの伝承に起因するものであろうか。

（4）別姓氏族の分布は畿内と周辺諸国と西国に限られ、「畿内とその周辺、および西国に限られている」との佐伯氏の指摘は妥当である。また、七世紀以後の史料にみえる氏族は、摂津・和泉、越前・若狭、播磨・吉備、讃岐・伊予国に限定されていることが注目される。

（5）九世紀代の和気氏で中央官僚となったのは、備前と讃岐国出身が知られるだけである。

以上に対し、『延喜式』で確認できる「別をふくむ神社名」（佐伯氏論文の表10・11参照）は畿内五例・東海道一二例・東山道一六例・山陰道四例・山陽道三例・南海道五例の計四五例で、伊豆・陸奥に集中していることが注目される。この点について、阿倍武彦氏[11]は皇室勢力の東国進出と関係があるのではないかとされ、佐伯氏は六～七世紀頃の「『別』としての皇子分封の思想」にもとづき神社名が成立したとされている。東国の神社名に「別」が付された時期が、佐伯氏の指摘のように古いものではないとしても、東国の地方豪族名や国・郡名に残らなかったことはいかなることを物語っているのであろうか。

この問題は、「別」の賜与が在地支配にとって重要な意味をもつカバネとして機能したか否かという問題で、稲荷

国名	氏　族　名	官位・出自・本貫地など	出　　典
讃岐	和気田虫	大内郡入野郷戸主	平遺2/432 寛弘1年
	和気朝臣高作	散位従五位上	三実 貞観6.8.17
	和気朝臣時雄	右大史正六位上	〃
	和気朝臣時人	右衛門少志正六位上	〃
		（和気朝臣高作・時雄・時人）本来は、寒川郡を本貫地とする氏族で、讃岐朝臣から和気朝臣へ改姓された	
	和気公秋主・道麿・	那珂郡の人物　因支首→和気公	三実 貞観8.10.27
	宅主・純雄	〃	〃
	和気公・巨足・男	多度郡の人物　因支首→和気公	〃
	縄・文武・陶道	〃	〃
伊予	伊予国御村別	景行天皇皇子の武国凝部皇子の後	書紀 景行４年
	伊予別君	日本武尊の子十城別王の後	書紀 景行51年
	倭子乃別君	倭子乃別君以下三代の人々	円珍系図（和気系図）
	加祢古乃別君	加祢古乃別君以下四代の人々	円珍系図（和気系図）
不明	別公粳万呂	無位→従五位下、陰陽頭	大日古1/478 天平５年
	別君千万	経師	大日古2/4 天平８年
	別公（君）広麻呂	民部史生・大初位下	続紀 天平勝宝1.4.丁未
	別公家足	節婦	大日古6/36 神護景雲４年
	別公清成	従七位下→和気君	後紀 延暦16.2.癸丑
	別公今虫売	経師	類史 天長2.6.乙亥
	和気坂本	中宮職音声舎人	続紀 大宝3.4.辛亥
	和気伊夜麻呂	経師	大日古16/83 天平宝字６年
	別砦麻呂	画師	大日古8/219 天平15年
	別解荒	経師	大日古2/663 天平19年
	別乙万呂	経師	大日古4/265 天平宝字２年
	別大夫	正六位上→外従五位下	大日古14/65 天平宝字２年
	別尼公		大日古16/422 天平宝字７年
	別大鳥		大日古24/89 天平年間
	別家主		大日古19/67 宝亀２年
	和気公細目		続紀 宝亀2.2.27
	和気朝臣斉之	刑部少輔・治部少輔、嘉祥１年に大不敬で土佐へ配流	続後紀
	和気朝臣厚貞	伊予権介→従五位上	三実 元慶3.11.25
	和気朝臣春生	従五位下→上総権介・散位→遠江権介	三実 貞観２年

表17　別（和気）氏の分布

国名	氏族名	官位・出自・本貫地など	出典
右京	別公	景行天皇皇子、倭建尊の後	『新撰姓氏録』
	和気朝臣清麻呂	和気宿祢→和気朝臣	続紀 宝亀5.9.28
	和気朝臣高作	神櫛命の後、従五位上、讃岐朝臣→和気朝臣（讃岐国寒川郡）	三実 貞観6.8.17
		散位→図書頭	三実 貞観7.3.9
	和気朝臣時雄	右大史・正六位上、讃岐朝臣→和気朝臣（讃岐国寒川郡）	三実 貞観6.8.17
	和気朝臣時人	右衛門少志・正六位上、讃岐朝臣→和気朝臣（讃岐国寒川郡）	三実 貞観6.8.17
	別臣総万呂	正六位上、右京少属	平遺1/4 延暦7.11.14
	和気朝臣	垂仁天皇皇子の鐸石別命の後	『新撰姓氏録』
山城	別公	開化天皇皇子、彦坐命の後	『新撰姓氏録』
和泉	別君豊麻呂	和泉監日根郡少領	大日古2/4 天平10.4.5
	和気君	景行天皇の皇子倭建尊の後	『新撰姓氏録』
	和気宿祢益雄	遣唐使准録事、県主→和気宿祢	続後紀 承和3.2.9
	和気宿祢文貞	益雄の父	〃
摂津	別君清名	正七位上、別君→御林宿祢	後紀 弘仁2.10.5
若狭	別君大人	三方郡弥美郷中村里の人物	平城宮木簡 1-424
	別	「竹部部里別」三方郡竹田部里の別氏	平概 27-19下
越前	別竹（鷹）山	足羽郡栗川村の戸主で田領	大日古5/543　天平神護１年
	別豊足	別竹山の父	〃
	別嚢麿	足羽郡上家郷戸主	大日古5/587　天平神護２年
	別破	足羽郡上家郷戸主	〃
	別大兄	足羽郡野田郷戸主	大日古5/589　天平神護２年
	別五百依	坂井郡子見村堀江郷戸主	大日古5/572　天平神護２年
	別長嶋	別五百依の戸口	〃
	別広嶋	坂井郡磯部郷戸主	大日古5/595　天平神護２年
	別逆	坂井郡荒墓郷戸主	大日古5/598　天平神護２年
播磨	針間別佐伯直	景行天皇の皇子稲背入彦命の後	『新撰姓氏録』
	別部犬	播磨国讃容郡	『播磨国風土記』孝徳朝
	別君玉手	遠祖川内国泉郡→揖保郡狭野村	『播磨国風土記』
備前	藤野別真人清麻呂	磐梨別公→藤野別真人→吉備藤野和気真人→輔治能真人→別部→和気公→和気宿祢→和気朝臣	続紀 天平神護1.3.13
	吉備石成別宿禰国守	近衛・無位→石成宿祢	続紀 神護景雲3.5.28
	別部大原	別部→石生別公	続紀 神護景雲3.6.26
	石生別公輿志	忍海部→石生別公	〃
	石生別公黒土	財部→石生別公	〃
	石生別公麻呂	物部→石生別公	〃
	別部比治	邑久郡の人、別部→石生別公	〃
	石生別公諸上	備前→右京８条３坊、外従八位上	続後紀 承和3.9.30
	石生別公長貞	磐梨郡少領、外従八位上	文実 嘉祥3.8.11
	藤野別公子麻呂	大領、吉備藤野別宿祢→輔治能宿禰	続紀 天平神護1.3.13
	別公薗守	近衛・従八位下→吉備石成別宿禰	〃
	和気臣飯成？	和気郡の郡領	大同類聚方 大同１年
	別部穢麻呂	延暦18.2.21の清麻呂薨伝にみゆ	後紀
	別部狭虫	延暦18.2.21の清麻呂薨伝にみゆ	〃

山古墳出土鉄剣銘の「意富比垝—多加利足尼—弖已加利獲居—多加披次獲居—多沙鬼獲居—半弖比—加差披余—乎獲居臣」が注目される。すなわち、「タカリスクネ」の「足尼」と「テヨカリワケ—タカハシワケ—タサキワケ」の「獲居＝ワケ」をカバネと考えるか尊称（称号）と考えるかである。佐伯氏は、この系図を比垝→足尼→獲居→無し→「乎獲居直として、足尼・獲居はカバネ成立前の尊称（称号）で、「獲居直」はカバネ的称号とする。[12] しかし、「乎獲居直」は「乎獲居臣」[13]で、「臣」は「オミ」でなく「シン」で大王への謙称とされている。[14] かりに、「乎＋獲居＋直」と読むことができるとしても、「獲居」をカバネと断定することはできず、稲荷山古墳出土鉄剣銘の「別」もカバネ化したことを論証してはいない。さらに、和気系図でも「別」から「別君」への転換は認められるが、「別」そのものがカバネ化したとはいえず、別臣・別君のように「臣」「君」と結びついてカバネ的称号へと転化したのに他ならない。「別」はカバネ化したと断定できず、カバネの「臣」「君」が賜与されたというべきで、カバネの賜与の開始はカバネ「別」の不成立を意味するのである。そして、六世紀以後の乎獲居臣一族[15]の在地支配は国造に任命されることで維持されたと考えられ、七世紀以後の東国に「別」を氏族名とする地方豪族の存在は確認できず、「ワケ」はカバネにも氏族名にも継承されなかったのである。稲荷山古墳出土鉄剣銘のように氏族名が記載されていないことは、五世紀後半にはウヂ名がまだ成立していなかった可能性が強いことを示し、「ウヂ名は大和朝廷の組織が整ってきた六世紀以降に、大王との関係を示す政治的標識として、大王から与えられたもの[16]」と考えられるのである。とすると、六世紀以降に氏名を付ける時、実態のともなわない「別」を付す現実的要因は少なく、大王との関係では子代・名代、中央豪族との関係では部曲という現実の関係にもとづく氏族名として付されたのであろう。

以上よりすると、七～九世紀代に氏名として「別」が付されたのは、中央豪族や大王家との間に強固な経済的・政治的関係をもたなかった氏族ではなかったか。中央豪族や大王家との間に強固な経済的・政治的関係をもっていた氏族は、そのことを明示する氏族名が賜与されたと考えられるからである。また、中央豪族や大王家との間に関係があったとしても、その関係が強固でない場合はその関係を示す氏族名は与えられなかったのではないだろうか。かかる仮説が仮説たりえるか以下で検討したい。なお、東国のなかでも陸奥と伊豆国の神社名に「別」が集中しているのは、大王の尊称として成立した「別」とは異なるものであることを示唆するものであろう。(17)

こうした点で注目されるのは北陸道の別氏で、越前国足羽郡と坂井郡と若狭国三方郡弥美郷に分布したことが知られる。すなわち、越前国足羽郡には、栗川村の戸主で東大寺領栗川庄の田領である別竹（鷹）山とその父、東大寺と口分田を相替えた上家郷戸主別蓑麿・別破と野田郷戸主別大兄などがみえ、別竹山は、治田の所属をめぐって東大寺と争論し、天平神護二（七六六）年十月二十日に越前国足羽郡東大寺領栗川庄の田領となった人物である。(18)また、越前国坂井郡では子見村堀江郷戸主別五百依と戸口別長嶋、磯部郷戸主別広嶋、荒墓郷戸主別逆が確認できる。このように、越前国の別氏の特徴は、位階だけでなくカバネももたず、大化前代からの有力氏族ではなく一般的な班田農民であった。班田農民が「別氏」を名乗るようになった時期と契機は早くても庚午年籍にあったと考えられるが、(19)越前国の別氏の成立は一体いかなるものに起因したのであろうか。

佐伯有清氏は、越前国足羽・坂井郡の氏族が別氏を名乗ったのは、継体天皇の母方として垂仁天皇の系譜を引く「偉波都久和希―偉波智和希―伊波己里和気―麻加和介」(20)とする別（和気）系譜がみえることに関連し、「磐衝別の子孫と伝える別氏が、越前の坂井郡を中心に居住し、その一族か、あるいは部民の末裔」であったと述べている。(21)確かにその可能性は否定できないが、史料の別氏がそうした主張をしたとの痕跡が見いだせないだけでなく、越前国での別氏の分布状況と在地における勢力よりして、越前国の別氏が中央豪族や大王家との間で直接的な関係をもっていたとは認められず、何かからの「別れ」という意味ではないだろうか。(22)この点で注目されるのが平城左京二条大路木簡「三方郡竹田郷坂本里田別君矢乎謂三斗」（『平城宮発掘調査出土木簡概報』二二号、三四頁）の「田別」氏の存在で、この若狭国三方郡の田別氏が別氏の一種とすると、田部からの「別れ」の可能性を物語るのではないか。

第二節　讃岐国の和気氏

讃岐国には、那珂・多度郡の和気公氏（因支首）と、大内郡入野郷の和気田虫と寒川郡に讃岐公から改姓された和気朝臣氏が存在しているので、両地域の和気氏の検討をおこなうこととする。

1　讃岐東部の和気氏

『日本三代実録』貞観六年八月十七日条では、景行天皇の皇子神櫛命の後裔と主張する右京人散位従五位上讃岐朝臣高作、右大史正六位上讃岐朝臣時雄、右衛門少志正六位上讃岐朝臣時人が和気朝臣を賜っている。『日本三代実録』貞観四年八月十七日条の「永直者右京人、本姓讃岐公、讃岐国寒川郡人、（中略）長子時人伝二父業一、改二姓和気朝臣一」より、和気朝臣時人は大判事明法博士讃岐公永直の子供であったことが知られる。さらに、『続日本後紀』承和三年三月戊午条に「外従五位下大判事明法博士讃岐公永直、右少史兼明法博士同姓永成等廿八烟、改レ公賜二朝臣一、永直是讃岐国寒川郡人、今与二山田郡人外従七位上同姓全雄等二烟一、改二本居一貫二附右京三条二坊一、永直等遠祖、景行天皇第十皇子神櫛命也」とみえ、時人の父大判事明法博士讃岐公永直と右少史兼明法博士讃岐公永成を代表とする二八戸と山田郡人外従七位上讃岐公全雄らは、公から朝臣へ改姓され平安右京三条二坊に改居している。つまり、讃岐国寒川・山田郡出身の和気朝臣は、もともとは讃岐公氏であったが、承和三（八三六）年の朝臣への改姓と平安右京への改居を経て、貞観六（八六四）年に和気朝臣へ改姓されているのである。

讃岐国寒川郡を本貫地とした讃岐公氏には、讃岐公千継・明法博士讃岐公広直・正八位上勲七等讃岐公棟公などが存在した。[23]『続日本紀』延暦十年九月丙子条によると、讃岐公氏はもともと星直氏であったが、敏達朝に「継二国造之業一」に際して朝廷より「紗抜大押直之姓」を賜った。しかし、六七〇年の庚午年籍で「改二大押字一」たことで凡直や讃岐直となったため、延暦十（七九一）年に「請下因二先祖之業一、賜中讃岐公之姓上」と申請し、同族二一戸が讃岐公と改姓されたという。[24]そして、承和三年には、本貫地を右京三条二坊へ改居しカバネも公から朝臣への改姓が許され、貞観六年になり和気朝臣と改姓されたのである。この改姓・改居の論拠を具体的には述べていないが、承和三年・貞観六年ともに景行天皇の皇子神櫛命の後裔と記していることが注目される。つまり、讃岐国寒川郡の讃岐公氏は景行天皇の子供神櫛命を始祖とし敏達朝に国造となったとするが、「〇〇別皇子」の後裔とは主張していないのである。これに対し、後述の讃岐国那珂・多度郡の和気氏（因支首氏）は、『日本三代実録』や和気系図（円珍系図）で、景行天皇の子供武国凝別皇子（伊予国御村別君）を始祖とする「別」系譜を引くと述べ、同じ和気氏に改姓されるが讃岐東部の讃岐公（和気）氏と西部の和気（因支首）氏とは別系譜と考えられることに注意すべきである。

凡直から讃岐公への改姓に奔走した讃岐公千継の経歴で注目されるのは、大学頭従五位下兼行式部少輔和気朝臣広世とともに『延暦交替式』の編纂の次官となったことである。その後の讃岐氏の代表的な人物は「律令之宗師」[25]と称された明法博士讃岐朝臣永直で、讃岐公一族の発展にとって、承和三年の改姓・改居が許可され、明法道の中央官人化の道を進んだことが重要であった。つまり、讃岐永直の明法家としての成果の一端は『令集解』所収の讃説を作り上げたことと考えられ[26]、また、同族の千継・広直・永直・永成なども千継を除き明法博士で、これら讃岐氏代々にわたって形成されたのが讃説であるとの見解もある[27]ように中央の明法家としての位置を確立しているのである。讃岐氏が明法家として活躍しえた理由の一つに、拙著『古代の地方豪族』で論じたように、『延暦交替式』の編纂に協力した讃岐公千継と和気朝臣広世との関係があったと考えられる。両氏の関係成立は、桓武天皇の側近勢力であった備前国の和気氏[28]と同様に地方豪族出身でその出身地も近接していることにあり、讃岐公氏は和気広世の創設した弘文院の存在を利用したのであろう。さらに、次に述べる承和十三（八四六）年十一月の法隆寺善愷訴訟事件と嘉祥元（八四八）年十二月の和気斉之の大不敬事件からも両氏族の密接な関係が想定できる。

　前者の法隆寺善愷訴訟事件は、法隆寺僧善愷が法隆寺檀越少納言従五位下登美真人直名の寺経営における不正を訴えたのに対して、正躬王・参議右大弁和気朝臣真綱は登美真人直名を遠流と決したが、審理に不法行為があると伴善男が主張したために、讃岐永直・御輔長道・川枯勝成・伴良田連宗・漢部松長らに判断が求められた事件である。全員が正躬王・和気真綱らが不法な訴えを受理し、不当な推問を加えたとする点では一致したが、かれらの罪が私罪か公罪かでわかれ、讃岐永直・御輔長道・川枯勝成は公罪とし「贖銅五十斤」、伴良田連宗は私罪とし「贖銅十斤、合解官」、漢部松長は両者の折衷案を提示した[29]。こうした三通りの断文を受け取った太政官で問題にされたのは、私罪とは「私」と「曲」が相俟って「私罪」となるが、未だ曲することがないので「公罪」にあたると主張した讃岐永直の意見であった。ところが、讃岐永直は「後経二数日一、永直等更進二所答不レ尽之状一云、私曲者謂二私之曲一也、相須之句者、合二私曲二字一為二一義一、連続之意也[30]」と前説を翻したため、伴良田連宗の「贖銅十斤、合二解官一」との意見で決着した。『続日本後紀』の編者は讃岐永直が意見を変えたことについて、「而前後殊レ論、向背異レ執、斯而不レ正者、恐渉二於弄レ法[31]」と痛烈に批判している。さらに、和気朝臣真綱は「塵起之路、行人掩レ目、枉判之場、孤直何益、不レ如去レ職、早入二冥々一」と謂ったと卒伝は記している[32]。かかる和気真綱の非難対象は、他の人ではなく讃岐永直に向けられたものであるが、卒伝では「博士等有レ所二畏避一、不二曾正言一」とも記し、讃岐永直が伴善男一派の強力な圧力を受けていたことを理解していた。いずれにしても、讃岐永直に非難が集中していることは、讃岐朝臣氏が明法家として抬頭するに際して和気一族の協力があったと考えられるだけでなく、両氏族の間に婚姻関係が成立していたためと考えるのは憶測に過ぎるであろうか。

後者は、『続日本後紀』嘉祥元年十二月三十日条に「大判事外従五位下讃岐朝臣永直、坐㆓和気斉之事㆒配㆓流土左国㆒」とみえるように、大判事讃岐朝臣永直が和気朝臣斉之の大不敬に連座して土佐国に配流された(33)ことである。連座の具体的内容は明確でないが、一年四カ月後の『続日本後紀』嘉祥三年三月丙申条に「配流人和気朝臣斉之、讃岐朝臣永直、特聴㆓入京㆒」とみえ、和気朝臣斉之と讃岐朝臣永直が密接な関係にあったことが知られる。

以上、讃岐国寒川郡出身の讃岐公氏は、中央で明法道に通じた氏族として活躍し、貞観六年に和気朝臣へ改姓されていること、承和十三年の法隆寺僧善愷訴訟事件における和気朝臣真綱と大判事明法博士讃岐朝臣永直との間に何らかの関係のあったこと、さらに、讃岐朝臣永直は和気朝臣斉之とともに「大不敬」に相当する事件を起こして配流されていることなどよりして、讃岐国寒川郡の讃岐朝臣氏と備前国和気郡出身の和気朝臣氏の間には、同祖関係の伝承を保持しないにもかかわらず、九世紀前半になり密接な関係が形成されたと考えられるのである。

2　讃岐西部の和気氏

天台宗延暦寺第五世坐主円珍を輩出した讃岐国那珂・多度郡の和気公氏は、貞観八（八六六）年に因支首氏から和気公へ改姓し、その改姓の経過と和気氏の特徴を知ることができる。すなわち、那珂・多度郡の和気氏は、もともとは和気系図（円珍系図）にみえるように、伊予国の別一族であったが、忍尾の時に伊予から讃岐へ移住して地元の因支首氏と婚姻し、母方の因支首を名乗っていたが、貞観八年に和気公氏への改姓が許可された氏族である。因支首氏から和気公への改姓の経過と実態を示す基本史料は、①『日本三代実録』貞観八年十月二十七日条、②『平安遺文』一巻一五二号「貞観九年二月十六日讃岐国司解」、③「和気系図」があげられる。①は「讃岐国那珂郡人因支首秋主、同姓道麿、宅主、多度郡人因支首純雄、同姓国益、巨足、男縄、文武、陶道等九人、賜姓和気公、其先、武国凝別皇子之苗裔也」という那珂・多度郡の因支首九人の和気公への改姓を示す記事で、②は改姓に至った経緯と改姓された具体的な人名を列記したものである。そして③は最も信憑性の高い円珍を代表とする和気一族の「和気系図[34]」である。

②の讃岐国司解によると、冒頭部分に著名な藤原有年の袖書きがみえ、その後に、和気公を賜姓されるべき因支首の六戸計四三名の人名を記し、改姓に至った経過等が記されている。この解文についての検討は佐伯有清「和気公氏の系図[35]」や拙著『古代の地方豪族[36]』があるので、ここではその概要を述べるにとどめたい。

延暦十八年十二月二十九日の太政官符[37]により、延暦十九年七月十日に「伊予別公」とともに同宗である由を記した。そして、大同二年三月二十三日の「諸氏雑姓既多二錯謬一、或宗異姓同、本源難レ弁、或嫌レ賤仮レ貴、枝派無レ別、此而不レ正、豈称二実録一、撰定之後何更刊改、宜下検二故記一、請二改姓一輩、限二今年内一任令中申畢上者」との太政官符に従って、因支首秋主の祖父の国益・道麻呂等が「実録を検據し本系帳を進め、并に改姓を請う状」を提出した。しかし、この申請に対する報符が下されない間に祖父たちは死去してしまった。そこで、貞観七・八年頃に国益・道麻呂等の孫の世代に当たる秋主などが、「因支両字、義理無レ憑、別公本姓亦渉二忌諱一」として、「忍尾五世孫少初位上身之苗裔在二此部一者、皆據二元祖所レ封郡名一、賜二和気公姓一、将レ貽二栄于後代一者」と再申請した。郡司と国司の判断を仰いだところ事実であるので、讃岐国司が太政官の裁断を願い出て、太政官が貞観八年十一月四日に民部省符を下し讃岐国へ和気公への改姓を命じ、貞観九年二月十六日に讃岐国が改姓に預かる人名を具体的に列記したものである。

以上の解文で注目されるのは、ⓐ大同二（八〇七）年に和気公へ改姓を申請したが、貞観八（八六六）年に至るまでの六〇年間許可されなかったこと、ⓑ九世紀初頭の伊予国和気郡に伊豫別公が分布していたこと、ⓒ秋主は「因支両字、義理無憑」、「別公の本姓は忌諱に渉る」ので「元祖の封ずる郡名（和気郡）により、和気公姓を賜らん」と再申請していること、ⓓこの改姓は忍尾の五世孫少初位上身之苗裔で那珂・多度郡に分布するものとしていることなどである。

すなわち、那珂・多度郡の因支首氏は、忍尾の五世孫の少初位上身を直接の祖先とし、和気公への改姓の論拠は祖先が封じられたのが伊予国和気郡であったためとしている。彼らの祖先について、①は「其先、武国凝別皇子之苗裔也」とし、③の和気系図と同様である。まず、ⓐについては、讃岐国司解は祖父たちの改姓申請に「而報符未下」と記すのみで正確なところは不明であるが、九世紀初頭と決定的に異なるのは、当時の政権中枢にいた藤原朝臣良房・良相と密接な関係にあった内供奉十禅師伝灯大法師位円珍がいたことと、上述したように貞観六年八月に讃岐東部出身の讃岐朝臣氏に和気朝臣が与えられていることがある。讃岐朝臣の和気朝臣への改姓を円珍が注目していたことは、佐伯有清氏が指摘するように[38]、円珍系図に「讃岐朝臣解文合也」との円珍の書き入れがあることより知られる。秋主たちの祖父たちが改姓の論拠としたのは、延暦十九年に「伊豫別公」と同宗である由を記した文書と、大同二年三月廿三日符の「宜検故記、請改姓輩、限今年内任令申畢者」に従い作成した本系帳と請改姓状であった。一方、貞観年間の秋主の改姓申請では、「別公の本姓」は「忌諱に渉る」ので「元祖所封所」の郡名（和気郡）に従いたいとした。つまり、「其先、武国凝別皇子之苗裔也」と主張しながらも、大化前代の「別」を示す「別公」への改姓でなく、伊予国和気郡という出身地の郡名「和気」による改姓であることを強調したと考えられるのである。

また、②の讃岐国司解によると、和気公へ改姓される人々を「忍尾五世孫少初位上身之苗裔在此部者」と記し、少初位上身の後裔で那珂・多度郡に居住する者としている。③の「和気系図」（円珍系図）が讃岐国の因支首の確実な始祖とするのは「小乙上身」で、讃岐国司解の「忍尾五世孫少初位上身」であることは誤りないであろう。また、和気系図に「此人従二伊予国一到二来此土一娶二因支首長女一生」とみえる「忍尾」と、その後裔である少初位上身（和気系図では「小乙上身難破長柄朝廷任主帳」とみえる）の存在が注目される。讃岐国司解文は「少初位上身」と記し身を八世紀初頭の人物として申請したのに対し、和気系図では七世紀中期の人物としているのである。黛・佐伯両氏[39]は「小乙上」が大化五年の冠位であることより七世紀中期の人物としたが、東野治之氏の指摘[40]をふまえ、拙著『古代の地方豪族』では、讃岐国司解の「忍尾五世孫少初位上身」との記載に従って、身は八世紀前半の人物で、その五世代前の忍尾は、七世紀初め頃の誕生で七世紀中期に讃岐に移動したと考えられ、かつ、忍尾らの讃岐国への移住は伊予国における孝徳立評にともなう移動ではないかと考えたところである。

以上よりすると、讃岐国那珂・多度郡の因支首氏は伊予和気郡より移住してきた郡領氏族にはなりえなかった氏族であり、九世紀初頭より和気公氏への改姓を希望したがかなえられず、円珍の努力もあり貞観八年になり和気公へ改姓されたことが知られる。一方、讃岐東部の和気氏は、「紗抜大押直之姓」を与えられた凡直国造であったが、立評・立郡を経て、讃岐公氏と改姓された。かかる讃岐公氏は、九世紀初頭に備前国の和気氏と関係を強め、貞観六年に和気氏へ改姓されたのである。つまり、讃岐国の和気氏の成立は、讃岐西部の因支首氏は伊予国和気郡の和気氏、東部の讃岐朝臣氏は備前国和気郡との関係により、九世紀第3四半期に成立したといえるのである。

第三節　伊予国の別氏

伊予別について、『日本書紀』景行四年二月甲子条は「次妃阿倍氏木事之女高田媛、生二武国凝別皇子一、是伊予国御村別之始祖也」、景行五十一年八月壬子条は「初日本武尊、娶二両道入姫皇女一為レ妃、（中略）、又妃吉備穴戸武媛、生二武卵王与二十城別王一、其兄武卵王、是讃岐綾君之始祖也、弟十城別王、是伊予別君之始祖也」と記し、景行天皇の子供武国凝別皇子を始祖とする「伊予国御村別」と、日本武尊と吉備武彦之女吉備穴戸武媛との子供十城別王を始祖とする「伊予別君」の伝承を残している。こうした伊予別君と伊予御村別について、佐伯有清氏は「景行天皇の後裔として、皇系に組み入れているのは、ともに信用できない[41]」としたうえで、『古代氏族の系図』において『日本書紀』の所伝では、系譜を異にしているが、おそらく伊予の別公氏と御村別公氏は、もともと同系統の氏族であって、和気公氏の系図が十城別命を佐久□□別公の別名としているのは、古い所伝であったろう[42]」と述べた。その後、「もともと伊予別君氏と伊予御村別君氏とは同じ氏族であって十城別王を始祖として伝えていたのが、後世に十城別王を日本武尊の子とする系譜と、武国凝別皇子の孫とする系譜のように二つの異伝が生じたのではないか[43]」とされている。この見解に対し、義江明子『日本古代の氏の構造』（吉川弘文館、一九八六年）は、伊予御村別と伊予別君の記載はそれぞれ別個の異なった伝承で、「両者は同じ氏族というよりもごく近い同族関係氏」であったが、延暦十九（八〇〇）年の本系帳を提出する以前に両者は統合され、武国凝別皇子を始祖とする伊予別君（公）が成立していたと指摘している[44]。

景行四年二月甲子条は、伊予御村別の始祖武国凝別皇子と同世代として、五十河媛を母とする神櫛皇子（讃岐国造の始祖）、稲背入彦皇子（播磨別の始祖）、襲武媛を母とする国背別皇子（水沼別の始祖）と国乳別皇子（火国別の始祖）などをあげ、最後に「七十餘子、皆封二国郡一、各如二其国一、故當二今時一、謂二諸国之別一者、即其別王之苗裔為」と記している。一方、景行五十一年条では日本武尊と妃吉備武彦之女吉備穴戸武媛の間の武卵王が「讃岐綾君」の始祖で、十城別王が「伊予別君」の始祖であるとしている。すなわち、前者の「伊予国御村別」記載は西日本全体に広が

図7　伊予の別系列

（倭子乃別君系列）
倭子乃別君―評造小山上宮手古別君―評督大建大別君――郡大領追正大下足国乃別君

（加祢古乃別君系列）
加祢古乃別君―猿子乃別君――評造小乙下意伊古乃別君―大山上川内乃別君――□尼牟□乃君

る「別」伝承で、後者は吉備武彦之女吉備穴戸武媛―讃岐綾君―伊予別君という地域に限定されているのが特徴で、この二つの始祖伝承は性格を異にするものである。さらに、地方豪族に与えた「別」伝承としては、前者が本来的なものであるのに対して、後者は吉備―讃岐―伊予という瀬戸内海地域に限定され七世紀以後の和気氏の分布と一致し、現実の和気氏の分布に応じた伝承ではないか。そして、義江氏が指摘されているように、九世紀初頭に和気公への改姓を申請するに際して、景行四年条の「伊予国御村別」に結びつけたのであろう。つまり、景行五十一年条の記載こそが七世紀以後の伊予国に分布した別氏の論拠であったが、和気系図のように和気公への改姓申請に際し武国凝別皇子の始祖とする『日本書紀』景行四年条を重視するように変更したと考えられる。こうしたことは、伊予の別氏と景行天皇との関係は史実でないだけでなく、景行五十一年条にもとづいて系譜を作成した時期と、九世紀初頭の景行四年条にもとづいて創作されたという二時期の系譜作成が存在したことを物語っているといえる。

しかしながら、和気系図には倭子乃別君の次男として「評造小山上宮手古別君」が記されていることと讃岐国司解よりして、倭子乃別君・加祢古乃別君以後は伊予国に実在したと考えられ、倭子乃別君・加祢古乃別君は七世紀前半の人物であろう。そこで、以下で倭子乃別君・加祢古乃別君の系譜の人々を検討したい。

図7に示したように、倭子乃別君系列では、評造小山上宮手古別君は冠位小山上と評造記載より孝徳朝の人物で、かつ、伊予国での孝徳立評の存在を示している。さらに、宮手古別君の子供には評督大建大別君、孫に郡大領追正大

下足国乃別君と続くように、代々評の長官で、大宝年間以後も大領となっていることより、伊予国別評—和気郡の郡領氏族であったことを示している。その前身がいかなる性格のものであったのか、「別評」の立評の契機は何であったのかが問題であろう。一般論でいえば部民の解体にともなう立評と考えられ、その旧部民（名代）の伴造の可能性が想定されるが、この点の解明には史料不足である。そして、加祢古乃別君系列では、評造小乙下意伊古乃別君が孝徳朝の評造小山上宮手古別君より一世代後の人物で天智朝の人物と考えられる。

以上よりすると、七世紀中期の孝徳朝以前に、伊予国和気地域に分布した名代系の部民の伴造であった氏族が、別評の評造倭子乃別君系列と湯評の評造加祢古乃別君系列、さらに、讃岐国へ移住する忍尾別君に分裂したことを物語っている。かかる分裂の契機は、和気地域における立評と考えられ、別評で族長権を継承できなかった同族は隣で湯評を立評することで自立し、この二評で立評できなかった氏族が讃岐へ移住したのではないだろうか。ただし、和気系図の「〇〇別公」が「伊予別公」という氏族名であったことは、貞観九（八六七）年二月十六日の讃岐国司解に「伊予別公」とみえることで確認できるが、氏族名「伊予別公」の成立はいつであったのであろうか。七世紀中頃に讃岐へ移住した「別公」氏の人々は「随レ母負二因支首一」と記していることと、孝徳朝の別評の官人であったと考えられることより、氏名「伊予別」はおそくてもこの段階には成立したと考えられ、これ以前には未成立であったか、別の氏族名であった可能性が存在するのではなかろうか。

いま、和気・温泉郡に分布した氏族分布を表示すると表18「和気・温泉郡の氏族」のようで、和気郡内には日下部猴・若日下部広島の日下部氏が分布する。日下部氏は仁徳天皇の皇子「大草香皇子」の名代の系譜を引くもので、「若日下部広島」は同じ仁徳天皇の皇女草香幡梭皇女の名代「若日下部」に起因すると考えられ、仁徳朝に伊予国和気郡に皇子・皇女の名代として「日下部」「若日下部」が設置された可能性を示す。無論、「日下部」「若日下部」の設置

表18　和気・温泉郡の氏族

人　　名	時　期	内　　　容	出　　典
<和気郡>			
＊＊乃別君	8cまで	系図、別評・和気郡の郡領	和気系図
日下部猴	7c後半		『日本霊異記』
若日下部広島	8c	和気郡海郷の人	平概22-39頁
矢田部□主	8c末	和気郡姫原郷の人　長岡京出土	木簡研究9号
□田笠万呂	8c末	長岡京出土	木簡研究3号
刑部首嶋	8c	和気郡海部里	平概21-34頁
<温泉郡>			
秦勝広庭	8c中	橘樹郷戸主	大日古 13-219
物部小鷹	8c中	広庭の戸口	〃
味酒部稲依	8c中	平群味酒臣に賜姓	続紀 神護景雲3.4.5
干縫田人	8c中	箆原郷戸主	西隆寺発掘調査概報30号
久米大虫	8c前半	井門郷大田里の人物	平城宮木簡3-2911
知巻人	8c末		長岡京木簡1-95
秦貞弓	8c末	橘子郷の人物	長岡京木簡2-886
秦御□	8c末	桑原郷の人物	長岡京木簡2-887
鴨部小虫	8c初	湯郡味酒里の人物	平概21-34頁
葛木部鳥	7c末	湯評伊波田人	飛概11
凡人部己夫	7c末	湯評大井五十戸の人物	〃
大部首	7c末	湯評井刀の人物	〃

があったとしても、その時期を仁徳朝としてよいか問題であるが、同じ和気郡に「矢田部□主」が分布し、矢田部氏も仁徳皇后矢田皇女の名代に起因すると考えられ、いずれも仁徳朝の名代に関連していることは注目される。それに対して、温泉郡に分布する氏族には和気郡のような特徴を見いだすことはできず、秦・物部や久米・鴨部・葛木部・丈部氏が分布し「部曲」系氏族の多いことが特徴である。つまり、古代の和気・温泉郡分布氏族は、五世紀以後の名代系部民と秦・物部や久米・鴨部・葛木部・丈部などの部曲が多く、現状では伊予別公氏の分布が確認できないのである。さらに、国造設置の確認ができない和気・温泉地域において伊予別公氏が別評を立評したことが和気系図で知られ、この地域における孝徳立評とはいかなるものかが問題となる。現在のところ孝徳立評の意図としては、国造制の解体・再編と屯倉制の改革・拡充が想定されているが、前者の見解が優勢であろう(45)。しかし、孝徳立評によっ

て国造の全てが解体・再編できたとは断定できず、国造未設置地域においては屯倉や県の発展形態としての立評が想定される。しかし、問題の伊予国和気・温泉郡のように国造未設置で、かつ、屯倉・県も未確認地域における立評はいかなるものの発展形態と考えるべきであろうか。

このように評の前身に相当するものが未確認の場合は、吉田晶氏が主張する[46]空閑地での国家主導型の立評ということになろうが、その場合でも評家の官人にいかなる氏族が任命されたかが問題となろう。国造・県主・屯倉の田令・稲置などの存在は確認できないが、畿内王権の支配が及んでいる地域における立評以前の王権側の存在として想定されるのは、部民の在地管理者であろう。国造と部民の在地管理者である伴造との関係が問題であることは石母田正氏が[47]指摘されたところで、石母田氏は大国造の支配下に小国造として伴造―部民が統治する形態を想定している。しかし、伊予国では大国造の実在が確認できず小国造と凡直国造[48]が分散し、和気・温泉郡地域には五世紀以後の名代系部民と秦・物部や久米・鴨部・葛木部・丈部の部曲の分布が確認でき、かかる部民の在地管理者の存在を示唆する。以上より、別評・湯評の官人となった別公氏は、名代系部民や秦・物部・久米・鴨部・葛木部・丈部などの部曲管理者であった伴造が想定されるのではないか。とすると、立評後の氏族名や評名はそれに関連するものが付される可能性が高いが、現実には「別評」「湯評」という評名と「伊予別公」との氏族名が付され、大王名より発生して畿内王権の確立過程で大王より尊称として賜与された「別公」が氏族名として付与されているのである。こうしたことは、七世紀前半以前のこの地域には名代系部民と部曲が存在したが、そのいずれの在地管理氏族も他の氏族を圧倒的に凌駕する存在ではなかったため、七世紀中期の孝徳立評に際し、特定の氏族に上から伊予別公が賜与され、その伊予別公氏を中心にして立評されたのではないか。

道後平野北部で伊予別公が賜与されたのは、飛び抜けた勢力を有した氏族が継続的に在地支配をおこなっていなかったことに起因するのではないかと考える。この地域が古くから他地域と関係を有したことは、朝日谷2号墳の存在より確認できるがそれに続く氏族が確認できない。五世紀代になると数珠塚古墳・法経塔古墳・船ケ谷向山帆立貝前方後円墳が、六世紀代には永塚前方後円墳が築造されるが、いずれも継続しないという特徴がみられる。しかし、この地域が畿内王権と強く結びついていたことは、允恭天皇の日継皇子である木梨軽皇子と同母妹の軽大娘皇女の伊予配流伝承の存在より知られる。[49] それは、「伊与国和気郡姫原郷矢田マ福主裏白米五斗」との長岡京出土木簡[50]により八世紀末に姫原郷の存在が確認できるからである。軽大娘皇女が伊予国和気郡へ配流されたのが史実であるとの断定はできないが、かかる伝承が八世紀に存在したことは事実であり、それが「別公」の賜与と関連したのであろう。さらに、七世紀初頭の久米皇子の筑紫までの進軍[51]、舒明天皇の伊予温湯宮の建設と行幸を背景とし[52]、さらに、七世紀後半以後の法隆寺の庄倉（和気郡に二箇所・温泉郡に三箇所[53]）設置にともない、再び大王家との結びつきが再構築される過程で抬頭した氏族が、大王家から派生した氏族であるという「別」伝承を作り上げたのではないだろうか。すなわち、伊予別公との氏族名は、允恭天皇の娘軽大娘皇女の伊予配流伝承と景行紀の伝承を背景として、舒明・斉明天皇の伊予行幸を通して成立したのではないかと考えるのである。

第四節　備前国の和気氏

備前国の和気氏は、八世紀中期の和気朝臣清麻呂の登場とともにその勢力を拡大し、桓武天皇の側近勢力となり、九世紀初頭には弘文院という大学別曹を設置して中央氏族化していった。しかも、その氏族名の成立と変遷は出身郡名と密接な関係にあり、和気氏・和気郡の成立を考えるときに無視することはできない。

『和名類聚抄』によると、和気との地名には、備前国和気郡、備前国磐梨郡和気郷、美作国勝田郡和気郷、伊予国和気郡が存在する。そしてかかる「別（和気）郡」との郡名の成立は、和気系図と『日本霊異記』上巻第十八話の「別郡」記載により、孝徳朝に伊予国で別評として立評されたことが確認されたが[54]、備前国での和気郡・磐梨郡和気郷、美作国の勝田郡和気郷との郡郷名は、八世紀中期以後に成立した新しいもので、それは備前国和気郡の成立と密接な関係にあった。すなわち、行政名としては伊予国別評（和気郡）が古く、備前国の和気郡は八世紀中期の成立であったといえるのである。また、『和名類聚抄』によると、備前国和気郡に坂長[55]・藤野・益原・新田・香止、磐梨郡に和気・石生・那磨・肩背・磯名・物部・物理[56]、邑久郡に邑久・靫負・土師・須恵・長沼・尾張・柘梨（坏梨）・石上・服部がみえ、和気郡には和気郷はなく磐梨郡に和気郷が存在していることは、備前国での和気の発生源が磐梨郡和気（石生）郷にあったことを示唆する。平城宮出土木簡の「美作国勝田郡和気郷輸調鉄壱連」[57]より、八世紀代の美作国に和気郷が存在したが、「和気」の中心は備前国和気郡に存したことは間違いなく、和気郡の成立と郡名・郡の領域・郷数の変遷と関連しているので、備前国和気郡の関連史料を掲げその経過を明らかにしたい[58]。

（イ）『続日本紀』養老五年四月丙申条

分二備前国邑久赤坂二郡之郷一、始置二藤野《原》郡一、分二備後国安那郡一、置二深津郡一

（ロ）『続日本紀』神亀三年十一月己亥条

改二備前国藤原郡名一、為二藤野郡一

（ハ）『続日本紀』天平神護二年五月丁丑条

太政官奏曰、備前国守従五位上石川朝臣名足等解偁、藤野郡者、地是薄堉、人尤貧寒、差二科公役一、触レ途忿劇、承二山陽之駅路一、使命不レ絶、帯二西海之達道一、迎送相尋、馬疲人苦、交不二存済一、加以、頻遭二旱疫一、戸纔三郷、

人少役繁、何能支弁、伏乞、割二邑久郡香登郷、赤坂郡珂磨・佐伯二郷、上道郡物理・肩背・沙石三郷一、隷二藤野郡一、又美作国守従五位上巨勢朝臣浄成等解偁、勝田郡塩田村百姓、遠二闊治郡一、側二近他界一、差科供承、極有二艱辛一、望請、随二所住処一、便隷二備前国藤野郡一者、奏可

(ニ)『続日本紀』神護景雲三年六月乙丑条

改二備前国藤野郡一為二和気郡一

(ホ)『続日本紀』延暦七年六月癸未条

美作備前二国々造中宮大夫従四位上兼摂津大夫民部大輔和気朝臣清麻呂言、備前国和気郡河西百姓一百七十余人款曰、己等元是赤坂上道二郡東辺之民也、去天平神護二年、割隷二和気郡一、今是郡治在二藤野郷一、中有二大河一、毎レ遭二雨水一、公私難レ通、因レ茲河西百姓屡闕二公務一、請河東依レ旧為二和気郡一、河西建二磐梨郡一、其藤野駅家遷二置河西一、以避二水難一、兼均二労逸一、許レ之

以上の諸史料によると、養老五(七二一)年に備前国の邑久・赤坂二郡の郷を割いて三郷で藤原郡を設置し、神亀三(七二六)年に「藤原」との名称を避けて藤野郡と改名し、神護景雲三(七六九)年に藤野郡より和気郡へと改名し、延暦七(七八八)年には和気郡内の吉井川西側を磐梨郡として建郡したいと申請し和気郡と磐梨郡に分割されている。平野邦雄『和気清麻呂』(吉川弘文館、一九六四年)は和気郡藤野郷を和気氏の本拠地とするが、和気郡との名称の起源は、和気清麻呂の薨伝に「本姓磐梨別公」とみえることより、磐梨郡和気郷にあったとするのが自然であろう。こうした変遷で、最初に確認しておきたいのは備前国には「別評」は存在しなく、かつ、「和気郡」という郡名の成立も八世紀中期の神護景雲三年であることである。そして、前身の藤野郡は本来藤原郡であったが、神亀三年に藤野郡へと改名されたもので、これは藤原氏出身の首皇子の聖武即位にともなう処置であることはいうまでもない。

ところが天平神護二（七六六）年になると（史料ハ）、藤野郡は「邑久赤坂二郡」より分割された三郷しか存在しない下郡であったが、「承二山陽之駅路一、使命不レ絶、帯二西海之達道一、迎送相尋、馬疲人苦、交不二存済一」という状態であるので、「邑久郡香登郷、赤坂郡珂磨、佐伯二郷、上道郡物理・肩背・沙石三郷」の六郷を藤野郡につけ計九郷よりなる中郡とし、さらに勝田郡塩田村をも藤野郡へ編入させた。そして、神護景雲三年六月になると藤野郡は和気郡と改名された（史料ニ）のである。ところが、延暦七年（史料ホ）になると、美作備前二国々造中宮大夫従四位上兼摂津大夫民部大輔和気朝臣清麻呂が、備前国和気郡の河（吉井川）西の百姓達の要望として「自分たちは本来赤坂・上道二郡の東方の民であったが、天平神護二年になり、赤坂・上道二郡から割かれ藤野郡に付けられた。しかし、和気郡の郡衙は『藤野郷』にあり、同郡衙へ行くには大河（吉井川）があり、雨が降るたびに通行不可能となり公務を闕くことが多い。そこで、従来通り吉井川の東側を和気郡とし、吉井川の西側に磐梨郡として建郡してほしい」と申請し許可されているのである。以上で問題となるのは次の諸点である。

（1）何故に養老五年に備前国の邑久・赤坂二郡の郷を割いて藤原郡を設置したのか。

（2）何故に天平神護二年に、藤野郡は邑久郡・赤坂郡・上道郡の六郷を藤野郡につけたのか。

（3）何故に神護景雲三年に藤野郡より和気郡へ改名されたのか。

（4）何故に延暦七年に吉井川の西側に磐梨郡を分立したのか。

最初に、史料の残る（2）の検討より始めたい。『続日本紀』は、藤野郡が山陽道の要衝に位置するにもかかわらず、三郷しか存在せず「人少役繁、何能支弁」という状況であるので、邑久郡・赤坂郡・上道郡の六郷を加えると述べている。この時点で、藤野郡に分属したのは「邑久郡香登郷、赤坂郡珂磨・佐伯二郷、上道郡物理・肩背・沙石三郷」であり、本来藤野郡であった三郷について、吉田晶氏は山陽道の駅家が存する坂長・藤野（郡衙所在郷＝史料ホ）

と平城宮跡出土木簡にみえる「備前国邑久郡片上郷寒川里」の「片上郷」の三郷ではないかと指摘している。[59] すなわち、養老五年に備前国の邑久・赤坂郡の郷を割いて藤原郡を設置し神亀三年十一月に藤野郡と改名しているが、藤原（藤野）郡が邑久の郷より割かれていることに注目すると、平城宮出土木簡の「備前国邑久郡片上郷寒川里」が霊亀三年から天平十二年の間であることは郷里記載より明らかで、少なくとも霊亀三年（養老元年）から養老五年四月の間の「片上郷」は邑久郡の所属で、それが藤原（藤野）郡へ分属したとするのである。

地理的条件よりすると、吉田氏の見解は興味深いものであるが、平城宮のＳＫ八二〇土坑より出土した「備前国藤野郡嶋□□（村郷カ）白米五斗」（『平城宮木簡』Ｉ―四二二号木簡）との木簡が問題である。同木簡は神亀四年から神護景雲二年までの藤野郡に「嶋（村郷）」の存したことを示し、藤野郡に嶋村郷の存在は認めざるをえなく三郷の一つである。吉田氏の見解が成立するためには郷名が変更されたことを論証する必要があるがこの点を示唆する史料は残存していない。こうした点より、片上郷が藤原（藤野）郡へ分属されたとは考えにくいが、交通路との関係で藤原（藤野）郡が成立したとの指摘は従うべきで、同郡が吉井川の東側に位置していたことは誤りないところではないか。この点は、藤原（藤野）郡に分布する豪族とその性格に規定されるところが多いのではないかと考えられる。

この問題は、（3）の和気郡への改名とも関連するので、この点を検討したい。藤野郡の分布氏族は、『続日本紀』天平神護元年三月甲辰条の「備前国藤野郡人正六位下藤野別真人広虫女、右兵衛少尉従六位上藤野別真人清麻呂等三人賜姓吉備藤野和気真人、藤野郡大領藤野別公子麻呂等十二人吉備藤野別宿祢、近衛従八位下別公薗守等九人吉備石成宿祢」との記事が参考になる。すなわち、藤野郡の郡領氏族は藤野別真人―藤野別公―別公という藤野別氏であり、その本家のみが「真人」を有し、在地氏族が「公」で、郡領には地名藤野が付され、その下には地名が省略されているのである。今、古代において最大の領域であった藤野郡に分布していたことの知られる氏族を表示すると表19のよ

表19　藤野郡の分布氏族

氏族名	官位・出自など	出典
藤野別公子麻呂	大領、吉備藤野別宿祢→輔治能宿祢	続紀 天平神護1.3.13
別公薗守	近衛・従八位下→吉備石成別宿祢	〃
吉備石成別宿禰国守	近衛・無位→石成宿祢	続紀 神護景雲3.5.28
別部大原	別部→石生別公	続紀 神護景雲3.6.26
石生別公輿志	忍海部→石生別公	〃
石生別公黒土	財部→石生別公	〃
母止理部奈波	石野連を賜る	〃
矢田部未呂	邑久郡香止里＝藤野郡へ	木簡研究 10-91
秦大兄	備前国人「香登臣」を賜る＝香止里	続紀 文武2.4.3
物部	後の石梨郡＝郷名よりの推定	続紀 天平神護2.5.23
佐伯部	後の石梨郡＝郷名よりの推定	〃
矢作部	後の石梨郡＝郷名よりの推定	〃

うになる。すなわち、藤野郡の郡領氏族は藤野別氏であり、その氏族構造は藤野別真人—藤野別公—別公であったことが「別部」の存在より確認される。

清麻呂の薨伝によると、彼ら和気一族は備前国藤野（和気）郡石生郷を出身地とし本姓は磐梨別公であったことが知られる。そして、清麻呂の初見記事は『続日本紀』天平神護元年正月己亥条の従六位上藤野別真人清麻呂に勲六等が与えられる記事である。この叙位・叙勲は、同条の宣命で「又御軍尓仕奉礼留尓依弖治給人毛在」と述べているように、仲麻呂の乱の鎮圧に功績のあった人物に対するものであり、かつ、同年三月十三日条には「右兵衛少尉従六位上藤野別真人清麻呂」とみえ「右兵衛少尉」であったことが知られ、兵衛府の下級官人として出仕していて仲麻呂の乱の鎮圧に活躍したと考えられる[60]。なお、同日条には藤野郡大領藤野別公子麻呂等一二人が吉備藤野別宿祢、近衛従八位下別公薗守などの九人に吉備石成別宿祢が与えられている。かかることは藤原仲麻呂の乱に際してその鎮圧にあたったのは清麻呂だけでなく備前国藤野郡の郡領一族が鎮圧にあたったことを物語る。

ついで、天平神護元年三月十三日に、清麻呂は藤野別真人から吉備藤野和気真人へ改姓され、吉備という旧国名が付され、「別」から「和気」

へと変えられている。その後、神護景雲三年五月二十八日に吉備藤野和気真人から輔治能真人へと改姓されたが、その際、外従八位上吉備藤野宿祢子麻呂、従八位下吉備藤野宿祢牛養などの一二人に輔治能宿祢、近衛無位吉備石成別宿祢国神等九人に石成宿祢が与えられた。そして、神護景雲三年六月二十六日には備前国藤野郡人別部大原、少初位上忍海部興志、財部黒士、邑久郡人別部比治、御野郡人物部麻呂等六十四人に石生別公、藤野郡人母止理部奈波、赤坂郡人外少初上家部大水、美作国勝田郡人従八位上家部国持など六人に石野連が与えられている。以上につづいて翌六月二十九日には、備前国藤野郡を和気郡と改名していて、改賜姓と郡名の変更が関連していたことが想定される。ついで、神護景雲三年九月二十五日になると、輔治能真人清麻呂がもたらした二度目の宇佐八幡大神の託宣は清麻呂と姉法均がでっち上げたものとの理由で、「賜へりし姓は取りて別部と成し給ひて、其の名は穢麿と給ひ、法均が名も広虫売と還し給ふ」として別部穢麻呂とされ、「別部」との氏族名が蔑視されていたことが知られる。

以上の地方豪族の改姓は、和気清麻呂の改姓にともなうもので、かつ、天平神護元年三月甲辰条、神護景雲三年五月乙未条・同三年六月壬戌条という短期間に磐梨別公氏より輔治能真人へ改姓されたのが特徴である。和気清麻呂一族の改姓にともない邑久郡の別部、御野郡の物部、赤坂郡の家部、美作国勝田郡の家部も改姓されていることは、和気清麻呂一族の在地支配が藤野（和気）郡だけでなく備前国東部に及んでいたことを物語っている。改姓の直接的原因は、『続日本紀』天平神護二年五月丁丑条の「邑久郡香登郷、赤坂郡珂磨・佐伯二郷、上道郡物理・肩背・沙石三郷」の六郷を藤野郡へ付けて九郷よりなる藤野郡への移行、さらに、神護景雲三年六月乙丑条の「改二備前国藤野郡一為二和気郡一」という行政組織の変更と郡名改変に関連する処置であった。この一連の改姓では地名藤野と和気が省略されたのに対して、行政名に和気が付されていることは、和気一族の在地支配が拡大したことに起因する。さらに、氏族名から「別・和気」を省略していることは、八世紀中期の「別・和気」には、大王名に起因し大王より賜与されたというような特別な意識がなくなっていたことを示す。また、道鏡事件後、清麻呂と姉の広虫（法均）は、「輔治能真人」ではなく、別公から和気公→和気宿祢→和気朝臣と改姓されている。こうしたことは、大王名に起因し大王より賜与された「別」とは無関係な存在となり、氏族名としての「和気」姓が定着するのは道鏡事件後であることを物語っている。

さらに、清麻呂の出身地については、『日本後紀』延暦十八年二月乙未条の薨伝では「磐梨別公」とみえて「磐梨」が注目され、『和名類聚抄』にみえる磐梨郡石生郷で現存の吉井川右岸の「石生」が遺称地と考えられる。ところが、『続日本紀』延暦七年六月癸未条では、美作備前二国々造中宮大夫従四位上兼摂津大夫民部大輔和気朝臣清麻呂が「今是郡治在二藤野郷一、中有二大河一、毎レ遭二雨水一、公私難レ通、因レ茲河西百姓屢闕二公務一、請河東依レ旧為二和気郡一、河西建二磐梨郡一、其藤野駅家遷二置河西一、以避二水難一、兼均二労逸一許レ之」と述べている。この記事よりすると、藤野郡の郡衙は「今是郡治在藤野郷」よりして現在の和気町藤野で吉井川の東側に位置していたと考えられ、和気清麻呂一族の本拠地は和気郡藤野郷と考えられるのである。しかし、『続日本紀』延暦七年六月癸未条では「河西建二磐梨郡一」とみえ、吉井川の西側に磐梨郡を建郡するのであるから吉井川の西側に磐梨が存したと考えられる。そして、和気清麻呂の本姓が「磐梨別公」であることよりして、その出身地は和気郡の郡衙所在地の吉井川左岸の藤野ではなく、吉井川右岸に位置する磐梨郡石生郷（現存の吉井川右岸の「石生」）ではないか。こうした点は、清麻呂が「美作備前二国々造」となっていることと、備前国藤野・赤坂・御野郡の別部・忍海部・財部・物部など六四人に石生別公、藤野・赤坂郡母止理部・家部と美作国勝田郡の家部など六人に石野連、さらに美作・備前両国の家部、母等理部の二氏に石野連が賜姓されているように美作国にも関連氏族が分布していることよりも想定できるのである。

和気清麻呂の本拠地は、『和名類聚抄』の磐梨郡石生郷であったが和気氏の抬頭にともない、本拠地を吉井川の東側へ移したと考えられる。この点は、和気清麻呂の出身地である吉井川右岸と抬頭後の本拠地である左岸の和気郡域の古代遺跡の分布よりも知りうる。まず前方後円墳では、南側の邑久郡には牛窓湾の五基と長船町の四基のように五世紀代を中心に分布しているが、出身・本拠地では現在のところ確認できない。ところが、古代地方寺院の存在は、和気町藤野の藤野廃寺[61]、同町衣笠の和気廃寺[62]など、いずれも白鳳期の寺院址が確認されるのである。吉田晶氏は『珂磨郡』木簡について[63]」において、これらの地方寺院を造営したのは和気氏ではないかとされている。この見解に従うと、和気一族は大化前代からの国造の系譜を引く旧い氏族ではないが、七世紀後半以後になり地方寺院を造営するようになっていて、七世紀中期以降に抬頭してきた氏族と考えられるのである。この点は、大化前代からの備前東部における有力地方豪族として、邑久郡の「大伯国造」が存在し、ついで、十一世紀初頭の「邑久郡擬大領従八位上海宿祢恒貞」「少領外従五位上海宿祢共忠[64]」などの吉備海部直氏が想定される。しかし、これらは邑久海に接した吉井川左岸の邑久郡地域で、今問題にしている右岸の地域は、『文徳天皇実録』嘉祥三年八月丙申条の「磐梨郡少領外従八位上石生別公長貞」のように、和気一族以外の有力氏族の存在は不詳であることでも傍証される。

それでは、以上のように大化前代には国造として在地支配していたとは考えられない和気氏が七世紀中期以後のいつ、いかなる理由で抬頭したのであろうか。和気清麻呂が史料上で初見されるのは、仲麻呂の乱の報償として天平神護元（七六五）年正月七日に「従六位上藤野別真人清麻呂」に勲六等が授けられた記事で、この時清麻呂は三十三歳であり、これ以前に藤野別真人清麻呂として朝廷に出仕し、仲麻呂の乱時は「右兵衛少尉」であったと考えられる[65]。清麻呂の出仕のあり方については、山内幸子「古代地方豪族の中央進出―和気氏の場合―[66]」は大学寮へ入寮したことによるとされ、米田雄介「古代地方豪族に関する一考察[67]」は兵衛コースを想定され、平野邦雄『和気清麻呂』（吉川弘文館、一九六四年）は武官としての兵衛として出仕し、孝謙上皇の後宮で上皇の腹心であった姉広虫（法均）の引き立てによったのではないかとされている。前述したように、仲麻呂の乱に際して、清麻呂が右兵衛少尉として活躍したことは間違いないので、兵衛として出身したと考えられよう。問題は姉広虫（法均）の役割であろう。『日本後紀』延暦十八年二月二十一日条の清麻呂薨伝によると、本姓磐梨別公であった姉広虫は「及二笄年一、許二嫁従五位下葛木宿祢戸主一、既而天皇落餝、随出家為二御弟子一、法名法均、授二進守大夫尼位一、委以二腹心一」とみえ、十五歳で葛木宿祢戸主と結婚した。夫葛木宿祢戸主は紫微中台少忠で、孝謙天皇の東大寺施入勅や光明皇太后献物帳に、仲麻呂とともに連署している。仲麻呂の権力掌握とともに行動していた夫葛木宿祢戸主の活動により、広虫は孝謙天皇の後宮に入り、孝謙の腹心として仕えていたという。『正倉院編年文書』によると、天平宝字六（七六二）年三月十一日には「竪子別広虫」（『大日本古文書』一五巻一六二頁）・同六年四月七日には「女孺別広虫」（『大日本古文書』一五巻一八五頁）とみえる。女孺とは、『令義解』後宮職員令内侍司条で「謂、下条、諸氏氏別孺女、雖レ非二氏名一、欲二自進仕一者聴、是也」とみえるように、采女か氏女より選ばれたものである。姉広虫は、天平宝字六年以後に「女孺」とみえることよりすると、この前頃に夫の死去により出仕したと考えられ(68)、氏女として出仕したのであろうか。もしも采女として出仕した場合は赤坂郡か藤野郡のいずれかからであろう。

それに対して、和気清麻呂は軍防令兵衛条の「凡兵衛者、国司簡下郡司子弟強幹便二於弓馬一者上、郡別一人貢之、若貢二采女一郡者、不レ在下貢二兵衛一之例上三分一国二分兵衛一分采女」との規定に従い、「郡司子弟強幹便二於弓馬一」により「兵衛」として出仕したのであろう。『続日本紀』天平神護元年三月甲辰条に「藤野郡人正六位下藤野別真人広虫女、右兵衛少尉従六位上藤野別真人清麻呂等三人賜二姓吉備藤野和気真人一、藤野郡大領藤野別公子麻呂等十二人吉備藤野別宿祢、近衛従八位下別公薗守等九人吉備石成宿祢」と記されていることもあり、八世紀前半に藤野郡の郡領氏族出身であったことは間違いない。ただし、清麻呂の本姓が「磐梨別公」であることと、和気郡の前身である藤原郡は養老五年四月成立したことより、藤原郡成立以前の「磐梨」は赤坂郡に存在し、評制時代から八世紀初頭の和気清麻呂一族は赤坂郡内の有力豪族として存したと考えられる。こうした赤坂郡内の有力豪族がその勢力を拡大した契機は、赤坂郡を分割し藤原郡を成立させることにあったのではないか。『群書類従』所収の「和気氏系図」には、清麻呂の五代前の「古麻佐」について「難波朝廷立藤原長舎」と記されている。「藤原長舎」とするのは『続日本紀』養老五年四月丙申条の藤原郡の分立を示すと考えられるが、「難波朝廷」との記載を重視すると孝徳立評との関係が想定できるが、この記載は立郡との関係で記されたものと考えるべきであろう。いずれにしても、藤原郡の立郡が養老五（七二一）年であることは間違いなく、かつ、和気氏にとって「藤原郡」の立郡が画期であったことは事実で、逆にいえば評制時代（孝徳朝）に和気氏が立評氏族ではなかったことを物語る。さらに、和気氏が中心となって立郡するに際して、何故に「藤原郡」との名称がつけられたのであろうか。あるいは、中央の藤原氏におもねる点はなかったのであろうか。藤原氏自身が鎌足の末年に天智より藤原姓を賜与され中臣氏から独立し、不比等の時代に天皇家と関係をもつことで勢力を確立した新興氏族で、吉備の新興地方豪族である和気氏が近づこうとした可能性は高い。伊予国神野郡の新居郡への改名が嵯峨天皇（神野親王）の即位にともなうことよりしても、神亀三（七二六）年の藤原郡から藤野郡への改名も、聖武即位にともない出身氏族名藤原を避けたもので、聖武天皇の母方である藤原氏に配慮したものと考えざるをえない。

こうしたことより、平野邦雄『和気清麻呂』によって否定された清麻呂は藤原氏の手先であったとの見解[69]は、道鏡事件そのものの評価というのでなく、藤原氏と同じ新興氏族として和気氏が抬頭していく過程では充分ありえたのではないかと考える。

おわりに

大化前代における「別」の政治的意味の存在に対して、七世紀以後の和気氏が伊予・讃岐・備前という瀬戸内海に面した地域に限定的に分布していることはきわめて注目される。そして、七世紀以後の和気氏は、大化前代に中央豪族や大王家との間に強固な経済的・政治的関係をもたなかった氏族で、氏族名も七世紀以後に付与されたきわめて新しい氏族であったと考えた。つまり、七世紀以後における和気氏の分布とその変遷を検討した結果、和気氏は伊予・讃岐・備前という瀬戸内海に面した地域に分布し、史料上で最も早く登場したことの確認できるのは、伊予国和気郡の伊予別公氏であった。しかも、その伊予の別公氏は国造に任命された痕跡はなく、伊予国の和気・温泉郡地域の古代遺跡の分布は、同じ松山平野における「伊余国造」の支配領域における四世紀中期からの状況や、久米国造の支配領域の五世紀中期以後の状況と比較しても、国造に任命されたであろう有力豪族の存在は想定できない。おそらくは名代系部民や部曲系部民の在地管理氏族が均質的に存在していたため、彼らのなかから特定の氏族を立評氏族としたために、まだこの時期には存在し一定の機能をもっていた大王家から派生した氏族である「別」との観念を氏族名として付与して立評させたのではないだろうか。

ただし、こうした立評のあり方が一定の拡がりをもっていたとすれば、八世紀以後における和気氏の分布が伊予・讃岐・備前に限定されることは理解できず、おそらくは伊予国の特例であったと考えられる。そうした特例が伊予に適用された理由については、明確に指摘することはできないが、允恭の日嗣皇子であった木梨軽皇子と軽大娘皇女の伊予への配流伝承と景行紀の伊予別伝承を背景とし、舒明・斉明の伊予行幸という過程で成立したと考えたところである。そして、孝徳立評に際して賜与された氏族名「別」が次に登場するのは備前国東部においてで、しかもその登場のあり方は、伊予国のように立評氏族として登場するのではなく、吉井川西部の後の磐梨郡和気・石生郷の有力氏族として成立し、藤原氏の抬頭とともに在地の有力氏族となり、藤原郡→藤野郡を立郡して郡領氏族になり、かつ、八世紀中期の仲麻呂の乱を契機として中央氏族へ発展していったのである。

また、伊予国別評の別公氏の一部は讃岐国西部の那珂・多度郡へ移住し、因支首氏と婚姻関係を結んでいたが、九世紀初頭に和気氏への改姓を申請して、貞観八（八六六）年に許可されたのである。一方、讃岐東部で大化前代から国造であり寒川郡の郡領氏族であった讃岐公氏は、備前国の和気氏との関係で和気氏への改姓を申請し貞観六年に和気朝臣への改姓が許可されたのである。このように貞観六年・八年に相次いで讃岐の因支首氏と讃岐朝臣氏の和気公・朝臣への改姓が許された理由の解明は今後の課題としたい。

注

（1）『日本古代の政治と社会』（吉川弘文館、一九七〇年）、なお、以後、佐伯有清氏の研究で特筆しないのは全て同論文である。

（2）カバネ「別」が存在したとの論拠は『古事記』開化天皇記・垂仁天皇記の記事だけであるが、同記事はカバネ「別」の存在を明示したものではない。佐伯氏はカバネ別の存在時期は五～六世紀とするも、論証されたものではない。さらに、五世紀後半の稲荷山古墳鉄剣銘の「獲居」について、佐伯有清氏は「稲荷山古墳鉄剣銘文にみえる称号―とくに「獲居」をめぐって―」（井上光貞他『シンポジュウム鉄剣の謎と古代日本』新潮社、一九七九年、後に、『古代東アジア金石文論考』吉川弘文館、一九九五年）でカバネ的称号とする。

（3）山尾幸久「日本古代王権の成立過程について」『立命館文学』二九六～二九八号、一九七〇年。

(4) 上田正昭「倭王権の成立」（『日本古代国家論究』塙書房、一九六八年）、泉谷康夫「服属伝承の研究」（『日本書紀研究』第四冊、一九七〇年）。
(5) 吉田晶『日本古代国家成立史論』東京大学出版会、一九七三年。
(6) 吉田晶「稲荷山古墳出土鉄剣銘に関する一考察」『日本古代の国家と宗教』下巻、吉川弘文館、一九八〇年。
(7) 『新撰姓氏録』右京皇別下。
(8) 『釈日本紀』所収上宮記逸文、佐伯有清注1論文。
(9) 『日本書紀』景行天皇五十一年八月壬子条。
(10) 『日本書紀』景行天皇四年二月甲子条。
(11) 「延喜式神名帳の人格神」『北海道大学文学部紀要』四、一九五五年。
(12) 佐伯有清「東国における『ワケ』」『古代東アジア金石文論考』吉川弘文館、一九九五年。
(13) 埼玉県教育委員会『稲荷山古墳出土鉄剣金象嵌銘概報』一九七九年。
(14) 吉田晶「稲荷山古墳出土鉄剣銘に関する一考察」（前掲）。
(15) 埼玉古墳群は、稲荷山古墳が最初の首長墓で、以後、二子山古墳→鉄砲山古墳→将軍山古墳（六世紀末から七世紀初頭）→丸墓山古墳（七世紀代）と続くことによる。
(16) 吉田孝『律令国家と古代の社会』岩波書店、一九八三年。
(17) 阿倍武彦注11論文と佐伯有清注1論文。
(18) 『大日本古文書』五巻五五三・五五四頁。
(19) 湊敏郎「律令的公民身分の成立過程」『姓と日本古代国家』吉川弘文館、一九八九年。
(20) 『釈日本紀』所収の「上宮記」。
(21) 『日本古代の政治と社会』（前掲）二七頁。
(22) この点は、若狭国三方郡に分布する別氏の動向でも同様である。

(23) 佐伯有清『新撰姓氏録の研究』考証篇第二(吉川弘文館、一九八二年)の二一五～二一六頁。
(24) 拙著『古代の地方豪族』吉川弘文館、一九八八年。
(25) 『日本三代実録』貞観四年八月是月条。
(26) 稲葉通邦「神祇令和解」東大史料編纂所。
(27) 神野清一「令集解『讃説』の性格分析」『続日本紀研究』一三八・一三九合併号、一九六八年。
(28) 平野邦雄『和気清麻呂』吉川弘文館、一九六四年。
(29) 薗田香融「法隆寺僧善愷訴訟事件に関する覚え書き」(『平安仏教の研究』法蔵館、一九八一年)、拙著『古代の地方豪族』(前掲)。
(30) 『続日本後紀』承和十三年十一月十四日条。
(31) 注30に同じ。
(32) 『続日本後紀』承和十三年九月二十七日条。
(33) 『続日本後紀』嘉祥元年十二月乙卯条。
(34) 田中卓「『和気氏系図』の校訂」(『日本古代国家の成立と諸氏族』国書刊行会、一九八六年)・「郡司制の成立」(『律令制の諸問題』国書刊行会、一九八六年)、井上光貞「大化改新とその国制」(『日本古代国家の研究』岩波書店、一九八五年)。
(35) 『古代氏族の系図』学生社、一九七五年。その後の研究として義江明子『日本古代の氏の構造』(吉川弘文館、一九八六年)が代表的な研究である。
(36) 注24に同じ。
(37) 『日本後紀』延暦十八年十二月二十九日条で「多経二改易一、至レ検二籍帳一、難レ弁二本枝一、宜下布二告天下一、令上レ進二本系帳一」と命じたもの。
(38) 『古代氏族の系図』(前掲)一二六頁。
(39) 黛弘道「冠位十二階考」『日本古代国家成立史の研究』(吉川弘文館、一九八二年)、佐伯有清「和気公氏の系図」『古代氏族の系図』（前掲）。

(40)「四等官制成立以前におけるわが国の職官制度」『ヒストリア』五八、一九七一年。

(41)「日本古代の別（和気）とその実態」『日本古代の政治と社会』（前掲）。

(42)『古代氏族の系図』（前掲）一三七頁。

(43)『新撰姓氏録の研究』考証篇第二（前掲）の二三七頁。

(44)ただし、伊予国御村別之始祖と伊予別君が統合されたとする史料は実在していない。

(45)拙稿「孝徳立評について」吉田晶編『日本古代の国家と村落』塙書房、一九九八年。

(46)「評制の成立過程」『日本古代国家成立史論』東京大学出版会、一九七三年。

(47)『日本の古代国家』（岩波書店、一九七一年）の三七六頁。

(48)拙著『古代の地方豪族』（前掲）・『熟田津と古代伊予国』（創風社出版、一九九二年）で論じたように、伊予国の凡直国造が小国造を統治していたとは考えられない。

(49)畿内王権の成立にとって伊予国が重要な役割を果たしたことは、拙稿「大化前代における瀬戸内海交通—政治的交通を中心にして—」（『愛媛大学教養部紀要』第二三号、一九九〇年）、拙著『熟田津と古代伊予国』（前掲）で論じたところである。

(50)向日市埋蔵文化財調査報告『長岡京木簡』二—八八九号木簡。

(51)『日本書紀』によると、久米皇子は推古十年二月一日に兵士二万五千人を率いる征新羅将軍に任命され、同年四月一日に筑紫に到着し「嶋郡」に集結している。本位田菊士「伊予国風土記所載いわゆる『道後温泉碑』に関する一考察」（『続日本紀研究』一四二、一九六八年）は、この航海中に久米皇子が伊予へ来訪したのではないかと述べている。この点を確認することはできないが、法隆寺との関係や聖徳太子の道後温泉来訪伝承より可能性はある。

(52)『日本書紀』には舒明十一年十二月壬午に行幸し、同十二年四月壬午に厩坂宮に居すと記す。かかる行幸が事実であったことは拙稿「回廊状遺構再論」（『愛媛大学法文学部論集　人文学科編』第二号、一九九七年）参照のこと。

(53)「法隆寺伽藍縁起并流記資財帳」『寧楽遺文』中巻の三六三頁。

(54) 別評の成立については、拙稿「孝徳立評と百済の役」（『愛媛大学教養部紀要』第二四号、一九九一年）参照のこと。

(55) 『延喜式』兵部省の駅家として坂長駅が存在している。

(56) なお、『続日本紀』天平神護二年五月丁丑条によると佐伯・沙石郷が存した。

(57) 『平城宮発掘調査出土木簡概報』一六号。

(58) 備前国和気郡の変遷については、横田健一「上代地方豪族存在形態の一考察」（『史林』三三巻二号、一九五〇年）、米田雄介「古代地方豪族に関する一考察」（『続日本紀研究』九―一・二、一九六二年）、平野邦雄『和気清麻呂』（吉川弘文館、一九六四年）などの研究が存在している。

(59) 「古代邑久地域史に関する一考察」『吉備古代史の展開』塙書房、一九九五年。

(60) 平野邦雄『和気清麻呂』（前掲）は武官としての兵衛から出身した可能性が高いと述べるにとどめられている。確かに、仲麻呂の乱鎮圧に対する論功行賞は天平宝字八年十月庚午条であることは「加下賜親王大臣之胤及預レ討二逆徒一諸氏人等位階上」とみえることで確認できるが、天平神護元年正月己亥条での勲位も仲麻呂の乱鎮圧に関連するものと考えられる。

(61) 永山卯三郎『岡山県史』一九三一年。

(62) 永山卯三郎「古瓦より観たる吉備古文化」『吉備考古』九、一九三一年。

(63) 『吉備古代史の展開』塙書房、一九九五年。

(64) 『平安遺文』一〇巻、一九四頁。

(65) 『続日本紀』天平神護元年三月甲辰条。

(66) 『九州史学』八、一九五八年。

(67) 『続日本紀研究』九―一・二（前掲）。

(68) 平野邦雄『和気清麻呂』（前掲）の八一頁。

(69) 喜田貞吉「道鏡後胤論」（『史林』六巻四号、一九二一年）、井上光貞編『新日本史大系2　古代社会』（朝倉書店、一九五二年）。

第六章　瀬戸内海の地域交通・交易圏

はじめに

瀬戸内海地域の地域的交通・交易圏については、拙著『古代国家と瀬戸内海交通』（吉川弘文館、二〇〇四年）で、国府経済成立以前より令制国を超えて播磨灘と周防・伊予灘に存在していたことを論じた。播磨灘海域のそれは、北部九州と畿内を結ぶ東西交通路上に位置するだけでなく、対岸の讃岐国とを結ぶ瀬戸内海の南北交通の場であり、かつ、大化前代から日本海側から中国山地を越え播磨の飾磨津で瀬戸内海に出る交通路が開発され、日本海側と畿内とを結ぶ地域でもあった。西海道の東側地域と西瀬戸内海地域で構成され周防灘・伊予灘海域は、古くは青銅器・鉄鋌、阿蘇凝灰岩製石棺、三角縁神獣鏡、前方後円墳などの交通路であり、遅くとも八世紀前半には難波津を窓口とする中央交通圏と恒常的に結びついていた。つまり、古代の地域交通・交易圏（なお、本章では交通を広義の意味で使用するので、以後、交通圏と略す）の本質は、大化前代から首長が在地支配を貫徹するために津を拠点として形成したものを基礎単位とし、それらが海域全体で重層的に重なりあっていた。そして、こうした地域交通圏が政治的交通の過程で瀬戸内海全域で体系的に形成され、ネットワークとして組織され、その延長上に東アジア交易が存在していたのである。[1] ただし、前著は政治的交通という視点からその実態と特質を解明することを主としたこともあって、瀬戸内海の中間地域に位置する備後灘・燧灘の地域交通・交易圏については関連資料が少ないこともあり未検討であり、かつ、最近の国府交易圏についての研究[2]への言及ができなかった。そこで、本章では、播磨灘と西瀬戸内海地域の交通圏の概要を述べた後に、備後灘・燧灘の地域交通・交易圏の実態とその特質を論じ、古代の地域交通圏をどのように考えるべきかを述べてみたい。

第一節　地域交通圏の概要

古代における代表的な地方市として、美濃国の小川市、常陸国の高浜市、出雲国の朝酌促戸渡・忌部神戸市などがあり、これらの地方市を中心にして地域交通圏が形成されていたことはすでに論じ、また、播磨灘と西瀬戸内海地域でも地域交通圏が形成されていたことを明らかにしたことがある。[3] そこで、最初に瀬戸内海地域以外の地域交通圏を概観し、その後に、瀬戸内海地域における交通圏の実態を述べることとする。

1　瀬戸内海地域以外の交通圏

〈濃尾平野交通圏〉

この交通圏の形成には揖斐川・長良川・木曽川と伊勢湾という水上交通が不可欠であり、その拠点として美濃国小川市と尾張国萱津があった。『日本霊異記』中巻第四話によると、尾張国愛智郡片輪里の力女（道場法師の孫）が美濃国方県郡の小川市の力女が「恃二己力一、凌二弊於往還商人一、而取二其物一為レ業」としていたことを聞き、蛤と練鞭を船に乗せて長良川を遡り小川市に行き、小川市の力女を成敗して以後、交易に関する不法行為がなくなったという。ついで、『日本霊異記』中巻第二十七話にも第四話と同じ道場法師の孫である力女の話がみえ、「尾張宿祢久玖利者、尾張国中嶋郡大領、聖武天皇食レ国之時人也、久玖利之妻、有二同国愛知郡片蕝里一女人」と、尾張国中嶋郡の大領と結婚したという。この力女は衣服を織るのが巧みで、彼女の織った衣服を着た夫の大領は、国守の稚桜部氏によって衣服を取り上げられてしまった。そこで、彼女は国守に衣服の返却を迫りついには衣服を取り返したが、そのことを知った大領と父母は国守の怒りを恐れ、彼女を実家へ帰してしまった。実家に帰った彼女が「草津川之河津」で洗濯をしていたとき、草津川を荷物を積載して航行した大船の船長が彼女をからかったところ、彼女が怒ったために航行できなくなったと記している。こうした説話より、①尾張国愛智郡片輪里の女性は中嶋郡の大領と結婚しており、郡領に相当する有力氏族出身であったこと、②美濃の小川市まで長良川交通を利用して行き交易していたこと、③全くの憶測ではあるが彼女が上手に衣服を織ったエピソードに意味があるとすると、交易物品に衣料品が存在した可能性を示唆することなどが想定される。③は別にしても、郡領に相当する有力豪族が国を超えて河川交通によって交易活動をおこなっていたことが記され、その交通圏は郡内というレベルでなく令制の国を超えたものであったことを物語っているのである。

〈霞ケ浦交通圏〉

霞ケ浦交通圏の中心は常陸国高浜市であり、『常陸国風土記』茨城郡高浜条には「夫此地者、芳菲嘉辰、揺落涼候、命レ駕而向、乗レ舟以游、春則浦花千彩、秋是岸葉音色、聞二歌鶯於野頭一、覧二舞於渚干一、社郎漁嬢、逐二浜洲一以輻湊、商竪農夫、棹二艀艖一而往来」とみえ、高浜津が地方市であったことが知られる。高浜の地は古墳時代の茨城国造が霞ケ浦水上交通や霞ケ浦周辺を支配する際の重要地点で、律令時代になっても近くに国分寺・国分尼寺、茨城郡家、国府工房の可能性が強い鹿の子C遺跡が存在し、その重要性は古墳時代よりかわらなかった。こうした点より、『風土記』の記載には対句修辞がふくまれているが、水陸両交通を利用して高浜市で交易が大化前代からおこなわれており、高浜市は茨城国造の時代より在地支配の拠点であったと考えられる。

〈宍道湖交通圏〉

宍道湖交通圏を形成していたのが、出雲国の朝酌促戸渡と忌部神戸市であったことは『出雲国風土記』の記事にみえ、朝酌促戸渡は「或製二日胆一、於レ是被レ捕、大小雑魚、浜譟家闐、市人四集、自然成レ鄽」と、忌部神戸市は「川辺出レ湯、出湯所レ在、兼二海陸一、仍男女老少、或道路駱駅、或海中沿レ洲、日集成レ市」と記され、いずれにも市が設置されていたことより知られる。

以上の地域交通圏の特徴より明らかになったことを要約すると次のようになる。（1）水陸両交通の接点であった津に設置された地方市によって地域交通圏が形成されていた。なかでも、物資運搬の利便性より、古代における地域交通圏の成立にとって水上交通の存在は不可避であった。（2）地方市・津は地方豪族の在地支配にとって重要であったが、かかる市が有効に機能するためには他地域とネットワークで結ばれていることが重要であり、地方豪族が支配していた地域だけで完結するものではなかった。（3）地域交通圏の形成は八世紀の国府を主とする流通経済の成立以前より存在していたと考えられる。

2　瀬戸内海地域の交通圏

次に、瀬戸内海地域における地域交通圏としては播磨灘・備讃瀬戸・西瀬戸内海の交通圏が存在するが、ここではすでに論じた播磨灘・西瀬戸内海の交通圏の実態を概観しておきたい。

〈播磨灘の交通圏〉

播磨灘の地域交通圏を構成した津・船瀬・泊・浦の立地場所は表20のようであり、拙著『古代国家と瀬戸内海交通』（前掲）でも論じたように、それらは、河川の河口、自然地形に恵まれた場所、その他に存在していた。こうした播磨灘の諸港のなかでも中心的な港として、ⓐ淡路島とをつなぐ明石泊、ⓑ加古川の河口で河川交通の拠点でもあった水児船瀬、ⓒ日本海諸国と瀬戸内海を結ぶ結節地点で、播磨国の外港でもある飾磨津、ⓓ自然地形に恵まれた室津、ⓔ千種川河口で塩の積み出し港でもあった赤穂大津などをあげることができる。そこで、播磨灘の地域交通圏とこれらの諸津との関係を概観しておきたい。

ⓐ明石泊　明石海峡の西側に位置して明石海峡の潮待ち港であるとともに、淡路島への渡海地点でもあったことが、『続日本後紀』承和十二年八月七日条の「淡路国岩屋浜与二播磨国明石浜一、始置二船並渡子一、備二往還一」との記事より確認できる。また、明石海峡は古代国家の権力基盤である大阪湾を閉じる役割を果たす存在で、そこに位置した明石泊は、瀬戸内海の東西交通の要衝であるだけでなく、淡路国との南北交通の拠点でもあった。

ⓑ印南大津江（水児船瀬）　水児船瀬は、瀬戸内海交通上の港というだけでなく加古川河川交通の港でもあったことが、『播磨国風土記』賀古郡舟引原条の記事と、同船瀬より竜山石製の石棺が畿内の各地へ積み出されたと考えられることより想定される。さらに、八世紀後半に設置された造船瀬所[4]へ私物貢納されたことを記す『続日本紀』延暦八年十二月乙亥条の「播磨国美嚢郡大領正六位下韓鍛首広富献二稲六万束於水児船瀬一、授二外従五位下一」はきわめて注目される。すなわち、加古川中流域に位置する美嚢郡の大領正六位下韓鍛首広富が水児船瀬に稲六万束を献上し、河口部の港の整備に関わっていることは、彼らにとって加古川水上交通が重要であったがためと考えられるのである。

このように、水児船瀬の維持・管理のために私物を貢納するという氏族に美嚢郡という内陸部の郡領氏族がいたこと

表20　播磨灘の津・船瀬・浦

津・浦名	奈良以前	奈良時代	平安時代	設置時期・特徴について	比定地	関連河川
明石泊	風土記	万	続後紀	明石海峡越えの潮待ち港、淡路の岩屋との航路あり	明石市明石川河口	赤石川
藤江浦		万（藤井浦みゆ）		地名としてみえる	明石市西部	
魚住泊		万（名寸隅）	三代格・意見封事	五泊、潮の流れにより港管理が難しい	明石市魚住町	
阿閇津	風土記		平安遺文	住吉大社神代記に「阿閇津浜」とみえる	加古郡播磨町	
印南大津	風土記			7C以前竜山製石棺の積み出し港＝水児船瀬と同じ	加古川市加古川町	加古川
水児船瀬	紀（鹿子）	続紀・万		8C代になり地方豪族により造営	加古川市加古川町	加古川
韓　泊		法隆寺資財帳		五泊、塩生産と塩の運漕津	姫路市的形	
継　潮	風土記			船の停泊地とみえる	姫路市継	八家川
飾磨津	風土記			津とみえないが播磨最大の津、9Cには国津となる	姫路市三宅	市川
宇須伎津	風土記			船の停泊地とみえる	姫路市網干区宮内魚内	揖保川
御　津	風土記			船の停泊地とみえる	揖保郡御津町	揖保川
檉生泊	風土記		意見封事	五泊、中世になっても発展した	揖保郡御津町室津	揖保川
赤穂大津		東大寺文書断簡		東大寺の塩生産に伴い発展、赤穂郡の郡津か	赤穂市大津	千種川

は、加古川交通を使って瀬戸内海へ出ていたことを物語っているからである。

ⓒ飾磨津　飾磨津は、八・九世紀の史料上に津・浦・船瀬とはみえないが、『万葉集』一一七八番の一云に「飾磨江は、こぎ過ぎぬらし」、三六〇五番に「わたつみの、海に出でたる、飾磨川、絶えむ日にこそ、吾が恋止まめ」、また、九四五番に「都太の細江」（船場川河口に存在した津田村がその通称地）とみえている。[5] さらに、『播磨国風土記』飾磨郡始和里条には、仁徳天皇が意伎・出雲・伯耆・因幡・但馬の五国造を難波に召喚したところ、「五国造、即以二召使一為二水手一、而向レ京之、以レ此為レ罪、即退二於播磨国一、令レ作レ田也、此時所レ作之田、即号二意伎田・出雲田・伯耆田・因幡田・但馬田一、即彼田稲、収納之御宅、即号二飾磨御宅一」とみえ、姫路市飾磨区三宅付近に存在したと考えら

れる飾磨屯倉は飾磨津と密接な関係にあったことが知られる。こうした点より、日本海側諸国から畿内への交通は、中国山地を越え飾磨津に出て瀬戸内海を東進したと考えられ、飾磨津はその際の重要な津であったことが知られる。また、播磨国府が飾磨郡内に設置されると、飾磨津は播磨国の国府津へと発展したのである。

ⓓ室津　室津は兵庫県揖保郡御津町室津に存在し、『播磨国風土記』揖保郡室原泊条が「室原泊、所二以号一レ室者、此泊、防レ風如レ室、故因為レ名」と記すように天然の良港であった。良港に適した立地条件にあったことは治承四（一一八〇）年の『高倉院厳島御幸記』にも「むろのとまりにつき給、山まわりて、そのなかに池などのようにぞ見ゆる」とみえ確認できる。さらに、室津については、十四世紀初頭制作の『法然上人絵伝』巻三十四には「室泊遊女」が法然が乗っている船に小舟で漕ぎ寄せている絵が描かれており、中世においても発展・栄えていたことが知られる。

ⓔ赤穂大津　赤穂大津は千種川河口に位置し、赤穂郡の郡津であったことは延暦十二年五月十四日の断簡文書(6)に「津長若鳥里足」がみえることによる。さらに、この断簡文書は東大寺と大伴氏の間で播磨国赤穂郡坂越郷の塩山の所属をめぐる紛争に関する文書で、同津が同地で生産された塩を積み出すための津であったことが知られる(7)。

以上の諸津は、日本海側諸国と内陸部から瀬戸内海へ出るための拠点津であったり、また、石棺や塩などに代表される諸物資の積み出し港であったといえる。そして、その瀬戸内海交通の基本が畿内との東西交通であったことは種々の史料より想定できるが、問題は南の讃岐国とで播磨灘地域交通圏を形成していたといえるかどうかである。この点を明示する史料はないが、『播磨国風土記』にみえる①印南郡大国里条、②飾磨郡漢部里条、③飾磨郡美濃里条、④揖保郡香山里条が注目される。すなわち、①は帯中日子命（仲哀天皇）が死去した後に、息長帯日女命（神功皇后）の命により石作連大来が讃岐国の羽若の地へ墓の石材を求め渡ったという記事で、竜山産石棺の作製技術が讃岐国の鷲ノ山の製作技術を導入したことを物語る。②は讃岐国から渡来系集団が移住してきたことより漢部里という里名がつけられたという里名の起源説話で、③も讃岐国の三野郡から移住してきたことより美濃里という里名がつけられたという里名の起源説話で、④は讃岐国鵜足郡の飯神の妾が播磨国へ渡ってきたという説話である。こうした記事より、讃岐国からの人・物・技術の播磨への移動が確認でき、播磨側の受け入れ地が揖保川と市川の間に集中している。こうしたことは、北部四国産出の「雲母土器」が揖保川河口の丁・柳ケ瀬遺跡や夢前川河口の長越遺跡より出土していることとも関連し[8]、播磨の揖保川と市川の間と讃岐との交通が古くより存在していたことが知られるのである。

以上よりして、播磨・讃岐間の南北交通が古くより存在していたことが確認され、播磨灘海域が地域交通圏を構成していたことは間違いないが、交易圏と断定する八世紀の具体的な資料を得ることはできなかった。

〈西瀬戸内海地域の交通圏〉

西瀬戸内海地域とは、豊後・豊前・長門・周防・安芸・伊予の諸国よりなる周防・伊予灘海域を示し、この地域交通の存在は、ⓐ諸津の分布、ⓑ諸氏族の移住、ⓒ具体的な船の航行などによって知ることができる[9]。ⓐには、伊予国熟田津・周防国熊毛浦・佐婆津、長門国穴門館・豊前国門司・草野津・分間浦、豊後国国埼津・坂門津の九箇所の津が史料上で確認される。ⓑの例としては、六世紀後半の凡直国造の設置にともない伊予・周防・長門に凡直氏が分布したこと、紀系氏族が伊予・周防・長門・豊前に分布すること、大分県下毛郡三光村八面山の長谷寺観音菩薩立像銘に「壬歳次摂提格林鐘拾伍日、周防凡直言背之女（母）□（汝）背児、為命過、依誓願観世音菩薩作奉[10]」とみえ、周防凡直氏の豊前移住が知られること、延喜八（九〇八）年の周防国戸籍に味酒部氏と越智直氏が確認でき（『平安遺文』一巻一九九号文書）、伊予国温泉郡味酒郷と越智郡からの移住が想定できる。ⓒとしては、六六一年の斉明天皇一行の伊予熟田津から那津への航行と天平八（七三六）年に派遣された遣新羅使の周防熊毛浦→佐波津→豊前分間浦→那津の航路が知られる。

以上のⓐ~ⓒの事柄とともに、周防・伊予灘は瀬戸内海の西に位置し東西交通を構成し、かつ、九州東部から瀬戸内海へでる位置にあったこと、さらに、『続日本紀』霊亀二年五月辛卯条では「大宰府言、豊後伊予二国之界、従来置レ戍不レ許二往還一、但高下尊卑、不レ須レ無レ別、宜二五位以上差レ使往還不一レ在二禁限一」とみえ、豊後・伊予間の交通の存在が認められることより、地域交通が存在したことは認められよう。

問題は地域交易圏を形成していたか否かであるが、この点は『古代国家と瀬戸内海交通』（吉川弘文館、二〇〇四年）で論じたように、『類聚三代格』延暦十五年十一月二十一日の太政官符が注目される。

応レ聴下自二草野国埼坂門等津一往中還公私之船上事

右得二大宰府解一偁、検二案内一、太政官去天平十八年七月廿一日符偁、官人百姓商旅之徒、従二豊前国草野津、豊後国々埼坂門等津一、任レ意往還擅二国物一、自今以後、厳加二禁断一、但豊後日向等国兵衛采女資物漕二送人物一船、取二国埼之津一有二往来一者不レ在二禁限一、除レ此以外、威皆禁断者、府依二符旨一重令二禁制一、上件三津尚多二姧徒一、旧来越度不レ得二禁断一、又雖レ有二過所一而不レ経二豊前門司一、如レ此之徒咸集二難波一、望請、便令下二摂津国司一勘中検過所上、若無二過所并門司勘過一者、依レ法科断、然則姧源自清、越度亦息、謹請二　官裁一者、被二大納言正三位紀朝臣古佐美宣一偁、奉　レ勅、自今以後、公私之船宜レ聴下自二豊前豊後三津一往来上、其過所者依レ旧府給、当処勘過不レ可三更経二門司一、但承前所レ禁不レ在二聴限一、長門伊予等国亦宜二承知一

すなわち、天平十八年七月二十一日の太政官符によると、天平十八（七四六）年以前において、「官人・百姓・商旅之徒等」が、豊前の草野津と豊後の国埼津・坂門津より自由に往還して、ほしいままに国物を運漕しているという状態であった。そこで、豊後・日向国の兵衛・采女の資養物と人物の国埼津からの運漕を除き、草野津と坂門津から自由に航行することを禁止した。しかし、天平十八年の禁制にもかかわらず、草野・国埼・坂門津の三津に出入りす

る船は禁制を守らずに自由に航行するだけでなく、過所を保持していても豊前国門司の勘過を経ない船が多い。さらに、こうした船の全ては難波津に集合するという状態であった。そこで、延暦十五（七九六）年に大宰府は、摂津国司に過所を保持しない船と門司の勘過を経ない船への勘過を強化し、違反船への科罪を申請したのである。この大宰府の申請を承けた政府は、公私の船が上述の三津を自由に航行することを認め、過所は従来通り大宰府が発給するが、過所勘過はそれぞれの津で行い、門司における勘過を必要としないようにし、この決定は単に大宰府管内だけでなく長門・伊予国にも連絡するよう命じたのである。

問題は、奈良時代前半より、官人・百姓・商旅之徒などが、豊前の草野津と豊後の国埼津・坂門津より自由に航行して、ほしいままに国物を運漕し、それらの全ては難波津に集合していると記す意味である。つまり、これは京・畿内への一方的・直線的な交通・交易を示すものにすぎないとの見解もありえるからである。しかし、㋐難波津より空船で帰ったとは考えられないこと、㋑かかる交易は官人だけでなく、「百姓・商旅之徒等」もおこなっていること、㋒さらに、太政官の命令は単に大宰府管内だけでなく長門・伊予国などにも伝えられていることなどより、京・畿内への一方的・直線的なものに限定する必要はない。こうしたことよりして、遅くとも八世紀第２四半期には、周防・伊予灘地域に地域交易圏が形成されていただけでなく、この地域交易圏が難波津という中央交易圏とも明確に結びついていたことを物語っている。そして、こうした状況は進展し、八世紀末には、律令政府は事実上この地域における自由航行を認めるに至ったのである。つまり、周防・伊予灘地域交通が瀬戸内海交通と結びついていたことを示すだけでなく、地域交易圏が中央交易圏と結合していたことを示しているのである。

以上の瀬戸内海地域での地域交通圏の検討より明らかにしえたことは次の点である。（1）瀬戸内海における地域交通圏の特徴は、大陸・半島、北部九州と畿内とを結ぶ東西交通のなかで位置づけられることは間違いないが、それだけではなく、日本海側諸国と四国地域との南北交通とも結びついていた。（2）内陸部との地域交通圏を形成する際に重要なことは河川交通の存在であり、そのため、内陸部の豪族は河口部の津の造営・維持に私物を貢献することがあった。（3）瀬戸内海地域の交通圏の特徴は、国単位で形成されるのではなく、播磨灘・備讃瀬戸・西瀬戸内海地域という広範なものであった。そして、かかる地域交通圏の成立は大化前代に求めることができる。

第二節　備讃瀬戸海域における交通圏

備讃瀬戸海域とは、備後灘と燧灘のことで、東の岡山市─児島郡─本島─与島─高松市、笠岡市神島─白石島─北木島─真鍋島─佐柳島─高見島─多度津、西の尾道市─向島─因島─生口島─大三島─大島─今治市の芸予諸島という東西二つの多島列で区画されている海域をいう。この海域が大陸・半島と畿内とを結ぶ瀬戸内海の東西航路上に位置していたことは、単に地理的条件によるだけでなく、笠岡諸島西南に位置する大飛島の性格からも知られる。すなわち、大飛島では奈良〜平安前期の完形須恵器・土師器を大量に出土し、かつ、三彩小壺・皇朝銭・唐鏡（唐花文六花鏡は東大寺大仏殿鎮壇具の鏡と同型であるという）・ガラスの小型壺・帯金具・水晶など孤島では考えにくい非日常的な遺物や祭祀具の出土より、遣新羅船や遣唐使船などの航海の安全を祈る国家的な祭祀がおこなわれていたと考えられることで確認できる。[11] なお、大飛島の南西四キロの広島県福山市に属する無人島である宇治島でも三彩片などを出土する祭祀遺跡が砂浜に存在するという。また、海域内の南北交通としては、古く香川県坂出市国分台・金山産のサヌカイトが今治市と弓削島周辺を経て福山市洗谷貝塚へと移動していることに始まり、[12] 古墳時代では鉄鋌が広島県府中市栗栖古墳の二枚、岡山県総社市窪木薬師の一枚、愛媛県伊予郡松前町出作遺跡の四枚、同越智郡魚島の八枚、香川県高松市傍生山の二枚と分布していて、これらより鉄鋌が運ばれた航路を示す可能性もある。また、阿蘇凝灰岩製石棺の大分市の大ノ瀬八幡宮→松山市谷町→香川県観音寺市（丸山・青塚古墳）→岡山市造山古墳・山陽町小山古墳への交通、また、備前の旭川下流域の前方後方墳から讃岐国の石清尾山古墳群を経由して伊予国の唐子台古墳群という前期古墳の分布より想定しうる政治的交通ルートなどが知られる。[13][14]

この備讃瀬戸海域を移動したことが知られる氏族としては、五世紀中期以後の大伴・紀氏と同族関係を主張する氏族の讃岐—伊予—周防への分布や、『播磨国風土記』にみられる讃岐国阿野・三野郡・鵜足郡から備前を経て播磨への移住などが知られる。また、七世紀代には伊予国別評（和気郡）から讃岐丸亀平野へ移住した伊予別氏（因支首）の存在が確認できる。さらに、讃岐寒川郡で国造・郡領氏族であった讃岐公氏は、貞観六（八六四）年に和気朝臣へ改姓されているように、備前国の和気氏と密接な関係にあったと考えられる。また、人々の瀬戸内海の南北交通では、『続日本紀』延暦八年五月庚申条で讃岐国多度郡藤原郷の若女が不法に播磨国揖保郡の大興寺へ売られたことがみえ讃岐と播磨の交通が存在したことが知られ、『日本三代実録』仁和元年十二月二十三日条では備前国上道郡白丁山吉直と秦春貞が讃岐国鵜足郡の宗我部秀直と建部秋雄を闘殺したとの記事がみえて備前国上道郡と讃岐国との交通が確認できる。文献史料上で確認できるこの海域内での交通は以上であるが、この他に数多くの人的交通や物資流通があったことは間違いないであろう。たとえば、海域内の国郡衙から京への官物運漕や、中央寺院や権門勢家による民間運漕があり、いずれも地下資源、瓦・土器、塩・米などの重量物を中心とする都鄙間運漕であったと考えられる。[15][16]

ついで、この海域に存在したことが確認できる古代の津は、表21のように、備中国高梁川河口の多麻浦、備後国芦田川河口の深津と鞆浦、沼田川河口の長井浦、讃岐国の国津である松山館津、郡津の鵜多津・中水門・多度津、伊予国の今張浦などが確認できる。[17]備中国では都宇郡と多麻浦がみえ、足守川河口部の都宇郡に国津が存在した可能性があり、多麻浦は六六一年に斉明天皇一行が立ち寄った高梁川の河口の邇磨津であった可能性が高い。備後国では後述する深津以外に鞆浦と現在の沼田川河口の長井浦が存在している。讃岐国では讃岐国寒川郡津田湾・鵜多津・多度津・中津が注目されるが、これらの多くは古代史料に「津・泊・船瀬」とみえず、わずかに「讃岐狭岑嶋、視㆓石中死人㆒柿本朝臣人麿作歌」に、「中乃水門」より「狭岑之嶋」へ船を進めたと歌われている（『万葉集』二二〇番）だ

表21　備讃瀬戸地域の津・泊・船瀬

国名	津・浦名	奈良以前	奈良時代	平安時代	設置時期・特徴について	比定地	関連河川
備中	都宇郡		万	和名抄	備中国の国津か	足守川河口（津寺遺跡と関連するか）	足守川
	多麻浦		万		天平8年の遣新羅使の停泊津、「邇磨郷」と関連	倉敷市（玉野・西大寺市説あり）	高梁川
	神島		万		天平8年の遣新羅使の停泊津	笠岡市神島説と福山市神島説あり	
備後	深津		日本霊異記		備讃地域の交易津、備後国の国津	福山市	芦田川
	鞆浦		万		地名としてみゆ	福山市鞆浦	
	長井浦		万		天平8年の遣新羅使の停泊津	三原市糸崎	
讃岐	津田湾				阿波・播磨からの上陸地点と考えられる	香川県大川郡津田町	
	松山館津			菅家文草	讃岐国の国津	坂出市江尻町	綾川
	鵜多津			鹿苑院厳島詣記	鵜多郡の郡津	綾歌郡宇多津町津の郷	大束川
	中水門	万			那珂郡の郡津	丸亀市中津町	金蔵川
	多度津			鹿苑院厳島詣記	多度郡の郡津	仲多度郡多度津町	
伊予	今張浦			太平記	太平記にみゆ	愛媛県今治市	
	熟田津	紀	万		7C代における伊予国の国津	愛媛県松山市西垣生	小野川

けである。讃岐狭岑嶋は香川県坂出市の砂弥島のことで、「中乃水門」は讃岐国那珂郡に所属し、香川県丸亀市の金倉川河口の「中津」と考えられている。鵜多津は讃岐国鵜足郡の「津野」郷に位置した考えられ、現在の宇多津町に「津の郷」との地名が残されている。これらの三津はいずれも所属郡名を有していることよりすると、郡津の可能性が高いといえよう。[18]なお、讃岐国府が坂出市府中町に想定されていることを踏まえると、その南面を流れる綾川の河口が国津であったと考えられる。[19]なお、寒川郡津田湾は、港が存在していたことを示す具体的な史料は確認できないが、かつて論じたように、津田湾沿岸部の前方後円墳の分布状況、寒川郡内の地方豪族の特徴、物部借馬連氏の分布よりして、阿波国や播磨国とを結ぶ港の存在が考えられる。[20]ついで、伊予国では松山市の熟田津以外では、今治市の今張浦の存在が史料上で確認できる。

以上の諸津のなかでも『日本霊異記』下巻第二十七話にみえる備後国深津市については、この海域の地域的交通・交易圏を考えるとき貴重な史料であるので、必要部分を掲げて検討したい。

髑髏目笋独脱以祈之示㆓霊表㆒縁第廿七

白壁天皇世、宝亀九年戊午冬十二月下旬、備後国葦田郡大山里人、品知牧人、為㆑買㆓正月物㆒、向㆔同国深津郡於㆓深津市㆒而往、中路日晩、次㆔葦田郡於㆓葦田竹原㆒、所㆑宿之処、有㆓呻音㆒言、痛目矣、牧人聞之、竟夜不㆑寝而踞、明日見之、有㆓一髑髏㆒、笋生㆓目穴㆒、而所㆓串之㆒、掲竹解免、自所㆑食餉以饗之言、吾令㆑得㆑福、到㆑市買㆑物、毎㆑買如㆑意、疑㆓彼髑髏因㆑祈報㆑恩矣、従㆑市還来、次㆓同国竹原㆒、時彼髑髏、及現㆓生形㆒、而語之言、吾者葦田郡屋穴国郷穴君弟公也、賊伯父秋丸所㆑殺是也、（中略）、賊盗秋丸、惣意悸然、不㆑得㆑隠㆑事、乃答之言、去年十二月下旬、為㆑買㆓元日物㆒、我与㆓弟公㆒、率㆓往于市㆒、所㆑持之物、馬布綿塩、路中日晩、宿㆓于竹原㆒、竊殺㆓弟公㆒、而擠㆓彼物㆒、到㆓于深津市㆒、馬売㆓讃岐国人㆒、自余物等、今出用之、（後略）

本説話の概要は、宝亀九（七七八）年十二月下旬に、備後国葦田郡大山里の品知牧人が、正月用の物資を同国深津郡の深津市で購入するため赴いた途中で日没になったため、葦田郡の葦田竹原で野宿をしたところ、痛いとのうめき声が一晩中きこえた。明くる日に周辺をよくみると目を竹で貫かれた髑髏があったので、その竹を抜き取り、所持していた食事を与え、幸いがありますよう祈った。その後、深津市では意のごとく買い物ができ、これは髑髏のおかげかと思った。そして、その帰り道の同じ所で野宿すると、髑髏が人間の姿で現れて、殺されるにいたった経緯を語った。その話によると、髑髏は葦田郡屋穴国郷の穴君弟公であり、彼は叔父の秋丸とともに去年の十二月下旬に馬・布・綿・塩をもって深津市へ交易に出かけたが、その途中で秋丸は弟君を殺害し、深津市に行き馬を讃岐国の人に売ったという内容である。

　こうした説話より知ることができるのは以下の諸点である。①宝亀八（七七五）年十二月に深津市へ正月用のものを購入するために出かけた人物は葦田郡屋穴国郷の穴君弟公であったという。穴君弟公とその伯父秋丸は『国造本紀』の記す吉備穴国造と関連するとみられる[21]ことよりして、国造の系譜を引く郡領氏族も深津市へ赴いて交易をおこなっていたことが知られる。②葦田郡の屋穴国郷の所在地は不詳であるが、葦田郡は府中市・芦品郡新市町・福山市芦田町あたりが相当し、かつ、深津市までに行くのに一泊する必要があったと記していることよりすると、深津市には遠方からの人々が集まったと考えられる。さらに、③穴君秋丸が深津市で馬を売却した相手は讃岐国の人であったことよりすると、瀬戸内海の対岸からも交易に来ていたことを物語っている。こうした諸点よりすると深津市の性格は、日常品だけでなく正月用の物品をも購入できる市で、備後東南部の中心的な市であったと考えられる。さらに、同説話には備後国深津市で讃岐国の人が馬を購入したことが記され、深津市が備後国のみの市ではなく讃岐をも含んだこの海域における拠点市の一つであり、備後灘・燧灘海域沿岸の人々が交易に参加していたことが知られるのである。

このように八世紀代において備後灘・燧灘に跨る交易がおこなわれたことは、『続日本紀』天平神護二年九月丙寅条に大直足山が私稲七万七八〇〇束と墾田一〇町と鍬二四四〇口を伊予国分寺へ献上し、子供の外少初位下大直氏山が外従五位下に叙せられていることよりも知ることができる。現在のところ鉄製産遺跡の確認できない伊予国在住の大直（凡直）氏が鍬二四四〇口という大量の鍬を保持していることは、鉄の生産地である中国地域との交易によって確保したと考えられるからである。さらに、内陸部である葦田郡屋穴国郷に居住した穴君弟公達が塩を保持していたことも注目され、塩の単位が記されていないので確実ではないが、馬・布・綿とともに保持していたことよりすると製塩土器によるものでなく、散状塩と考えられ、交易用の塩と考えられる。

以上のような深津市の所在地については、古く西村真次氏[22]が『万葉集』巻十一、二四二三番に「路後（路のしり）、深津嶋山（深津嶋山）、暫（しましくも）、君目不見（君が目見ねば）、苦有（苦しかりけり）」とみえることより、深く湾入した備後国の国府津で、同地の海蔵廃寺（宮ノ前廃寺）周辺と想定されて以後、通説的見解となっている。無論、断定はできないが、備後灘・燧灘にわたる交易圏を考えた時その可能性はきわめて高いと考える。このように、深津市が備讃瀬戸海域における交易拠点の一つであったことは、その後の展開よりも傍証しうるであろう。深津市の機能は、十世紀前半になると越州系青磁を出土したザブ遺跡へ移動し、中世には草戸千軒遺跡へと連続して展開していったことでも確認できる。[23]

以上の備後灘・燧灘の交易以外で、その南北交通が想定できる文字資料として愛媛県伊予市平松遺跡出土の「造硏（研）」「沼田郡」銘円面硯がある。[24]この円面硯が出土した平松遺跡は、旧伊余国造の支配地で五世紀初頭に須恵器生産が開始された道後平野の南の伊予郡に存在し、その出土地点は八世紀代に埋没した幅一・五メートル前後の溝で、同溝の南側には官衙か寺院の存在が想定される。[25]出土した円面硯の裏面に焼成前に施されたヘラ書文字は、「□（年か）造硏（研）」「沼田郡」で間違いない。古代における沼田郡は安芸国にしか存在せず、現在の広島県南東部の豊田郡本郷町・三原市西部・竹原市東部にあたり旧備後国に接していた安芸国沼田郡と考えられ、伊予国伊予郡で出土した円面硯の裏側に「沼田郡」と記載されていたことが問題となる。

全国で出土した刻書例よりすると、須恵器や瓦・硯に施された焼成以前の刻書は、生産地・生産者に関する記載ではなく、大量生産した土製品を渡すべき対象を特定するためのものの多いことが知られる。さらに、愛媛県伊予市平松遺跡と同様に円面硯に刻書されたものとして、兵庫県龍野市塩田遺跡の包含地出土の「伊保田司」[26]と、神戸市大田町遺跡から出土した「荒田郡中富里　荒田直□□」[27]の二点があり、この二点の刻書も硯生産者に関する記載ではなく、この硯の注文者で納入先を示していると考えられることより、伊予市平松遺跡出土の円面硯の「沼田郡」との刻書は、伊予国伊予郡のいずれかの窯で安芸国沼田郡へ納入することを明示するために刻書したものと考えたのである。仮に、この見解が成立せず生産地を示す刻書としても、安芸国沼田郡から伊予国伊予郡への移動が想定され、いずれにしても円面硯の安芸国沼田郡と伊予国伊予郡との流通が存在したといえる。つまり、八世紀代における円面硯の生産には、一国・一郡内という地域内の流通だけでなく、瀬戸内海を渡って流通することが存したことを物語るのである。さらに、その移動は船による運漕であることよりして単に円面硯だけではなく他の物資の流通を物語り、今まで未確認であった瀬戸内海の南北交通が確認できたことになる。

以上の備後灘・燧灘交通圏の検討よりして、前節で要約したことが追認できたといえ、他海域と同様に国郡という令制の行政単位を越えた存在で、東西交通の回廊としてのみ存在するのでなく南北交通をも内包し、瀬戸内海全域に形成されていた交通・交易のネットワークの一部として大化前代より主体的に参加していたといえるのである。

第三節　地域交通圏

奈良時代の流通経済を、ⓐ地方における交易、ⓑ地方と中央を結ぶ遠距離交易、ⓒ中央の交易にわけて論じたのは吉田孝氏[28]であったが、その検討は史料的制約により主としてⓒの中央の交易についてであった。その後の、栄原永遠男氏の研究[29]も同様にⓑ・ⓒを主とする研究であったといわざるをえない。このようにⓐについての研究は数少なく、古典的な研究として、地方市の多くは国府や郡家の付近に存在することを指摘した西村真二氏の研究[30]と、古代交易は利潤追求を主としない市店もなく、必要に応じておこなわれた交易であったとする清水三男氏の研究[31]が存在した。西村氏の研究は国府や郡家との関連を視野に入れたもので、国府交易との言葉は使用していないが、国府や郡家の交易活動との関連を想定したものといえよう。清水氏は備後国深津市の特質について、「市場が村から可成離れてあった事、従って市場の数が少かった事、市場で売られる品数も多くなかったことがこの記事から察せられ、奈良時代村落に於ける商品流通の度の低った事が知られる」と述べ、未成熟な段階にあったと考えている。いずれにしても、地方における交易実態を解明するには、数少ない文字資料にみえる「市」を手がかりとするもので、西村氏の研究は地方市の所在地を論ずるにとどまっている。

そうしたなかで、拙著『日本古代水上交通史の研究』（前掲）は、『常陸国風土記』の茨城郡高浜市、『出雲国風土記』朝酌促戸渡・忌部神戸市、『日本霊異記』の小川市・深津市を主として、地方市と水上交通の関連より論じ、地方市は水陸両交通の交点である津を中心に設置され、その掌握が地方豪族の在地支配にとってきわめて重要であったことを指摘した。つまり、地方市が存在したことの明確な例よりすると、その全てが水陸両交通の接点である津に存在したことが確認できたのである。いうまでもないが、全ての地方市は津にしか設置されず、他の場所には設置されなかったといっているのではなく、物資運搬の利便性より、古代における地域交通圏の成立にとって水上交通の存在は不可欠であったことを主張するのである。上述以外にも地方市が存在したであろうことは、栄原永遠男氏作成の表「市の文字を含む郡郷里・駅・神社その他の名称」(32)より明らかで、畿外だけでも二八例存在している。ただ、栄原氏も述べるようにこれらの全てが地方市の存在に起因すると論証はできないが、「大市」「十市」との名称が比較的多いことは注目され、市の存在と関連するものが存したとみることができる。こうしたことよりすると、市における交易の質の問題はあるにしても、奈良時代の地方市は数少なくて商品流通の程度も低かったということはできない。この点は、古代における地方交通を地域に限定された閉鎖的なもので、地域社会を越えた交通者は在地首長に限定されつづけていたとみるのか、または、ある段階で一般公民も地域を越えた交通をおこなっていたとみるかという問題でもある。

さて、瀬戸内海に地域交通圏が存在していたことは前述したが、問題は瀬戸内海の地域交通圏の特質をどのように考えるべきかという点であるので、以下において筆者の主張点を要約しておきたい。

地域交通圏の成立時期については、『日本霊異記』や『風土記』の地方市の分析より、大化前代から国造の在地支配の拠点であったことを明らかにし、その後の拙稿「地域交易圏と水上交通―周防灘と伊予灘を中心にして―」(33)で「国府市の設置は、それぞれの場合（国府の設置場所）で異なるにしても、基本的には、地方市の存在を前提として、ある場合はその一つを継承し、ある場合には新たに設置したと考えられるのである」・「地域的交易圏形成の要因は国津（国府津）の設置には求められず、また、既存の津の国津・国府津化は、国府交易圏の地域交易圏への発展を示すのでなく、地域交易圏が国府交易圏を取り込んでいった」と述べ、大化前代より地方市を中心とする交通圏の存在を主張した。かかる見解は、論じたように備讃瀬戸海域においても同様であり、修正する必要はないと考えられる。また、瀬戸内海の地域交通圏の特徴について、大陸・半島、北部九州と畿内とを結ぶ東西交通のなかで位置づけられることは間違いないが、それだけではなく、日本海側諸国と四国地域との南北交通とも結びついていた。そして内陸部との地域交通圏を形成する際に重要なことは河川交通の存在であり、内陸部の豪族は河口部の津の造営・維持のために私物を貢献することがあった。

また、瀬戸内海地域の交通圏の特徴は、国単位で形成されるのでなく、播磨灘・備讃瀬戸・西瀬戸内海地域という広範なものであった理由は、単なる海域支配というだけでなく、その延長上に畿内や北部九州とさらには半島・大陸との交通につながっていたことに起因するものである。大化前代の在地首長が、その支配力をより強化するために地域交通圏の窓口である河口部に津・市を設置し、畿内王権によって形成された瀬戸内海交通のネットワークに参加していったのであり、ネットワークに参加したことを明示するために、河口部や湾入地付近にランドマークとして前方後円墳を築造したと考えられるのである。こうした地域交通圏を重層的に組織化することを通して列島全域支配を確立した律令国家が登場すると、律令国家は、全ての公民に調庸の陸路・人担方式による都鄙間交通を強制することを通して、地方豪族による交通独占を防止し、かつ、公民に都鄙間交通を強制することを通して、税の納入対象が天皇を中心とする律令国家であり、かかる国家の公民であることを、直接京まで交通することによって公民に国家的共同幻想を付与したのである。さらに、律令国家は公民に都鄙間交通を強制することを通して公民自らが伝達された情報・国家意思の追認システムを作り上げたと考えられるのである(34)。

律令制度における流通経済は実物貢納経済と称され、指定された調庸物を「随近合成」し、郡家と国府の勘過を経て京の太政官まで陸路・人担で、「羅輸」することなく輸納する原則であった。こうした実物貢納経済においては、郡家から太政官までの間に交易がおこなわれることはないのが原則であった。かかる原則のなかで、国府が確保する官物で交易がおこなわれるのは、令条文では賦役令貢献物条の「皆准レ布為レ価、以二官物一市充」と同土毛条の「凡土毛臨時応レ用者、並准二当国時価一価用二郡稲一」があり、政策としては天平八（七三六）年以後における地子米が軽貨に交易され進上されるようになったこと、[35]八世紀後半になり矛盾が表面化した調庸制を補う物として登場した商布を中心物資とする交易雑物制においてである。こうした国府交易を重視した栄原永遠男氏は、「国符」によって物資の調達は特定の郡がおこなうことが多くて、「国符」によって郡司がおこなう市を国府市とし、「国のための交易調達に、諸郡を介して利用される流通経済の広がりを『国府交易圏』としてとらえる」[36]とされたのである。ただ、こうした国府による流通経済が広がりをもっていなかったというつもりはないが、少なくとも八世紀における地方交易の大部分は、貴族官人の経済を支えた封戸租の軽貨交易、[37]また、法隆寺や大安寺を代表とする寺院が設置した庄倉での交易活動と瀬戸内海沿岸で開始された大規模塩生産の消費地への運漕にともなう交易を基軸にして、それに関わる形で遠距離交易と地方での交易が展開したと考えるべきであろう。本章で論じた深津市での交易実態をも考えると、数量的にも質的にも限定された「国符」による交易が地域交易の本質であるとすることはできず、寺社・貴族と地方豪族などを主体とする民間での交易にこそ本質をみるべきであり、論じてきたように「国府交易圏」と捉えるのでなく「地域交通・交易圏」と考えるべきである。それが、九世紀代に入り交易雑物制の進展と調庸物の水上運漕が公認され、さらに、輸入陶磁器を中心に東アジア交易と関わるようになり、地域交通圏が瀬戸内海交通圏となっていったのである。すなわち、令制の国を単位とした国府交易圏を基礎単位として瀬戸内海全体の交易圏が形成されたのではなく、拠点の河口部の津を中心に形成された基礎となる交通圏が地勢に規定され海域ごとに重層的に重なり地域交通圏を形成し、それが大陸・半島という東アジア世界と結びつくことによって瀬戸内海全域の交通圏を形成したと考えるのである。

おわりに

播磨灘・備讃瀬戸・西瀬戸内海の地域交通・交易圏は、在地首長が津を拠点として形成した小地域を基礎単位とし、それらが地勢に規定された海域において重層的に重なる形で形成されたと考えるのである。ただし、基礎単位である津・船瀬・泊を拠点とする小地域で個々の在地首長が掌握していたのは拠点である津や地方市であって、地域的交易圏そのものではない。それは、在地首長の津・地方市の支配が有効であるためには、津・市が海域全体の一部分として機能する必要があり、地域交通圏そのものを特定の氏族が支配することはなかったといえるのである。そして、こうしたことが、古代の地方豪族が、国造・郡領という立場を離れて、独立した社会的勢力として国家に対峙する形態をとることはなかったことの現れでもあった。そして、律令国家の側からいえば、国家の確立過程で地域からの貢納物輸納の全国体制を整備するのにともない、在地首長の交通独占を防止するために、公民に対し調庸物の陸路・人担での都鄙間交通を強制したのである。

しかし、八世紀後半になり物資の大量輸送や重量物の輸納と水上交通を不可避とする地域からの運漕が公認されると、瀬戸内海全域にわたる交通・交易圏が再編成され、それは東アジア世界とも結びついていったのである。貞観〜元慶年間の海賊が瀬戸内海全域で活動したのは、まさしく瀬戸内海全域に及ぶ交通圏が形成されていたが故のことであり、それは半島・大陸という東アジア地域とも結びついていたと考えられる。こうして成立・発展した東アジアのなかの瀬戸内海交通・交易のその後の展開は、平清盛による大輪田泊の改修に現れる瀬戸内海航路の整備と支配を通して進展した日宋貿易政策とその展開との関連で検討する必要があろう。

注

（1）拙著『日本古代水上交通史の研究』（吉川弘文館、一九八五年）以後、いくつかの関連諸論文で論じてきた。

（2）栄原永遠男「国府市・国府交易圏に関する再論」（『国立歴史民族博物館研究報告』第63集、一九九五年）、中村太一「日本古代の都鄙間交通―交易圏モデルの再検討から―」（『国史学』一九一、二〇〇七年）。

（3）拙著『日本古代水上交通史の研究』（前掲）・『古代国家と瀬戸内海交通』（吉川弘文館、二〇〇四年）。

（4）『続日本紀』天応元年正月庚辰条。

（5）飾磨津の初見記事は、長保四（一〇〇二）年三月五日の花山法皇の書写山行幸に際して法皇が「飾磨津湊」で下船したとの記事（「書写山円教寺旧記」『姫路市史　史料編』1、一九七〇年）である。

（6）東京大学史料編纂所架蔵「東大寺文書」三―六。勝浦令子「史料紹介『播磨国坂越・神戸両郷解』補遺」（『史学論叢』六、一九七六年）。

（7）拙著『日本古代水上交通史の研究』（前掲）。

（8）今里幾次「播磨の雲母土器」（『考古学研究』一三―四、一九七七年）、松下勝「大溝出土土器の概観」（兵庫県文化財調査報告第一二冊『長越遺跡』一九七八年）、松下勝「播磨のなかの四国系土器」・渡辺昇「長越遺跡における土器の搬入形態」（今里幾次先生古稀記念『播磨考古学論叢』精文舎、一九九〇年）。

（9）拙著『古代国家と瀬戸内海交通』（前掲）の第五章「地域交易圏と水上交通」。

（10）奈良国立文化財研究所飛鳥資料館編『飛鳥・白鳳の在銘金銅仏』（同朋舎、一九七九年）の星山晋也氏執筆部分。

（11）鎌木義昌・間壁忠彦「大飛嶋遺跡」（『倉敷考古館研究小報』一九六四年）、『岡山県史』一八巻、考古資料（一九八六年）、間壁忠彦・間壁葭子『日本の古代遺跡』23岡山（保育社、一九八五年）。

（12）谷若倫郎「来島海人の動向」『斎灘・燧灘の考古学』大西町教育委員会、一九九三年。

（13）東潮「鉄素材論」『古墳時代の研究』5　生産と流通Ⅱ、雄山閣出版、一九九一年。

（14）拙著『古代国家と瀬戸内海交通』（前掲）。

(15) 岸俊男「紀氏に関する一試考」『日本古代政治史研究』塙書房、一九六六年。
(16) 拙著『古代の地方豪族』吉川弘文館、一九八八年。本書第五章。
(17) 拙稿「大化前代の瀬戸内海交通」『古代国家と瀬戸内海交通』(前掲)。
(18) 高重進「律令制的国郡津制の成立と崩壊」『岡山史学』一八、一九六六年。
(19) 木下良『国府―その変遷を主にして―』教育社、一九八八年。
(20) 拙稿「讃岐国東・中部の地方豪族」・「『讃岐国戸籍』断簡と物部借馬連氏」『古代の地方豪族』(前掲)。
(21) 栄原永遠男「国府市・国府交易圏に関する再論」(前掲)。
(22) 『日本古代経済　交換篇第2冊　市場』東京堂、一九三三年。
(23) 拙稿『藤原純友』吉川弘文館、一九九九年。
(24) 拙稿「古代伊予国の出土文字資料について」『愛媛大学法文学部論集　人文学科編』第八号、二〇〇〇年。
(25) 愛媛県埋蔵文化財調査センター『県道「伊予―川内線」関連埋蔵文化財調査報告書』平松遺跡・旗屋遺跡Ⅰ、一九九三年。
(26) 高砂市教育委員会『高砂市文化財調査報告7塩田遺跡Ⅱ』一九七九年。
(27) 森内秀造「神戸市須磨区大田町遺跡出土『荒田郡』銘硯」『考古学雑誌』八〇―二、一九九五年。
(28) 「律令時代の交易」『日本経済史大系』1古代、東京大学出版会、一九六五年。
(29) 『奈良時代流通経済史の研究』塙書房、一九九二年。
(30) 注22と同じ。
(31) 「村落と市場」『日本中世の村落』日本評論社、一九四二年。
(32) 注29と同じ。
(33) 『歴史学研究』六一六、一九九一年。後に、『古代国家と瀬戸内海交通』(前掲)に所収。
(34) 拙稿「日本古代の情報伝達と交通」『古代東アジアの情報伝達』汲古書院、二〇〇八年。
(35) 『続日本紀』天平八年三月庚子条。

(36)「国府市・国府交易圏に関する再論」(前掲) 四〇頁。
(37)『令集解』賦役令封戸条古記、天平七年の相模国封戸租交易帳(『大日本古文書』一巻六三五～六四〇頁)。

第七章　法隆寺と伊予・讃岐の関係

はじめに

かつて、聖徳太子の伊予行幸の有無と法隆寺経営における瀬戸内海交通の役割を検討し、次の四点を指摘したことがあった。[1] ⓐ法興六（推古四＝五九六）年に聖徳太子が恵慈法師と葛城臣をともない伊予の温泉に行幸し、伊社邇波岡に「碑文」を建てたという『伊予国風土記』逸文の記事は史実でないこと。[2] ⓑ聖徳太子の伊予行幸伝承が伊予の地で作り上げられたのは、八世紀前半に伊予国の政治的中心地が道後平野から越智郡の今治平野へ移動するに際し、道後平野に蟠踞した久米直氏などが法隆寺の勢力と結びついて、道後平野の優位性を主張するためであったと想定できること。ⓒ法隆寺が設置した庄の実態は、広範な水田を領有してそこから米を輸納するというものでなく、瀬戸内海交通を利用した交易活動をおこなう拠点であったと考えられること。ⓓ讃岐と伊予国において法隆寺の庄が設置された郡と法隆寺式軒丸瓦を出土する地方寺院跡とは直接結びつかず、法隆寺式軒丸瓦は庄の非設置郡域からも出土することよりして、両者を単純に結びつけるべきでないということなどであった。

こうした聖徳太子の伊予行幸を伝承とする見解に対し、東野治之氏は、法隆寺釈迦三尊像の鋳造は丁卯（六〇七）

年の薬師如来像より先行するとの判断を重視し、法隆寺金堂釈迦三尊像の光背銘は癸未（推古三十一＝六二三）年頃の仏像造立の過程で構想されたもので、そこにもみえる「法興」年号はこの頃のものと理解[3]したうえで、①『伊予国風土記』逸文の湯岡碑文にみえる「逍遥夷与村」の「夷」表記は、元興寺伽藍縁起所引の元興寺丈六光銘に「多知波奈土与比天皇、夷波禮濱邊宮」とみえ古い表記であること、②「法興元卅一年」記載をもつ法隆寺釈迦三尊像の光背銘の「上宮法皇、枕病弗悆、干食王后、仍以労疾」の「干食」との表記は、飛鳥石神遺跡第一五次調査で出土した出土木簡に「大鳥連淡佐充干食」「□部白干食」[4]とみえ古い表記と考えられるという二点をあげ、聖徳太子の伊予の温泉行幸は史実である可能性があるのではないかと述べられた。[5]

東野氏の見解は、法隆寺釈迦三尊像と光背が一体のものとして鋳造されたことを明らかにされたといえるが、その鋳造時期が癸未（六二三）年ということの論証とは別である。釈迦三尊像と光背が後代の作の可能性がないとする論拠は、この鋳造は丁卯（六〇七）年の薬師如来像より先行するとの判断を重視しそれに従っていることにある。仏像の鋳造技法について言及する能力はないが、薬師如来像の光背銘にみえる「治天下天皇」「大王天皇」との「天皇」記載よりして、薬師如来像と光背銘が法隆寺再建過程で鋳造された可能性が高い。つまり、丁卯年の薬師如来像と光背銘も法隆寺再建過程での鋳造で、その前後とみることもでき、仏像鋳造の前後関係は銘文作成時期の特定にとって決定的なものではないと考える。さらに、①の点では、元興寺丈六光銘の文章そのものの成立時期が問題であり、同銘文に「丈六光銘曰、天皇名広庭」をはじめ七箇所の「天皇」記載がみえることよりして、六世紀末に記された文章といえるかきわめて問題がある。また、②の点では、七世紀後半に「干食」（カシワデ）という表記がなされたことが認められるにすぎない。東野氏が論拠とされるのは、「法興」年号が聖徳太子の死後直後に存在したということであるが、「法興元卅《世》一年」の理解もあり、六世紀末に「法興」年号が成立した証明とはなっていなく、湯岡碑文そのものが六世紀末に記された論拠にはならないであろう。こうした点よりしても、六世紀末における聖徳太子の伊予温泉行幸を後の創作とする旧説を撤回する必要はないと考える次第である。

ただ、聖徳太子の伊予温泉への行幸伝承が史実でないとしても、七世紀後半から法隆寺と伊予の道後平野が密接な関係にあったことは、天平十九(七四七)年の法隆寺伽藍縁起幷流記資財帳における伊予国の一四箇所の庄の存在と、道後平野より出土する法隆寺式軒丸瓦よりして間違いない。とすると、いかなる理由によって聖徳太子の伊予行幸伝承が形成され、法隆寺と伊予道後平野が結びついたのかを明らかにする必要がある。この点について前稿では、畿内王権と伊予道後平野との関係成立には、伊予来目部小楯の活動を契機とし、その出身母体である久米国造の後裔久米直氏が重要な役割を果したと考えた。しかし、七世紀後半以後の法隆寺再建過程で、法隆寺が伊予・讃岐地域にその経済的基盤である庄を設置しえた理由については明確にすることができず、承和十三(八四六)年の法隆寺僧善愷の訴訟事件や、貞観八(九六六)年の応天門の変が関連するのではないかとの指摘にとどまっていた。そこで、本章では、法隆寺が伊予・讃岐両国に数多くの庄を設置することができた理由を中心にして論じ、そのうえで、法隆寺再建に関与した中央氏族がいかなる氏族であったのかとの点についても言及できたらと考える。

第一節　伊予の久米直氏と山部連氏

伊予の道後平野は、瀬戸内海地域でも最も生産力の高い地域であったこともあり、畿内王権にとってきわめて重要な位置を占めていたことが以下の点より推定できる。つまり、吉備以西における前期古墳の分布状況より、畿内王権の四・五世紀における瀬戸内海交通の主ルートが摂津→吉備→讃岐→伊予→豊前・豊後であったこと(6)、また、最初の対外戦争である百済の役において、斉明一行が西海道に上陸する前の二カ月強のあいだ道後平野に滞在していることなどに端的に現れている。『日本書紀』宣化元年五月辛丑条に「夫筑紫国者、遐邇之所二朝届一、去来之所二関門一」と記されるように、北部九州地域は畿内王権の対半島の前線基地と認識されていたが、継体二十一（五二七）年の筑紫国造磐井の乱や、斉明七（六六一）年の朝倉橘広庭宮での神火騒動、九世紀後半の貞観年間における新羅と結んだ海賊活動(7)などにみられるように、必ずしも全面的に信頼できる地域ではなかった。それに対して、道後平野に蟠踞した久米直氏は、集団歌である久米歌・久米舞が大王に忠誠を誓う宮廷儀礼の歌舞となったことに具現するように、畿内王権の権力基盤の一つと位置づけられていた。こうしたことは、七世紀の西瀬戸内海における政治的拠点として形成・展開した久米官衙遺跡群の存在とその性格よりも傍証できる。つまり、畿内王権と道後平野とを結びつけたのは、五世紀中期に道後平野に設置された久米部の在地管理氏族であった久米国造であり、久米国造である久米直氏が大王近侍氏族へと発展していくうえで、重要な役割を果たしたのが伊予来目部小楯であったと考えられる(8)。

かかる伊予来目部小楯の活動は、『古事記』『播磨国風土記』にもみえるが、『日本書紀』の記載が最も詳細で、かつ、物語の主体である小楯が播磨国の縮見屯倉で後の顕宗・仁賢を発見したとする点もほぼ同じであるので、『日本書紀』によってその概要を述べる。『日本書紀』清寧二年冬十一月条には、「依二大嘗供奉之料一、遣二於播磨国一司、山部連先祖伊予来目部小楯、於二赤石郡縮見屯倉首忍海部造細目新屋一、見二市辺押磐皇子々億計・弘計一、畏敬兼抱、思レ奉二為君一、奉養甚謹、以レ私供給、便起二柴宮一、権奉二安置一、乗駅馳奏、天皇愕然驚歎、良以愴懐曰、懿哉、悦哉、天垂二薄愛一、賜以二両児一」とみえ、『日本書紀』顕宗元年四月丁未条には「詔曰、凡人主之所二以勧レ民者、惟授官也、国之所二以興一者、惟賞レ功也、夫前播磨国司来目部小楯、更名磐楯求迎擧レ朕、厥功茂焉、所二志願一勿レ難言、小楯謝曰、山官宿所レ願、乃拝二山官一、改賜二姓山部連氏一、以二吉備臣一為レ副、以二山守部一為レ民、褒レ善顕レ功、酬レ恩答レ厚、寵愛殊絶、富莫二能儔一」とみえている。

すでに論じたように[9]、かかる伝承は架空の物語ではなく、一定の史実にもとづいたものと考える。すなわち、伊予来目部小楯が「播磨国に遣わされる司」（『古事記』では「宰」、『播磨国風土記』美嚢郡条では「針間国之山門領」とみゆ）として大嘗祭の「供奉之料」を徴収するために播磨に赴いたとき、縮見屯倉首である忍海部細目の新築祝いで後の顕宗・仁賢を発見し、その後に弘計皇子が顕宗天皇、億計皇子が仁賢天皇として即位した。顕宗天皇の即位に際し、小楯は「拝二山官一、改賜二姓山部連氏一、以二吉備臣一為レ副、以二山守部一為レ民」とされた。伊予の久米部の在地管理氏族出身であった来目部小楯は「山部連」に賜姓され、ここに伊予の久米直氏と中央の山部連氏の間に同族関係が形成されたのである。『古事記』応神天皇条の「此之御世、定二賜海部、山部、山守部、伊勢部一」より、山部は全国の山からの食料（山の幸）を貢納することを職務とする氏族であったと考えられているが[10]、山部連に賜姓された来目部小楯の副官に吉備臣が任命されていることに注目すると、小楯が任命された山官の任務は単に山の食料を供給することだけでなく、吉備地域における鉄製品を主とする地下資源の産出にも携わっていたと考えられる[11]。そして、吉備地域の山官に任命されたことを通して軍事氏族としての性格も付与され、後の宮城十二門の門号氏族である山部連となり、大伴氏の支配下に組織されていったと考えられるのである。

山部氏は全国に存在しているが、その多くは西国に分布し、特に大和・近江・播磨に集中しているのが特徴である。また、山部氏の畿内における本拠地は郷名より大和国平群郡夜摩郷であったと考えられる。そして、かかる山部連氏が法隆寺と深い関係にあったことはすでに岸俊男氏[12]が指摘している。その最大の論拠は、法隆寺をはじめ、正倉院と東京国立博物館に所蔵されている法隆寺へ献納された命過幡の墨書銘である。法隆寺に献納されたとみられる命過幡に墨書が施されているのは二〇例存在し、そのうち山部氏に関連するものは以下の四例である。

①辛酉年三月朔六日山部殿如在形見為願幡進三宝内

②癸亥年山部五十戸婦為命過願造幡之

③山部連公奴加致児恵仙命過往□

④山部名嶋弖古連公過命時幡

これらの命過幡で問題となるのはその作成時期である。狩野久氏[13]は紀年が干支年号記載であることを論拠[14]として、「辛酉年」は斉明七（六六一）年、「癸亥年」は天智二（六六三）年と考えた。命過幡の紀年には、上記以外に「己未年」「辛未年」「壬辰年」「壬午年」「戊子年」「丁丑年」などが存し、これらも含め全てが七世紀代のものとする見解と、八世紀代のものを含むとの見解が存在[15]しているので、①～④の四点の墨書銘について、その作成時期を中心にして言及しておきたい。

①の読みについては、「如在形見」を「奴在形見」と、「形見」を人名としたり、「死者の形見」とする読みもあるが、「辛酉年三月六日に、山部殿が在りし形の如く見む為め、願う幡を三宝内に進む[16]」に従うべきであろう。狩野氏は、「辛酉年」は七二一（養老五）年と考えられていたが、書式・書風、干支年号より斉明七（六六一）年とされている。②については、「山部の五十戸婦の為に命過のとき願ひて幡を造り」との小林芳規氏[17]の読みに従って、「山部五十戸」を「山部里」のこととみなし、「癸亥年」は天智二（六六三）年であると考えられた。こうした狩野氏の見解に対して東野治之氏[18]は、「五十戸」記載は八世紀代にもみられることと、天平十九年の法隆寺伽藍縁起并流記資財帳と天平宝字五年の東院資財帳のうち、聖徳太子に関連する資財以外のほとんどが天武・持統朝以降の人物によるものであることを論拠とし、①「辛酉年」と②「癸亥年」は、養老五年と同七年と考えるべきであると主張している。「辛酉年」と「癸亥年」を養老五年・同七年と六〇年下げて考えた理由は、一連の命過幡は法隆寺の再建過程で献納され

たものとの考えに起因しているのではないかと推測される。確かに、「五十戸」記載は氏名を記した可能性[19]があることと、八世紀代にも「五十戸」記載がみえることより、東野氏の見解に従うべきかもしれない。

さらに、命過幡ではないが、法隆寺所蔵の平絹大幡残欠に「讃岐国三木郡山部里己西部豊日調[20]」との墨書が存在するのが注目される。里表記よりして霊亀三（七一七）年以前に、讃岐国三木郡山部里己西部（巨勢部）豊日の負担した調の布が法隆寺へ施入されたことを示すものであろう。讃岐国三木郡にも法隆寺は二箇所の庄を設置していることに注目すると、法隆寺へ施入された調布が讃岐国三木郡の山部氏の負担したものであったことが偶然であるか否か気になる。いずれにしても、こうした幡の法隆寺への施入が八世紀初頭にはおこなわれていたことが確認でき、再建後の法隆寺への施入の可能性が高い。ただし、後述のように再建以前に設置された法隆寺領の播磨国鵤荘周辺に山部氏が数多く分布することより、法隆寺の火災以前に山部氏が法隆寺に関連していた可能性は存在する。さらに、和銅五（七一二）年五月十日に大和国各郡より九人の人々を平城宮に急ぎ集めるために使用された木簡[21]が平城京の二条条間大路南側溝より出土し、そのなかに平群郡の「山部宿祢東人」の名前がみえ、山部連一族が法隆寺の地元である大和国平群郡夜摩郷を本拠地としたことは間違いない。このように平群郡に蟠踞した山部連氏が法隆寺に深く関与していたことは以下の諸点よりも確認できる。すなわち、①「法隆寺伽藍縁起并流記資財帳」には法隆寺が所有する山林に「大倭国平群郡屋部郷一地」があり、その四至記事には「南限寺領」とみえ、「屋部郷」との記載は後の「夜麻郷」のことと考えられること、②『日本霊異記』上巻四話にみえる岡本村の法林（法輪）寺の東北隅の「守部山」も「山守部」のことと考えられること、③播磨国を法隆寺の経済的基盤とするのに際して山部連氏が重要な役割を果たしたと考えられること、④法隆寺の食封に「上野国多胡郡山部郷五十戸」（法隆寺伽藍縁起并流記資財帳）が存在することなどである。

山部連氏が大和国平群郡夜麻郷に蟠踞するに至った時期と伊予来目部小楯の山部連の賜姓とが関連するか否かは不詳であるが、法隆寺と山部連氏とが密接な関係にあり、法隆寺の再建に山部連一族が大きな役割を果したことは間違いない。法隆寺経営を考える時注意しなければならないのは、法隆寺の建立当初より全所領の半分近くを占めた播磨国揖保郡の水田の経営がどのようにおこなわれていたのかという問題である。

法隆寺伽藍縁起并流記資財帳によると、摂津国揖保郡の所領二一九町一段八二歩の記載についで、「右、播磨田、小治（田脱か）大宮御宇　天皇戊午年四月十五日、請二上宮聖徳法王乎一、令レ講二法華勝鬘経一而、布施奉二地五十万代一、即納賜者之中十万九千五百六十一束二把代、成町二百十九町一段八十二歩(22)」と記している。この部分の記載は資財帳冒頭の「又戊午年四月十五日、請二上宮聖徳法王一、令レ講二法華勝鬘経一岐」に対応し、かつ、法隆寺の所有に対し「播磨国佐西地五十万代布施奉、此地者、他人口入犯事波不在止白而、布施奉止白岐」と他人が犯すことを許さないことを述べているのにも対応している。かかる播磨国鵤荘の経営については、『日本霊異記』上巻第五話「信二敬三宝一得二現報一縁」における大花上位大部屋栖野古連が水田司に任命されたという伝承が注目される。水田司については後述するが、注意しなければならないのは鵤荘周辺に分布する山部氏の存在である。

そこで、播磨国に分布する山部氏を表示すると表22のようになり、表22より知られる点には次の事柄があげられる。

（1）播磨国における分布特徴

播磨国東部地域に山直氏、西部地域に山部氏というようにその分布が分かれていることが特徴である。『新撰姓氏録』によると、山直は、摂津国神別「天御影命之十一世孫山代根子之後也」と、和泉国神別「天穂日命十七世孫日子曾乃己呂之後也」とみえるが、山部は『新撰姓氏録』にはみえていない。この理由は、『続日本紀』延暦四年五月丁酉条に「又臣子之礼、必避二君諱一、比者、先帝御名及朕之諱、公私觸犯、猶不レ忍レ聞、自レ今以後、宜二並改避一、於レ是

表22　播磨国の山部氏の分布

郡名	郷名	氏名と備考	出典
明石郡		山直乙麻呂（吉田南遺跡出土木簡）	日本古代木簡選
賀古郡		山直	風土記
多加郡	賀美郷	山直国足（戸主山直枝の戸口）	大日古25－125
	那珂郷	山直小弓	平概31－30
		山直古麻呂・山直乙知女・山直恵徳（既多寺知識）	日本写経総覧
宍粟評		小□□、山部赤皮□□	藤Ⅱ－548
宍禾郡	山守里	山部三馬（里長）　＊後に安師里と改名	風土記
	〃	山部加之ツ支	平概10－６
	〃	・播磨国宍粟郡山守里□□・日奉部奴比白米一俵	木簡研究21－22
	〃	山守里穴毛知俵	飛概13－19
	比治里	山部比治（里長）	風土記
	柏野里	山部子人米五斗	平Ⅱ－1955
	柏野郷	山部人足米五斗	平概11－14
赤穂郡	野磨郷	野磨駅	風土記・延喜式

改二姓白髪部一為二眞髪部一、山部為レ山」と記されるように、桓武即位にともない山部氏は山氏となったことによっている。つまり、九世紀以降の山直氏は山部氏と同族とみられるが、八世紀代の山直と山部との関係が問題となる。一般的には、山部氏にはカバネがなく、山氏は直姓であることより、山直―山部ともみられるのであるが、法隆寺関係の山部は、上述した命過幡の③に「山部連」とみえることと、伊予来目部小楯は「山部連」と賜姓されていることよりして、法隆寺に関連するのは山部連―山部・山守部である。

（２）山部氏が播磨西部に集中すること

表22で確認できるように、宍禾郡（評）には山部氏が数多く分布し、なかでも、『播磨国風土記』宍禾郡比治里条の「山部比治、任二里長一、依二此人名一故曰二比治里一」や、同郡安師里条の「故曰二須加一、後号二山守里一、所二以然一者、山部三馬、任為二里長一、故曰二山守一、今改名為二安師一者、因二安師川一為レ名」との記事は注目される。すなわち、宍禾郡の山守里と比治里の里長に山部氏が任命されていたことを示し、また、宍禾郡安師里はもともとは「須加」という地名であったが、編戸された里の長に山部三馬が任命されたことにより山守里とされたが、現在は安師里となったという地名変遷を記してい

る。いずれにしても、宍禾郡比治里と安師里の里長に山部氏が任命されたことは間違いなく、山部氏がこの地域の有力氏族であったことが知られる。さらに、比治里の所在地は、宍禾郡の最南部に位置して現在の兵庫県宍粟市山崎町比地の地で、山守里（安師里）の比定地は、兵庫県姫路市安富町安志（旧安師村）で、比治里の東側に位置していると考えられる[23]。そして、山守・比治里の南側には揖保郡が存在し、同郡には法隆寺の全所領の半分を占める鵤荘が存在しているのである。

以上のように、播磨国には数多くの山部氏が分布し、かつ、法隆寺建立時より存在していたと考えられ、山部氏が法隆寺経営に深く関与していたことは間違いないであろう。

第二節　法隆寺の庄倉と伊予・讃岐との関係

前節で論じたように、法隆寺と伊予の道後平野との間で密接な関係が成立するには、伊予来目部小楯へ山部連が賜姓され、久米直氏と山部連に同族関係が形成されたことが重要な前提であった。すなわち、法隆寺に献納された命過幡の銘文に山部連氏がみえ、かつ、法隆寺の所在地である大和国平群郡夜摩郷との地名、法隆寺最大の所領が存在する播磨国西部に山部氏が分布することなどよりして、山部連氏と法隆寺の密接な関係が想定でき、伊予久米郡の久米直氏―山部連―大和国平群郡夜摩郷―法隆寺という関係が認められるのである。

法隆寺が保有する所領は、近江国に二一町七段一四四歩、大和国に四九町一段五七歩、河内国に八七町六段一八七歩、摂津国に三一町六段二八八歩、播磨国に二一九町一段八二歩が存在し、総計は四〇九町三段三八歩であった。これら所領の国別比率は近江国が五・三％、大和国が一二％、河内国が二一・四％、摂津国が七・七％、播磨国が五三・

五％であり、法隆寺の所領において播磨国揖保郡の占めるウエイトがきわめて大きいことが知られる。さらに、法隆寺が所有した「合處處庄肆拾陸處」の庄について、天平十九（七四七）年の法隆寺伽藍縁起幷流記資財帳は以下のように記している。

合庄庄倉捌拾肆口　屋壱佰壱口
右京九条二坊壱處
近江国壱處在栗太郡物部郷
大倭国貳處平群郡一處　添下郡一處
河内国陸處大縣郡一處　和泉郡一處　渋川郡一處　志貴郡一處　日根郡一處　更浦郡一處
摂津国伍處西成郡一處　川辺郡一處　武庫郡一處　雄伴郡二處
播磨国参處明石郡一處　賀古郡一處　揖保郡一處
備後国壱處在深津郡
讃岐国拾参處大内郡一處　三木郡二處　山田郡一處　阿野郡二處　鵜足郡二處　那珂郡三處　多度郡一處　三野郡一處
伊予国拾肆處神野郡一處　和気郡二處　風速郡二處　温泉郡三處　伊余郡四處　浮穴郡一處　骨奈嶋一處

すなわち、法隆寺は全体で四六箇所の庄を保有し、伊予国に一四箇所、讃岐国に一三箇所の計二七箇所が存し、両国で全体の五九％を占めていて、法隆寺と讃岐・伊予国との関係は庄倉の設置を通してきわめて密接な関係にあったと考えられ、かつ、かかる庄の実態がいかなるものであったのかが問題となる。

資財帳における庄と庄倉の表記は、「合處處庄肆拾陸處」、「合庄庄倉捌拾肆口　屋壱佰壱口」であり、四六箇所の庄は、庄倉八四口、屋一〇一口よりなり、水田領有の記載はない。この記載よりすると、庄の基本的な構造は、一～

二棟の庄倉と、二～三棟の屋より構成されていたと考えられる。かかる庄の実態を解明する際に注目される史料として大安寺伽藍縁起并流記資財帳[24]の庄記載があるので、以下において関連記事を掲げて検討したい。それによると、「合處處庄拾陸(ママ)處、庄庄倉合廿六口、屋卌四口」と記され、大和国に五箇所、山背国に三箇所、摂津国に一箇所、近江国に六箇所、伊賀国に二箇所の計一七箇所の庄倉を保持し、大和～摂津国の庄について次のように記している。

大倭国五處

一在十市郡千代郷　一在高市郡古寺所　一在山辺郡波多蘇麻　一在式下郡村屋　一在添上郡瓦屋所

山背国三處

相楽郡二處、一泉木屋所幷園地二町、東大路、西薬師寺木屋、南自井一段許退、北於大河之限、一棚倉瓦屋、東谷上、西路、南川、北南大家野之限、乙訓郡一處、在山前郷

摂津国一處

在西成郡長溝郷庄内地二町、東田、西海即船津、南百姓家、北路之限

以上の記載に注目すると、大安寺の庄の存在形態は次の諸点にまとめることができる。

①最初に注目されるのは、大倭国添上郡の「瓦屋所」と山背国相楽郡の「棚倉瓦屋」との記載である。前者の添上郡の「瓦屋所」は、本来、瓦を生産した「造瓦所」を庄としたものと推定され、後者も地名である棚倉に存した「瓦屋」を庄としたもので、水田が主たるものでなかったと考えられる。

②相楽郡に存在する一箇所の庄は「泉木屋所幷園地二町」とみえ、「園地二町」を付属した木屋所である。また、摂津国の一処は「庄内地二町」とみえ、園地もしくは水田を二町程度を保有していたと考えられる。

③大和国の「式下郡村屋」、山背国の「泉木屋所」と「乙訓郡一處、在山前郷」、摂津国の「在西成郡長溝郷、(中略)、

西海即船津」などより、いずれも交通の便地に設置されていたことが知られる。

以上の諸点よりすると、大安寺や法隆寺が保有していた庄は、造東大寺司が交通の要衝に設置した「○○所」「○○宅」「○○庄」といったものと同じ形態である可能性が最も高いと考えられるが、法隆寺の庄の形態とその経営実態については次のような見解が存在している。すなわち、法隆寺の庄を水田を主とする所領と考え、難波から瀬戸内海を通じて海外にでる制海権を掌握するために設置したと理解する上原和氏の見解である[25]。かかる見解に対して、坂本太郎氏は「庄はいわば別荘のようなもので、家と倉とがあった場所をいう。大安寺の『資財帳』を見ると、瓦屋であったり、稀に二町くらいの園地を伴うものもあるが、主体は家屋である。法隆寺の庄の、讃岐十三処、伊予十四処というのはいかにも多いが、恐らくは海岸の船着きに設けられた家屋・倉庫で、内海航行の便宜のためのものであったであろう」、「法隆寺再建後、寺僧や檀越らの努力によって、法隆寺に寄進せられたものと見る方が、自然ではあるまいかと思う[26]」と述べている。さらに、鬼頭清明「法隆寺の庄倉と軒瓦の分布[27]」は「墾田を直接の庄園成立の舞台とするのではなく、庄倉における稲を中心とする動産の出挙、交易を媒介に経営されたという点で初期庄園より一層古い『庄』経営であったと思われる」と指摘している。法隆寺の資財帳の「庄」記載には、水田記載はなく、一～二棟の倉と二～三棟の屋より構成されていたことよりしても、坂本・鬼頭氏の見解によるべきと考える。すなわち、かかる庄の存在形態は造東大寺司が設置した勢多庄の形態ときわめて類似したもので、大量の水田を領有することはなく、必要な諸物資を交易で調達・集積し、それらを関連の諸「庄」や「所」へ運送することを主とする地域の交易・集積・運送拠点で、周辺に二、三町の水田か陸田を保有していたと考えられよう[28]。

ただ、岸俊男氏「賃租の実態[29]」は、『法隆寺大鏡』に所収されている以下の三点の「法隆寺所領文書」を紹介して、次のような見解を述べている。

法隆寺学問印

ⓐ上原田八段　未開
中原田八段　未開
次原田九段二百十歩　未開
上泉田七段百廿歩八歳開 六段二百卌歩未開　直五升　丈部色己夫
次泉田二段八十歩　未開
墓廻田九段二百卌歩一段沽 八段二百卌歩未開　直二斗□升　丈部色己夫
□墓廻田五段□百七十歩　未開
下庄内田四段□百歩　未開
　以上鵤足⌈
川⌈⌋庄内田五段　直一石二斗　田部縫女
大内田二町五　直絁五匹　秦乎波豆
天平勝宝九歳正月廿一日
「⌈⌋荒⌈⌋段二百歩　若五町者可輸米八石二斗
内三⌈　⌋文者□所司手」（異筆）

ⓑ
⌋絁五匹
⌋鵤足二郡米佑⌈

ⓒ
⌋□⌈
⌋寶八歳開益

以上三点の断簡文書は、ⓐ文書の「以上鵜足」と、ⓑ文書の「　□鵜足二郡」との記載より、讃岐国における法隆寺の庄関係のものと推定されている。ついで、ⓐ文書における記載は、「〇〇田〇段〇歩」という土地の名称と面積、「直〇石〇斗」という「直」記載、最後に人名の順序で記されており、なかでも、「一段沽、直二斗□升　丈部色己夫」記載よりすると、まさしく賃租に関する文書と考えられる。すなわち、人名は賃租人の名前で、「直」は地子料を示し、法隆寺の讃岐国鵜足郡の庄経営は賃租経営であったことを物語っているのである。さらに、ⓐ文書の最後の三行は、賃租の直米収納に関する総括的記載で、五町余が二郡に及ぶ開田部の総面積ということになろう。

□三百二歩□

こうした岸氏の推定はきわめて可能性の高いものと考えるが、鵜足郡の所領は未開地が約五三段で、開田は一段一二〇歩にすぎず未開地が多い。それに対して、郡名未詳の郡に存在する「川□□庄」には「内田五段」と「大内田二町五段」の開田があり、それらが賃租されていることよりして、同郡には少なくとも二箇所の開田があり賃租されていたと考えられる。上述したように法隆寺は讃岐国鵜足郡に二箇所の庄を保有しており、かつ、大安寺の摂津国の庄記載に「在西成郡長溝郷庄内地二町」と庄内地二町がみえることを考えあわせると、この三点の断簡文書は讃岐国の法隆寺の庄経営の実態を示した可能性は高い。以上より、庄倉と屋よりなる法隆寺の庄の実態は、造東大寺司が中央交易圏に設置した「所」「宅」「庄」などが保持していた機能と本質的には同様なもので、庄における賃租経営といっても、それは二～三町程度の水田を賃租するものであって、庄に派遣された、あるいは任命された庄領が直接水田を耕作するという形態ではなかったと考えられるのである。

次に、資財帳以外による讃岐・伊予国と法隆寺の関係は、法隆寺式軒丸瓦の出土状況からも指摘されているので[30]、この点について検討する。

讃岐国における法隆寺式軒丸瓦の出土は丸亀平野に限定され、多度郡仲村廃寺の八葉複弁蓮華文と均正忍冬唐草文のセット、同郡善通寺と三野郡道音寺の法隆寺式八葉複弁蓮華文軒丸瓦が存在している。それに対して庄は、大内郡一處、三木郡二處、山田郡一處、阿野郡二處、鵜足郡二處、那珂郡三處、多度郡一處、三野郡一處というように讃岐の中・東部地域にも存在していることより、法隆寺の庄と法隆寺式軒丸瓦出土寺院とをただちに結びつけることはできない(31)。なお、仲村廃寺と道音寺の軒丸瓦は、「内区の8弁蓮華文にすぐ接して鋸歯文をつけており、圏線をめぐらさない」という特徴をもち、こうした点は道後平野出土の法隆寺式軒丸瓦と共通するという指摘(32)がある。

ついで、伊予国における法隆寺式軒丸瓦は、讃岐の仲村廃寺と道音寺と同様の特徴をもっているが、亀田修一氏の研究(33)によると、伊予の法隆寺式軒丸瓦は、㋐大型中房に「一＋七＋一二」の連子をもつ温泉郡湯之町廃寺・来住廃寺・中村廃寺出土瓦、㋑大型の中房に「一＋五＋一二」の連子をもつ温泉郡湯之町廃寺・石手寺出土瓦、㋒小型の中房に「一＋五＋一二」の連子をもつ伊予郡上吾川廃寺出土瓦、㋓中房に「一＋五＋一〇」の連子をもつ周敷郡法安寺出土瓦、㋔中房に「一＋六＋一二」の連子をもつ越智郡の他中廃寺出土瓦に大別できるという。そして、①法隆寺式軒丸瓦の伊予への伝播は、法隆寺式軒丸瓦の瓦工が六七〇年から七〇〇年の間に范型をもたずに伊予に来たと想定できる。②一般的な法隆寺式軒丸瓦のセットをなす平瓦は忍冬唐草文であるが、道後平野では重弧文の軒平瓦をセットとしている。③忍冬唐草文の軒平瓦をセットとするのは久米郡の朝生田・中ノ子廃寺であり、この工人は大和国平隆寺の工人が范型をもって伊予へ来たと考えられるという。こうした亀田氏の指摘に従うと、法隆寺式軒丸瓦の出土そのものから、ただちに法隆寺と道後平野に存在したであろう諸寺院址との関係を結びつけることには慎重であるべきと考える。ただし、軒丸瓦の文様を選択する際に、法隆寺の瓦の文様を利用したことは事実であり、そこに一定の関係を認めることはできるが、そのことより法隆寺の末寺のような存在とすることはできないであろう。

伊予の道後平野における最古の瓦は、久米官衙遺跡群出土の素弁十葉の軒丸瓦と重弧文の平瓦よりなるセットである。かかる軒丸瓦が出土することについては、舒明十一（六三九）年七月に舒明天皇の発願によって建立された百済大寺（吉備池廃寺）で使用された素弁八葉蓮華文の軒丸瓦が、摂津の四天王寺造営を経由する過程で、八葉とともに素弁十葉の蓮華文が造られ、その素弁十葉の軒丸瓦が、久米官衙遺跡群内に造営された仏堂で使用されたと考えられる。(34) そして、久米官衙遺跡群の中枢をなす一辺一〇〇メートルの回廊状遺構が廃絶した七世紀第4四半期以後になると、上述の法隆寺式軒丸瓦が道後平野全体で使用されるようになったと考えられる。いずれにしても、こうした法隆寺式軒丸瓦の使用を法隆寺の庄の設置と直結して考えることはできないが、法隆寺との何らかの関係は認められ、その関係は七世紀第4四半期以後とみられるのである。

第三節　大伴氏と法隆寺

法隆寺が讃岐〜伊予に数多くの庄を設置していたことについて、古くは横田健一氏(35)が「それが遠い四国の讃岐、伊予の二国に庄の大半が集中しているのである。これは何としても不可解な問題である」とし、「建築資材に関するもの」ではないかと述べたところである。それ以後様々に論じられてきたが、現時点では既述したように、庄は二〜三町の水田を保有し、そこでは賃租経営するとともに出挙や交易活動がおこなわれ、法隆寺の地方における経済活動の拠点として設置されたと考えるべきであろう。しかしながら、何故に法隆寺は庄を讃岐・伊予国に集中して設置しえたのかという点についての検討はいまだおこなわれていない。

拙著『古代国家と瀬戸内海交通』（吉川弘文館、二〇〇四年）では、大化前代の瀬戸内海交通を検討し、大伴氏が伊予・讃岐の瀬戸内海四国側地域と密接な関係にあったことを以下の諸点より主張した。すなわち、伊予国では、大伴氏と同族関係にある久米直氏が大王家と密接な関係を保持して伊予国久米郡に蟠踞し、久米郡の南側浮穴郡の郡領である浮穴直氏も久米直氏の同族であった。また、道前平野には、大伴首氏と宮城十二門号氏族である佐伯氏と多治比氏が周敷・桑村郡に分布し、周敷郡の多治比氏は郡領氏族に相当する存在であった(36)。すなわち、道後平野に蟠踞した久米直氏が大伴氏の同族であったことと、大伴氏の支配下にあった宮城門号氏族(37)である道前平野の佐伯・多治比氏を通して、大伴氏は伊予国に大きな影響力を保持していたといえるのである。次に、讃岐国における大伴氏の存在とその影響力の存在は、鵜足郡と多度郡における大伴部の分布(38)と、空海などを輩出した多度郡の郡領氏族佐伯直氏と伴吉田連氏が分布していることで確認できる(39)。すなわち、播磨・讃岐・伊予・安芸・阿波に分布した佐伯部を在地で管理した佐伯直氏は大伴氏と同族であると主張し、大伴氏もそのことを認めていた。こうした大伴氏と佐伯直氏の関係は、『日本三代実録』の貞観三年十一月十一日条において、多度郡の佐伯直氏が宿祢への改姓と平安京への改居に際して、伴宿祢善男が「謹検二家記一、事不二憑虚一、従レ之」と尽力したと記されていることで確認できる。こうした大伴氏の影響力は、讃岐・伊予という瀬戸内海の四国側だけでなく、播磨国においても存在していたことは、大伴氏が赤穂郡における塩生産に深く関与していた(40)ことで確認でき、大伴氏は播磨・讃岐・伊予という瀬戸内海地域を勢力基盤としていたことが知られるのである。

以上のように、播磨・讃岐・伊予地域が中央の大伴氏に密接な関係にあったことが確認できる。そして、こうした三地域に法隆寺は所領と数多くの庄を設置しているのであるが、かかる拠点形成に際して大伴氏が重要な役割を果たしたことは次の諸点より明らかである。

（1）『日本霊異記』上巻第五話「信二敬三宝一得二現報一縁」

本説話は、紀伊国名草郡出身の宇治大伴連の先祖である大部屋栖野古《(ママ)》連公が三尊像をつくって飛鳥豊浦堂に祭ったところ、物部弓削守屋による毀仏廃寺に際してもそれに従わなかったので、聖徳太子に厚く遇せられ、死後も復活して大花上となり死去したという内容である。物部弓削守屋の毀仏廃寺に反対した大部屋栖野古の行動は具体性を欠く記述であるが、聖徳太子との関係については、「立二厩戸皇子一為二皇太子一、即以二屋栖古連公一為二太子之肺脯侍者一、天皇代十三年乙丑夏五月甲寅朔戊午、勅二屋栖古連公一曰、汝之功者長遠不レ忘、賜二大信位一、十七年己巳春二月、皇太子詔二連公一而遣二播磨国揖保郡内二百七十三町五段餘水田之司一」と具体的にみえ、聖徳太子に厚く用いられ、推古十七（六〇九）年二月には、播磨国揖保郡の二七三町五段の法隆寺領「水田之司」(41)に任命された。そして、聖徳太子の死去に際して出家することを願い出たが許可されず、推古三十二（六二四）年には僧都になり、推古三十三年に一度死去したが蘇生し、「孝徳天皇御世六年庚戌九月」の白雉元（六五〇）年に「大花上」を授けられ、九十余で死去したと記されている。

この伝承にはいくつかの問題があるが、最初に「大花上位大部屋栖野古連」との表記と、「紀伊国名草郡宇治大伴連等先祖」とする点より検討したい。まず、「大部」が「大伴」であることは、『日本書紀』舒明即位前紀にみえる「大伴連鯨」を『扶桑略記』や『太子伝暦』では「大部鯨子連」と記していること、『日本三代実録』貞観三（八六一）年八月十九日条で、正三位中納言兼民部卿皇太后宮大夫の伴善男が「金村大連公第三男狭手彦弟阿彼布古、承レ父爲二大部連公一」と記していることより明らかである。伴善男が大伴金村の子供を「爲二大部連公一」としていることは注目される。「大部」記載の出土木簡は現在のところ一一点存在するが、その内訳は飛鳥京の三点、石神遺跡の一点、藤原宮の一点、藤原京の一点、平城宮の三点、福井県小浜市高塚遺跡の一点、屋代遺跡群の一点であり、圧倒的に七世紀代の木簡が多いことが知られ、「大部」記載が古いことが知られる。

ついで、「紀伊国名草郡宇治大伴連等先祖」とする点については、『日本霊異記』の作者である景戒が名草郡出身であることによっているとも考えられている。[42] 大部屋栖野古が紀伊国名草郡の大伴氏出身か否かについては不詳であるが、大伴氏が播磨国揖保郡の法隆寺の「水田司」に任命されたという点は信用してよいのではないかと考える。播磨国揖保郡の法隆寺領の経営に大伴氏が関与したのではないかとする徴証には、この大部屋栖野古伝承が「本記」に依っていると記していることだけでなく、嘉暦四（一三二九）年の「鵤荘絵図」[43]の二七条坪名に「大伴」「又大伴」がみられ、大伴氏の鵤荘経営に関与したことを傍証しているからである。また、『日本霊異記』が「水田司」の任命時期を推古十七年二月としている点も『日本書紀』推古十四年七月条の「播磨国水田百町施二于皇太子一、因以納二于斑鳩寺一」との記事の後のことであり矛盾しない。

以上よりして、聖徳太子が法隆寺に施入した播磨国の水田経営に大伴氏が関与したとの記事は信用できるのではないかと考えられるのである。

（2）法隆寺僧善愷訴訟事件

法隆寺の経営実態は必ずしも明らかではないが、檀越に登美真人氏がいたことは承和十三（八四六）年の法隆寺僧善愷訴訟事件によって知ることができる。同事件は承和十三年の初夏に法隆寺僧の善愷が法隆寺檀越の少納言登美真人直名が寺の財物を不当に売却・所得したと訴え出たことに始まる訴訟事件である。僧善愷の訴えの審判にあたった参議左大弁従四位上正躬王・参議右大弁従四位上和気朝臣真綱・右中弁従五位下伴宿祢成益・右中弁従五位上藤原朝臣豊嗣・左少弁従五位下藤原朝臣岳雄らは、「直名於レ国為二奸賊之臣一、於レ家為二貪戻之子一者」であるので「擬二職制律一、准二柱法一論、合二遠流一」[44]との判断を下して一件落着した。ところが、突然にかかる判断に対して、式部少輔右少弁従五位上伴宿祢善男は、僧侶は僧綱を経由して訴えなければならないという僧尼令有事可論条に違反しているにもかかわらず訴えを受理したこと、僧尼が訴訟する際は俗人としておこなうという僧尼令有私事条違反であり、また、原告・被告とも「禁固」すべきことなどに違反しているとして、強行な異議を申し立てたのである。

この伴善男の訴えにより、善愷訴訟事件は、法隆寺僧と檀越の間に生じた紛争という性格より、裁判手続きに関する法曹官僚の公的な論争へと展開していった。審判に不法があったとの伴善男の異議申し立てについては大方の支持を得て、その違法を処断することとなり、大判事明法博士讃岐朝臣永直・明法博士御輔長道・勘解由主典川枯勝成・右大史伴良田連宗・弾正大疏漢部松良の五人に意見が聞かれるに至った。五人はそれぞれに断文を出し、種々の議論のうえ、当初の審判にあたった五人は、解官のうえ贖銅十斤に処すべしという最も重い処罰を主張する伴良田連宗の断文に従うことで決着がついた。この決着について、薗田香融氏が「宗の意見のごときは、善男に阿諛追従すること最も甚だしいものであった(45)」と述べているように、伴善男の意思に従ったものであることは明白である。

それでは、何故に伴良田連宗は伴善男に阿諛追従したのであろうか。『文徳天皇実録』斉衡二年正月己丑条に残されている伴良田連宗の卒伝によると、「宗本姓伴良田連、後改為二伴宿祢一、宗出レ自二外国一、少入二大学一、専二心法門一、読二習律令一」とみえ、伴良田連宗は畿外出身であることが知られる。さらに、貞元二(九七七)年六月二十五日の讃岐国司解には「請レ被下以二散位正六位上伴良田連定信一越レ次補中仕管多度郡大領外従七位上伴良田連宗定死欠替上状」(『類聚符宣抄』第七)とみえ、讃岐国多度郡の郡領氏に伴良田連氏が存在したことが知られる。『和名類聚抄』によると讃岐国多度郡には「良田郷」が存在していて、「伴」+「良田」(地名)の複姓と考えられることより、伴良田連宗は讃岐国多度郡良田郷出身と考えられるのである(46)。讃岐国西部地域が大伴氏の勢力基盤であったことは、天平十七(七四五)年の優婆塞貢進解にみえる多度郡藤原郷戸主大伴部首豊国と同戸大伴部田次、天平勝宝八(七五六)歳の調絁墨書銘に鵜足郡小川郷大伴首三成(47)が確認できること、また、『日本三代実録』貞観三年十一月十一日辛巳条により、大伴氏は古くより讃岐を基盤としていたこと、空海を輩出した多度郡の郡領氏族佐伯直氏の大伴氏と同族関係にあったことを伴善男は「家記」で確認したと述べていることより確認できる。すなわち、古くから丸亀平野（多度・鵜足郡）には大伴部が分布し、その在地管理氏族として大伴首氏が存在していたが、中央の大伴氏が伴氏となるに際して伴良田連と改姓されたのであろう。そして遅くとも、九世紀中期頃には多度郡の郡領氏族となり明法博士を輩出し、中央の大伴氏の同族と認識されていたのである。以上より、大伴氏は法隆寺の僧と檀越との紛争に強い関心をもっていただけでなく、法隆寺の檀越であった登美真人氏を全面的に支援していたことが確認できるのである。

（3）登美氏と法隆寺

登美氏はいかなる理由により法隆寺の檀越となったのであろうか。『新撰姓氏録』左京皇別には「登美真人　出自諡用明皇子来目王也　続日本紀合也」とみえ、登美真人氏は聖徳太子の弟久米皇子の後裔であると記され、登美真人氏が法隆寺の檀越となったことは自然である。すなわち、久米皇子は推古十（六〇二）年二月に新羅征討将軍となり、筑紫の嶋郡に至るも、同年六月に病気になり、翌年二月に筑紫で死去している。聖徳太子と久米皇子の間が何歳あったのか問題であるが、推古十年、聖徳太子は二十九歳であるので、久米皇子に子供がいても問題ないだけでなく、『続日本紀』によると久米皇子の後裔として「山村王」（『続日本紀』神護景雲元年月癸未条）の存在が確認でき、登美真人藤津と直名の父子が久米皇子の後裔であることは信用してよい。

こうした登美真人氏を考える際の重要な史料として、『続日本紀』延暦十年七月己卯条をあげることができる。同条には「故少納言従五位下正月王男藤津王等言、亡父存日、作二請レ姓之表一、未レ及二上聞一、奄赴二泉途一、其表偁、臣正月、源流已遠、属籍将レ盡、臣男四人、女四人、雖レ蒙二王姓一、以レ世言レ之、不レ殊二疋庶一、伏望、蒙二賜登美眞人姓一、以従二諸臣之例一者、請従二父志一、欲レ蒙二願姓一、有二勅許一焉」とみえ、正月王には男四人、女四人が王として存在するが、

「疋庶」と同じであるので登美真人姓を蒙りたいとの父正月王の意思に従って、子の藤津王が登美真人への賜姓を願い出て許可されたことを記している。すなわち、久米皇子―（略）―少納言従五位下正月王―藤津王（登美真人の賜姓）―登美真人直名という系譜であり、藤津王が臣籍降下を申請し、延暦十年に登美眞人姓を賜ったことが知られるのである。

　問題は藤津王とその子供直名がいかなる理由で「登美」を申請して許可されたのかという点であるが、一般的にいえば「登美」との氏族名は地名（郷名）に起因するであろうと考えられる。大和国における「登美」との地名には、大和国添下郡登美郷と「跡見」「迹見」の二箇所が存在している。前者は、『続日本紀』和銅七年十一月戊子条で大和国添下郡「登美箭田二郷百姓」と記されるもので、『和名類聚抄』の矢田・鳥貝（見）郷との関係が想定される。この地名については、行基集団が建立した寺院に「大和國菩提、登美、生馬、河内國石凝、和泉國高渚五院」（『続日本紀』宝亀四年十一月辛卯条）があり、それを行基年譜は「隆福院、登美、四月廿三日起、在二大和国添下郡登美村一」（『続々群書類従』第三、史伝部）と記し、法隆寺の北側に存在していたと考えられる。後者の史料としては、①『日本書紀』天武天皇八年八月己未条の「幸二泊瀬一、以宴二迹驚淵上一、先レ是、詔二王卿一曰、乗馬之外、更設二細馬一、以随レ召出之、即自二泊瀬一還レ宮之日、看二群卿儲細馬於迹見駅家道頭一、皆令二馳走一」と、②『万葉集』巻四、七二三番の「大伴坂上郎女従二跡見庄一賜二留レ宅女子大嬢一歌一首并短歌」、『万葉集』巻八、一五四九番の「典鑄正紀朝臣鹿人至二衛門大尉大伴宿祢稲公跡見庄一作歌一首」、『万葉集』巻八、一五六〇番の「大伴坂上郎女跡見田庄作歌二首」がある。①は天武天皇が泊瀬から浄御原宮へ帰る途中であることより現在の桜井市外山（磯城郡城島村大字外山）と考えられる。[48]また、②の「跡見」について岩波書店版『万葉集』は桜井市外山とするが[49]その論拠は定かではなく、①の地名の可能性も考えるべきであろう。

いずれにしても、氏族名が「登美」との表記であり、かつ、久米皇子の系譜を引き、法隆寺の檀越であることよりして、氏族名は大和国添下郡登美郷に起因し、本拠地も同所に存したと考えられよう。とすると、少なくとも正月王と子藤津王は大和国添下郡登美里を本拠地とし、古くから法隆寺の近くに居住していたと考えられ、法隆寺の檀越となったのも古い時期からであったと考えられるであろう。

（4）大伴氏と登美氏

大伴氏と登美氏の関係が密接であったことは、善愷訴訟事件で訴えられ「准二柱法一論、合二遠流一」とされた少納言登美真人直名のその後の動向で知ることができる。すなわち、『文徳天皇実録』仁寿三年六月己巳条の登美真人直名卒伝には、「前豊後権守従五位下登美眞人直名卒、直名、従五位下藤津之子也、弘仁十三年二月爲二主膳監正一、天長二年七月爲二美濃大掾一、三年正月遷爲二近江大掾一、四年正月叙二従五位下一、七年正月爲二大和介一、承和二年九月爲二大判事一、九年正月爲二散位頭一、十一年二月遷爲二少納言一、十四年正月出爲二大宰少貮一、嘉祥二年正月叙二従五位下一、八月遷爲二豊後権守一、秩滿未レ得二放還一、卒時年六十二、直名頗有二才學一、口弁過レ人、抑二屈己一者、必酬以二彼所一レ病、故議者疾之、法隆寺僧善愷訴訟事、遂延二及弁官一除名、此類也」と記されている。すなわち、僧善愷に訴えられた登美真人直名は承和十三（八四六）年の夏頃に「合二遠流一」とされたにもかかわらず、承和十四年正月には大宰少貮に任官し、嘉祥二年正月には従五位下に叙せられており、第一審の遠流には処せられなかったと考えられる[50]。おそらくは、僧善愷の訴えに対する受理と推問に不法があったとの判断によって「遠流」との処罰も解消されたのであろう。

すなわち、結果論からみると、伴善男の異議申し立てが法隆寺檀越の登美真人直名を救済したことは間違いなく、あるいは、登美直名の救済が異議申し立ての目的ではなかったかとの憶測さえも可能である。登美真人直名は、卒伝によって従五位下藤津の子供、正月王の孫であることが知られ、祖父正月王は、左馬頭→土左守→備後守→少納言に任命された人物である[51]。そして、父の登美真人藤津は、『日本後紀』によると、延暦十八年二月甲午条で従五位下で左大舎人助、同八月甲戌条で少納言、弘仁元年十月己巳条で従五位上に叙され、弘仁二年正月甲子条で治部大輔、同年五月丁未条で兵部大輔となり、弘仁五年十二月に越中守となっていることが知られる。

僧善愷に訴えられた登美真人直名の父藤津王の経歴で注目されるのは、弘仁五年に越中守に任命されて以後の次の点である。すなわち、天台宗側の記録である「伝述一心戒文」[52]中巻には、「故伴参議、前二越中守登美真人藤津解一、而開二彼状一、為レ伝二天台宗一、比叡無食之僧、令レ住二法隆寺天王寺一、宛二於供養一者」という注目される記事が残されている。薗田香融氏[53]によると、「故伴参議」とは当時延暦寺の俗別当であった伴宿祢国道（伴善男の父）のことで、彼が「比叡無食之僧」を救済するために、法隆寺の檀越であった登美真人藤津とはかって、法隆寺と四天王寺の安居講師に比叡山延暦寺の僧侶を任命したと指摘されている。こうしたことが史実であったことは、『類聚三代格』天長二年二月八日太政官符「応レ定二正月金剛明会聴衆及四天王法隆両寺安居講師一事」において、「得二前越中守登美真人藤津解一偁、四天王寺法隆等寺者、是聖徳太子所二建立一焉、（中略）、望請、件両箇寺安居、寺別永請二天台宗僧一、令レ講二法華経幷宗法門一者」と記していることより知られる。さらに、中略した部分では、「去天平勝宝五年十二月、入唐副使従四位上伴宿祢胡満、竊請二楊州留興寺和尚鑑真一、同船而帰、于時和尚天台法門将来云々」と記され、登美真人藤津がわざわざ「入唐副使従四位上伴宿祢胡満」（大伴古麻呂）の名前を出していることは、登美真人氏の背後に大伴氏の存在を示唆しているものであろう。

さらに、八世紀代の中央の政治が、大化前代からの軍事氏族・天皇近侍氏族であった大伴連氏と、文武天皇即位にともない抬頭してきた新興氏族である藤原朝臣氏の対立を基本軸として展開し[54]、新興の藤原氏は平城京の東側に氏寺である興福寺と東大寺の造営・維持に力を注ぎ、法隆寺の再建には無関係であっただけでなく冷淡であったと推測される。こうした八世紀代における中央政界の政治状況からしても、藤原氏に対立する大伴氏を主とする天皇近侍氏族勢力が法隆寺の再建を重視し、その経営に関与していったのではないかと考えることができるのである。

おわりに

法隆寺が伊予国に一四箇所、讃岐国に一三箇所の計二七箇所の庄（法隆寺の庄全体の五九％）を設置したことの意味を中心に検討してきたが、その結論は概ね次のようである。

畿内王権の全国支配の確立過程において、伊予の道後平野の地理的位置と生産力の大きさに注目し、そこに設置されていた久米部の管理氏族である久米直氏の活動により、この地域は畿内王権の西日本における経済基盤の一つとなった。そして、七世紀代には西日本有数の政治的拠点として久米官衙遺跡群が形成されていったのである。こうした畿内王権との関係に重要な役割を果たした伊予の久米直氏は、大伴家持が「大伴の、遠つ神祖の、その名をば、大来目主と」（『万葉集』四〇九四番）と歌い大伴氏が久米氏を同族(55)と認識していたことよりして、大伴氏につながる存在と考えられていたであろう。さらに、来目部小楯が山部連に賜姓されたことも、伊予の久米直氏と大和国の山部連氏との同族関係を形成するうえで重要であり、これを契機として大伴―久米―山部という宮城十二門号氏族として結合していったのである。こうした関係を背景として、法隆寺の再建過程で、伊予と讃岐に庄を設置し、法隆寺との関係が強固になっていったのである。そして、法隆寺と両地域とを結びつけた大伴氏は播磨国にも強い影響力をもっていたことが法隆寺鵤荘だけでなく、赤穂郡での塩生産に大伴氏が関与していたことで知られる。すなわち、「自二去天平勝宝五歳一迄二七歳一(56)」播磨守であった大伴宿祢犬養(57)が赤穂郡で塩生産のために塩堤を築造しようとしたのである。

しかしながら、天平勝宝八（七五六）歳の東大寺への勅施入以後、大伴氏と東大寺との間で塩山の所属をめぐって争いが発生し、結果としては東大寺に敗北している[58]。こうした大伴氏と東大寺との対立も、その背景に大伴氏＝法隆寺と、藤原氏＝東大寺という対立が存在したのではないかと推測する[59]。

さらに、①法隆寺の所領の過半数を占める播磨国の水田経営に大伴氏が関与していたこと、②大伴氏は法隆寺の檀越である登美真人氏を支援していたこと、③越中守登美真人藤津の活動をみるとその背後に大伴氏の存在が確認できることなどより、七世紀第4四半期の再建後の法隆寺経営に大伴氏が深く関与していたのではないかと推測したところである。すなわち、法隆寺—播磨—讃岐—伊予との関係は大伴氏の活動を中心に形成されたことが知られるのである。

最後に、伊予・讃岐両国に法隆寺の庄が設置された時期についての推測を加えてみたい。こうした時期としては、伊予・讃岐両国に大伴氏の影響力が最大であった時が考えられよう。『続日本紀』和銅元年三月丙午条によると「従五位上大伴宿祢道足爲二讃岐守一、従五位上久米朝臣尾張麻呂爲二伊豫守一」とみえ、この任官が伊予・讃岐における大伴氏の影響力を最も高めた時期といえるのではないか。つまり、大伴宿祢道足は、『続日本紀』和銅六年八月丁巳に「以二正五位下大伴宿祢道足一、爲二彈正尹一」とみえ、六年間讃岐国の守であったことが知られるから[60]である。なお、久米朝臣尾張麻呂の伊予守は翌二年十一月二日に阿倍広庭が伊予守に任命されているので一年間であったが、伊予国と法隆寺との関係は伊予守の力を借りる必要はあまりなかったかもしれない。

注

（1）拙稿「法隆寺と瀬戸内海交通」『愛媛大学教養部紀要』第二六号、一九九三年。

（2）なお、聖徳太子の伊予行幸が史実でないと考えられることは、拙著『熟田津と古代伊予国』（創風社出版、一九九二年）において次の諸点を論拠として考えたところである。①聖徳太子伝承はきわめて数多いにもかかわらず、湯岡碑文の内容、作成の事実のみだけでなく、聖徳太子の伊予行幸の痕跡を示すものが全く存在していないことは、聖徳太子の伊予行幸を疑わせるのに充分である。②湯岡碑文が後漢の張衡の温泉賦を参考にしていると考えることができ、わが国で温泉賦の文章を知る手段は『藝文類聚』によったと考えられる時、『藝文類聚』は武徳七（六二四）年に編纂されているので、法興六（推古四＝五九六）年には参照できない。③さらに、従来より指摘されている最大の問題である法興との私年号が六世紀末に存在していたとは考えにくいこと、また、この時期の聖徳太子を「法王大王」と記す点、飛鳥寺完成の直前の法興六年十月という時期に僧恵慈が伊予に来たとは考えにくいことなどを論拠として史実ではないと考えたところである。

（3）「法隆寺金堂釈迦三尊像の光背銘」『日本古代の金石文の研究』岩波書店、二〇〇四年。

（4）『飛鳥・藤原宮発掘調査出土木簡概報』一七、二〇〇三年。

（5）二〇〇五年六月十一日のシンポジウム『聖徳太子法隆寺と伊予』松山市民会館中ホールにおける「伊予道後温湯碑の信憑性」との報告。

（6）拙著『古代国家と瀬戸内海交通』吉川弘文館、二〇〇四年。

（7）『日本三代実録』貞観八年七月十五日条・貞観十一年十月二十六日条・貞観十二年十一月十三日条・貞観十二年十一月十七日条にみえ、これについては、拙稿「九世紀における対外交易とその流通」『古代国家と瀬戸内海交通』（前掲）で論じているので参照されたい。

（8）拙稿「久米氏についての一考察」（『日本書紀研究』第一九冊、一九九四年）・「久米官衙遺跡群の成立と展開」（『続日本紀研究』三五六、二〇〇五年）、本書の四・八章で論ずる。

（9）本書の第四章、拙著『熟田津と古代伊予国』（前掲）。

（10）井上光貞「部民の研究」（『日本古代史の諸問題』思索社、一九四八年）、平野邦雄『大化前代社会組織の研究』（吉川弘文館、一九六九年）。

(11) 小林昌二「日本古代鉄生産集団支配に関する一試論」『「社会科」学研究』九、一九八五年。
(12) 「山部連と斑鳩の地」『日本古代文物の研究』塙書房、一九八八年。
(13) 「額田部連と飽波評」『日本政治社会史研究』上、塙書房、一九八四年。
(14) 岸俊男「木簡と大宝令」『日本古代文物の研究』(前掲)。
(15) 木内武男「法隆寺献納宝物銘文集成」『東京国立博物館紀要』一三、一九七八年。
(16) 東野治之「法隆寺伝来の幡墨書銘」『日本古代の葬制と社会関係の基礎的研究』大阪大学文学部、一九九五年。
(17) 「表記の展開と文体の創造」『日本の古代14　ことばと文字』中央公論社、一九八八年。
(18) 東野治之注16論文。
(19) 東野治之「日本語論―漢字・漢文の受容と展開」『新版　古代の日本』1、角川書店、一九九三年。
(20) 東京国立博物館編『法隆寺献納宝物銘文集成』吉川弘文館、一九九九年。
(21) 『木簡研究』一〇号(一九八八年)の九一頁。
(22) 『寧楽遺文』中巻、三六二頁。
(23) 吉田東伍『大日本地名辞書』第三巻、冨山房、一九〇二年。
(24) 『寧楽遺文』中巻、三八一頁。
(25) 『斑鳩の白い道のうえに』朝日新聞社、一九七五年。
(26) 『聖徳太子』(吉川弘文館、一九七九年)の三四・三五頁。
(27) 『古代研究』一一、一九七九年。
(28) 拙著『日本古代水上交通史の研究』吉川弘文館、一九八五年。
(29) 『日本古代籍帳の研究』塙書房、一九七三年。
(30) 鬼頭清明注27論文。
(31) 拙稿注1論文。

(32) 松山市教育委員会『来住廃寺』一九七九年。
(33) 「地方への瓦の伝播―伊予の場合―」『古代』九七、一九九四年。
(34) 拙稿「久米官衙遺跡群の成立と展開」（前掲）、本書第八章。
(35) 「大安寺の経済に関する二三の問題」『ヒストリア』一〇、一九五四年。
(36) 拙著『古代の地方豪族』吉川弘文館、一九八八年。
(37) 直木孝次郎『日本古代兵制史の研究』吉川弘文館、一九六八年。
(38) 鵜足郡小川郷戸主の「大伴首三成」（『正倉院宝物銘文集成』吉川弘文館、一九七八年）、鵜足郡藤原郷戸主の「大伴部首豊国」と「大伴部田次」（『大日本古文書』二五巻一二二頁）、『日本三代実録』貞観三年十一月十一日辛巳条での讃岐國多度郡の佐伯直と大伴氏との同族関係。
(39) 貞元二年六月二十五日讃岐国司解（『類聚符宣抄』第七）により多度郡の大領に伴吉田連氏が任命されていたことが知られる。この点は拙著『古代の地方豪族』（前掲）の第二章「讃岐国西部地域における地方豪族」を参照されたい。
(40) 『平安遺文』一巻、九号文書。
(41) 『日本霊異記』に成立時の面積に書き換えられている。
(42) 黒田慶一「長原（城山）遺跡出土の『富官家』墨書土器」『ヒストリア』一一一、一九八六年。
(43) 『日本荘園絵図聚影』四、近畿三、東京大学出版会、一九九九年。
(44) 『続日本後紀』承和十三年十一月壬子条。
(45) 「法隆寺僧善愷訴訟事件に関する覚え書き」『平安仏教の研究』宝蔵館、一九八一年。
(46) 拙著『古代の地方豪族』（前掲）。
(47) 『正倉院宝物銘文集成』吉川弘文館、一九七八年。
(48) 坂本太郎「大和の古駅」末永先生古稀記念会編『古代学論叢』末永先生古稀記念会、一九六七年。
(49) 日本古典文学大系『万葉集』（岩波書店、一九五七年）一巻の三〇五頁。

(50) その後は、嘉祥二年の「八月遷爲二豊後權守一、秩滿未レ得二放還一」と記されるように問題を起こしている。『続日本後紀』嘉祥二年十二月壬辰条によると、「大宰府馳驛奏二上豊後權守從五位下登美眞人直名謀叛之狀一」されたが、『続日本後紀』嘉祥三年三月丙申条では「豊後權守從五位下登美眞人直名、紀伊守從五位下伴宿祢龍男等皆從二放免一」とみえる。

(51) 『続日本紀』宝亀十年九月庚午、天応元年五月癸未、延暦元年六月壬申、延暦七年七月庚午条による。

(52) 『伝教大師全集』(比叡山図書刊行所、一九二七年)第一巻の五九二・五九三頁。

(53) 注45論文に同じ。

(54) 竹内理三「八世紀における大伴的と藤原的」『史淵』五二、一九五二年。

(55) 久米氏と大伴氏との関係については、①『古事記』の記載を重視し、大伴と久米氏は本来対等の関係にあったとの見解、②『日本書紀』に従って大伴氏が古くから来目部を支配していたとする見解、③大伴氏は本来は来目氏であったが、勢力が拡大したことにより大伴氏となり、来目はそのまま残ったとの見解、④本来的には『日本書紀』のように大伴氏が来目部を支配していたが、六世紀になり大伴氏の勢力が衰退したことにより『古事記』のような記載が生じたとする見解などが存在する(本書第四章を参照のこと)。

(56) 『平安遺文』一巻、八号文書。

(57) 『続日本紀』によると天平勝宝二年三月十二日に任命され、同五年四月二十二日に美濃守へ転任されている。

(58) 拙著『日本古代水上交通史の研究』(前掲)。

(59) 法隆寺が播磨国で塩生産をおこなっていたのではないかとの推測は、法隆寺が播磨国の瀬戸内海沿岸に「加良止麻利山」と「播磨国印南郡与二餝磨郡一間」の渚の存在より想定でき、赤穂郡における大伴氏の塩山所有も関連するのではないだろうか。

(60) 『続日本紀』和銅六年五月条に讃岐守としての活動がみられる。

第八章　久米官衙遺跡群の研究

はじめに

史跡久米官衙遺跡群は、愛媛県松山市南久米町・来住町の東西四町、南北三町に及ぶ地域に存在し、主として七世紀代の諸遺構よりなる。この史跡は、一九七九年に七世紀後半創建の法隆寺式伽藍配置をもつ地方寺院跡として史跡に指定された。ところがその後における周辺地域の発掘調査と研究の進展により、二〇〇三年八月二十七日に、来住廃寺跡と周辺に展開する七世紀代の遺構群とを併せて久米官衙遺跡群（久米官衙遺跡・来住廃寺跡）として、国の史跡に追加指定されたのである。この久米官衙遺跡群が立地する伊予国道後平野は、北と西を瀬戸内海、東と南を山地で区画され、西の伊予灘を挟んで東九州の地に対置することもあり畿内王権の拠点でもあった。さらに、こうした立地条件だけでなく、瀬戸内海地域では播磨平野とならび耕地面積の広い平野であり、松山市大淵遺跡にみられるように縄文晩期に稲作が開始され、古くより開発された地域である。かかる道後平野は、東西に流れる二つの河川である石手川と重信川により三区分され、久米官衙遺跡群は、その中間地域である令制久米郡に所属し、同郡の中央部を東から西の瀬戸内海へ流れる堀越川と小野川で形成された舌状台地上に存在している。久米官衙遺跡群の最大の特徴は、

図8　久米評銘瓦

図9　久米評銘の見取図

掲げた写真・「久米評」銘須恵器の見取図（図8・9）と返しのある須恵器蓋と素弁十弁軒丸瓦の出土により七世紀中期という実年代が想定でき、かつ、『日本書紀』『万葉集』『風土記』に関連記事がいくつか残され、律令国家の確立期である七世紀全体にわたる歴史を文字資料と遺構より確認できることである。最初に、今までに発表した諸論文[1]を踏まえ、久米官衙遺跡を時代順に概観しておくと概ね次のようである。

　久米官衙遺跡群の開発時期はこの舌状台地上の掘立柱建物の出現時期よりすると六世紀後半が考えられる。この時期の久米地域は、全国的な傾向と同様に群集墳が久米の山地に現れ、一世紀以上続いた久米国造の在地支配に矛盾が現れ、在地支配力の強化を必要としていた。そうした時期に来住舌状台地の開発が始まっていることよりすると、それは在地支配の再強化のためと想定することができるのである。そして、古くからの畿内王権との密接な関係をふまえ、七世紀第2四半期には舒明天皇の伊予行幸もあって、この地域は王権の基盤地域と再認識され、七世紀中期の孝徳立評に際して久米評が立評されたのである。こうした久米評の立評にともない、評家の正庁部分とともに倉（屋）が建設され、大溝で倉・屋を区画する正倉域が形成された。また、台地中央では南北を区画する幅三メートルの東西の道路状遺構が確認され、その北側に国造・

評造の地方統治機構が、南側には一辺約一〇〇メートルの回廊状遺構と北側の関連建物群とそれらを区画する地割りが存在した。また、六六一年から始まるわが国の最初の対外戦争である百済の役に際しては、回廊状遺構が再利用され七世紀後半における西日本の政治的拠点の一つと位置づけられたのである。ところが、天武十三（六八四）年十月十四日の南海大地震によって官衙遺跡群は壊滅し、その後に、寺院（来住廃寺）が創建されたと考えられる。

以上の概要からも知られるように、久米官衙遺跡群の最大の意義は、国造制から評制・郡制へと展開する地方行政組織の変遷とその実態を遺構上で検討できることにある。なかでも国造制段階のものと想定される建物遺構が台地北部で発掘され、国造制から評制への移行が検討できるようになったことは重大である。そこで、（一）大化前代の道後平野の歴史、（二）久米国造の設置、（三）久米官衙遺跡の開発、（四）立評と評衙、（五）回廊状遺構、（六）久米官衙遺跡群の終焉にわけて論じたいと考える。

第一節　大化前代の道後平野の歴史

久米官衙遺跡群の立地する道後平野には、図10のように、和気・温泉・久米・伊予・浮穴の五郡が存したが、地形的には東西に流れる石手川と重信川により三地域に区分されていた。すなわち、現石手川は途中で南西へ向かい重信川と合流するが、これは十七世紀初頭における足立重信の流路変更によるもので、図10の自然堤防の存在よりも知られるように、それ以前の石手川はそのまま西へ流れ(2)、古代の道後平野は旧石手川以北の和気・温泉郡、重信川以南の伊予・浮穴郡、旧石手川と重信川に挟まれた久米郡の三地域に地形的に区分されていたのである。そこで、以上の三地域に分けて久米官衙遺跡群成立以前の歴史を述べることより始める。

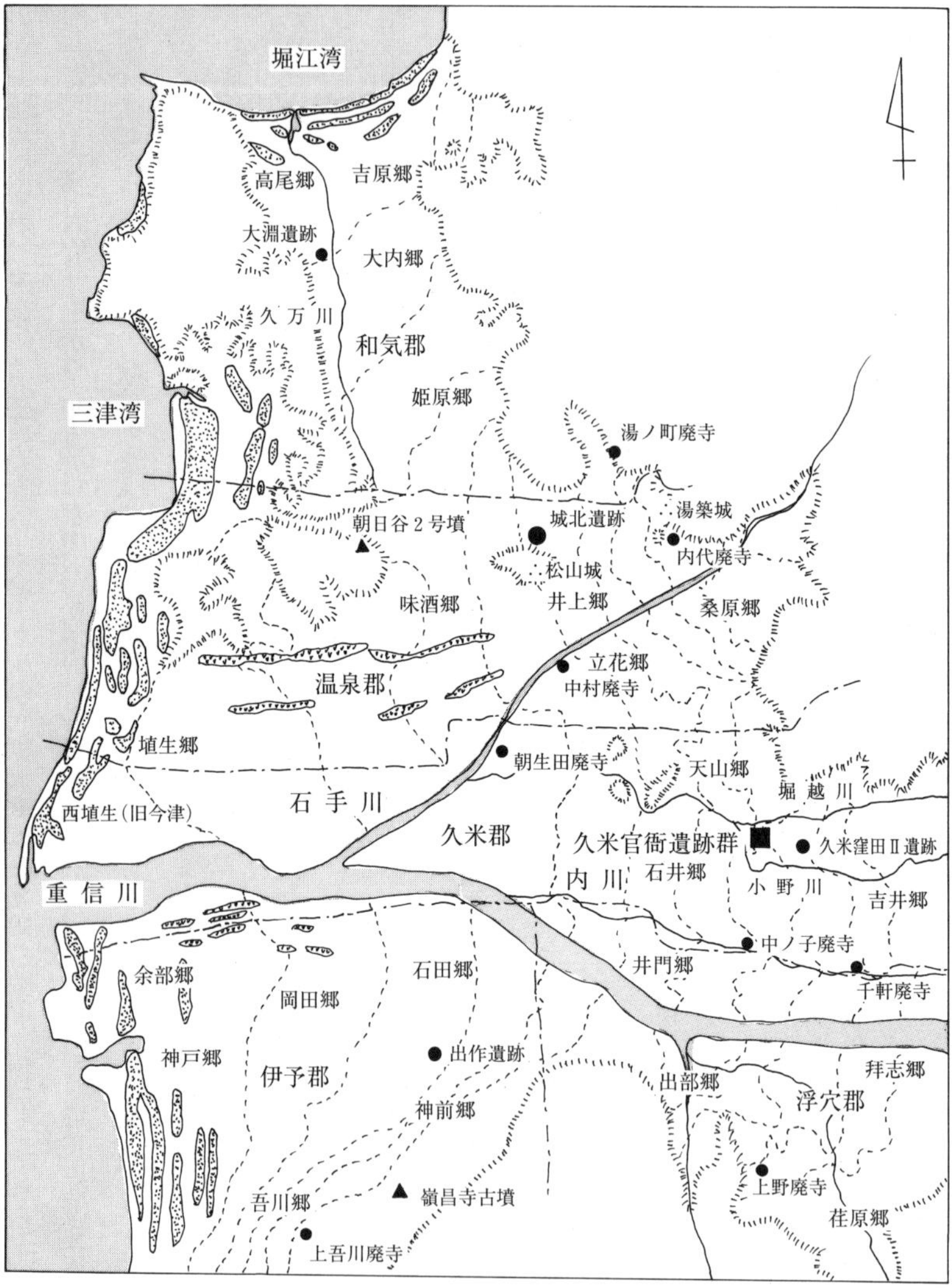

図10　古代の道後平野

注１　　は浜堤、　は自然堤防を示し、平井幸弘「石手川扇状地城北地区における沖積低地の地形発達と考古遺跡の立地環境」(『愛媛大学教育学部紀要』 第Ⅲ部—９、1989年)を参考にした。

注２　郡界は近世末を参考にし、郷域は現存地名などより想定したものである。

〈石手川以北の地域〉

旧石手川以北に早くから有力な集落が形成されていたことは松山市文京町の文京遺跡(城北遺跡)より確認できる。すなわち、弥生中期後半に成立した文京遺跡は、舶載鏡の破片と大型建物跡を出土し、讃岐丸亀平野から伊予道後平野にかけて平形銅剣を共通の祭器とする瀬戸内海地域社会の拠点集落であった。三世紀後半になると、文京遺跡の西二・五キロの大峰台に伊予国最古の前方後円墳と考えられる朝日谷2号墳が築造されたことで確認できるように、道後平野の中でも最も早くから中央王権と関係を結んだ地域である。かかる地域に設定された郡・郷は、『和名類聚抄』では、和気郡に高尾・吉原・姫原・大内の四郷、温泉郡に桑原・立花・味酒・埴生・井上の五郷が存したが、木簡などによって確認できる八世紀代の郷名としては、和気郡の姫原郷・海部郷（海郷）・給理郷と湯評の「大井五十戸」・「笑原五十戸」・「井刀」・「伊皮田」(3)と温泉郡の箆原郷(4)・樹子郷・味酒郷があげられる。(5)また、和気郡では姫原との地名が松山市内に現存し、温泉郡では箆原・立花・味酒・埴生郷に起因する地名が現存し、それらにもとづいて郷域を図10に示したが、それらは確たる論拠にもとづくものではない。

和気・温泉郡に分布する古墳は表23のようで、これに従って大化前代の首長系譜を考えると、和気・堀江の海岸部、三津浜から和気郡中央部、大峰台を中心とする和気郡と温泉郡との郡境の三地域に分けることができよう。

和気・堀江の海岸部における四世紀末から五世紀初頭の古墳には、高月山古墳群と舶載の内行花文鏡・画像鏡を出土した塔ノ口古墳が存在し、五世紀中期以後では太山寺古墳群が続き、六世紀中期から七世紀中期では高縄山の山麓の堀江・福角・権現町に北谷古墳群・塚本古墳群が築造されている。(6)なかでも七世紀初頭の築造とされる権現町の塚本1号墳は、墳丘盛り土は削平されているが周溝より一七・八メートルの方墳で、金銅製圭頭をもつ推定一〇〇センチの直刀を含む二本の直刀、挂甲札六七枚、鉄鏃八点、刀子・鉄斧などを出土し注目される。(7)

表23　和気郡周辺の古墳分布

	古墳・古墳群名	概　　　要	出典
西北部	坂浪古墳群	塔ノ口古墳（舶載の内行花文鏡・画像鏡を出土）	1
	高月山古墳群	7基、2・3号墳に水銀朱散布される箱式石棺、鉄器・農工具、柳葉形銅鏃、出土土器から4c末～5c初頭の築造	2
	太山寺古墳群		3
	鶴ケ峠古墳群	20数基、5c後半から7c後半にかけての古墳群	4
西南部	石風呂古墳	未調査、全長80mの前方後円墳、5c末～6c初頭	5
	船ケ谷向山古墳	小型の帆立貝式前方後円墳か、5c末	6
	永塚古墳	復原40m前後の前方後円墳、7c前半の須恵器	1・4
	船ケ谷古墳群	船ケ谷三ツ石古墳	7
	東山町古墳群		8
	久万の台古墳群	1号墳より高坏・長頚壺・ガラス玉出土	1・4
	衣山古墳群	衣山瓦窯跡との関連が注目される	1
東側	北谷古墳群	13基　北谷王神ノ1号＝7c初頭	4
	塚本1・2号墳	7c前半・17m方墳、鉄製品・大刀	9
	潮見古墳群	蓮華寺の阿蘇凝灰岩製舟形石棺（5c代か）	10
	影浦谷古墳	1号墳は6c末、2号墳は6c中～後半、3号墳は7c前半	11
温泉郡側	朝日谷1・2号墳	朝日谷2号墳　舶載鏡、40本の銅鏃、ガラス玉、直刀、3c後半～4c初頭の前方後円墳→朝日谷1号墳（6c末）、	12
	客谷古墳群	12基、6c末から7c前半	13
	御産所古墳群	6基、1号墳より素環頭大刀・ガラス玉79個、形象・円筒埴輪を出土＝5c末頃か	1・4
	岩子山古墳群	多量の円筒埴輪、須恵器・玉類・金具・鉄鏃、6c初頭	14
	茶臼山古墳		15
	弁天山古墳群	50基、津田山古墳は10メートル前後の円墳であるが仿製五獣鏡を出土し5c前半の築造、弁天山には4c代の埴輪を出土するO.A号墳あり、砥部川の緑色片岩製石棺出土	4

注　出典は以下のとおりである。
1　松山市教育委員会『松山市史料集』第1巻　考古編　1980年
2　松山市教育委員会『高月山古墳群調査報告書』1988年
3　愛媛県史編さん委員会『愛媛県史』原始・古代1　1982年
4　愛媛県史編さん委員会『愛媛県史』資料編　考古　1986年
5　岡野保「法経塔古墳実測調査報告」『遺跡』33、1991年
6　松山市教育委員会『松山市埋蔵文化財調査年報Ⅱ』1989年
7　「船ケ谷三ツ石古墳の調査」『和気・堀江の遺跡』1993年
8　松山市教育委員会『松山市埋蔵文化財包蔵地地図』1987年
9　松山市教育委員会・松山市埋蔵文化財センター『塚本古墳』1991年
10　松山市教育委員会『松山市埋蔵文化財包蔵地地図』1987年
11　松山市教育委員会・松山市埋蔵文化財センター『影浦谷古墳』1993年
12　松山市教育委員会・松山市埋蔵文化財センター『朝日谷2号墳』1998年
13　松山市教育委員会・松山市埋蔵文化財センター『大峰ケ台丘陵の遺跡』1994年・『大峰ケ台遺跡Ⅱ』1998年
14　名本二六雄『岩子山古墳』松山市教育委員会、1975年
15　西尾幸則『南院茶臼山古墳』松山市教育委員会、1983年

三津浜から和気郡中央部では、三津の海岸部において五世紀代の数珠塚古墳（全長四六メートルの円墳）[8]・法経塔古墳（石風呂古墳）[9]と鉄製品・武具・馬具を出土し六世紀前半に位置づけられる長谷奥古墳、[10]五世紀から七世紀中期にわたる約三〇余基の鶴ケ峠古墳群[11]が分布している。東部の丘陵部（船ケ谷）では五世紀末の船ケ谷向山帆立貝式前方後円墳[12]がつづき、松山市谷町には五世紀頃の阿蘇凝灰岩製石棺が蓮華寺境内にあり同地近くに築造されたと考えられ、六世紀中期以後になり谷町の南に景浦谷古墳群が分布している。この地域では五世紀代の数珠塚古墳・法経塔古墳・船ケ谷向山帆立貝式前方後円墳が注目されるが、いずれも破壊後の調査や未調査であるので問題を含むが五世紀代に有力首長が存在したことを示唆している。

和気郡と温泉郡の郡境に位置する大峰台周辺で注目されるのは、伊予国最古の前方後円墳である朝日谷2号墳で、二面の舶載鏡（二禽二獣鏡・二神二獣鏡）・武具（大刀・槍先・四四点の銅鏃・一二点の鉄鏃）・装身具を出土し、松山市教育委員会『朝日谷2号墳』（一九九八年）は出土土器より三世紀の第3四半期の築造と考えている。そして、舶載の二禽二獣鏡は、中国と群馬県前橋市の天神山古墳と朝日谷2号墳の三面が確認され、これらは同笵鏡でも同型鏡でもなく同一工房・工人（魏）により製作された可能性を述べている。この舶載鏡を中心とする出土遺物からただちに被葬者の性格を論ずることはできないが、いずれも破砕されていることと三角縁神獣鏡でないことは注目され、大和勢力を経由せずにこの鏡を手に入れた可能性も想定する必要があり、単純に大和王権に直結した豪族と断言できないであろう。

朝日谷2号墳以後の前方後円墳としては朝日谷2号墳の北側丘陵に出土埴輪より六世紀代とみられる復原四〇メートルの永塚前方後円墳が分布する。[13]古墳群としては、大池東古墳群・客池古墳群、御産所古墳群・岩子山古墳群、弁天山古墳群があり、大池東古墳群と客池古墳群の大部分は六世紀代のものである。一二基よりなる御産所古墳群と一三基よりなる岩子山古墳群のなかでも注目されるのは岩子山1号墳で、同墳は造りだし部分をもった小型円墳で円筒・形象埴輪と素環頭太刀と円盤形の模造鏡四面（調査中に盗難）を出土した六世紀初頭の築造と考えられている。(14)いずれにしてもこれら古墳群は六世紀代を主とする古墳群である。一方、海岸部に近い弁天山古墳群は五〇基よりなり、そのなかのO・A号墳は四世紀代の埴輪を出土し、津田山古墳は五世紀前半の円墳で仿製五獣鏡を出土し、その緑色片岩製石棺は松山平野南部の砥部川産であるという。(15)かかる指摘に従うとこの地域の有力氏族は道後平野南部の砥部川産緑色片岩製の石棺を利用していたことが知られるのである。

以上の和気・温泉郡に分布した氏族は、和気郡内に日下部猴・若日下部広島の日下部氏が分布し、日下部氏は仁徳天皇の皇子「大草香皇子」の名代の系譜を引くもので、「若日下部広島」は仁徳天皇の皇女草香幡梭皇女の名代「若日下部」に起因すると考えられ、仁徳天皇の時期に皇子・皇女の名代として「日下部」・「若日下部」が設置された可能性を示す。無論、「日下部」・「若日下部」が設置されたとしても仁徳朝と考えてよいか問題であるが、同じ和気郡に「矢田部□主」が分布し、矢田部氏も仁徳皇后矢田皇女の名代に起因すると考えられ、いずれも仁徳朝の名代に関連していることは注目される。それに対して、温泉郡に分布する氏族には和気郡のような特徴を見いだすことはできず、秦・物部や久米・鴨部・葛木部・丈部氏が分布し「部民」系氏族の多いことが特徴である。

〈重信川以南の地域〉

この地域の郡・郷は、『和名類聚抄』によると、伊予郡に神前・吾川・石田・岡田・神戸・餘部の六郷がみえ、木簡などで八世紀の郷である神前・石田・岡田と、『和名類聚抄』にみえない石井郷海部里・川村郷海部里・桜井村・石神直島などが知られる。これらの郷域に関連する地名としては松前村大字神前、吾川村、松前町岡田などが存在する。ついで、浮穴郡には井門・拝志・荏原・出部の四郷が存在し、井門郷は松山市井門町、拝志郷は重信町下林、荏原郷は松山市荏原町、出部郷は道後平野から離れた中山町出淵か砥部町が想定される（図10参照）が、いずれも地名によるもので確たる論拠があるものではない。

重信川以南における古墳はいずれも伊予郡南側の丘陵部に築造され、最古の前方後円墳は二面の三角縁神獣鏡のうち一面が山城国椿井大塚山古墳出土と同笵鏡を出土した嶺昌寺古墳（広田神社裏古墳＝現在消滅）である。ついで四世紀後半の前方後円墳は、伊予市宮下の吹上ノ森1号墳（全長四〇メートルの前方後円墳）・吹上ノ森2号墳（全長六〇メートルの前方後円墳）が分布し、1号墳は方格四獣鏡・筒形銅器二個・紡錘車形石製品三個・鉄剣を出土し、後者は埴輪を出土し四世紀後半に位置づけられている[16]。中期古墳としては、行道山北麓の標高二三〇メートルに位置する桜山古墳（全長四〇メートルの前方後円墳と直径三〇メートル円墳説があるが未確定）が葺石と数多くの埴輪を出土し、四世紀末から五世紀前半の首長墓と考えられている[17]。なお、この時期になり行道山北麓の標高一七六メートルに位置する直径一八メートルの円墳である猪の窪古墳の組み合わせ式箱式石棺からは二体の成年男子の遺体と大量の鉄製品（一四本の鉄鏃、鉄鎌・鉄斧・鋸・鑿・鏨）が出土し、鍛冶集団に関係する氏族の墓の可能性があるという[18]。五世紀後半〜六世紀前半のものとしては、嶺昌寺古墳の北側に全長三〇メートルの帆立貝式前方後円墳と推定される客池古墳が存在する。ついで、その北側に六世紀後半から七世紀前半の遊塚古墳（前方後円墳）と六世紀末に位置づけられる上三谷2号墳と七世紀前半の塩塚が分布し、いずれも方墳である。以上の伊予郡内の首長墓の変遷を考えるとき重要なのは陶質土器と須恵器の生産遺跡と出作遺跡の存在であろう。

伊予郡松前町大字出作に存在する出作遺跡は、大小の祭祀遺構・流路・竪穴式住居・焚き火跡などの鍛冶遺構をともなう五世紀代の大規模な祭祀遺跡である[19]。出作遺跡からは鉄生産に関連する鉄素材の鉄鋌が出土し近辺に鍛冶遺構の存在を示唆し、また、大量の土師器と須恵器を出土し、特に須恵器には五世紀後半から六世紀前半の陶邑系須恵器と朝鮮半島から直接搬入された陶質土器と伊予市市場南組窯で生産された須恵器が存在している。鉄鋌は五世紀後半のものと想定され、須恵器も五世紀中期から後半のものとされていることよりして、出作遺跡は五世紀中期から後半に成立したと考えられる。こうした祭祀遺跡の出現は伊余国造の設置と無関係ではなく、五世紀中期には伊余国造が設置されていたと考えられよう。おそらくは、嶺昌寺古墳（広田神社裏古墳）→吹上ノ森1号・2号墳→桜山古墳→客池古墳→遊塚古墳とつながる首長墓に関連する氏族が伊余国造となったのであろう。

伊余国造は、『国造本紀』によると志賀高穴穂朝（成務天皇）に因幡国造と同祖の敷桁波命児の速後上命が国造に任命されたみえる。この系譜と時期は伝承にすぎないが、かかる伝承と「伊余」という古い表記による記載、[20]嶺昌寺古墳などよりして、伊予の五国造のなかでも伊余国造が最も早く設置されたのではないかと考える。[21]伊予郡に分布した氏族は正史などにはみえず、木簡に阿曇部太隅・日下部麻呂・白髪部□佐波（白髪部は伊予郡所属として他にも二点存在）などがみえるだけで、伊予郡の郡領氏族は不詳である。ただ、持統三（六八九）年六月に撰言司、大宝三（七〇三）年二月に大宝律令編纂の功により田六町・封百戸が与えられた伊余部連馬養と、延暦十九（八〇〇）年十月十五日に外従五位下で死去した伊与部家守の伊与部氏が注目される。伊与部家守が外従五位下であることと、氏族名の伊与部氏が郡名に起因するならば、正確なところは不詳ではあるが、伊与（余）部氏が伊予郡の郡領氏族の可能性は高いといえるであろう。

〈久米地域〉

石手川と重信川に挟まれた久米地域は、『和名類聚抄』には天山・吉井・石井・神戸・餘戸の五郷よりなる下郡の久米郡である。これらの郷名としては天山・石井の地名が現在の松山市に残されているが正確な郷域は不詳である。

かかる久米地域の古代遺跡の概要については後に述べるが、五世紀中期以前は弥生時代の遺跡は数多いにもかかわらず、上述の二地域に比べると有力集落・首長の存在を示すものが少ない[22]のが特徴である。すなわち、道後平野全体の弥生時代を武器系青銅器の出土状況より概観すると、石手川以北の地域では道後今市・道後公園山麓・伝道後樋又・祝谷六丁場より数多くの平形銅剣を出土し、ついで、重信川以南では異形の平形銅剣一本と平形銅矛を出土するのに対し、久米地域では有柄石剣二本が出土するだけである。さらに、鏡の出土状況では、温泉郡における朝日谷2号墳・文京遺跡・若草遺跡出土の三点の船載鏡、伊予郡における土壇原5号墳・土壇原Ⅵ38号墳・西野Ⅲ1号墳・吹上ノ森2号墳（以上仿製鏡）と嶺昌寺古墳の船載三角縁神獣鏡などに対して、久米郡では居相遺跡の仿製の内行花文鏡がみられるだけである[23]。こうした点より、おおよその傾向として、温泉郡に船載鏡の出土の多いこと、伊予郡には仿製鏡の多いこと、久米郡には数少ないという点が指摘できる[24]。以上の鏡や武器系青銅器の出土状況と集落遺跡の規模からみても、四世紀代以前の久米地域は、他の二地域に比べ、有力首長の存在は認められないといえるであろう。ところが五世紀中期以後になると、次節で詳論するように、数多くの前方後円墳と多数の掘立柱建物が登場し、大きな変化が生じたことが知られる。

第二節　久米国造の設置

目立った遺跡が存在していなかった久米地域に、五世紀中期以後になると図11で記したような前方後円墳と後述する掘立柱建物集落が突然に登場するのである。

〈前方後円墳の築造〉

前方後円墳の規模と現在想定されている築造順序を記すと、①観音山古墳→②経石山古墳（四八・五メートル）→

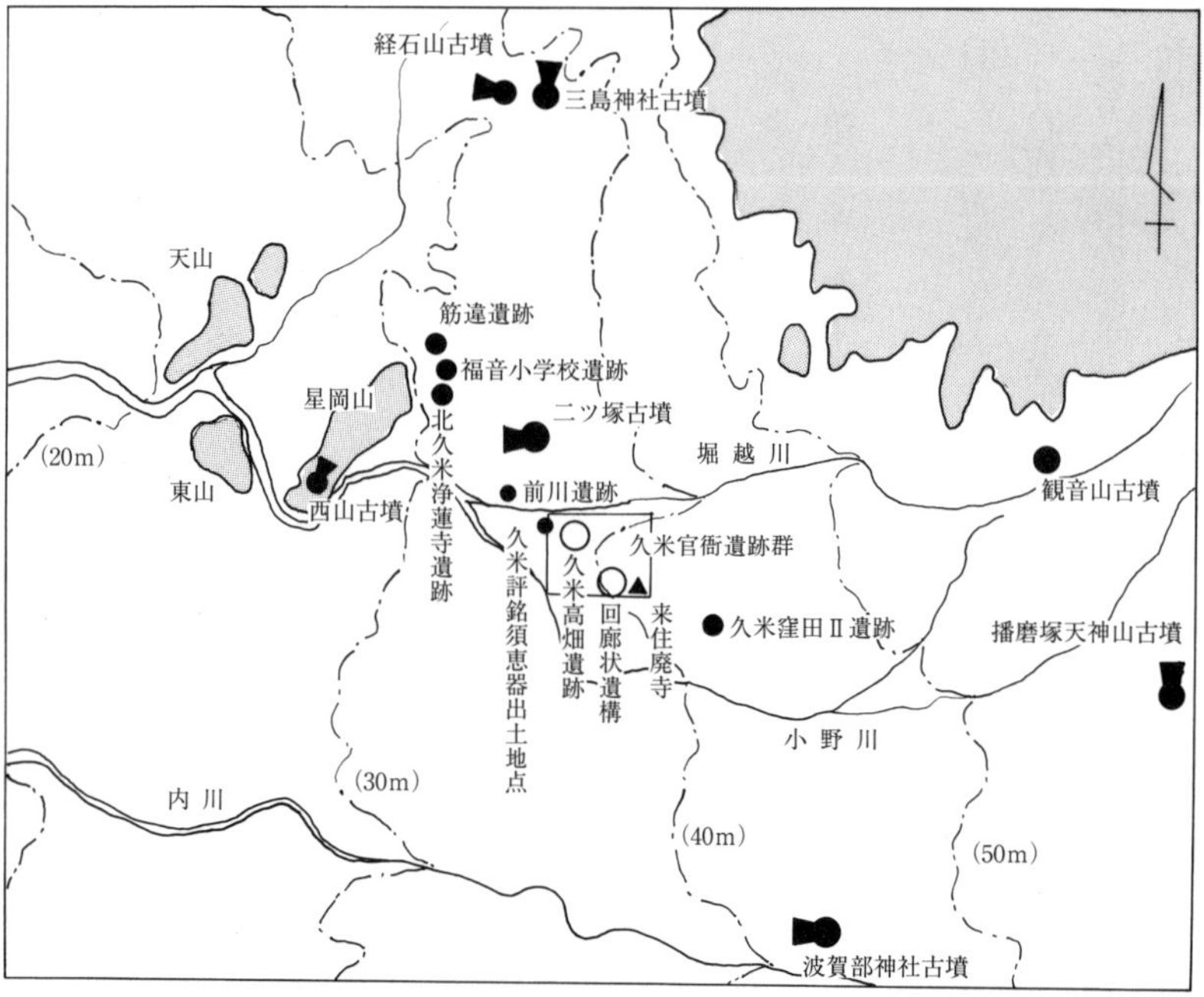

図11　久米郡の古代遺跡

③三島神社古墳（四五メートル）→④波賀部神社古墳（六二メートル）→⑤二ツ塚古墳（六三メートル）→⑥播磨塚天神山古墳（三二・五メートル）・⑦西山古墳（二四・四メートル）のようになる。

久米地域最古の首長墓である観音山古墳は、正式な測量が施されていないこともあり、帆立貝式前方後円墳と円墳との見解[25]があるが、現状ではどちらと断定することはできない。ただし、表面踏査による限りでは、形象・円筒埴輪をともない、かつ、葺石が施された大規模な古墳であることは間違いない。また、古墳主体部は不明であるが、蜜柑畑になっている同地には人頭大の川原石で石垣が作られ、周辺の丘陵に石垣は全くみられないことより、同古墳には葺石が施されていたと考えられる。いずれにしても、同古墳を五世紀中期の築造とする論拠は楯・靫・短甲などの形象埴輪[26]の出土によるが正式な発掘調査が必要である。

これに続くとみられるのは全長四八・五メートルの経石山古墳であるが、埴輪・葺石などの確認もなく、未発掘であるために主体部も不詳である。『愛媛県史』は墳形より五世紀中期の築造時期を与えている。ただ、正岡睦夫・十亀幸雄『日本の古代遺跡』22愛媛（保育社、一九八五年）は、四世紀代の可能性を指摘している。

次に、六世紀前半のものとしては次の四基が存在する。①一九七一年に発掘調査された三島神社古墳（全長四八・二メートルの前方後円墳で現在消滅）は、主体部が横穴石室で、墳丘は盛土で前方部には円筒埴輪が並べられ、装飾品（管玉・ガラス製丸玉・白玉・銀環）・鉄器・土器などが出土した。②波賀部神社古墳は、重信川によって形成された沖積地上に築造された久米地域最大規模の古墳の一つで全長六二メートルであり、主体部は横穴式石室で出土遺物に円筒埴輪・須恵器がある。③来住台地の北側、福音集落遺跡の西側の二ツ塚古墳（現在は後円部のみ）は、久米地域最大規模の全長六三メートルの前方後円墳と推定され、墳丘より円筒埴輪が採取されている。④来住台地の北側の東方、久米窪田遺跡の北側にはタンチ山前方後円墳が存在したが、第二次大戦中に軍用滑走路建設で消滅、しかし、周辺の確認調査で盾形埴輪等が出土した。(27) ついで、来住台地から東へ離れた所に播磨塚天神山前方後円墳（全長三三・三メートル）が分布し、わずかに残された須恵器より、六世紀中期に築造されたものと考えている。また、伊予三山の一つである星岡山には西山前方後円墳（全長二四・四メートル）があり、西山古墳出土と断定できないが仿製乳文鏡・三累環頭・滑石製紡錘車・玉類を出土している。なお、星岡山には数十の古墳が存在していたが、半壊状況にあった一号墳の緊急調査により、管玉・須恵器・舶載の「半円方形帯神獣鏡」が出土した。

そして、六世紀後半になると、久米地域の北側の久米・鷹ノ子・平井の山地に合計一五八基よりなる県下最大の群集墳である久米古墳群が築造された。概要の知られる古墳としては以下のようである。芝ケ峠古墳（直径一二メートルの円墳、海抜二八二メートルに位置する）は出土須恵器より六世紀後半から七世紀初頭のものである。かいなご古墳群（松山市平井谷之内）の一号墳（一辺一三メートルの方墳）は銅鏡・金環・銑鉄・須恵器を出土し七世紀中期のものであるという。五郎兵衛谷古墳（全壊状態であった）は星岡山古墳群より出土した三累環頭と同類のものを出土している。また、タンチ山古墳群からはトンボ玉を出土していることも注目される。

以上の前方後円墳を中心とする古墳の分布状況よりすると、正確には発掘調査を待たなければならないがおおよそ次の点が指摘できるのではないだろうか。

（1）五世紀中頃より六世紀にかけて久米地域一帯に前方後円墳が集中的かつ連続して築造されたことが知られ、四世紀代まで有力な在地首長の存在が確認できなかった久米地域に突然前方後円墳が築造されるようになったといえるのである。ただし、これら前方後円墳の系譜が一系統であるか、二つに分けて考えるべきかという問題は残るが、これらは今後の発掘調査によるべきであろう。ただし、六世紀前半に築造された波賀部神社古墳の存在は、こうした古墳を築造した氏族の小野川南部への進出を示唆するものであろう。

（2）六世紀後半以降になると久米山地に群集墳が築造されるようになったが、かかる群集墳の築造は、一般的な傾向としての在地における階層分化の進展を示唆するもので、この地域の首長の在地支配力の低下を示し、この地の久米国造の新たな対応を必要としていたことを物語っている。

（3）こうした前方後円墳の築造は、この地域の国造である久米直一族によると考えられ、群集墳はこの地域に設置された「久米部」の一部の発展の結果によるものと考えられる。いずれにしても、五世紀中頃になると、この地域に有力な在地首長が登場するようになり、それは六世紀中頃まで存在していたが、六世紀後半以降になると、その首長の在地支配に変化が生じ始めていたことが知られるのである。

〈掘立柱建物群について〉

道後平野全体の集落遺跡を論ずるだけの発掘調査例は存在しないが、来住舌状台地の北側に展開する古墳時代の掘立柱建物群は注目され、それらの掘立柱建物群は次の三遺跡に区分できる。

①古墳時代に三時期にわたる計一三一棟の竪穴式住居と一一四棟の掘立柱建物と古代の二三棟の掘立柱建物よりなる福音小学校遺跡

②福音小学校遺跡北西部に位置する筋違遺跡

③福音小学校遺跡の南の北久米浄蓮寺遺跡である。

福音小学校遺跡　二〇〇三年の松山市教育委員会・埋蔵文化財センター『福音小学校構内遺跡Ⅱ―古墳時代以降編―』によると、四世紀代の住居址は竪穴式住居が四棟で、五世紀代も六六棟の竪穴式住居のなかに一二棟の掘立柱建物が出現し、六世紀代になり四〇棟の竪穴式住居に対し四八棟の掘立柱建物が建てられるに至っている。また、古代の掘立柱建物として二三棟が存在するという。特に、五世紀後半から六世紀代になり掘立柱建物のほうが多く建てられるに至ったのは、この段階に竪穴式住居より掘立柱建物へ移行したことを示している。出土遺物が希薄であることもあってこうした集落の特徴を明らかにすることはできないが、この変化は何らかの事情に起因すると考えられるであろう。

図12　筋違Ｅ遺跡平面図

筋違遺跡　筋違遺跡はA～Iの九箇所からなり、計九基（E＝三基、H＝三基、K＝一基、L＝二基）の総柱建物が確認でき、これらのなかでも、筋違E遺跡は五基の掘立柱建物を有して注目される。同遺跡の平面図を示すと図12のようで、掘立柱建物1と3は同方位で六世紀代と考えられるという。なかでも掘立柱建物1は、五間×三間以上の総柱建物で桁行一二・二メートルと梁行七・四メートルで、掘り方は最大で一〇〇×一三〇センチ、柱は三〇センチ前後という巨大なもので、出土須恵器より六世紀代のものとされている(28)。同掘立柱建物は総柱のようにみえるが内部の柱掘り方が外側に比べ極端に小さいことより束柱の可能性も考えられ、同掘立柱建物は福音小学校遺跡にみえる掘立柱建物集落の倉庫か住居の可能性を示しているのではなかろうか。

北久米浄蓮寺遺跡　五世紀後半から七世紀後半にかけて計三一棟の掘立柱建物が検出されていて、久米官衙遺跡群につながる集落群と考えられる(29)。

以上の前方後円墳と掘立柱建物集落と久米国造とを明確に結びつける直接的資料はないが、久米地域に久米国造が設置されたことは間違いないし、また、第四章「久米氏についての一考察」において論じたように、五世紀後半の雄略天皇に続く大王家の継承に際して、伊予来目部小楯の活動は史料の記述そのままではないにしても、基本的には史実であったと考えられることも参考になる。

第三節　久米官衙遺跡の開発

久米地域を支配していた久米国造の在地支配にとって最大の危機は、他の国造と同じように六世紀後半頃に迎えたと考えられる。六世紀後半になると、全国的な傾向と同様に伊予の久米山地にも群集墳が築造され、新興勢力の抬頭があり、かつ、敏達朝の瀬戸内海沿岸地域には凡直国造が設置された。六世紀後半の凡直国造設置は、一世紀以上続いた国造の在地支配の動揺に対応する国造制の再編強化策であったと考えられ、伊予国でも凡直国造が設置されたことは、桑村郡大領凡直広田（『大日本古文書』一巻六頁）と宇和郡大領凡直宅麻呂（『大日本古文書』一巻五頁）、宇麻郡外従五位下凡直稲積[30]の存在より確認できる。ただし、伊予地域での凡直国造設置は、小国造を大国造の下に再編する形態でなく、国造未設置地域に設置したものであった[31]。つまり、久米国造の在地支配の強化策は、凡直国造として小国造を再編するという形態でなく、他の方式を採ったと考えられるのである。

五世紀末に道後平野の久米地域に登場した掘立柱建物集落は、六世紀代になり筋違・福音小学校・北久米浄蓮寺遺跡として展開したのに対して、来住台地上の開発は六世紀後半になってからであった。この点は六世紀代の来住台地上の掘立柱建物は、来住廃寺東側の六世紀後半～七世紀初頭の竪穴式住居と掘立柱建物と七基の小鍛冶炉よりなる来住町遺跡[32]と、台地北側に散見する六世紀後半～七世紀初頭の竪穴式住居と掘立柱建物が存在することによる。そしてこれらはいずれも六世紀中期以前には遡らないことより、来住台地の開発が六世紀後半か末であったことを物語っている。こうしたことよりして、久米国造の採った在地支配強化策は、久米国造の在地支配機関を来住台地北側に建設することを通しておこなわれたと想定することができるのである。

さて、久米国造の後裔である久米直氏が、久米郡の郡領であったことは次の史料で確認できる。すなわち、①長岡京左京一条三坊六・十一町・戌亥遺跡出土の木簡「久米采女久米直飯成女」（『木簡研究』一二号）と、②『類聚国史』天長四年正月甲申条の「国々乃郡司等中爾、其仕奉状乃随爾、謹美誉志美奈毛、冠位上賜比治賜波久止」として「授二（中略）外正六位上久米舎人虎取、賀祐臣真柴、佐伯直鈴伎麿、久米直雄田麿外従五位下一」との叙位記事である。①の史料は伊予の久米氏と断定できないが、②は久米直雄田麿の直前に記される佐伯直鈴伎麿が讃岐国多度郡の郡領である

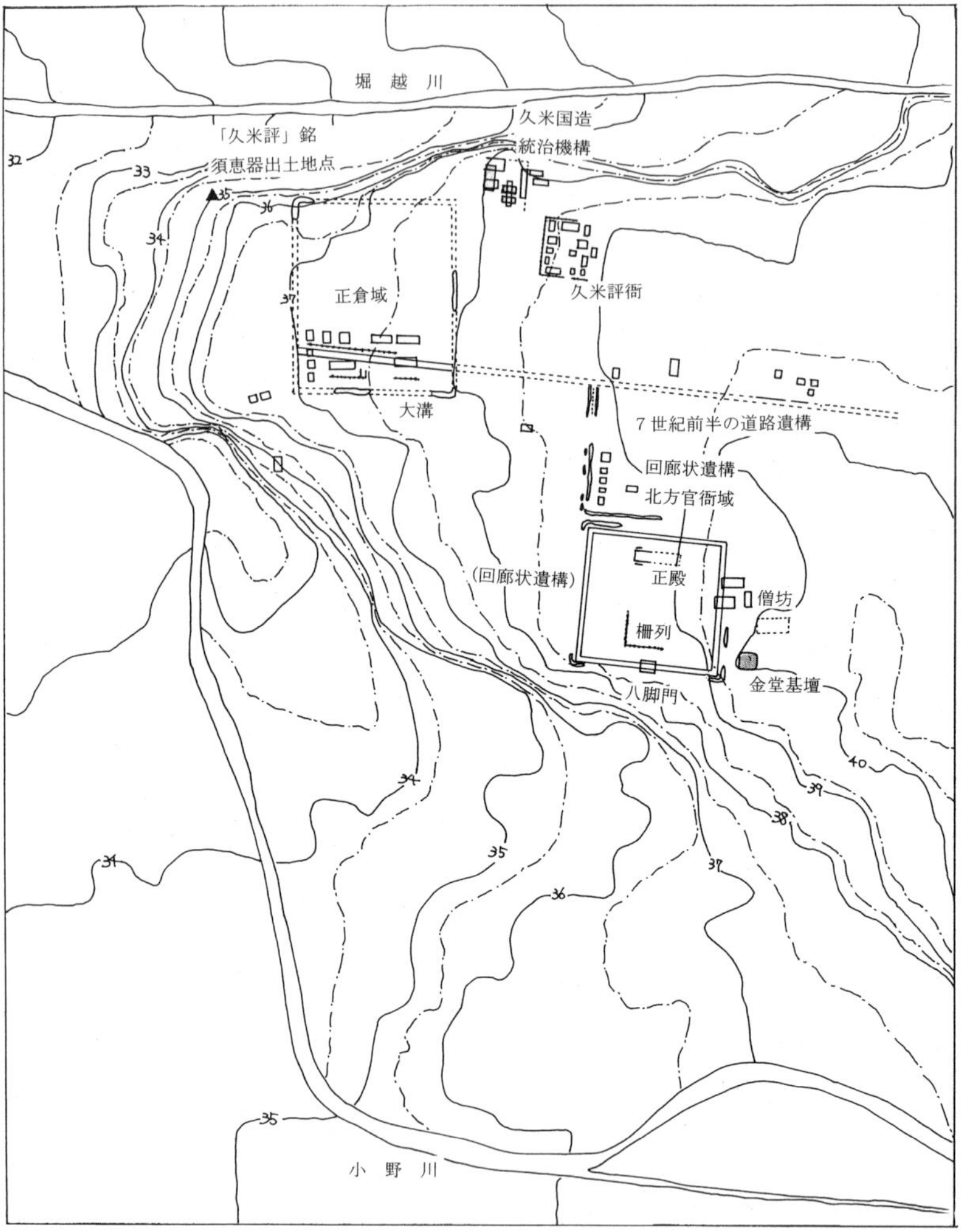

図13　久米官衙遺跡群

こと[33]より、それに続く久米直雄田麿は伊予国久米郡大領と考えられ、久米直氏が郡領氏族であったことが確認できる。かかる久米直氏が中心となって開発したのが久米官衙遺跡群で、その平面図は図13のようになる。

　久米官衙遺跡群は北側の堀越川と南側の小野川によって形成された標高三七〜四〇

メートルの舌状台地上に形成されたもので、そこに分布する諸遺構は中央部を東西に走る幅三メートルの道路状遺構によって二分されていることが図13よりも知られる。北部地域に存在する遺構としては、久米国造の統治機関とそれに続く久米評関連が存在し、道路状遺構をまたいで正倉群が分布している。一方、南側には一辺約一〇〇メートルの回廊状遺構とその北側の官衙域、さらに、その後に築造されたと考えられる来住廃寺跡が存在する。

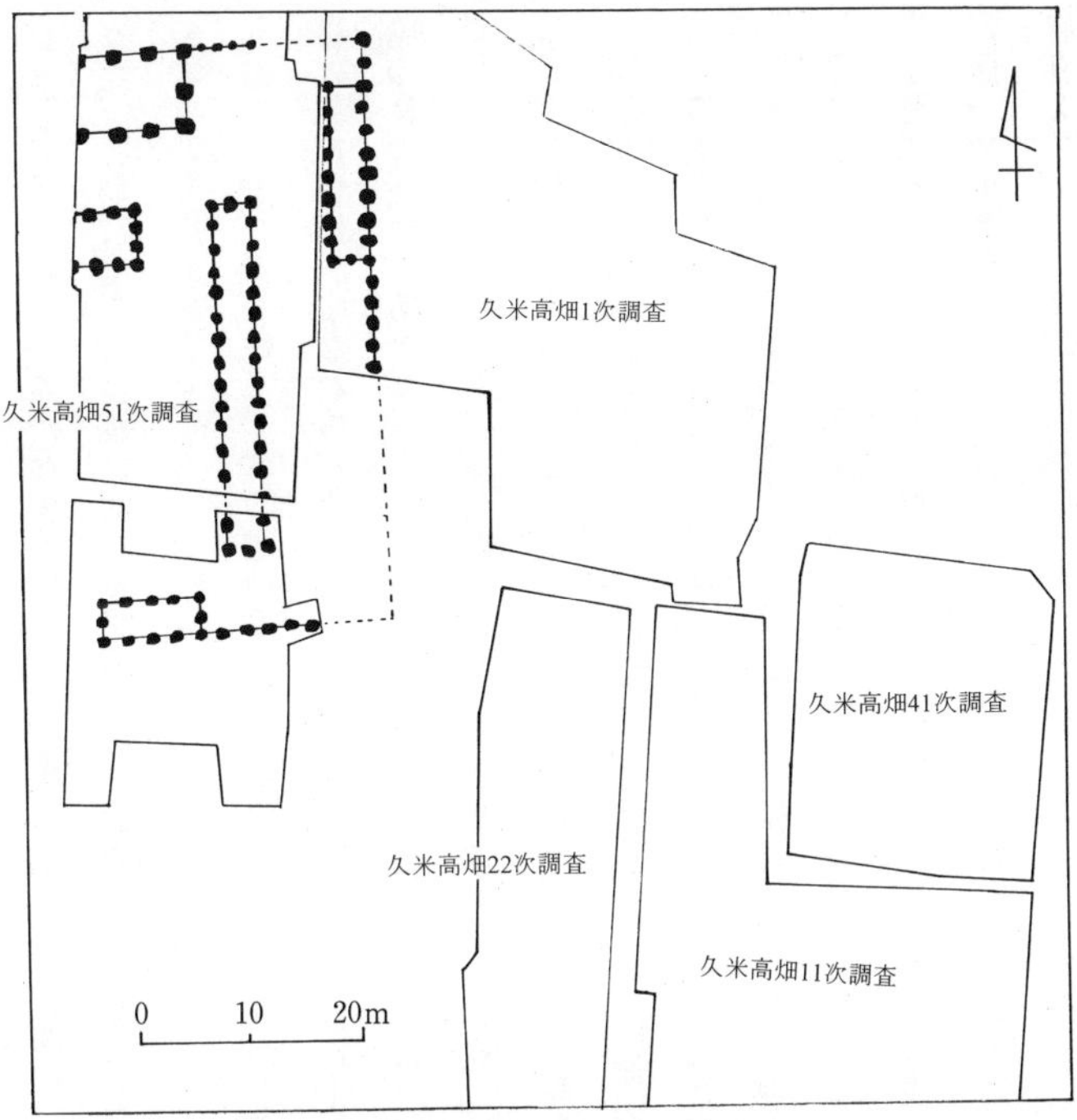

図14　7世紀前半の遺構図

久米官衙遺跡群の中で最も早く建設されたのは、図13に示した台地北側に位置する七世紀前半の久米国造の統治機構と、それに続く七世紀中期の久米評衙の統治機構である。いま、久米国造の統治機構と久米評衙と考えられる遺構部分を孝徳立評以前と以後に分けて図示すると、孝徳立評以前の平面プランが図14「7世紀前半の遺構図」のようになり、立評以後の平面プランが図16「7世紀後半の遺構図」（二五七頁）のようになる。

最初に、大化前代の平面プランより検討することにしたい。大化前代と考えられる遺構の論点としては、次の三点が存在している。（1）二重の長舎囲い建物が存在するが、この建物が一時期か二時期かという点、（2）（1）と密接に関わるが実年代をどのように考えるべきかという点、（3）この建物の性格はいかなるものかという点である。

論点（1）について、この建物で実年代を想定しうるものを探すと久米高畑1次調査で出土した須恵器と土師器が存在している。すなわち、その際に一五間分を検出したSB4との掘立柱建物が、図14「7世紀前半の遺構図」の外側の長舎囲いにあたり、その柱掘り方より出土した二点の須恵器と一点の土師器がそれで、『松山市埋蔵文化財調査年報』1（一九八七年）は七世紀前半のものと考えているものである。しかし、この三点を除き内部の長舎囲い建物は時期を想定しうる遺物を出土しないこともあり、遺物より時期を確定することは困難な状況にある。

『松山市埋蔵文化財調査年報』一四（二〇〇三年）は、外側の掘立柱建物を脇殿とするには規模が小さいことと、二つの建物の方位がほぼ同じであることより、一時期の建物と想定している。さらに、緊急調査により外側の南面につながるであろう柵列と掘立柱建物の存在が確認でき、図14のようにこの建物群の周囲を区画する柵列は一重とみられることも一時期とする傍証の一つである。なお、このように外郭を長舎囲いにする例として居館では群馬県の三ツ寺遺跡にみることができ、郡衙としては因幡国八上郡衙の万代寺遺跡、美作国久米郡衙の宮尾遺跡I期、相模国鎌倉郡衙の今小路西遺跡、陸奥国玉造郡衙の名生館遺跡などにみることができ、[34]五世紀の第3四半期から八世紀にかけて存在していたことが知られる。

次に問題であるのは論点（2）の建物の実年代である。外側の長舎囲いが七世紀前半と考えられることと、後に示す孝徳朝以後の図16で知られるように、長舎囲い建物に重複する後の遺構は、南東に位置する評衙遺構と同時期のもので関連する七世紀中期以後の建物の可能性が考えられ、それに先行すると考えられるのである。

論点（3）の建物の性格については、この建物からは台地全体の特徴と同様に煮炊具の出土が全くないことと、庇付き建物でなく中央に空間をもっていることより、豪族居館というよりは統治機関を想定すべきであろう。

さらに、七世紀中期の孝徳立評以前の建物とすると、久米国造の統治機関を想定するのが最も自然である。ただし、山中敏史氏は「この長舎囲い建物を屯倉に関連すると考え、当初の支配域は久米地域全体に及ぶのでなく、郷程度の小規模なものであった」との可能性を述べている(35)。その根拠としたのは、天平勝宝二（七五〇）年四月七日の（『大日本古文書』二五巻一四三頁）「田部直五百依　年廿八　伊与国久米郡石井郷戸主田部直足国戸口」との記事である。しかしながら、同記事は八世紀中期の伊予国久米郡に田部直氏が存在していたことを示しているだけであり、氏族は移住の可能性もあり、同記事を六世紀代の久米地域に田部が存在したとの論拠とするのはかなり無理がある。また、久米地域に屯倉が設置されたことを記す直接的な史料が存在していないことと、この区画内に七世紀前半に遡る倉庫（総柱建物）が認められないこともあって、二重の長舎囲い建物は久米国造の統治機関と考えるべきである。

以上のことより、おそくとも六世紀末の来住台地北側に久米国造の統治機構が設置されたと考えられるのである。ついで注目されるのは、『日本書紀』にみえる舒明天皇の伊予行幸で、舒明十一（六三九）年七月に百済大寺（吉備池廃寺）を築造(36)した舒明天皇が、同年十二月十四日に「幸二于伊予温湯宮一」し、舒明十二年四月十六日に「天皇、至レ自二伊予一、便居二厩坂宮一」とみえるように四カ月の間「伊予湯宮」に来訪・滞在したと記している。かかる舒明の伊予行幸については、『万葉集』八番と『伊予国風土記』逸文にも記録が残されている。『万葉集』巻一、八番の題詞には、「右、検二山上憶良大夫類聚歌林一曰、飛鳥岡本宮御宇天皇元年己丑、九年丁丑十二月己巳朔壬午、天皇皇后、幸二于伊予湯宮一、後岡本宮馭宇天皇七年辛酉春正月丁酉朔壬寅、御船西征始就二于海路一、庚戌、御船、泊二于伊予熟田津石湯行宮一、天皇、御二覧昔日猶存之物一、當時忽起二感愛之情一、所以因製二歌詠一為二之哀傷一也、即此歌者天皇御製焉、但、

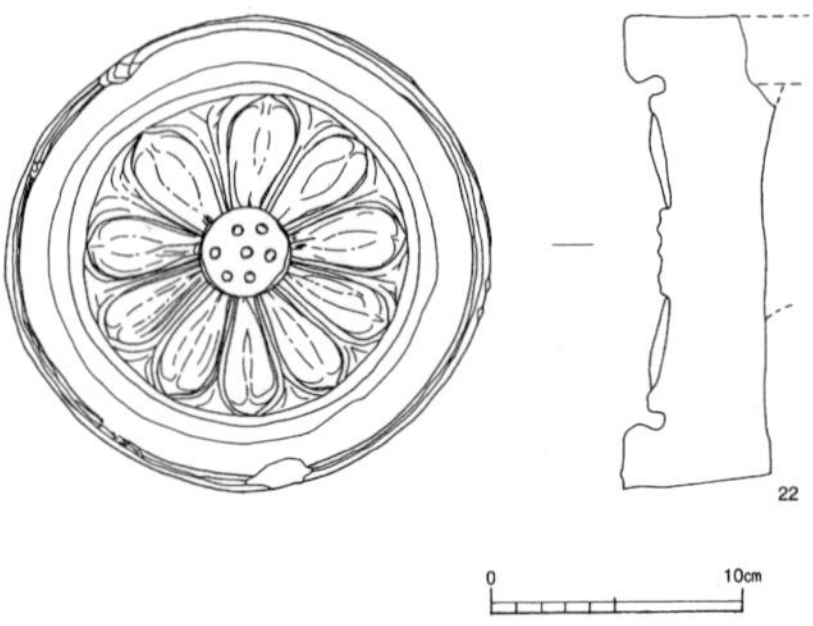

図15　素弁10弁の軒丸瓦

額田王歌者別有二四首一」とみえ、舒明天皇は宝皇后と伊予湯宮へ行幸したことが記されている。さらに、『伊予国風土記』逸文には、「以二岡本天皇并皇后二軀一、為二一度一、于レ時、於二大殿戸一、有二椹与二臣木一、於二其木一、集二止鵤与二此米鳥一、天皇為二此鳥一、枝繋二穂等一、養賜也」と記されている。ただ、『類聚歌林』が舒明と皇后の伊予行幸を「舒明九年十二月己巳朔壬午」とするのは誤りで、『日本書紀』に従うべきことは、『万葉集』六番左注に「但、山上憶良大夫類聚歌林曰、記曰、天皇十一年己亥十二月己巳朔壬午、幸二于伊与（ママ）温湯宮一云々」とみえることより明らかである。さらに、同左注は「一書、是時宮前在二二樹木一、此之二樹斑鳩比米二鳥大集、時勅多掛二稲穂一而養レ之」とも記している。この話は、『日本書紀』にはみえず『伊予国風土記』逸文にみえ、同逸文は『日本書紀』によったのでなく『類聚歌林』を参考にして記された可能性が高い。後述するように回廊状遺構の補修工事の存在をも考え併せると、舒明天皇の伊予来訪は事実と考えることができるのである。

久米官衙遺跡群の実年代を考える際の最も重要な遺物として、「久米評」銘の須恵器、反りのある須恵器とともに、いくつか出土する素弁十弁蓮華文の軒丸瓦が存在する。この素弁十弁蓮華文の軒丸瓦は、一九七九年の松山市教育委員会『来住廃寺』では四点の出土が記録され、その後では、回廊状遺構の北方官衙域の西側溝と正倉域内の道路状遺構の側溝(37)、久米高畑遺跡からは四点(38)のように、官衙遺跡群の全域より出土し、その完形品を図示すると図15のようである。こうした素弁十弁の軒丸瓦については、摂津四天王寺から出土していることと、久米官衙遺跡出土の軒丸瓦は「一十六個」の蓮子であり、最古の山田寺の軒丸瓦の蓮子が「一十八個」で、四天王寺の軒丸瓦の蓮子が「一十六個」

であることより、山田寺系軒丸瓦を模倣して造られた摂津四天王寺の軒丸瓦の系譜を引くと考えられ、その時期も四天王寺に続く時期が想定されてきた(39)。しかし、『上宮聖徳法王帝説』の裏書きに「注云、辛丑年始平レ地、癸卯年立二金堂一」とみえるように、山田寺の造営は辛丑（舒明十三＝六四一）年に整地した後、癸卯（皇極二＝六四三）年に金堂を建立したと考えられる。それに対して、百済大寺は舒明十一年七月に造営が始まり、山田寺より先行している。さらに、百済大寺が舒明天皇発願の官寺であるのに対し、山田寺は蘇我氏の氏寺であるということよりしても、久米官衙遺跡出土の軒丸瓦の祖型は、百済大寺（吉備池廃寺）を祖型とすると考えるべきではないか。すなわち、舒明十一年七月に築造された百済大寺（吉備池廃寺）で使用された軒丸瓦の模様が四天王寺を経由して伊予へ渡り、舒明と斉明の行宮関連施設が存在した久米官衙遺跡で使用されたと考えるのである。このように考えることにより、素弁十弁蓮華文の軒丸瓦が久米官衙遺跡群から出土することが理解できるのである。

舒明天皇の伊予行幸の理由は明らかではないが、七世紀代における天皇の温泉行幸は、いずれも舒明天皇と宝皇后（皇極・斉明）夫婦と子供たち（天智・天武）であることが注目される。また、その行幸時期が九月から十二月の間に出発していることより、七世紀代の温泉行幸の目的に政治的意味合いを求めることは現時点では困難である。ただし、伊予の久米地域が大王家にとってきわめて身近な地域であったことは、上述した伊予来目部小楯の説話よりも想定できるところである。

第四節　立評と評衙

唐帝国の登場により七世紀の東アジア世界は激動の時期を迎え、高句麗では六四二年に泉蓋蘇文のクーデター、新羅では六四七年の毗曇の乱、わが国では六四五年の乙巳の変が相次いで勃発している。これらの政変は、唐帝国の登場に対しいかに対応すべきかという東アジア国際政治の展開のなかで発生したもので、国内矛盾のみに起因するものではなかった。わが国では、乙巳の変後に発せられた大化の原詔について、全国的に実施された孝徳立評もこうした東アジア情勢に起因し、国造制支配から評制支配へ移行させることによって直接的な地方支配を確立しようとしたもので、古代国家の地方支配にとっての一大画期と考えられてきた。

国造制から評制への転換期における道後平野は、孝徳朝に別評・久米評が立評され、ついで天智朝に湯評の立評が続いたことはすでに論じたところであり、いま、それを概観すると次のようである。

別評（後の和気郡）の孝徳朝立評は、最古で信憑性の高い円珍系図（和気系図）に記された伊予国の別君氏に、評造小山上宮手古別君—評督大建大別君—郡大領追正大下足国乃別君との系列があり、「評造小山上」（大化五年の位階）との記載より、評造小山上宮手古別君は孝徳朝の別評の立評によるもので、「評督大建」がそれに続くと考えられる。また、久米地域での孝徳立評は、「久米評」銘須恵器の出土と後述する久米官衙遺跡のあり方を通して論じたい。道後平野南部の伊予地域での立評を示す史料は残されていないが、伊予市上吾川古泉廃寺の創建瓦より七世紀後半の立評を推定する見解(40)もある。道後平野の久味・伊余国造のうち、伊余国造の支配領域では立評されなかったとは考えにくく、伊余評も孝徳朝に立評されたと考えられるのではないか(41)。さらに、湯評（後の温泉郡）については、円珍系図（和気系図）の評造小山上宮手古別君とは別系統の伊予別君系列に「評造小乙下意伊古乃別君」がいることと、天武朝と考えられる飛鳥池遺跡より「湯評」木簡が出土したことより、湯評の立評時期は天智朝ではないかと考えられる(42)。なお、浮穴評は史料で確認することはできず、天平十九年の法隆寺伽藍縁起并流記資財帳の「浮穴郡」と平城京左京七条一坊十六坪出土木簡の「伊与国浮穴郡二《井》門郷白米壱×」(43)より、八世紀の浮穴郡の存在が確認できるだけである。

いずれにしても、伊予国の道後平野においても孝徳立評がおこなわれ、国造制支配から評制支配へと展開したことは間違いない。

なお、飛鳥池遺跡出土木簡「湯評井刀丈マ首□」[44]、平城宮出土木簡「温泉郡井門郷大田里久米大虫」[45]、平城京出土木簡「伊予国浮穴郡二《井》門郷白米壱×」[46]などより、八世紀後半に温泉郡井門郷が浮穴郡所属となり、以前の井門郷は温泉郡の飛び地として浮穴郡に存在したという見解[47]がある。しかし、八世紀初頭より浮穴郡と温泉郡に井門郷があり、九世紀以後に温泉郡の井刀・井門郷が名称を変えたとみても全く問題はなく、同名の郷名があるといってそれが同一郷を示すとみなければならない理由はない。同一国内に同名郷が存在する例は意外と多いこと[48]よりして、所属郡が異なる同名郷の存在が飛び地を示すとの見解が成立するには、八世紀代に郡界を越えた飛び地が存在したことを論証する必要がある。さらに、かりに飛び地が存在したとすると、立郡以前の地方豪族の在地支配がきわめて強く、それを部分的

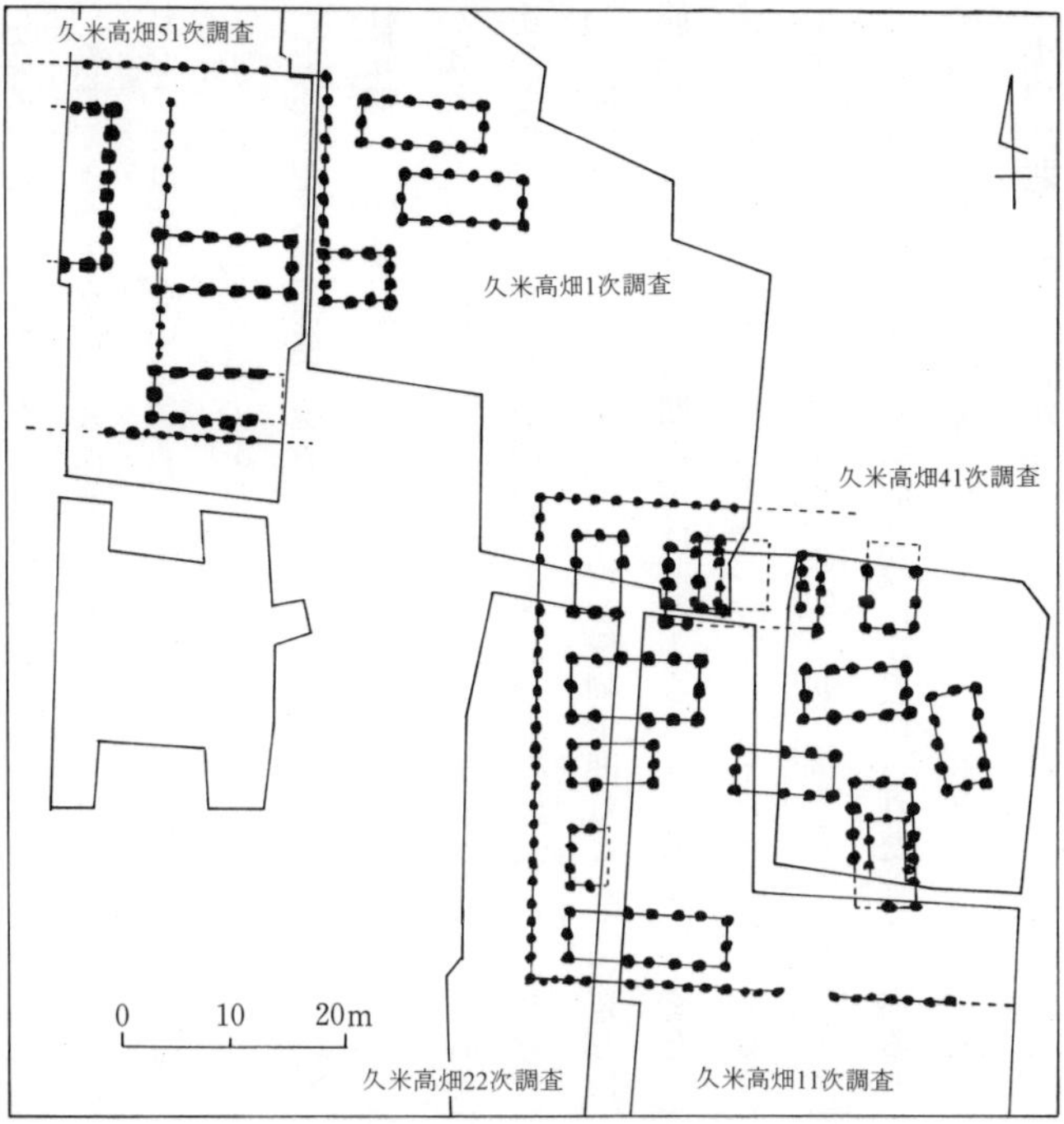

図16　7世紀後半の遺構図

に認めざるをえなかったということになるが、そう考えてよいのかという点の検討も必要である。

論じてきたように、大化前代に久米地域を統治していたのは久米国造であり、その支配領域で孝徳立評がおこなわれたことは誤りない。こうした国造制支配から評制支配への展開を知るうえで重要なのは図16「7世紀後半の遺構図」で示した久米高畑遺跡である。

上述した久米国造の統治機構と考えられる長舎囲い建物に続くものとして、図のコの字形柵列の内部に三棟の掘立柱建物（二間×五間の東西棟二棟と七間×三間以上の南北棟）が存在している。ただ、51次調査の柵列の区画域は縮小することと、同区画内の大型南北棟から七世紀後半の瓦片を出土することもあり、図16の柵列内建物は孝徳朝には建てられておらず、孝徳朝の久米評衙の中心施設でないと考えられる。さらに、この区域内における二本の南北の柵列が同時期とすると、東西棟二棟を柵列で囲むという想定しにくい構造になり、南北の二本の柵列が同時期でない可能性も考えられ、一時期の遺構と考えるべきではない。また、東南部に位置する逆コの字形柵列で囲まれた地域の遺構については、かつて、久米評の政庁と考えたところである。[49] しかし、その後の調査により図16のような平面プランであったことが明らかになり、この平面プランを検討した山中敏史氏は、儀礼的行為のおこなわれる空間がないので、正庁ではなく実務棟か物資収納施設が設けられた地区であると主張された。[50] しかしながら、空間の有無については山中氏とは別の考え方が充分成り立ちうる。すなわち、この区画内には少なくとも二時期の建物が存在したことが北側中央の南北三間の建物が建て替えられていることより知られ、西側には五間×二間、五間以上×二間の二棟の東西棟グループと、南北棟二棟と東西三間と短い東西棟の二グループに分けられるのである。また、東側も東西棟と南北棟の二グループに分けることができ、南北棟の時期には正殿の前に広場を充分取ることができるからである。さらに、東側には柵列が存在しないようにもみえるが、この柵列が正方形であるとすると、調査区の東側に柵列の存在する可能性も残る。ただし、西側建物の配置が西側柵列に沿った形で配置されているのに対し、東側が不整然であることは事実であり、この柵列内の平面プランは完全なものではなかったと考えられる。

いずれにしても、柱穴より七世紀第2四半期の須恵器が出土し孝徳立評時に建てられたことは間違いなく、おそらくは、孝徳立評に際して、国造時代の長舎囲い建物区域の南東部に、柵列で区画された内部に評の正殿と南北棟よりなる久米評の中心的施設を造り、久米評の立評としたのであろう。そして、七世紀後半になり、長舎囲い区域で東西三間以上×南北七間の大型建物が建設されるのにともなって、旧長舎囲い区域へ久米評の中心が移り、柵列内が評衙の中心でなくなり、広場のない区域となったのではないか。つまり、久米評の中心である評の政庁が元の国造時代の統治機構の存在区域に移動したと考えることによって両区域に併存する遺構を整合的に考えられるのである。そして、かかることは孝徳立評の実態が、上から強制的におこなわれたものでなく、旧国造制支配に依拠したものであったことを物語っているのである。

第五節　回廊状遺構

道路状遺構の南側には一辺約一〇〇メートルの回廊状遺構とその北側の官衙域、さらに、その後に築造されたと考えられる来住廃寺跡が存在する。この回廊状遺構については、一九七九（昭和五四）年に「来住廃寺跡」として国の史跡指定を受けた。当時の見解は、「現状ではこの回廊は講堂・塔・金堂など伽藍の建物の大部分を囲み、なお北にのびており、ほかの寺院では例をみないもの」[51]とその特異性を指摘しつつも、問題の回廊状遺構は法隆寺式伽藍配置である寺院の西側回廊と考えていた。しかしながらその後の発掘調査により、同回廊状遺構は、来住廃寺を取り囲む

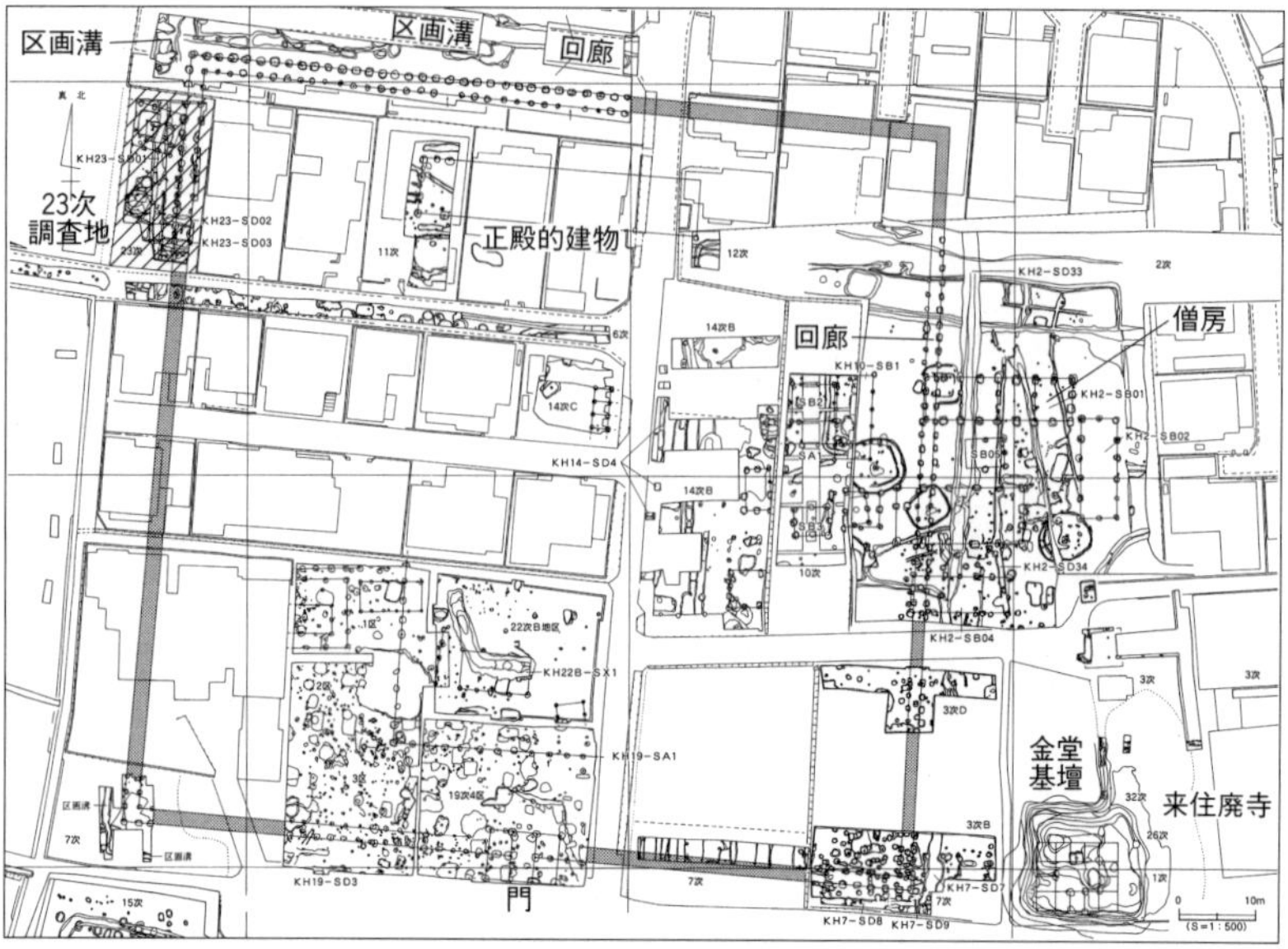

図17　回廊状遺構

回廊ではなく、西側に延びる独自の建物であることが明らかになった。

その平面図を掲げると図17のようになり、回廊状遺構の構造と出土遺物の特徴を述べると次のようである。[52] 回廊状遺構の規模は、南面回廊が若干大きく一〇二・八メートルで、東面は復原一〇二・三メートル、西面は九八・三メートル、北面は復原一〇〇・三メートルで、ほぼ方一町規模であることが知られ、かつ、その外側には区画溝が施されていることが知られる。なお、東北の角が発掘調査で確認できず、正方形であることが確認できていないが、それはこの地にため池が造られていたためで、その時に破壊されたことによることが明白である。後述するが、北側回廊の柱掘り方をみると、外側が桁行方向に長い長方形（一一〇～九五センチ）で内側は円形もしくは隅丸方形（八二～七七センチ）で、外側が若干大きいことが知られる。ついで、柱穴の平均値は外側が二一センチ、内側が一八センチで、これも外側が若干大きいことが知られる。

次に内部の構造は概ね次のようである。すなわち、一九九〇年末の調査により、回廊状遺構の内部中央北側で、一〇〇×八〇センチの掘り方で、三〇～三五センチの柱で根石をもつ、南北三間（七一〇センチ）×東西一間以上（復原桁行一一間、三七メートル）の大型建物（正殿的建物、後殿の可能性も若干存す）が確認された。ついで、一九九二年末から一九九三年正月の調査で、南側回廊の中央に桁行三間（九一三センチ）×梁行二間（六四七・五センチ）の大型八脚門の存在が確認され、かつ、門の北側に柵列で区画する内郭が存在していることが確認されたのである。

次に、出土遺物であるが、上述したように七世紀中期の須恵器・円面硯の出土、北側溝や周辺より七世紀中期の素弁十弁軒丸瓦・重弧文軒平瓦が出土していることと、回廊内部より生産・生活痕跡を示す遺物の出土の少ないことが注目されるのである。

以上の特徴を回廊状遺構はもっているのであるが、かかる七世紀代の建物と考えられる一辺約一〇〇メートル前後の回廊状建物の性格について、最初の段階では、回廊状遺構を「行宮として機能が終了した後は、常駐するようになった伊予国宰・伊予総領の施設とされたのではないか」と伊予総領所の可能性を提起したが[53]、その後、「古代地方官衙群の形成過程」[54]と「松山市来住台地上における7世紀代の官衙関連遺構について」[55]での検討を経て、「回廊状遺構再論」[56]において以下のように論じ、現時点においても同じように考えている。

回廊状遺構の性格には、（A）寺院址、（B）豪族の居館、（C）官衙関連の建物、（D）防衛施設の建物の可能性があげられるが、最初に、可能性のないものより順に論ずることにする。

（A）寺院址の可能性

七世紀代の地方寺院については、基壇上に建つ瓦葺き建物群で一定の伽藍配置をもつ郡寺的性格の強いものと、基壇上に建つ一棟の瓦葺建物よりなるものがあり、前者は七世紀後半に造寺活動が終了した郡寺性格の強いもので、後者はそれより若干遅れて新興勢力により造営された寺と考えられている。[57] つまり、村落内寺院を除けば寺は基壇上に瓦葺き建物が建てられていたと考えられ、基壇は多少の削平をうけても発掘により築造の痕跡を見いだすことが可能であるが、回廊状遺構内部にはそうした痕跡は見いだせない。さらに、回廊状遺構の廃絶直後の七世紀末に来住廃寺が建立されていることより、回廊状遺構が古代寺院の可能性はきわめて低いといえるであろう。

（B）豪族の居館址の可能性

豪族居館との関連で考えるとき、注意しなければならないのは豪族居館の外郭施設であろう。一九九〇年の『古墳時代の研究2　集落と豪族居館』（雄山閣）、一九九一年の『季刊考古学36　特集・古代の豪族居館』などよりすると、豪族居館の外郭施設としては、柵列（布掘を含む）・溝（布掘・二重を含む）・土塁・築地などが存在しているが、回廊状遺構で区画されている例は確認できない。ただ、多重の柵列の外郭施設としては群馬県の三ツ寺遺跡が存在するが、三ツ寺遺跡の多重柵列は次のような特徴をもっている。[58] すなわち、多重の柵列は五列確認でき、柵列の外側には大溝が構築されている。三ツ寺遺跡の多重の柵列は、松山の回廊状遺構のように対にはなっていなく、二度の改修が想定されるように、二重もしくは三重の柵列とみるべきである。さらに豪族居館の外郭規模をみると、六世紀以後における規模は五〇メートルから一〇〇メートルの区画が主流であり、規模でみると一〇〇メートルのものは存在しているが、その区画施設が回廊状をとるものは今のところ存在していないことが知られる。

ついで、内部施設についてみると、まず、群馬県三ツ寺遺跡においては南半部の区画が政治・祭祀空間で、北半分は工房群と考えられ、また、群馬県原之城遺跡では中央の政治空間と北西部の倉庫群の存在が知られ、豪族居館内における機能別空間が存在していたといえるのである。すなわち、豪族居館の内部施設の特徴としては、政治的空間と経済的空間に区画されていること、[59] また、内部の主施設には庇付き建物や掘立柱建物の建設が多くなる。そして、倉庫にともなう区画（原之城遺跡）や工房や祭祀施設が存在しているという。[60] さらに、政治・祭祀の空間と工房・倉庫という経済的空間とに柵列により区画され、前者には、裁判や祭祀関係の施設をもつことがあり、後者では生産関係施設をともなうことがあるといえる。回廊状遺構には、以上のような特徴を見いだすことができず、豪族居館の可能性も低い。

（D）防衛施設の可能性

かかる見解はこの遺構が回廊ではなく二重の柵列であったのではないかと考えることで成立する。桑原滋郎氏の研究[61]によると、古代城柵の外郭が築地で区画されたものとしては、多賀城（大垣との墨書土器出土）と秋田城があげられ、ついで、築地と溝で区画したのが城生城・胆沢城・志波城で、土塁により区画していたのが桃生城・伊治城（溝をともなう）・宮沢城（溝をともなう）である。そして、柵列により区画されていたものとして徳丹城・払田柵・城輪柵が存在するという。そしてかかる柵列が施された意味については防御施設とする見解と築地と同様な区画施設とする見解に分かれているが、桑原滋郎氏は区画施設として築地構造をとっていたのではないかと考えられている。いずれにしても、それらの構造は二重柵列ではなく、松山の回廊状遺構とは異なっているといわざるをえない。七世紀中期前後の時期に防衛施設が設置されるとすれば、白村江の敗戦以後に瀬戸内海地域に設置された山城が考えられ、伊予地域では時期の確定が困難であるが東予市の永納山の山城が考えられる。すなわち、かりに防衛施設とすれば、伊予灘より内陸部に入った久米地域に防衛用施設を造営したと考えることは立地条件よりして困難である。さらに、在地勢力に対応する防衛施設とすると、伊予の久米地域はそうした条件がきわめて少ないことは明らかであることよりして、回廊状遺構が防衛施設である可能性はないといえよう。

以上よりすると、この回廊状遺構の性格として残されたのは、（C）官衙関連の建物の可能性であるので、この点について述べることとする。

（C）官衙関連の可能性

地方で回廊をともなう可能性をもつ寺院以外の遺構には、郡衙関係遺跡である神野向遺跡Ⅱ期（推定常陸国鹿島郡衙）・名生館遺跡（陸奥国玉造郡衙）・御殿前遺跡（武蔵国豊島郡衙）・岡遺跡（近江国栗太郡衙）・十三宝塚遺跡（上野国佐位郡衙関連遺跡）、国衙関係遺跡の大宰府政庁・下野国庁・肥前国庁[62]がある。

国衙関連で、確実に回廊で周囲を区画している例はないが、例外的に八世紀代の大宰府政庁の中門―正殿に取り付いて周回する回廊のみが知られる。ただし、中門の南側に位置する南門への取り付きや、正殿の北側に位置する後殿を囲むのは回廊でなく、築地であり、政庁全体が回廊で区画されるという構造ではない。回廊の規模は廊中心で計測すると東西一一〇・七メートル、南北一一三・四メートルであり、回廊を構成する建物は桁行き三・九メートル、梁行き四・六メートルである。すなわち松山の回廊状遺構は、規模だけでみると八世紀代の大宰府政庁に匹敵しているといえるのである。さらに、国衙関連遺構では次の二例に回廊が存在するだけである。すなわち、下野国庁の第Ⅱ期（八世紀後半～九世紀初）が北側と南側に廊状の長大な建物が存在し、また、肥前国庁が築地で区画された内部の正殿の左右に回廊が延びている。いずれも回廊によって確実に区画されてはおらず、明確に政庁を区画する回廊状建物であるのは大宰府のみということになる。

郡衙の場合では、文献史料[63]によると、郡衙域は何らかの外郭施設（柵列・溝・土塁・垣など）により区画されて、南側には郡門が存在し、その前は比較的広い空間が存在していたと考えられる。そして、郡衙の外郭を回廊状建物で区画している構造をもつ発掘例としては次の諸例があげられる。すなわち、推定常陸国鹿島郡衙の神野向遺跡は確実に回廊状建物により郡衙政庁を区画しており、その規模は、東西五三メートル、南北五一メートルである。また、推定陸奥国玉造郡衙の名生館遺跡は、東西五三メートル、南北六一メートルの回廊状建物が存在し、推定武蔵国豊島郡衙の御殿前遺跡は、東西三三メートル以上、南北六三メートルの回廊状建物が存在すると想定される。また、推定近江国栗太郡衙の岡遺跡の規模は、東西五二メートル、南北五〇メートルであるが、回廊状建物というより長大な建物により区画されたと考えられている。回廊状建物により区画されたものとして十三宝塚遺跡も存在するが、同遺跡は官衙遺構というより寺院址の可能性が高いという[64]。その他の郡衙関連遺構の外郭施設が確認される遺跡としては、関和久・古郡・梅曽・中村遺跡などがあげられ、いずれも幅数メートルの大溝がめぐり、古郡・中村遺跡では土塁の存在も確認される。また、山城国久世郡衙と推定される正道遺跡では、南面に塀・門・築地で、美作国勝田郡衙と推定される勝間田遺跡北面は掘立柱塀または築地により区画されている。ただ、自然地形により区画されて周囲全体に外壁の郡垣をめぐらさない場合も存在するという[65]。

以上よりして、回廊により区画されていると考えられる郡衙は推定常陸国鹿島郡衙の神野向遺跡と推定陸奥国玉造郡衙の名生館遺跡・推定武蔵国豊島郡衙の御殿前遺跡・推定近江国栗太郡衙の岡遺跡ということになり、いずれも五〇～六〇メートルの規模であるといえる。そして、官衙関連遺構で二重の柵列により区画された例は今のところ確認されないが、福岡市の比恵遺跡における第8次調査で三重の布掘り状柵列が一例確認されている。しかしそれは、七棟の倉庫群の北西の隅丸長方形の一つの布掘り掘り方に、一・二メートル間隔に三本の柱を据えたものを一組としたもので、一二間分で三七メートルにわたって検出され、一間は三～三・二メートルのバラツキがあるが、三・一メートルの等間隔が多い。痕跡から見るかぎりでは、二〇～三〇センチで、特に中央の柱が大きいとか、深く据えたという傾向はみられないという[66]。複廊とするには狭すぎ三重の板塀か築地様の構造かとしているのが注目される。

以上の二重柵列・回廊状遺構をもつ諸遺跡と比較すると、松山市の回廊状遺構は、まず規模の点は郡衙より一辺で

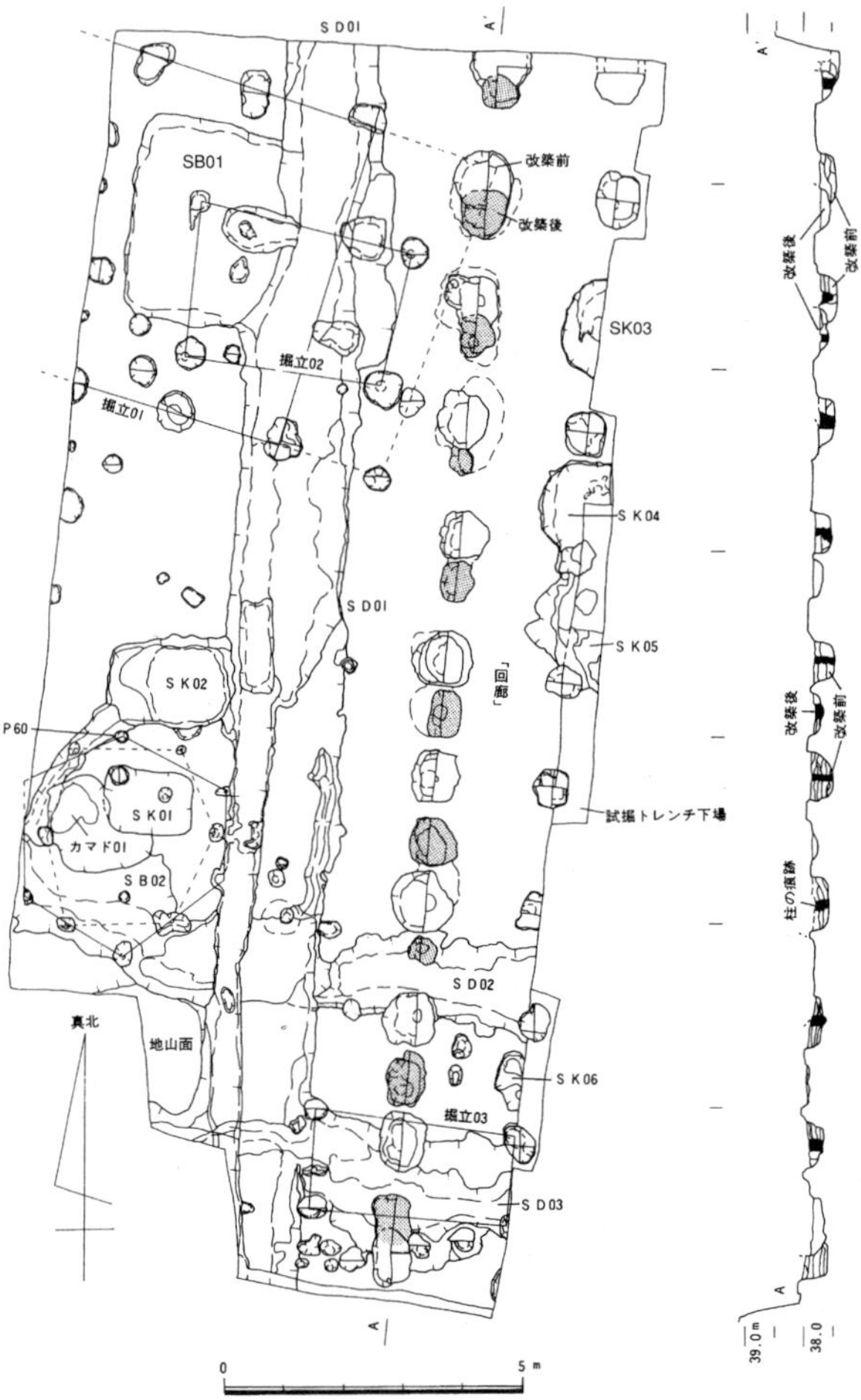

図18　23次調査平面図

二倍、面積で四倍の大きさであることが確認され、大宰府政庁という国衙以上の機関に匹敵することが知られるのである。次に、構造上で比較すると回廊状建物の内部に柵列で区画された内部をもつ点で大きく異なり、国郡衙とは考えられない。さらに、七世紀中期の段階で、国衙相当の建物の存在は考えにくい点、また久米高畑遺跡が久米評衙と考えられることよりして、国郡衙とは考えられないといえるのである。

一九九四年七月から同年十月にかけて回廊状遺構の北西部分の発掘調査がおこなわれ、その結果、図18の平面図に示した遺構を検出した。そこで、最初にその調査結果の概要を『松山市埋蔵文化財調査年報』Ⅶと『国庫補助事業平成6年度市内遺跡発掘調査事業　来住廃寺23次調査調査概要報告書』（以下、『来住廃寺23次調査調査概要報告書』

と略記）に従って、述べておきたい。まず、回廊状遺構の時期以前のものとしては弥生時代と古墳時代の遺構が存在している。ＳＢ１・ＳＢ２の竪穴住居とＳＫ２・３・４・５・６の土壙が弥生時代のもので、調査区北部の掘立柱建物01が古墳時代のものと考えられている。同掘立柱建物は三間×三間以上で西側に庇をもつ可能性がある建物で、遺物より時期を特定することは困難であるが、久米高畑遺跡の１次調査の脇殿風南北棟に先行する掘立柱建物と方位が類似し、古墳時代後半の来住台地上の建物と考えられている。

ＳＤ１は回廊の外側列より一五〇から一七〇センチ東側を平行に南北に走る区画溝である。そして、ＳＤ１の中央より南側において、ＳＤ１の西側で一段深く掘り込んだ溝の痕跡がある。この点について、『来住廃寺23次調査調査概要報告書』は「土層断面の観察から、堆積土がいくらか溜まった後に再度掘削された結果、段掘り状の形状が成立したものとみられるが、調査区の北壁では切り合い関係は認められていない。このことから、この溝の改修は、全面的なものではなく、必要箇所に限定された可能性が高い」と指摘している。すなわち、回廊外側の区画溝の一部が改修されていることを示すもので、その改修時期が問題となるであろう。ＳＤ２は、調査区南部を東西に走る溝で、補修後の回廊と改修後の溝を切ったものである。『来住廃寺23次調査調査概要報告書』によると、「区画溝と重複する位置の遺構検出面付近から、回転台土師器の高盤一点と同様の坏身一点が出土している。ともに八世紀前半代に属するものと考えられる」としている。ＳＤ３は、ＳＤ２の南側を平行に走る東西溝で、この溝もＳＤ２と同様に回廊関係遺構を切っている。ＳＤ２との関係や時期については、正確なところは断定できないが、『来住廃寺23次調査調査概要報告書』は同時期と考えている。

この23次調査によって回廊状建物の補修の存在が確認できたことが重要である。『来住廃寺23次調査調査概要報告書』によると、調査で確認できた点は概ね次の点にまとめることができる。①回廊の外側柱列が、同一線上において建て替えがおこなわれていたこと。②建て替えの柱穴は、以前に比して一〇から二〇センチ浅い。掘り方の特徴は、以前が長方形でフラットな底面であったのに対して、平面も底面も統一性を欠いている。③回廊の内側の柱列の建て替えの痕跡はない。④建て替え以前の外側柱列の柱間は平均一九七センチで、建て替え後は二〇五センチであり、外側と内側の柱が対にはならないという諸点である。

いずれにしても、来住廃寺23次調査により、回廊状遺構の一部が補修されていることが確実となったのであるが、問題は補修時期をいつに考えるかである。論理的可能性としては、次の二つの考え方がありうるであろう。すなわち、（α）斉明一行が六六一年正月に来訪する直前に補修されたとする考え方と、（β）斉明来訪以後において補修したとする見解である。前者の見解は、六六一年以前に回廊状遺構が存在していて、それを直前になり補修したとする見解である。一方、後者の見解は、六六一年正月に斉明一行が来訪する直前に建設され、その後に補修されたとする見解である。

なお、補修時期を考えるとき注意しなければならないのは、補修すべき状況を引き起こした要因をどのように考えるかである。それには、古くなり建物の一部が自然に損壊し、かつ、補修しなければならない事情が発生した場合と、自然災害などにより損壊したが補修して存続しなければならない理由があった場合のいずれかである。前者の場合は掘立柱建物の耐用期間をどのように考えるかが問題であるが、一般的には、伊勢神宮の式年遷宮が二十年ごとであることより、二十年程度が掘立柱建物の耐用年数とされている。しかし、掘立柱建物の立地条件によっては二十年以上であってもよいのではないか。たとえば、白雉三（六五二）年に完成した前期難波宮が朱鳥元（六八六）年の火災まで存続した例が考えられる。しかし、一応の時期として二十年間を想定することは妥当であろう。後者の場合は、その時期が建設直後であっても回廊状施設が必要である限りにおいてのみ補修されることを確認しておく必要がある。

最初に（β）の斉明来訪以後における補修とする考え方を検討したい。

六六一年の二十年後の六八一（天武十）年までは、災害か特別な事情がない限り回廊状遺構は存続していたと考えられ、天武十年以後が注目されるのである。そうしたとき、『日本書紀』天武十三年十月壬辰条の大地震記事は注目される。同記事には、「則山崩河湧、諸国郡官舎、及百姓倉屋、寺塔神社、破壊之類、不レ可二勝数一、由レ是、人民及六畜、多死傷之、時伊予湯泉、没而不レ出、土左国田苑五十余万頃没為レ海」とみえ、大地震が発生し、「諸国郡官舎、及百姓倉屋、寺塔神社、破壊之類、不可勝数」と記されているように数多くの建物が倒壊し、伊予国においても多大な被害があったことは「時伊予湯泉、没而不レ出」と記されることより知られるのである。すなわち、天武十三（六八四）年十月の大地震により回廊状遺構が損壊し、それを補修したとみる見解である。

しかしながら、回廊状建物の既発掘調査区においては大規模な損壊とそれにともなう補修の痕跡は認められず、第23次調査区の一部のみに補修跡がみられることよりして、こうした補修を必要とした損壊の生じた原因を天武十三年十月の大地震に求めることは困難といえよう。ただし、いうまでもないことであるが、こうしたことは天武十三年十月の大地震により回廊状遺構が倒壊しなかったということをいっているのではない。むしろ、南海大地震により損壊したとすると、二十年以上経過し構造上も決して安定した建物とはいいがたい回廊状建物がごく一部のみが損壊したとは考えにくいのではないか。かりに、天武十三年十月の大地震による倒壊部分の補修を示すものとすると、補修時期は翌天武十四年初頭以後ということになろう。ところが、すでに述べたように、かかる回廊状遺構と外側の溝（ＳＤ１）は、調査区南部を東西に走る溝（ＳＤ２・３）によって切られているのである。そして、回廊状遺構を切ったＳＤ２の埋没は八世紀前半が想定されていることよりすると、何らかの事情で東西の溝が二本つくられ、それは八世紀前半に埋没しているのであるから、その造営時期は七世紀後半と考えてよかろう。とすると、二本の溝が造営された時期には回廊状遺構は廃絶されていたと考えられ、その時期は七世紀後半と考えられるのである。さらに、この回廊状遺構が何らかの施設に転用されていたとすれば、損壊した後に補修することは考えなければならないが、行宮が他の官衙へ転用された例がないこともあり、天武十三年以後の補修とする考え方は成立しないであろう。

すなわち、回廊状遺構は天武朝末に廃絶したと考えられ、それ以後に補修したとは考えられないのである。そして、回廊状遺構廃絶の原因は明確な根拠はないが、『日本書紀』天武十三年の南海大地震の記載よりして、大地震による倒壊であったと考えられるのではないか。かかる見解は、その後に建立された来住廃寺の創建時の問題と関連するのである。来住廃寺の創建時期を特定することは困難であるが、一九七九年の松山市文化財調査報告書12『来住廃寺』は、具体的な根拠を示すことなく七世紀後半としている。その後の発掘調査と出土遺物よりしても、回廊状遺構の廃絶時と来住廃寺の創建時を特定することはきわめて困難であるが、上述した点をも含め考えると、天武十三(六八四)年十月の南海大地震により回廊状遺構全体が倒壊した後の七世紀代に、来住廃寺が創建されたと考えられないであろうか。すなわち、来住廃寺の創建は天武十三年の南海大地震以後と想定するのである。

次に、(α)の斉明一行が六六一年正月に来訪する直前に補修されたとする見解を検討することにしたい。かかる見解は、六六一年以前に回廊状遺構が存在していて、六六一年正月の斉明一行の来訪直前になり補修したとする見解である。こうした見解の根拠の一つは、斉明の伊予来訪は二度あったと記す次の史料である。

『日本書紀』舒明十一年十二月壬午条

幸二于伊予温湯宮一

『日本書紀』舒明十二年四月壬午条

天皇至レ自二伊予一、便居二厩坂宮一

『万葉集』巻一—八番の左注

右、検二山上憶良大夫類聚歌林一曰、飛鳥岡本宮御宇天皇元年己丑、九年丁酉十二月己巳朔壬午、天皇大后、幸二于伊予湯宮一、後岡本駅宇天皇七年辛酉春正月丁酉壬寅、御船西征始就二于海路一、庚戌、御船、泊二于伊予熟田津石湯行宮一、天皇、御二覧昔日猶存之物一、当時忽起二感愛之情一、所以因製二歌詠一為二之哀傷一也、即此歌者天皇御製焉、

但、額田王歌者別有二四首一

以上の諸史料よりすると、宝皇后（斉明天皇）は、舒明十一（六三九）年から十二年にかけて夫の舒明天皇とともに伊予に来訪していることが知られるのである。なお、『山上憶良大夫類聚歌林』が「飛鳥岡本宮御宇天皇元年己丑、九年丁酉十二月己巳」とするのは誤りで、『日本書紀』の記すように「舒明十一年」が正しいのであろう。『日本書紀』によると舒明十一年の来訪に際して舒明・斉明の滞在した行宮は「伊予温湯宮」と記し、斉明七年の時は「伊予石湯行宮」と記し名称が異なっている。しかし、『万葉集』によると、「天皇、御二覧昔日猶存之物一、当時忽起二感愛之情一」としているのであるから、斉明七年の来訪に際して舒明十一年の「伊予温湯宮」の存在を認めているといえるのである。

かかる点よりすると、舒明十一年の伊予来訪に先立って、「伊予温湯宮」の建設がおこなわれ、その時より二十二年後の斉明六年年末に急遽補修したとする見解は成立しうるのである。かつてこうした見解を問題提起として表明したのであるが、その根拠は、回廊状遺構の建設が斉明七年の「伊予石湯行宮」とすると、百済の役への参加決定時点と斉明の伊予到着が長く見積もっても二カ月強しかなく、こうした短期間に一辺一〇〇メートルの回廊状遺構の建設が可能であったか若干疑点をもっていたことによる。もし、舒明天皇の「伊予温湯宮」の補修ということであれば、この問題は解消できるからである。しかし、こうした見解が成立するための条件としては、本当に舒明十一年に舒明・

宝皇后（斉明）一行が伊予へ来訪したか、また、そのときの宮の名称は「伊予温湯宮」と記され、斉明七年の時は「伊予石湯行宮」と記され名称の異なっていることをいかに考えるかである。こうした問題は、既存の『日本書紀』や『万葉集』の記事だけで議論することは推論にすぎず、新たな資料を必要としていたのである。

そうしたなかで、回廊状遺構が補修されていたことが確認され、その時期として七世紀後半の大地震以後は考えにくく、それ以前と考えられるようになったことがある。おそらくは天武十三年の南海大地震により回廊状遺構は最終的に廃絶したと考えられ、それ以前のいずれかの時点で補修された可能性が高いのである。以上のように想定すると、舒明十一年の「伊予温湯宮」より二十二年後という時点で再来訪したのであるから、そのときに改築もしくは補修された可能性はきわめて高いといえるであろう。問題は、以上のように考えて、従来の発掘調査成果と齟齬をきたさないか否かである。まず、回廊状遺構の時期を考える時、問題となるのは、北側回廊の外側の溝と東南隅の東西溝からの出土遺物である。そこで、それらの発掘遺物と斉明天皇の時における補修・改築の可能性との関係について検討しておきたい。

まず、北側回廊の外側には溝ＳＤ6、ＳＸ1を含め三本の溝が存在していたが、溝ＳＤ6、ＳＸ1の溝は同一埋土であり、かつ、七世紀中期の広口壺・坏蓋・鉢・円面硯などの須恵器と素弁十弁蓮華文の軒丸瓦が出土していた。また、東南隅の東西溝（ＳＤ8）からも七世紀中期の高坏が出土しているのである。問題はこうした七世紀中期の須恵器・円面硯・軒丸瓦の出土の意味であり、特に北側回廊の外側の溝ＳＤ6、ＳＸ1（両者は同一埋土）よりの出土は、かかる溝の埋没時期を示すものとするならば、これら出土遺物の時期は下限とする時期で、七世紀中期をあまり降らない時期まで北側回廊外側に溝が存在していたことを示し、かつ、その時期に北側回廊外側の溝が埋められたと考えられるのである。次に、東南隅の溝は、最下層の溝（ＳＤ7）が東南隅の東側を南北に流れ、ついで、南側の東西溝

（ＳＤ８）が造られ、その後にＳＤ８を切ってＳＤ９の南北溝が造られたという。ＳＤ９の南北溝からは複弁六弁蓮華文・重弧文の軒丸瓦と平瓦が出土したという。かかる記述よりすると、ＳＤ８の東西溝の埋没は七世紀中期頃で、ＳＤ９の南北溝の埋没は八世紀後半ということになり、七世紀中期以前の溝の存在が想定されるのである。そして、北側回廊の外側の溝ＳＤ６、ＳＸ１や回廊東南隅南側の東西溝（ＳＤ８）の埋没がいかなる理由によったのかという点については、可能性としては、回廊状遺構の廃絶にともない溝も埋められたと考えるか、廃絶以前のいずれかの時点で埋められたと考えるかである。すなわち、以上の出土遺物よりすると、かかる溝の埋没が回廊状遺構の廃絶と必ずしも直結しないと考えることも可能で、補修時に埋めた可能性も充分想定可能で、従来の出土遺物よりも斉明朝における補修の可能性を否定する根拠はないといえるのである。

さらに、回廊状遺構の南の来住台地の落ち際にあたる段状地形の発掘調査により、三区の第５層から六世紀後半から七世紀前半の須恵器の坏身が、第４層からは八世紀代の軒丸・軒平瓦が出土している。かかる層序よりすると、八世紀代の出土遺物以前が六世紀後半から七世紀前半の遺物で、七世紀前半に土器類と木器類が投棄されたことを示し、七世紀前半における当地の景観の変化を示唆しているのである[67]。

最後に、この遺構は回廊ではなく二重の柵列とする見解も存在するようであるので、かかる回廊状遺構の形態について若干の考察を加えておきたい。

すなわち、回廊でないとする見解の論拠は概ね次の点である。すなわち、ⓐ回廊状遺構の外側と内側の柵列の掘り方と柱穴の大きさが異なる。ⓑ回廊状施設の幅の平均値を出すと、東回廊が一七六センチ、西回廊は二〇二センチ、南回廊は一九七センチ、北回廊は一九六センチで、回廊とするには狭すぎるのではないかという指摘。ⓒ回廊の建て替えは外側だけで内側の柱列の建て替えの痕跡がないことと、建て替え後の外側と内側の柱が対にはならないこと。

こうした点より、『松山市埋蔵文化財調査年報』Ⅶは、「『回廊』を一度撤去した後、一本柱列などの異なった形状の区画施設に改築されたものと理解される」、「建築学的な視点から、均整のとれた形状の回廊を想定するのは難しいのではないかと考える見方もある」と述べている。しかし、注意しなければならないのは、既存の回廊状施設に対する考え方は、主に八世紀以後の寺院を基礎にして成立しているといえるが、本遺構は七世紀代の非寺院跡であることを前提にして考えるべきである。

まず、ⓐの内外の柱掘り方の違いについてであるが、可能性としては次の三つの可能性があげられよう。①内外の柵列の築造時期が異なる。②内外の柵列の機能が異なる。③建設上における何らかの理由の存在が想定されるのである。①の時期が異なるとの可能性についてであるが、その際、第23次調査区以外の回廊状遺構は内外の柱列が対になっていることよりすると、内外の柱列が全て時期が異なり常に一列であったとは考えられず、少なくとも内外の柵列が同時併存していた時期が存在していたことは誤りない。②・③の建設上における何らかの理由で内外に機能の異なる柵列が築造されたもので、回廊ではないとする考え方については、一九八四年十二月に発掘された聖武・孝謙が行幸した竹原井行宮と想定される青谷遺跡（大阪府柏原市青谷）の回廊の内外の柱の建て方が注目される。同遺跡は、竹原井行宮の正殿と考えられる建物（凝灰岩を使用した基壇と雨落溝をもち、復原五間×四間）の北側に回廊の一部が検出され、回廊は正殿側（内側）は礎石建てであるのに対して外側は掘立柱であるという[68]。かかる構造を取った理由については、横風・地震対策との考え方もあるが[69]、正確なところは不詳である。しかし、回廊構造の建物で、内外の柱の据え方が異なる例が確実に存在していることが証明されているのであるから、掘り方が異なることをもって回廊でないとすることはできないといえるのである。

次に、ⓑの回廊の幅が、東西南北で異なり、かつ、回廊とするには狭すぎるという指摘であるが、狭いか広いかは判断の問題であり、かつ、八世紀以後の寺院の回廊に比較しての判断であることより、狭い回廊が決して存在しないということにはならないであろう。ただ、東西南北の回廊の幅が異なることは気になる点である。また、ⓒの回廊の建て替えは外側だけで内側の柱列の建て替えがなく、建て替え後の外側と内側の柱が対にはならないとの点よりすると、同建物は回廊でなく、二重柵列であるとする考え方も全く成立しないわけではない。二重柵列と考える場合に想定できるのは、最初は一列の柵列であったが後に二列となったとする考えと、最初から二列の柵列であったとの考え方と、常に一列であったとする三通りの考え方である。

最初に、常に一列であったとする見解であるが、こうした考えは、最初に一列の柵列が造られ、ついで、その柵列を廃止し新たに柵列を内側か外側に造ったという考え方である。かかる見解は、第23次調査で明らかになった補修を、新たに穴を掘って柵を立てるという不自然な想定をせざるをえなく考えにくいのである。また、第23次調査以外の回廊状遺構では基本的には対になっていて一列の柵列は考えにくい。さらに、門と柵列との関係をみると、八脚門は外側柵列に取り付く形をとり、内側の柵列に取り付く形の門の痕跡は確認できないことより、内側の柵列だけという時期は存在しなかったと考えられ、常に一列であったとする見解は成立しないのである。

次に、最初は一列の柵列であったが後に二列とされたとの考え方であるが、門との関係よりして最初の柵列が内側柵列とは考えられず、最初に外側柵列のみであったと考えられ、後のいずれかの時点で、内側に柵列が造られたと考えるほかない。とすると、内側に柵列を造るようになった時点と、そのときの二重柵列の構造をどのように考えるかということが問題となるのである。この問題は、最初から二重柵列であったとする見解においても問題となる。すなわち、対になった二重柵列の構造をいかに考えるかという点である。

内側に柵列が造営されたのは、上述したように斉明一行の来訪にともない急遽補修したと考えられるのであるが、その補修の状況を示す第23次調査では、外側柵列の一部のみが補修されたことが確認されたのであるから、最初は一列の柵列であったが、その一部を補修するに際して、内側にも柵列を造作したと考える以外にはありえない。しかし、最初は一列の柵列であったが補修するに際して内側に柵列を造作したとの考え方は、第23次調査区の一部のみが外側補修柱と内側が対になっていなく、他の全ての場所では対になっているのであるから成立しないといわざるをえない。さらに、斉明一行の来訪にともない急遽補修したと考えるのであるから内側全体に柵列を造ったとは考えにくいであろう。とすると、最初から二重の柵列であり外側一部のみを補修したと考える以外なく、対になった二重柵列の構造をいかに考えるかという問題に帰結する。この点については、七世紀代のかかる建物の例が存在していないこともあって上部構造を想定することはきわめて困難ではあるが、単純な二重柵列というのではなく、想定される舒明・斉明の行宮関連建物という性格よりして、回廊状建物であったと考えるのである。

以上より、回廊状遺構は舒明十一年に舒明・宝皇后が来訪した「伊予温湯宮」関連施設で、二十二年後に再び斉明一行が来訪するに際して、急遽補修して「伊予石湯行宮」として使用した可能性が強くなったといえるのである。とすると、舒明十一年における舒明・宝皇后の「伊予温湯宮」来訪の理由がいかなるものであったのか見解を出す必要が生じたといえるのである。しかし、この点を示す資料を得ることができないので、この点については今後の課題としたい。

最後に、斉明七年正月に斉明一行が伊予石湯行宮へ来訪した目的について言及しておきたい。かつて、斉明の二カ月強に及ぶ伊予滞在は四国地域における百済の役参加兵士の徴発・戦勝儀式と朝鮮半島への渡海準備（磐瀬行宮の造営期間）と考えた[70]。しかるにその後、斉明の二カ月強に及ぶ伊予滞在は「斉明が保養・療養を行うため」が主たる目的であったとする見解が出されている[71]。かかる見解の主たる論拠は、軍事行動であるにもかかわらず伊予に二カ月強滞在したのは保養・療養する原因が斉明に生じたためと考える以外ありえないとするものである。確かに二カ月強滞在した理由を渡海準備（磐瀬行宮の造営期間）との指摘のみでは論拠として薄弱であったかもしれない。

しかし、畿内王権にとって伊予地域はきわめて結びつきの強い地域であったことは、五世紀末の清寧以後の大王位継承に際しての伊予久米部小楯の活躍や、久米歌・久米舞が天皇へ忠誠を誓う宮廷歌へ転化していることや、法隆寺との深い関係などより、想定されるのである。

一方、北部九州地域は、対外戦争の防衛の第一線と位置づけられるも、一方では「景行天皇およびヤマトタケルの『熊襲征伐』伝承をはじめ、六世紀の磐井の乱から八世紀の隼人の乱にいたるまで、つねに『まつろわぬ者』、征服すべき地としての位置づけ(72)」られていたのである。特に、筑紫国造磐井の乱は、磐井が新羅と結んで反乱を起こしたと認識されていたことや、九世紀後半の大宰府・博多津における新羅と結んだ集団の存在(73)より知られる。そして、なによりも、斉明が磐瀬行宮より移った朝倉橘広庭宮が、その材木として朝倉社の木を切ったとの理由で、「神忿壊レ殿、亦見二宮中鬼火一、由レ是、大舎人及諸近侍、病死者衆(74)」と記され、朝倉橘広庭宮周辺の環境は必ずしも斉明一行に好意的ではなかったと考えられるのである。

以上の点よりして、斉明一行にとって北部九州はいささか不安をもたせる地であり、磐瀬行宮や朝倉橘広庭宮が建設されるまで、親近感や結びつきの強い伊予の地に滞在したのであろう。すなわち、斉明一行が伊予に来訪し二カ月強滞在したのは保養・療養する目的であったとは考えられないのである。無論いうまでもないことであるが、温泉へ入らなかったなどというのでなく、あくまで主目的が温泉での保養・療養ではなかったと考えるのである。

第六節　久米官衙遺跡群の終焉

以上のように回廊状遺構は舒明十一（六三九）年の舒明行幸に際し建設されたもので、その二十二年後にあたる斉明七年正月に斉明一行が急遽行幸するのに際し、補修すべき部分を急いで補修したと考えられるのである。かかる回廊状遺構の廃絶時期については、回廊部分を切った二本の溝が八世紀前半に埋没していることと、天武十三（六八四）年十月十四日に南海大地震が起きていることよりして、天武十三年の南海大地震により倒壊・廃絶したと考えられる。

すなわち、『日本書紀』天武十三年十月十四日条によると、

> 逮二于人定一、大地震、擧レ國男女叫唱、不知東西、則山崩河涌、諸國郡官舎及百姓倉屋、寺塔神社、破壊之類不レ可二勝數一、由レ是人民及六畜、多死傷之、時伊豫湯泉沒而不レ出、土左國田苑五十餘萬頃、沒爲レ海、古老曰、若レ是地動、未二曾有一也、是夕、有二鳴聲一如レ鼓、聞二于東方一、有レ人曰、伊豆嶋西北二面、自然増益三百餘丈、更爲二一嶋一、則如二鼓音一者、神造二是嶋一響也

とみえ、この南海大地震は東は伊豆国から土佐・伊予という列島全域に及ぶ大地震であり、『日本書紀』天武天皇十三年十一月三日にも「土左國司言、大潮高騰、海水飄蕩、由レ是運調船多放失焉」とみえ余震も一カ月にわたって続いたとみられる。『日本書紀』には「時伊豫湯泉沒而不レ出、土左國田苑五十餘萬頃、沒爲レ海」と伊予と土佐国の被害が特筆されていて、この両国の被害の大きかったことを物語っている。回廊状遺構は一辺約一〇〇メートルという構造上不安定な建物であり、かつ、斉明一行の行幸に際しての補修時より二十三年経ていることよりすると、回廊状遺構は倒壊したと考えるのが自然であろう。ただし、この地域で地震の痕跡を示す遺構は現在のところ発見されてい

ない。

南海大地震により多大の被害を被った後の来住台地上にいかなる姿になったかは不詳であるが、久米評を統治する久米評衙は再建された可能性があるが、その点を遺構上で確認することはできていない。あるいは、再建された久米直氏の居館で評行政がおこなわれたことも想定する必要があるかもしれない。ただ、一辺一〇〇メートルの回廊状建物が再建されることはなかったことは間違いないであろう。その後の来住台地上の建物としてその存在が知られるのは、正倉域に倉庫群が存在したことと、伽藍配置など不詳の来住廃寺が建立されたことが想定されるのみである。久米官衙遺跡地域に八世紀以後に機能した官衙建物の存在が確認されないことよりすると、七〇一年に大宝令が制定・施行されると久米郡衙は別の場所に設置されたのではないかと考えられるのである。すなわち、久米評衙と回廊状遺構を含む久米官衙遺跡群は、六世紀末に久米国造の在地支配の再建策として国造の統治機関を建設し、ついで、舒明十一年十二月の舒明行幸に際して建設された伊予温湯宮が建設され、孝徳立評を経て斉明七年の斉明行幸に際して補修され、それは天武十三年の南海大地震で廃絶したと考えられるのである。以上のことよりすると、律令制地方行政制度が確立した画期は、孝徳朝でも、天武朝でもなく、正しく大宝律令の制定・施行によると考えるべきであろう。

なお、舒明行幸時の行宮を『日本書紀』は「伊予温湯宮」と記し、斉明行幸の「伊予石湯行宮」と名称が異なっていることについて言及しておきたい。『日本書紀』舒明十年十月条には舒明天皇の有馬行幸に際しての行宮を「幸二有馬温湯宮一」と記していることに注意すると、「温湯宮」とは固有名詞ではなく「温泉の宮」ということであり、「伊予石湯行宮」こそが固有名詞であったと考えるのである。

また、久米官衙遺跡で出土とする素弁十弁蓮花文の軒丸瓦は、一箇所から出土するのでなく、一九七九年の『来住廃寺』調査区で計五点、久米高畑20次・32次・41次調査区のように来住台地上一帯と回廊状遺構の東約一キロの久米窪田Ⅱ遺跡からも出土するという特徴をもち、かつ、道後温泉の近くの湯ノ町廃寺跡からも出土している。[75] つまり、素弁十弁の軒丸瓦は一箇所に投棄されるという形態でないことが注目されるのである。素弁十弁の軒丸瓦を葺いた建物がいかなるものであったのかが問題であるが、論じてきたように舒明の百済大寺（吉備池廃寺）の系譜を引くとすると、舒明天皇亡き後、舒明の妻である斉明天皇一行が六六一年に行幸したときに、伽藍配置をもたない仏堂が造営されたのではないだろうか。さらに、道後温泉の近くの湯ノ町廃寺跡からの素弁十弁の軒丸瓦の出土は注目され、同地域にも舒明・斉明の伊予行幸に関連する建物の存在した可能性を示唆することより、回廊状遺構は舒明・斉明天皇が伊予滞在中の居住空間というよりは、種々の儀礼を執り行う場所であったと考えられるのである。このように七世紀代に種々の遺構が存在した久米官衙遺跡群は、八世紀になり、久米郡衙が他の所に建設され、さらに、越智郡に伊予国府と国分寺と国分尼寺が建設されると、天山・吉井・石井・神戸・餘戸よりなる下郡という存在になっていたのである。

おわりに

国造制→評制→郡制という律令地方行政制度の形成過程を久米官衙遺跡群によって検討した結果、次のようなことが明らかになったといえる。現在、古代地方行政制度確立の画期は、孝徳朝の全国立評と、七世紀末の飛鳥浄御原令の施行に求められている。すなわち、孝徳立評に画期を求める見解は、主として八世紀の編纂史料、なかでも『常陸国風土記』の分析より導き出されたものであり、飛鳥浄御原令の施行に求める見解は段階的な立評の存在と全国で出土した評衙が七世紀第４四半期から八世紀初頭に集中していることによるものである。しかしながら、すくなくとも伊予国における久米評の立評は久米国造支配の延長線上に存在したといえ、その画期は国造制から評制へ移行した七世紀中期の孝徳立評ではなく、七〇一年の大宝令施行こそが旧国造層が保持していた軍事権・交通権を最終的に奪い(76)、国家指導のもとでおこなわれた画期であると考えられる。こうした点は、大分市の城原・里遺跡においても想定できるのではないか(77)。城原・里遺跡については別に考える必要があるが、現時点で注目されるのは、①城原・里遺跡は亀塚・小亀塚前方後円墳が分布する南側に位置すること、②豊後国海部郡の八世紀代の郡衙と考えられる中安遺跡に先行する官衙遺跡と考えられること、③城原・里遺跡は七世紀代に四時期の建物群が存在していることなどがあり、伊予久米評と同様の傾向を示しているからである。

そもそも飛鳥浄御原令の施行を画期とするのは、全国の評衙遺構が七世紀第4四半期から八世紀初頭に集中することによるが、須恵器の編年から評衙成立の画期を六八九年の飛鳥浄御原令の施行か七〇一年の大宝令か断定することができるのであろうか。評衙成立が七世紀第4四半期まで遡るとすると、その画期は飛鳥浄御原令の施行以前に求める必要がでてくるからである。飛鳥地域出土の「五十戸」木簡の出土状況からしても評—五十戸制より評—里制への移行も含め、飛鳥浄御原令の施行によるとすることは困難である。すなわち、地方行政組織の一大画期は、孝徳立評でも、飛鳥浄御原令の施行でもなく、大宝令の施行に拠るのではないかと考えることができるのである(78)。

回廊状遺構は舒明・斉明の行宮関連施設で、かかる施設を造営するに際し、台地北側の国造・評造支配区画と行宮関連地域とを区別するために東西道路を設定し、東西道路の南側には方一町ごとの地割りを設定したと考えた。そして、かかる地割りは八世紀以降に平野部で施行された地割りとは方位を異にしていること(79)も久米官衙遺跡群の特徴を示している。また、来住廃寺に先行する仏殿に使用されたであろう素弁十弁の軒丸瓦と同笵瓦が湯ノ町廃寺跡からも出土している点は、回廊状遺構は儀礼をおこなう施設で、道後温泉付近に居住施設が存したことを物語っている。そして、かかる回廊状遺構などの設置に尽力したのは、久米国造→郡領氏族の久米直氏であり、大王家との関係が密接になった遠因は五世紀末の伊予来目部小楯による活動があったと考えられるのである。

以上より、久米官衙遺跡群は七世紀代の伊予国の政治的中心地であるだけでなく、伊予総領所の存在もあり、西瀬戸内海地域の政治的拠点の一つであったと考えられる。こうしたことは、熟田津の場所を考えるときの重要な手がかりとなり、台地の南側を流れる旧小野川の河口が想定されるのではないかと考えている(80)。

今後の検討課題としては、来住廃寺の実態解明と久米郡衙の確定があげられる。前者では、現存の基壇が塔基壇であるか否かを含め来住廃寺が法隆寺式伽藍配置であったかが問題であり、この点については、従来心礎とみられていた基壇上の石造品の役割の解明が不可欠である。さらに、後者の久米郡衙については、同地の東約七〇〇メートルに位置する久米窪田Ⅱ遺跡が想定されているが、その周辺の発掘調査が必要である。

注

(1) 久米官衙遺跡群に関する拙稿としては以下の研究がある。「伊予国久米評の成立と回廊状遺構」(『日本歴史』五〇四、一九九〇年)・「久米氏についての一考察」(『日本書紀研究』一九、一九九四年)・「松山市来住台地上における7世紀代の官衙関連遺構について」(『条里制研究』一〇、一九九四年)・「孝徳立評と立郡」(『瀬戸内海地域における交流の展開』名著出版、一九九五年)・「回廊状遺構再論」(『愛媛大学法文学部論集　人文学科編』第二号、一九九七年)・「孝徳立評について」(吉田晶編『日本古代の国家と村落』塙書房、一九九八年)・「久米官衙遺跡群の成立と展開」(『続日本紀研究』三五六、二〇〇五年)である。また、最近の報告として重松佳久「久米官衙遺跡群の概要」(『日本歴史』六五八、二〇〇三年)がある。なお、松山市教育委員会の久米官衙遺跡群の報告は、同教育委員会・松山市埋蔵文化財センター『松山市埋蔵文化財調査年報』1~18、一九八七~二〇〇六年、同『史跡久米官衙遺跡群調査報告書2』(二〇〇六年)、同『史跡久米官衙遺跡群調査報告書』（二〇〇六年）がある。
(2) 拙著『熱田津と古代伊予国』（創風社出版、一九九二年）の第二部第二章「熱田津の所在地について」。
(3) 奈良文化財研究所『評制下荷札木簡集成』二〇〇六年。
(4) 『西隆寺発掘調査報告』一九七六年。
(5) 拙著『古代の地方豪族』吉川弘文館、一九八八年。
(6) 『松山市埋蔵文化財調査年報』Ⅱ（松山市教育委員会、一九八九年）によると、高月山2・3号墳は箱式石棺で水銀朱が散布され、鉄器・農工具、柳葉形銅鏃、布留式土器が出土したという。
(7) 松山市教育委員会『北谷王神ノ木古墳・塚本古墳』一九九一年。
(8) 常磐茂「道後平野の前半期古墳」『遺跡』三五、一九九六年。
(9) 岡野保「法経塔古墳実測調査報告」『遺跡』三三、一九九一年。
(10) 『愛媛県史』資料編、一九八六年、四六二頁。
(11) 古墳群の特徴の一つには調査L区（3基の円墳）から人物・動物・蓋形・盾形・甲冑など各種の形象埴輪を出土していることがあげられる。
(12) 「船ケ谷向山古墳」『松山市埋蔵文化財調査年報』Ⅱ（前掲）。
(13) 近藤義郎編『前方後円墳集成』中国・四国編、山川出版社、一九九一年。
(14) 松山市教育委員会『岩子山古墳』一九七五年。
(15) 『愛媛県史』（前掲）四六四頁。
(16) 相田則美「愛媛県伊予市吹き上げの森1号墳の出土遺物」『「社会科」学研究』第八号、一九八四年。
(17) 『愛媛県史』資料編　考古、一九八六年、五五五頁。
(18) 『愛媛県史』（前掲）五五四頁。
(19) 出作遺跡については、松前町教育委員会『出作遺跡』（一九九三年）、同『特別展図録出作遺跡とそのマツリ』（一九九四年）などを参照されたい。
(20) 藤原宮出土木簡に「伊余国久米評」と表記されていることより、「伊余」との記載が古いことが知られる。
(21) 拙著『古代の地方豪族』（前掲）。
(22) 弥生時代終末期から古墳時代初頭とする二棟の大型掘立柱建物（六間×六間）が石手川の南側の樽味四丁目で発見され、文京遺跡に続く有力集落の存在が想定できるが、この地域を久米地域に入れるべきか否かが断定できないことと、その建物の性格が不明であるので、今後の課題としたい。
(23) 拙著『熱田津と古代伊予国』（前掲）。
(24) なお、久米郡出土鏡は九例で、居相遺跡のみが弥生時代で、他は全て五世紀以後の遺跡よりの出土である。
(25) 相田則美「4・5世紀伊予の首長墓」（『「社会科」学研究』一、一九八〇年）は全長一二〇メートルに及ぶ帆立貝式前方後円墳とするが、正岡睦夫・十亀幸雄『日本の古代遺跡』22愛媛（保育社、一九八五年）は直径三〇メートルの円墳とする。
(26) 柳原多美雄「埴輪楯発見記」（『伊予史談』六〇、一九二九年）・「中予地方の埴輪について」（『伊予史談』一九五、一九六九年）。
(27) 久米村史刊行会『久米村史』一九六五年。
(28) 松山市教育委員会・埋蔵文化財センター『福音寺地区の遺跡Ⅲ』二〇〇一年。
(29) 松山市教育委員会・埋蔵文化財センター『松山市埋蔵文化財調査年報』Ⅵ（一九九四年）・Ⅸ（一九九七年）。
(30) 『続日本紀』神護景雲元年十月癸巳条。
(31) 拙著『日本古代水上交通史の研究』（吉川弘文館、一九八五年）。本書の第一章でも再論した。
(32) 松山市教育委員会・松山立埋蔵文化財センター『松山市埋蔵文化財調査年報』12、二〇〇一年。
(33) 『日本三代実録』貞観三年十一月十一日辛巳条。
(34) 山中敏史『古代地方官衙遺跡の研究』塙書房、一九九四年。
(35) 「評制の成立過程と領域区分―評衙の構造と評支配域に関する試論―」『考古学の学際的研究』昭和堂、二〇〇一年。

(36) 小澤毅「吉備池廃寺の発掘調査」(『仏教芸術』二三五、一九九七年)、奈良国立文化財研究所『奈良国立文化財研究所年報』一九九八年。
(37) 松山市教育委員会・松山市埋蔵文化財センター『史跡久米官衙遺跡群調査報告書』二〇〇六年。
(38) 松山市教育委員会・松山市埋蔵文化財センター『松山市埋蔵文化財調査年報』11・13、一九九九・二〇〇一年。
(39) 亀田修一「地方へ瓦の伝播」『古代』九七号、一九九四年。
(40) 山中敏史『古代地方官衙遺跡の研究』(前掲)。
(41) なお、森公章「評の成立と評造」(『古代郡司制度の研究』吉川弘文館、二〇〇〇年)は、伊予での孝徳立評を「孝徳朝にまず凡直国造のクニが評となり」とし、天智朝に伊余評から越智評が分立したと考えている。こうした見解からすると、道後平野の別評・久米評も伊余評からの分立となるが、そうした見解は本書第二章で論じたように成立しないであろう。伊余国造・伊余評・伊予郡を統治していた郡領氏族名は不詳であるが、伊与(余)部氏を郡領氏族と考え、それによる立評と考えたところである(拙稿「古代伊予国の出土文字資料について」『愛媛大学法文学部論集　人文学科編』第八号、二〇〇〇年)。
(42) 拙稿「飛鳥池遺跡と古代伊予国」『日本歴史』第六一八号、一九九九年。
(43) 『平城宮発掘調査出土木簡概報』三一(一九九五年)、九頁下段。
(44) 『飛鳥・藤原宮発掘調査出土木簡概報』一一号、一九九五年。
(45) 『平城宮木簡　Ⅲ』(真陽社、一九八一年)二九一一号木簡。
(46) 『木簡研究』一七号、一九九五年。
(47) 山中敏史注35論文。
(48) こうした例の一端を示すと、「賀美郷」の存在は大和国の葛下・宇智・吉野・城下・高市郡、河内国の安宿・大県・渋川郡などにみえ、また、宇治郷は山城国の宇治・久世郡と遠江国の浜名・山名郡にみえている。
(49) 拙稿「孝徳立評と立郡」(前掲)・「孝徳立評について」(前掲)。

(50) 山中敏史注35論文。
(51) 松山市教育委員会松山市文化財調査報告書12『来住廃寺』(一九七九年)六九頁。
(52) 注37に同じ。
(53) 拙稿「伊予国久米評の成立と回廊状遺構」(前掲)。
(54) 拙著『熟田津と古代伊予国』(前掲)。
(55) 『条里制研究』一〇号、一九九四年。
(56) 『愛媛大学法文学部論集 人文学科編』第二号、一九九七年。
(57) 須田勉「千葉県古代寺院跡発掘の現状」(『歴史手帳』一〇—一〇、一九八二年)。
(58) 群馬県教育委員会・(財)群馬県埋蔵文化財調査事業団・東日本旅客鉄道株式会社『上越新幹線関係埋蔵文化財報告書第8集 三ツ寺Ⅰ遺跡』一九八八年。
(59) 小笠原好彦「家形埴輪の配置と古墳時代の豪族居館」(『考古学研究』一二四、一九八五年)。
(60) 阿部義平「宮殿と豪族居館」『古墳時代の研究』2 集落と豪族居館、雄山閣。
(61) 桑原滋郎「東北地方における城柵の外郭線の構造」(宮城県多賀城跡調査研究所『研究紀要』Ⅲ、一九七六年)・「東北の古代城柵」(『日本城郭大系』別巻Ⅰ所収、新人物往来社、一九八一年)。
(62) 山中敏史『古代地方官衙遺跡の研究』(前掲)。
(63) 『常陸国風土記』行方郡条の「郡家南門」、『続日本後紀』承和四年二月一日条の「愛宕郡家門前」、『続日本後紀』承和十四年六月二十一日条の「愛宕郡家門前」、『日本三代実録』貞観七年十二月九日条の「郡家以南作建神宮」。『律』衛禁律の越垣及城条。
(64) 山中敏史『古代地方官衙遺跡の研究』(前掲)。
(65) 注64に同じ。
(66) 柳沢一男「福岡市比恵遺跡の官衙的建物群」『日本歴史』四六五、一九八七年。

(67)　「来住廃寺15次調査地」『松山市埋蔵文化財調査年報』Ⅳ、一九九二年。
(68)　田中久雄「大阪府青谷遺跡」『日本考古学年報』三七、一九八四年。
(69)　大阪府柏原市青谷で発見された竹原井行宮と想定される建物の回廊が礎石建と掘立柱という構造である点について、岡田英男氏は「やはり風、地震対策と思う」とコメントされている（一九八四年十二月二日付の『読売新聞』大阪版）。
(70)　拙著『熟田津と古代伊予国』（前掲）九二頁。
(71)　寺内浩「斉明天皇と熟田津―その寄港・滞在の理由をめぐって―」『「社会科」学研究』二六、一九九三年。
(72)　北條秀樹「初期大宰府軍制と防人」『新版古代の日本』3九州・沖縄、角川書店、一九九一年。
(73)　『日本三代実録』貞観八年七月十五日にみえる肥前国基肄郡の擬大領山春永・藤津郡の領葛津貞津・高来郡擬大領大刀主・彼杵郡永岡藤津などが新羅人弥賓長とともに新羅国に渡り、兵弩器械を造る術を学び、対馬を攻撃しようとしたという報告がなされていること。また、『日本三代実録』貞観十二年十一月十三日条・貞観十二年十一月十七日条にみえる大宰少貳従五位下藤原朝臣元利萬侶の新羅国王と通じての反乱計画の発覚などより知られる。
(74)　『日本書紀』斉明七年五月癸卯条。
(75)　長山源雄「伊豫出土の古瓦と當時の文化」（『伊予史談』七三号、一九三三年）に報告されているが、その出土状況などは全く不明である。
(76)　磯貝正義『郡司及び采女制度の研究』（吉川弘文館、一九七八年）、拙稿「令制駅家の成立過程について」（『古代史論集』上巻、塙書房、一九八八年）。
(77)　第7回「西海道古代官衙研究会資料集」（二〇〇五年）の大分市教育委員会報告（発表者羽田野裕之）。
(78)　拙稿「孝徳立評と立郡」・「孝徳立評について」（前掲）。
(79)　拙稿「松山市来住台地上における7世紀代の官衙関連遺構について」（前掲）。
(80)　拙著『熟田津と古代伊予国』（前掲）。

終章　瀬戸内海地域の特質と展開

はじめに

『古代瀬戸内の地域社会』を終えるに際して、各章のもととなった論文の意図とその概要を記すことによって、大化前代から八世紀までの瀬戸内海地域社会の特質を明らかにすることで終章としたい。その後に、本書で論じ残した瀬戸内海沿岸地域の大土地所有の展開を塩の大規模生産との関係で概観することによって、九世紀後半になりその特質が大きく変化することを述べておきたい。

第一節　各章の概要

第一章「瀬戸内海地域の郡領氏族」（未発表）は、序章に相当する研究で、古代瀬戸内海地域に分布した郡領氏族の実態とその特質を明らかにしようとしたものである。その結果、瀬戸内海地域に分布する郡領氏族は吉備地域・伊予国とその他の地域に大別することができ、吉備地域と伊予に分布する郡領氏族には郡名を冠する氏族が多いのに対して、それ以外の地域では同一の氏族名をもつ氏族が多いことが明らかになった。同一名の郡領氏族としては、①播磨・讃岐・伊予・安芸・阿波国に分布する佐伯直氏、②播磨国赤穂郡・備前国邑久郡・豊後国海部郡・紀伊国海部郡の郡領氏族である海部直氏と安芸国佐伯郡海郷・淡路国三原郡阿萬郷・伊予国和気郡海部里と伊予郡川村郷海部里・紀伊国海部郡・阿波国海部郡などの郡郷名の存在、③安芸以西の山陽道諸国と南海道全域に郡領氏族として分布する凡直氏などがあげられる。さらに、大伴連（宿祢）氏の影響下にあった宮城十二門号氏族、大伴氏と同一歩調を取った紀氏の同族が分布したことなどが瀬戸内海地域における郡領氏族の一つの特徴であった。瀬戸内海地域の郡領氏族の特徴は以上のようにまとめることができるのであるが、どうしてかかる特徴の郡領氏族が分布したのであろうか、この理由を解明することが本書の目的の一つであり、それは古代国家の瀬戸内海地域支配のあり方と無関係ではないとの予測を可能にするものである。

第二章「伊予国の立評と百済の役」のもととなった研究は、「孝徳立評と瀬戸内海交通」（『愛媛大学教養部紀要』第二四号、一九九一年）であるが、本書では、主に伊予国における立評過程と六六一年から始まった百済の役との関連を論じた。特に、瀬戸内海地域でも伊予国は、馬評・久米評・別評・風早評・越智評・湯評・宇和評のように七評の存在が確認されるだけでなく、孝徳立評とそれにつづく立評過程がいくつかの史料より検討することができるので、文字資料を中心に孝徳立評の実態を解明したものである。孝徳立評を全国一斉立評とする従前の諸研究は正面から立評に至る内外要因を論じていないといわざるをえないので、外的要因としての七世紀中期の東アジア情勢と六六一年から始まる百済の役、そして、内的要因としての六七〇年の庚午年籍作成を重視して立評過程を論じた。その結果、孝徳立評は、全国的な立評ではあったが全国一斉立評ではなく、その全国立評が確立するのは百済の役と庚午年籍を経た天智朝に求めるべきでないかと論じた。とくに、孝徳朝における全国一斉立評を主張する見解にとっては、立評を命じた命令（詔）を何に求めるのかを明示して論ずべきであり、また、『日本霊異記』にみえる越智評の立評記事の合理的な解釈を提示する必要があろう。特に、前者の問題ではいわゆる「大化改新詔」と国造制から評制への全面移行をいかに考えるべきかを明らかにすべきである。

第三章「西本六号遺跡と諸国大祓の成立」は、財団法人東広島市教育文化振興事業団『西本六号遺跡発掘調査報告書2』（一九九七年）で報告したものを一部書き直したものである。そこでは、孝徳立評の実態を解明するうえで最も重要な問題の一つである国造から律令国造への移行問題を、西本六号遺跡の性格を明らかにすることを通して考察した。すなわち、孝徳朝の全国一斉立評説によれば、それ以後には国造の「クニ」は存在しなくなるはずであるが、七世紀後半まで史料上にみられる国造について、「特定の族長個人を限って与えられた官職的称号とのみ解する必要はなく、彼によって代表される一族全体にかかる身分的称号」と理解するのである。しかし、権能を保持しない「身分的称号」の存在は論証されたものではなく、一定の権能を保持していたと考えるべきであろう。そうしたなかで、西本六号遺跡の存在は、『日本書紀』天武五年八月辛亥条の詔で諸国大祓を国造が執りおこなうことを決定したことを遺構により確認したことになる。つまり、天武五（六七六）年になり国造が律令国造へと移行したことを示し、孝徳立評によって在地の行政支配権を取り上げられて祭祀権の執行という機能だけに押し込まれた国造を、この段階で在地の祭祀権を掌握する律令国造として、その全国的秩序を確立したものと考えられることを主張した。

第四章「久米氏についての一考察」は、一九九四年に『日本書紀研究』第一九冊に発表したものをもとにした研究で、第八章で論ずる久米官衙遺跡群の成立前史として、同遺跡群を形成した在地の主体であった久米直氏について論じたものである。そこでは、数多く存在した氏族の集団歌の一つであった久米歌・久米舞が大王に忠誠を誓う宮廷儀礼歌とされたのは、仁徳・応神系列の大王から継体系列への移行の混乱期に久米氏が一定の役割を果たした結果であることを論じた。そして、伊予国の道後平野では、五世紀代になると後の久米郡の郡域内に前方後円墳と掘立柱建物が登場し、また、第八章で論ずる畿内王権と密接な関係にあった久米官衙遺跡群が形成されることよりして、記紀の記述通りではないにしても伊予来目部小楯の活動叙述には一定の史実が存在したと考えられる。さらに、こうした事柄は、伊予来目部小楯が吉備の山官となり、かつ、山部連を賜姓されたことと関連するものと想定できる。であるが故に、瀬戸内海地域に大伴氏の影響力が形成されていたと考えたところである。

第五章「古代の別（和気）氏」は、二〇〇二年の『愛媛大学法文学部論集　人文学科編』第一二号で発表したものをもとにした研究である。七世紀以後における和気氏の分布とその変遷を検討した結果、和気氏は伊予・讃岐・備前という瀬戸内海に面した地域に分布し、史料上で最も早く登場したことの確認できるのは伊予国和気郡の伊予別公氏で、伊予の別公氏は国造に任命された痕跡をもたない氏族であった。ついで、備前国東部吉井川西部の後の磐梨郡和気・石生郷の有力氏族として別氏が登場し、藤原郡から藤野郡への改名を通して郡領氏族となり、かつ、八世紀中期の仲麻呂の乱の鎮圧での活躍を契機として中央氏族へ発展していった。また、伊予の別公氏の一部は七世紀中期に讃岐国西部の那珂・多度郡へ移住し、因支首氏と婚姻関係を結び因支首氏として存在したが、貞観八（八六六）年になり和気公氏への改姓が許可された。一方、讃岐東部で大化前代から国造であり寒川郡の郡領氏族であった讃岐公氏は、備前国の和気氏との関係で和気氏への改姓を申請し貞観六年に和気朝臣への改姓が許可された。こうした変遷よりすると、瀬戸内海地域に分布する別（和気）氏は中央豪族や大王家との間に強固な経済的・政治的関係をもたなかった氏族で、氏族名も七世紀以後に付与されたきわめて新しい氏族であったと考えたところである。

第六章「瀬戸内海地域交通・交易圏」（未発表）は、播磨灘・備讃瀬戸・西瀬戸内海に存在した地域交通・交易圏について論じたものである。こうした三つの交通・交易圏は地域的統合体とでもいう独自の権力のもとで形成されたのではなく、在地首長が津を拠点として形成した小地域を基礎単位とし、それらが地勢に規定された海域において重層的に形成されたと考えるのである。つまり、在地首長の津・地方市の支配が有効であるためには、津・市が海域全体の一部分として機能する必要があり、地域交通圏そのものを特定の氏族が支配することはなかったといえるのである。いいかえれば、在地首長の掌握していた地域的交通・交易圏が地域的統合体（たとえば吉備地域）の交通・交易圏となるのではなく、あくまで畿内王権の瀬戸内海全域の交通・交易の地域交通・交易圏であったのである。そして、律令国家の確立過程で、地域からの貢納物輸納の全国体制が整備されるのにともない、地域交通圏内で交通独占をおこなっていた在地首長の交通独占を防止するために主に調庸物の陸路・人担での都鄙間交通を強制したのである。そして、八世紀後半に物資の大量輸送や重量物の輸納と水上交通を不可避とする地域からの運漕が公認され、また、交易雑物制が進展すると、瀬戸内海全域に及ぶ交通・交易圏が形成され、かつ、それは東アジア世界と結びついていたのである。以上のように、特定の地方豪族により地域交通・交易圏が独占的に掌握されなかったことが、地方豪族が国造・郡領という立場を離れて独立した勢力として国家に対峙することのなかった理由でもある。

第七章「法隆寺と伊予・讃岐の関係」は、「法隆寺と伊予国」（『愛媛大学法文学部論集　人文学科編』第二〇号、二〇〇六年）をもととしたもので、法隆寺が伊予国に一四箇所、讃岐国に一三箇所の計二七箇所の庄（法隆寺の庄全体の五九％）を設置したのは大伴氏の役割が大きかったことを論じたものである。つまり、大化前代の大伴氏は伊予来目部小楯（山部連氏）とその後裔の久米直氏を梃子にして伊予国に影響力をもち、播磨国では法隆寺鵤荘の経営に関与した。さらに、大伴氏は法隆寺の再建過程においても山部連の活動を通して関与し、また、法隆寺の庄倉を讃岐・伊予に設置することにも関わったと考えられることは、法隆寺の檀越である登美真人氏の支援を通して関与していたこと、また、伴善男の讃岐国那珂・多度郡の佐伯直氏の改姓・改居と讃岐公氏の和気公氏への改姓を支持していたことなどで確認できる。さらに、八世紀以後の播磨国においても大伴氏の影響力が存したことは赤穂郡での塩生産にも大伴氏が関与したことで知られる。さらに、大伴氏の動向は紀氏の同族の分布とも関わっていると考えられるのである。

第八章「久米官衙遺跡群の研究」は、「古代地方官衙群の形成過程」(『熟田津と古代伊予国』創風社出版、一九九二年)・「伊予国久米評の成立と回廊状遺構」(『日本歴史』五〇四、一九九〇年)・「回廊状遺構再論」(『愛媛大学法文学部論集　人文学科編』第二号、一九九七年)・「久米官衙遺跡群の成立と展開」(『続日本紀研究』三五六、二〇〇五年)の諸論文をもとにしたものである。ここでは、大化前代の道後平野の歴史を石手川以北、重信川以南、中間の久米地域にわけて論じ、五世紀中期には久米部の在地管理氏族であった久米直氏が久米国造に任命されたことを明らかにした。そして、六世紀後半になると、在地支配力の強化のために新たな統治機構を来住舌状台地の北側に建設することで来住台地の開発が始まり、大化前代からの関係をふまえ舒明天皇の伊予行幸もあり、この地域は王権の基盤地域と認識され、七世紀中期の孝徳立評に際し久米国造の統治機関の延長線上に久米評衙が建設されたものであり、国造制を修正したという性格が強いものであった。さらに、台地中央を南北に区画する幅三メートルの東西の道路状遺構の南側には一辺約一〇〇メートルの回廊状遺構と北側の関連建物群とそれらを区画する地割りが存在し、七世紀後半における西日本の政治的拠点の一つと位置づけられたのである。ところが、天武十三(六八四)年十月十四日の南海大地震により官衙遺跡群は廃絶し、その後に、寺院(来住廃寺)が創建されたのである。

こうした検討より、少なくとも伊予国における久米評の立評は久米国造支配の延長線上に存在したといえ、その画期は国造制から評制へ移行した七世紀中期の孝徳立評ではなく、七〇一年の大宝令施行こそが旧国造層が保持していた軍事権・交通権を最終的に奪い、国家指導のもとでおこなわれた画期であると考えられるのである。つまり、孝徳立評は全国的におこなわれた立評ではあるが、全国一斉立評ではなく、かつ、それまでの地方行政制度を変革した画期は八世紀初頭の評制から郡制への移行にあったと考えるのである。

以上、全八章にわたる検討の結果、日本の古代国家成立にとって瀬戸内海地域の支配が最も重要であったことは、対半島と大陸との恒常的な政治的交通を維持するために必要であり、その具体的な支配は主として大伴・紀氏を通じておこなわれたと考えられるのである。具体的に述べるならば、大伴氏は、久米直（山部連氏）を主とする宮城十二門号氏族（天皇近侍氏族）と佐伯直氏を通して播磨・安芸・讃岐・伊予地域を支配下におき、紀氏は播磨国赤穂郡・備前国邑久郡・豊後国海部郡の海部氏と伊予国越智郡の越智直氏と讃岐国に分布する同族氏族を通してであった。このように、八世紀代までの瀬戸内海地域社会は大伴・紀氏を中心とする大化前代からの天皇近侍氏族の影響下にあったといえるのである。そして九世紀になり、その関係が変質しはじめ、その対立は八六六年の応天門の変でピークを迎えたのである。

第二節　瀬戸内海地域の土地所有について

第一節における各章の概要で明らかなように、主たる検討対象が律令国家の確立過程における瀬戸内海地域社会であり、本著の題名は『古代国家成立と瀬戸内海地域の研究』とすべきかもしれない。しかしながら、九世紀代の瀬戸内海地域については、拙著『古代国家と瀬戸内海交通』（吉川弘文館、二〇〇四年）において九世紀後半の海賊活動を政治的交通として論じ、また、拙著『古代の地方豪族』（吉川弘文館、一九八八年）で讃岐・伊予の地方豪族について論じたので、それらを参照していただければ幸いである。しかしながら、瀬戸内海地域社会の特質を解明する際に、不可欠なこととして、この地域の土地所有のあり方の検討があるが、この点は史料的制約もあり不十分であるといわざるをえない。瀬戸内海地域の特徴が国際的文化流入の大動脈・回廊であったことより、瀬戸内海交通の視点は必要不可欠なものであるが、それとともに瀬戸内海地域における土地経営の特質の解明も必要であるので、最後に、瀬戸内海地域の土地所有について若干の考察をおこないたい。

瀬戸内海地域における寺社と貴族の大土地所有状況についての研究は、史料的な制約もあってほとんどなく、わずかに、法隆寺領の播磨国鵤荘の経営と讃岐・伊予に設置された庄倉に関する研究[1]と、丸山幸彦氏の「水上交通路としての南海道支道と東大寺庄園」[2]が存在するのみである。前者の法隆寺の庄倉については、第七章「法隆寺と伊予・讃岐の関係」で検討し、次のように述べたところである。すなわち、庄倉の存在形態は造東大寺司が中央交易圏の水陸交通の交点に設置した勢多庄などの形態ときわめて類似したものであり、大量の水田を領有することはなく、必要な諸物資を交易で調達・集積し、それらを関連の諸「庄」や「所」へ運送することを主とする地域の交易・集積・運送拠点として位置づけられていた。そして、こうした庄の土地所有は周辺に二、三町の水田か陸田を保有し、それらは賃租経営によっていたと考えられるもので、その土地経営の形態は天平十五（七四三）年の墾田永年私財法の発布以後に大土地が中央の社寺に施入されたことにより始まるいわゆる初期荘園に先行するものであった。ただし、瀬戸内海沿岸地域においても、墾田永年私財法以後になると、大土地が社寺に施入されており、それらの占拠状況を表示すると表24のようになるので、表24によりながらその概要を述べることより始めたい。

まず、表24をみると、諸寺社と貴族が瀬戸内海沿岸地域を占拠していたことが知られるが、こうした瀬戸内海沿岸における大土地占拠については、その占拠時期と目的が問題となる。そこで、以下において、表24に示した諸寺院と貴族による大土地占有の実態とその目的がいかなるものであったのかを中心にして、その概要を列記すると次のよう

表24　瀬戸内海沿岸の占有状況占有者

占有者	占　有　内　容	占有時期	出　典
法隆寺	播磨国揖保郡の鵤荘 海２渚（播磨印南郡～飾磨郡） 奈閇島・加良止麻利山、骨奈島（庄倉） 播磨３、備後１、讃岐13箇所、伊予14箇所の庄倉	推古朝 ８c 前半	資財帳
大安寺	播磨国印南郡５町（海岸）・赤穂郡10町、備前国上道郡50町・御野郡50町・津高郡50町（以上海岸）	８c 中	資財帳
弘福寺	讃岐国山田郡20町	８c 初	
元興寺	「吉備」の水田、塩屋 備中国浅口郡焼塩戸	８c 前半	資財帳 続日本紀
西大寺	播磨国赤穂郡塩山（塩木山） 讃岐国寒川郡塩山（塩木山・坂本毛人所献） 讃岐国多度郡田地（高志和麻呂所献）	８c 中 〃 〃	資財帳
東大寺	播磨国明石郡垂水郷塩山360町 播磨国印南郡益気庄 播磨国赤穂庄（東大寺塩山） 備前国津高郡氷田村40町御野郡韓形村60町 備中・備後 周防国椹野庄 伊予国新居庄93町（田４町６段180分、畠88町３段180分）	８c 中 〃 〃 〃 〃 〃 〃	東要録巻6 平遺 6-2899 平遺 1-7～9 平遺 5-2157 平遺 5-2157 平遺 6-2783 平遺 1-257
住吉大社	播磨国明石郡魚次浜一処、加古郡阿閇津浜一処	９c 以前	平遺 10-補1
大伴氏	播磨国赤穂郡塩山、葦原墾田	８c	平遺 1-9

になる。

①法隆寺の播磨国揖保郡鵤荘

鵤荘は法隆寺が保有する寺領だけでなく、現在確認できる瀬戸内海地域における最大規模の面積をもっている。その規模は「水田二一九町一段八二歩　薗地一二町二段」と記されていて、実際に水田経営がおこなわれていたことは間違いない。こうした鵤荘の成立は、もともとは屯倉であったと考えられるように、畿内王権によって開発された土地が七世紀初頭に上宮家から法隆寺へ施入された(3)ことによると考えられる。法隆寺の所領とされて以後の土地経営の実態を示す史料はなく不詳であるが、大部（大伴）氏が「水田司」とされたことは確認できる。そして、この鵤荘の現地比定は、その地名と『播磨国風土記』揖保郡枚方里条と播磨国鵤荘絵図(4)の検討より、現在の兵庫県揖保郡太子町付近に特定できている。

②大安寺の備前国の所領

　大安寺が備前国に一五〇町の土地を所有しており、その場所について、資財帳は「上道郡五十町　大邑良葦原　東山守江　西石間江　南海　北山、御野郡五十町　長江葦原　東多比真人墾田　西津高界江　南海　北石木山之限、津高郡五十町　比美葦原　東堺江　西備中堺　南海　北山幷百姓墾田堤之限」と記している。かかる四至記事よりして、上道郡の山守江から石間江の間と、御野郡から備中国境までの海岸部を占有していたことが知られ、現在の岡山市南部の旧海岸地域であった。さらに、「開廿三町　未開百廿七町」との記載がみえて、一五〇町のうち二三町が水田であったことが知られ、大部分が未開地であった。さらに、この備前の一五〇町の施入時期については「平城宮御宇　天皇天平十六年歳次甲申納賜」とみえ、天平十六（七四四）年のことであった。

③弘福寺の讃岐国山田郡の所領

　弘福寺が讃岐国山田郡に保有する二三町について、弘福寺領讃岐国山田郡田図の集計部には「右田数八町九十八束代　直米卌一石六斗　田租稲百廿二束九把四分　不咸　合墾田百八十九束代　（直米）拼租者丙子年不取」(5)（『大日本古文書』七巻四六頁）と「右田数十一町四百十二束代　直米六十三石四斗　田租稲百七十七束三把六分　不咸　畠数一千四百十三束代之中　三百卌束代墾田得　直米三石四斗　六百九十束代見畠直米三石五斗　三百六十三束代三宅之内直不取廿束代悪不□　上下田都合廿町十束代　直米百五石　畠墾田直米三石四斗　見畠直米三石五斗　右米合百十一石九斗　租稲合三百束三把」（『大日本古文書』七巻、四九頁）とみえ、まず弘福寺領が水田（寺田と墾田）と畑地よりなっていたことが確認できる。さらに、「直米」記載よりこれらの田畠が賃租に出されていたことが知られるのとともに、「（直米）拼租者丙子年不取」によると、弘福寺が賃租料と田租を徴収していたことになり、寺田で不輸租田であったことを物語っている(6)。そして、讃岐国山田郡の弘福寺領の現地比定については石上英一氏(7)の研究により、北地区が高松市林町平塚、南地区が林町宮西であることが明らかになった。こうした讃岐国山田郡の弘福寺領の成立時期は、遅くとも和銅二（七〇九）年には存在していたことが確認でき、弘福寺領の中核をなす約二三町の施入時期は創建時の天智朝前半、もしくは天武天皇による封戸施入の天武二（六七三）年に遡る可能性もある。

④西大寺の讃岐国多度郡の所領

西大寺の讃岐国多度郡田地については、「一巻　多度郡田地白絁、高志和麻呂所献在内印」とみえるだけで、その具体的な所在地とその田数などは不明であるが水田の可能性が高い。讃岐国と播磨国における西大寺領の成立時期は神護景雲二（七六八）年から同四年と西大寺資財帳（『寧楽遺文』中巻四一一頁）にみえる。

⑤東大寺領

備前国の東大寺領として備前国津高郡氷田村と同御野郡韓形村に存在していたことは、大治五（一一三〇）年三月の「東大寺諸国庄〻文書幷絵図等目録」に「同年（天平宝字元年）十一月廿三日勅旨、備前国、卌町在津高郡氷田村、六十町在御野郡韓形村」（『平安遺文』五—二一五六号）とみえ、天平宝字元（七五七）年に勅施入されたことが知られる。周防国椹野庄については、天暦四（九五〇）年の東大寺封戸荘園幷寺用帳に「周防国吉敷郡椹野庄田九十一町六段十九歩」（『平安遺文』一—二五七号）とみえる。同庄の比定地は、丸山幸彦氏(8)によると、現山口県小郡町の椹野川河口とされ、海岸部の荘園であるといえる。また、伊予国新居庄については、大治五年の東大寺諸荘園文書幷絵図等目録に、天平勝宝八（七五六）年十一月廿日の国司定文に「野八十町、池地三町六段百十歩」を有する東大寺領新居庄の四至として「東継山、西多定河、南駅路、北君小野山」とみえ、野地であったことが知られる。同庄の比定地については、現在の新居浜市の国領川（多定河）と、北の泉川の丘と、東の坂の下付近の丘陵と、南の駅路に囲まれた地域と想定される。

以上よりして、瀬戸内海沿岸地域の大土地占有は、天平十五（七四三）年の墾田永年私財法以前と以後に大別することができ、早い段階に成立したものが確認でき、瀬戸内海地域の先進性を示すものであろう。それらはもともと屯倉として畿内王権が設置したものであった。さらに、瀬戸内海地域に設定されたものの全てが法隆寺の播磨国鵤荘や讃岐国山田郡の弘福寺領のような水田経営を基本とするものではなく、庄・倉の設置が注目され中央交易圏の状況に類似していることもこの地域の先進性を物語っている。そして、八世紀中期以後になると、後発の東大寺・西大寺・大安寺なども瀬戸内海地域に大土地を保有するようになるが、その多くは、法隆寺の播磨国印南郡～飾磨郡の間に存在した二箇所の渚、大安寺の備前国の所領や東大寺の所領のように瀬戸内海沿岸に設置され、かつ、その多くは未開の状態であった。そして、西大寺の播磨国赤穂郡塩山（塩木山）、讃岐国寒川郡塩山（塩木山）、東大寺の「播磨国明石郡垂水郷塩山」や後述する赤穂郡の場合よりすると、水田経営だけでなく塩生産のために沿岸占拠がおこなわれたことが知られる。瀬戸内海沿岸で中央の寺社と貴族が塩生産をおこなったことは、元興寺の「塩屋、備中国浅口郡焼塩戸」、住吉大社の播磨国明石郡魚次浜と加古郡阿閇津浜の領有と大伴氏の播磨国赤穂郡での塩山領有よりも確認できる。問題は瀬戸内海沿岸地域の土地占拠の目的が、水田開発より大規模塩生産へと移行したのがいつの時点からであるかということである。

八世紀代における塩生産については、狩野久・木下正史「塩・鉄の生産と貢納」(9)が注目されるので、同論文に従って八世紀代の塩生産の変化を概観したい。まず、一般的な情勢は、備讃瀬戸・西瀬戸内海・紀伊地域では七世紀後半から八世紀にかけて土器製塩が急速に衰退するのに対し、若狭・能登・尾張・三河地域は七世紀末から八世紀にかけて土器製塩の最盛期を迎え、平安時代になり衰退期に入るという。そして、八世紀代の木簡にみえる塩の数量記載は三斗を基本とするが、瀬戸内海地域からの調塩木簡には二斗・一斗が多いのに対し、若狭は三斗記載が圧倒的に多いという。その原因として、八世紀になり瀬戸内海地域での土器製塩が衰退したことに関連すると推定している。そして、この見解を継承した勝浦令子「古代の塩支配と地域経済」[10]は、周防国からの和銅年間の塩木簡が輸納料を三斗と記しているのに対し、天平十七年の木簡が二斗か一斗と記していることを指摘し、土器製塩が八世紀中期頃より衰退したことを傍証した。いうまでもないことであるが、こうしたことは、瀬戸内海地域での塩生産そのものが衰退したことを示すのではなく、新たな生産方式へと移行したことを物語っているのである。つまり、塩浜・塩山の囲い込みの進展にみえるように新たな塩田製塩という生産方式へ変化し、大量の塩が特定の場所で生産されるようになったのである。そして、このことは、塩の消費地への新たな流通ルートが開発されたことをも意味するのである。そして、その大規模生産と大量運漕の中心にいたのが、国郡司と中央の寺院であったと考えられる。前者の国司の例として播磨の国司であった大伴氏の活動があげられ、郡司の例としては、『続日本紀』宝亀元年三月癸未条「外正八位下周防凡直葦原献銭百万、塩三千顆、授二外従五位上一」が注目される。周防凡直葦原の官職は不明であるが、おそらくは郡司の一員であった可能性が強く、周防凡直葦原が「塩三千顆」（九〇石）という大量の塩を保持していたことは、一大消費地である平城京へ恒常的に運漕し交易していた可能性が高い。後者でいえば、表24に記した諸寺院の瀬戸内海沿岸地域の占拠がそのことを示すものである。

　こうした沿岸地の占拠と塩生産との関連でいえば、大伴氏と東大寺の播磨国赤穂郡での活動が注目されるので、『平安遺文』一巻九号の播磨国坂越神戸両郷解文書を掲げ[11]、この点について言及する。

赤穂郡坂越郷神戸両郷□解　申□所勘問東大寺塩山事

部下大墾生内山□東大寺
右件山者、自去天平勝宝五歳迄七歳、所謂故守大伴宿祢之点山并葦原墾田所云、覩《預か》当郡人秦大炬之目代也、所作
塩堤、而不得彼堤堅、無所治事大炬等退却、而自勝宝八歳与少墾生山自中尾立堺柱、寺家山数卅余町許大墾生山
云、仍宛山守使令治守林、経序（ママ）年、然自八歳以来、不覩《預か》□宿祢家使、而以去延暦七歳七月一日、専前少掾
大伴宿祢山到来、更改大串尾立堺柱、因茲寺家主所林木悉伐損、少掾家等、而今寺使僧等来、当土人夫等追召山
堺勘問、仍細子（ママ）先後行事證申、件山者、□当郷比郡比国之人夫等知寺山、随山使等口状、榡給塩焼奉
地子事実申、仍注具状、以解
延暦十二年四月十七日

坂越郷刀祢外従八位下川内入鹿
若湯坐倉足
川内大凡君
神戸里神人広永
他田祖足
神人□代
六人部稲人
里長　他田真作
坂越郷収納□□
津長若鳥里足

勘郡司

擬大領外従八位上秦造　　擬主帳正八位上播磨直

擬少領無位秦造雄鯖

国依解状判許如件

延暦十二年五月十四日

従五位上行阿保朝臣人上　　従六位上行少目爪工造三仲

正六位上行大掾紀朝臣長田万

この播磨国坂越神戸両郷解については、すでに渡辺則文・小林昌二・丸山幸彦・西山良平氏ら(12)によって検討が加えられ、また拙著『日本古代水上交通史の研究』（吉川弘文館、一九八五年）でも論じたように、大墾生内山の帰属について東大寺と大伴氏とで争った際の文書である。つまり、問題となった大墾生内山（墾生山ともみゆ）は、天平勝宝五年から同七歳の間播磨国守であった大伴氏が点定した時に、国守大伴氏は在地豪族である秦大炬（なお西山良平氏によると秦火距）を目代に任命して塩堤を築こうとしたが、その時には塩堤を築くことはできず失敗に終ったという。ついで、天平勝宝八（七五六）歳になると東大寺が堺柱を建てて囲い込み大墾生山（三十余町）とし、東大寺は「治守林」のために山守使を任命し占拠した。ところが、延暦七（七八八）年七月一日になると、前の播磨少掾大伴宿祢がやってきて、山を占拠しようとして堺柱を立て、東大寺の材木を悉く伐損し始めたことによって、東大寺と大伴氏の間に紛争が生じ、その帰属を明らかにするために郷長・刀禰・津長などに証言させた文書である。

この紛争は東大寺側の勝利に終るのであるが、その理由として、丸山氏は、延暦十二（七九三）年の東大寺牒に「件塩山者、頃年之間与他相諍、既所切損、今依本官符幷村里刀禰等證申而重宛行」（『平安遺文』一巻八号文書）とみえる村里刀禰らの動向をあげ、刀禰等の證申が東大寺側に有利にはたらいたと指摘している。しかし、彼ら刀禰たちが共同体を代表し、かつ、共同体が東大寺を支持していたから東大寺が勝利しえたとする点については、小林昌二氏[13]が述べるように、基本的には勅施入であったことと、その四至は東大寺の主張するのが事実であったことによっていたと考えるべきであろう。いずれにしても、かかる土地所有の目的が問題で、この塩堤の築造は大規模土地開発のためとする見解もあるが、西山氏が述べたように塩浜築造のためと考えるべきであろう。この点は、紛争地を「塩山」と表記していることは決定的であり、大規模塩生産に不可欠な大量の燃料を確保するための山地であると考えられるからである。さらに、「塩堤」「塩焼奉地子事実申」との記載よりしても、大規模塩生産に使用する燃料確保のために、大伴氏と東大寺が争ったと考えられるのである。こうした大伴氏と東大寺の争いが再発したのが延暦十二年であったのは偶然ではなく、すべに述べてきたように、八世紀中期になり、瀬戸内海沿岸地域の塩生産の方式が土器製塩から塩田製塩へと変化したことによると考えられるのである。この点で、注目されるのが次に掲げる二つの太政官符である。

（A）延暦十七年十二月八日の太政官符（『類聚三代格』巻一六）

□[14]寺并王臣百姓山野藪澤濱嶋盡収ニ入公一事

右被ニ右大臣宣一偁、奉　レ勅、准レ令、山川藪澤公私共レ利、所以至レ有ニ占點一、先頻禁断、如レ聞、寺并王臣家及豪民等不レ憚ニ憲法一、獨貪ニ利潤一、廣包ニ山野一、兼及ニ藪澤一、禁ニ制蒭蕘一、奪ニ取鎌斧一、慢レ法蠹レ民莫レ過ニ斯甚一、自今以後、更立ニ厳科一不レ論下有ニ官符一賜及舊来占買上、並皆収還、公私共レ之、墾田地者、未開之間、所レ有草木亦令ニ共採一、但元来相傳加レ功成レ林非ニ民要地一者、量ニ主貴賤一五町以下作レ差許レ之、墓地牧地不レ在ニ制限一、（後略）

（B）大同元年閏六月八日の太政官符（『類聚三代格』巻一六）

応三盡収ニ入公一勅旨并寺王臣百姓等所レ占山川海嶋濱野林原等事

右件検二案内一、従二乙亥年一暨二于延暦廿年一、一百廿七歳之間、或頒二 詔書一、或下二格符一、数禁二占兼一頻絶二獨利一、加以氏々祖墓及百姓宅辺栽レ樹成レ林等、所レ許歩数具在二明文一、又五位以上六位以下及僧尼神主等、違犯之類復立二科法一、今山陽道観察使正四位下守皇太弟傳兼行宮内卿勲五等藤原朝臣園人解偁、山海之利公私可レ共、而勢家専點絶二百姓活一、愚吏阿容不二敢諫止一、頑民之亡莫レ過二此甚一、伏望、依二慶雲三年 詔旨一一切停止、謹請二処分一者、右大臣宣、奉 レ勅、今如レ所レ申、則知徒設二憲章一曾無二遵行一、率下由所司阿縦而令中二百姓一有上レ妨、宜二一切収入公私共レ之、若有レ犯者依二延暦十七年十二月八日格一行レ之、一無レ所レ宥、自今以後、立成二恒例一、但山岳之體或於レ国成レ礼、漆菓之樹触レ用亦切、事須三蕃茂並勿二伐損一、其菓實者復宜二相共一

（A）の太政官符の概要は、雑令国内条で「山川藪澤之利、公私共之」と規定され、頻りに占拠することを禁止してきたにもかかわらず、「寺并王臣家及豪民」が「獨貪二利潤一、廣包二山野一、兼及二藪澤一、禁二制芻樵一、奪二取鎌斧一」という状況であるので、土地は「不レ論下有二官符一賜及舊来占買上、並皆収還、公私共レ之」し、墾田でも未開の場合は公私共利することを命じたものである。ただし、相伝の林で「民要地」でない場合は五町以下の占有は許可し、かつ、墓地の占有は制限しないことを命じている。さらに、（B）の太政官符でも、同様に山川藪澤の占拠を禁じ、違反して占拠した場合は一切を収公して「公私共レ利」を命じ、違反者の処罰は（A）の太政官符によることを再度確認したものである。この二つの太政官符が命じているのは、「寺并王臣家及豪民」が「有二官符一賜及舊来占買」を論ずることなく、五町以下の民要地でない土地と墓地を除き全ての土地を収公することであった。こうした太政官符で問題にされたのは五町以下の土地所有が許された「民要地」でない土地の問題である。

「民要地」の理解については、黒田俊雄氏(15)の単なる「山川藪澤」でない住民の用益地との指摘より始まり、戸田芳実氏(16)の禁処以外の山野のうち、墾田予定地・牧・狩場等特定の用途を限って私的に占守用益を認められた有要地説、

丸山幸彦氏[17]の農民諸層が生産活動をおこなうに必要な限りでの土地説、また、吉村武彦氏[18]の百姓の生存に必要な土地を確保した農桑地と「公私共利」の論理が貫かれた山野などの見解が存在している。問題は八世紀末になり、「山川藪澤」でない「民要地」との概念が登場したのはいかなる理由によるのかという点にある。おそらくは、雑令国内条の「山川藪澤」の範疇に入らない状況が発生したために「民要地」なる用語を作り出したのであろう。いずれにしても、「民要地」の用益主体は共同体住民で、彼らが共同で生産する場所をいったものと考えられる。

同様な趣旨である（B）の太政官符で使用されている言葉をみると、（A）の「山川藪澤濱嶋」と「山川藪澤公私共レ利」が「山川海嶋濱野林原」と「山海之利」と表現されていることと、「民要地」との言葉が使用されていなく、いずれの場合も雑令国内条の「山川藪澤」でないことが注目される。さらに、令規定と二つの太政官符での語句の相違は「濱嶋」「海嶋濱」が入ったことであり、雑令国内条は「凡国内有下出二銅鉄一処上、官未レ採者、聴二百姓私採一、若納二銅鉄一、折二充庸調一者聴、自余非二禁処一者、山川藪沢之利、公私共之」として基本的には地下資源の共同利用を規定したものである。こうしたことよりすると、八世紀末に「民要地」なる概念が発生したのは、海・浜・嶋の占有化が進展したことによるのではなかろうか[19]。

つまり、ある時期より瀬戸内海沿岸の占拠は水田経営のためというよりは、大規模塩生産のための塩田や燃料確保のためになったと考えられるのである。律令国家による塩収取の基本は調庸塩であり、その収取実態を都城跡出土の塩木簡より論じた最近の岸本雅敏氏の研究[20]によると、国別では若狭国五三点（四一％）、周防の二三点（一八％）、尾張の一三点（一〇％）、紀伊の一一点（八％）、以下備前の八点、讃岐の七点、三河の六点とつづき、かつ、木簡の紀年をみると、若狭国のみが丁酉（六九七）年から宝亀元（七七〇）年までの長期間に及び貢納し続けていたこと、第3四半期は全体の二三％で、第4四半期は皆無というように、八世紀後半になると塩の貢納が少なくなっている。こうした点より、八世紀全体を通して若狭国の貢納が注目され、八世紀第4四半期以後になると調塩の貢納が極端に少なくなるということが確認できる。こうしたことは、上述したように土器製塩によって調庸物として塩を確保する百姓の小生産が衰退し、それに代わる塩田による大規模塩生産が開始されたことと関連すると考えられるのである。このように八世紀後半になり、塩生産の方式が大規模生産へと移行したと考えられ、そのことが瀬戸内海沿岸占拠とその利用方法に現れたことは、以下の二つの史料よりも確認できる。

『日本後紀』延暦十八年十一月庚寅条

備前国言、児嶋郡百姓等、焼レ塩為レ業、因備二調庸一、而今依レ格、山野浜嶋、公私共レ之、勢家豪民、競事二妨奪一強勢之家弥栄、貧弱之民日弊、伏望、任奪給レ民、勅、乗レ勢迫レ貧、事乖レ共レ利、宜下加二禁制一莫上レ令二更然一

すなわち、延暦十八（七九九）年十一月に、備前国児嶋郡は耕地が少なく、その主要生産物は平城宮出土木簡にもみられるように塩であったので、それで調庸物を確保していた。ところが、八世紀末になると、「勢家豪民、競事二妨奪一」と記されるように、勢家豪民が百姓の塩生産を妨奪するに至ったという。ところで、塩生産において「競事二妨奪一」というのはいかなることであろうか。彼ら豪民の塩生産が「藻塩焼」方式であったとすると、太政官符で山野浜嶋の占有を禁止していることと、また、「事二妨奪一」するとの意味が明らかにはならない。おそらくは、塩浜・塩釜方式によっていたのではなかろうか。であるが故に、山野浜嶋の占有禁止の太政官符を引用しているのである。すなわち、八世紀末に至り、勢家・豪民による海浜の占有化が進展していったことは明らかである。

以上のように海浜嶋の占有化が進むと、本来、海浜で魚貝類の収取や塩生産をおこなっていた漁民の生産の場が奪われ、漁民が海浜より追い出されるようになっていったのである。そして、海浜より追い出された漁民の動向は、次の『続日本後紀』承和十一年五月辛丑条の記事より明らかである。

淡路国言、他国漁人等三千余人、齎二王臣家牒一、群二集浜浦一、寃二淩土民一、伐二損山林一、雲集霧散、濫悪不レ休、又官舎駅家、皆在二海辺一、而接二居彼間一、譬猶二魚鱗一縦有二火災一、可レ難二撲滅一、勤加二禁断一国力不レ足、望請、官符悉禁制、官宣、宜下厳加二禁止一勿上レ令二更然一、如不レ遵二制旨一、尚致二濫滑一、立加二決罰一、以懲二将来一、但所レ犯之罪、杖罪以上者、勘二録所犯及姓名一、早速言上

すなわち、他国の漁民三千余人が「王臣家牒」を所持して淡路島の浜・浦に群集し、土民を寃淩し、山林を伐損したという。さらに、淡路国は、官舎・駅舎が火災にあうような事態に至ると鎮火させることができないと述べているのである。淡路島に群集した漁民集団の性格を考える時、ⓐ彼らが「王臣家牒」を所持していること、ⓑ「伐損山林」していることが注目される。ⓐは、彼らが王臣勢家に集団的に組織されていたことを示し、ⓑは、材木の使用ということよりして塩生産をおこなったことを物語るのであろう。であるが故に、官舎・駅家への失火ということを恐れているのである。さらに注目すべきは、かかる漁民集団を、律令政府が海賊としなかった点である。『続日本後紀』の記事によると、彼ら漁民集団は、「寃二淩土民一、伐二損山林一」することはあっても、直接に国・郡衙や官物を攻撃・収奪対象とはしていなかったことが知られ、かかる事柄が、彼ら漁民集団を海賊と記さなかった理由であろう。

以上のことよりすると、九世紀前半の状況は、漁民が海岸部より追い出され、大伴・紀氏に代表される王臣家の下に組織化されていった段階といえる。そして、大伴・紀氏に代表される権門勢家への組織化は、塩生産と、盛況状況を呈す瀬戸内海交通の担い手としてなされたものと考えられるのである。そして、九世紀後半になり、大伴・紀氏の下に組織化された集団の活動を制限するようになると、貞観年間に至り、彼らの活動は海賊活動として取り締まられていったのである。[21]

おわりに

以上のように、瀬戸内海地域は大化前代から大伴・紀氏と法隆寺・弘福寺などの支配下にあったと考えられる。ところが、八世紀中期になり大安寺・西大寺・東大寺への施入を転機として、沿岸地域の土地所有は水田経営より大規模塩生産へと変化した。こうした変化は、単なる土地利用の変化にとどまることなく、生産された塩をはじめとする諸物資の運漕と交易活動へと重点が移動したことを物語り、大化前代より沿岸を掌握していた大伴・紀氏や法隆寺などと国郡衙によるそれとの対立が次第に激化し、瀬戸内海では海賊問題として取り上げられるようになったのである。この対立は最終的に貞観八（八六六）年の応天門の変に具現されたように、大伴・紀氏が中央政界から追い出されることによって終焉し、瀬戸内海地域社会は新たな段階へと入っていったと考えられるのである。そして、その一つの矛盾が天慶年間になり藤原純友の乱として現れ、それを踏まえて次の時代が展開されていくのである。

注

（1）法隆寺の水田経営についての代表的な研究としては、仁藤敦史「『斑鳩宮』の経済的基盤」（『古代王権と都城』吉川弘文館、一九九八年）と鷺森浩幸『日本古代の王家・寺院と所領』（塙書房、二〇〇一年）があり、讃岐・伊予の庄倉については第七章で論じたので参照されたい。

（2）『古代東大寺庄園の研究』渓水社、二〇〇一年。

（3）仁藤敦史注1論文。

（4）嘉暦四（一三二九）年の年紀をもつ嘉暦図。「『法隆寺領播磨国鵤荘絵図』解読図」（『太子町史二』一九九六年）、『日本荘園絵図聚影』四、近畿三（東京大学出版会、一九九九年）。
(5)「（直米）拝租者丙子年不取」の部分は石上英一「弘福寺文書の基礎的考察」（『古代荘園史料の基礎的研究』上、塙書房、一九九七年）による。
(6) 菊池康明「地子と価直」（『日本古代土地所有の研究』東京大学出版会、一九六九年）、鷺森浩幸「八世紀における寺院の所領とその認定」（『日本古代の王家・寺院と所領』塙書房、二〇〇一年）。
(7)「讃岐　弘福寺領讃岐国山田郡田図」『日本古代荘園図』東京大学出版会、一九九六年。
(8) 注2論文。
(9)『古代の地方史』2、朝倉書院、一九七七年。
(10)『新版古代の日本』4中国・四国、角川書店、一九九二年。
(11) 勝浦令子「播磨国坂越・神戸両郷解補遺」『史学論叢』六号、一九七六年。なお、小口雅史氏「延暦期山野占有の一事例」（『史学論叢』第一〇号、一九八二年）がこの文書の詳細な検討をおこなっている。
(12) 渡辺則文『日本塩業史研究』第一部第一章（三一書房、一九七一年）、小林昌二「令制下『山川藪沢』所有に関する一考察」（『愛媛大学教育学部紀要』人文社会科学編Ⅷ、一九七五年）、丸山幸彦注2論文、西山良平「奈良時代『山野』領有の考察」（『史林』六〇―三、一九七七年）。
(13) 注12論文。
(14)「寺」字の前に「応」の字が入るべきと考えられる。
(15)「村落共同体の中世的特質」『封建社会と共同体』創文社、一九六一年。
(16)「山野の貴族的領有と中世の初期の村落」『日本領主制成立史の研究』岩波書店、一九六七年。
(17)「九世紀における大土地所有の展開」『史林』五〇―四、一九六七年。
(18)「八世紀律令国家の土地政策の基本的性格」『史学雑誌』八一―一〇、一九七二年。
(19) 西山良平注12論文、拙著『古代の地方豪族』（吉川弘文館、一九八八年）。

(20)「特論　塩」『列島の古代史　暮らしと生業』岩波書店、二〇〇五年。
(21) 拙著『藤原純友』(吉川弘文館、一九九九年)・『古代国家と瀬戸内海交通』(吉川弘文館、二〇〇四年)。

引用研究論文一覧

東　潮「鉄素材論」『古墳時代の研究』5、生産と流通Ⅱ、雄山閣出版、一九九一年
阿部義平「宮殿と豪族居館」『古墳時代の研究』2、集落と豪族居館、雄山閣出版、一九九〇年
阿倍武彦「延喜式神名帳の人格神」『北海道大学文学部紀要』四、一九五五年
石井隆博「東広島市三ツ城古墳」『考古学ジャーナル』四〇八、一九九六年
石上英一「讃岐弘福寺領讃岐国山田郡田図」『日本古代荘園図』東京大学出版会、一九九六年
「弘福寺文書の基礎的考察」『古代荘園史料の基礎的研究　上』塙書房、一九九七年
石母田正『日本の古代国家』岩波書店、一九七一年
「古代貴族の英雄時代」『石母田正著作集』第十巻、岩波書店、一九八九年
泉谷康夫「服属伝承の研究」『日本書紀研究』四、一九七〇年
磯貝正義『郡司及び采女制度の研究』吉川弘文館、一九七八年
市　大樹「総説」『評制下荷札木簡集成』奈良文化財研究所、二〇〇六年
伊藤　純「岡山県立博物館蔵の須恵器銘『馬評』について」『古代文化』三五―二、一九八三年
伊藤禎樹「伊勢湾と『海つ道』」『古代の地方史』4、朝倉書店、一九七八年
伊藤勇輔『日本古代の遺跡』6奈良南部、保育社、一九八五年
井上光貞「部民の研究」『日本古代史の諸問題』思索社、一九四九年
「大和国家の軍事的基礎」『日本古代史の諸問題』思索社、一九四九年
「大化改新とその国制」『古代国家の研究』岩波書店、一九六五年
『古代の王権と祭祀』東京大学出版会、一九八四年
井上光貞他『シンポジュウム鉄剣の謎と古代日本』新潮社、一九七九年
井上光貞編『新日本史大系2　古代社会』朝倉書店、一九五二年
今里幾次「播磨の雲母土器」『考古学研究』一三―四、一九七七年

入江文敏「若狭」『季刊考古学』一〇、雄山閣出版、一九八五年
上田正昭「倭王権の成立」『日本古代国家論究』塙書房、一九六八年
「戦闘歌舞の伝流」『日本古代国家論究』塙書房、一九六八年
「ヤマト王権の歴史的考察―英雄時代をめぐって―」『歴史科学体系1　日本原始共産制社会と国家の形成』校倉書房、一九七二年
上原　和『斑鳩の白い道のうえに』朝日新聞社、一九七五年
梅田義彦「臨時大祓考」『神道宗教』二八、一九六二年
大倉粂馬『上代史の研究　伊予路のふみ賀良』大倉粂馬翁遺稿刊行会、一九五六年
大山誠一「大化改新像の再構築」『古代史論叢』上巻、吉川弘文館、一九七八年
大和久震平『牛塚古墳』宇都宮市教育委員会、一九八四年
小笠原好彦「家形埴輪の配置と古墳時代の豪族居館」『考古学研究』一二四、一九八五年
岡田精司「播磨国既多寺の知識経について」『兵庫県の歴史』一一、一九七四年
「古代の王朝交替」『古代の地方史』3、朝倉書店、一九七九年
「律令的祭祀形態の成立」『古代王権の祭祀と神話』塙書房、一九七〇年
岡野　保「法経塔古墳実測調査報告」『遺跡』三三、一九九一年
小澤　毅「吉備池廃寺の発掘調査」『仏教芸術』二三五、一九九七年
小都　隆『日本の古代遺跡』26広島、保育社、一九八六年
加賀見省一「但馬国府と祓所」『歴史学と考古学』真陽社、一九八八年
勝浦令子「史料紹介『播磨国坂越・神戸両郷解』捕遺」『史学論叢』六、一九七六年
「古代の塩支配と地域経済」『新版古代の日本』4中国・四国、角川書店、一九九二年
加藤謙吉「応神王朝の衰亡」『古代を考える　雄略天皇とその時代』吉川弘文館、一九八八年
金子裕之「平城京と祭場」『国立歴史民族博物館研究報告』第七集、一九八五年
狩野　久「塩・鉄の生産と貢納」『古代の地方史』2、朝倉書院、一九七七年
「額田部連と飽波評」『日本政治社会史研究』上、塙書房、一九八四年

鎌木義昌「大飛嶋遺跡」『倉敷考古館研究小報』一九六四年
鎌田元一「評の成立と国造」『日本史研究』一七六、一九七七年
亀井輝一郎「物部公と物部臣―長野角屋敷遺跡出土木簡をめぐって―」『福岡教育大学紀要』五七―二、二〇〇八年
亀田修一「地方へ瓦の伝播」『古代』九七、一九九四年
川西宏幸「中期畿内政権論」『古墳時代政治史序説』塙書房、一九八八年
木内武男「法隆寺献納宝物銘文集成」『東京国立博物館紀要』一三、一九七八年
菊池康明「地子と価直」『日本古代土地所有の研究』東京大学出版会、一九六九年
岸　俊男「紀氏に関する一試考」『日本古代政治史研究』塙書房、一九六六年
「防人考」『日本古代政治史研究』塙書房、一九六六年
「賃租の実態」『日本古代籍帳の研究』塙書房、一九七三年
「木簡と大宝令」『日本古代文物の研究』塙書房、一九八八年
「山部連と斑鳩の地」『日本古代文物の研究』塙書房、一九八八年
北山茂夫「日本における英雄時代の問題にことよせて」『日本古代の政治と文学』青木書店、一九五六年
喜田貞吉「道鏡後胤論」『史林』六―四、一九二一年
「久米部と佐伯部」『日本兵制史』日本学術普及会、一九三九年
鬼頭清明「白村江の戦いと律令制の成立」『日本古代国家の形成と東アジア』校倉書房、一九七六年
「朝鮮出兵と内海交通」『古代の地方史』2、朝倉書店、一九七七年
「法隆寺の庄倉と軒瓦の分布」『古代研究』一一、一九七九年
『白村江―東アジアの動乱と日本』教育社、一九八一年
木下正史「塩・鉄の生産と貢納」『古代の地方史』2、朝倉書院、一九七七年
木下　良『国府―その変遷を主にして―』教育社、一九八八年
楠元哲夫『日本古代の遺跡』6奈良南部、保育社、一九八五年
黒田慶一「長原（城山）遺跡出土の『富官家』墨書土器」『ヒストリア』一一一、一九八六年
黒田俊雄「村落共同体の中世的特質」『封建社会と共同体』創文社、一九六一年

桑原滋郎「東北地方における城柵の外郭線の構造」宮城県多賀城跡調査研究所『研究紀要』Ⅲ、一九七六年

「東北の古代城柵」『日本城郭大系』別巻Ⅰ所収、新人物往来社、一九八一年

小林昌二「令制下『山川藪沢』所有に関する一考察」『愛媛大学教育学部紀要』人文社会科学編Ⅷ、一九七五年

「日本古代鉄生産集団に関する二試論」『「社会科」学研究』九、一九八五年

小林利宣「安芸国府の研究」『芸備地方史研究』二四、一九五八年

小林芳規「表記の展開と文体の創造」『日本の古代14　ことばと文字』中央公論社、一九八八年

小林行雄「鏡・大刀・玉のなぞ」『考古学談話会第二〇〇回記念　古墳の謎を探る』帝塚山大学考古学研究室、一九八一年

近藤義郎『前方後円墳集成』中国・四国編、山川出版社、一九九一年

斎藤　忠『若狭上中町の古墳』上中町教育委員会、一九七〇年

斎藤孝正「東海地方」『日本陶磁の源流』柏書房、一九八四年

佐伯有清「日本古代の別（和気）とその実態」『日本古代の政治と社会』吉川弘文館、一九七〇年

『古代氏族の系図』学生社、一九七五年

「稲荷山古墳鉄剣銘文にみえる称号―とくに「獲居」をめぐって―」『シンポジュウム鉄剣の謎と古代日本』新潮社、一九七九年

『新撰姓氏録の研究』吉川弘文館、一九八二年

『古代東アジア金石文論考』吉川弘文館、一九九五年

「東国における『ワケ』」『古代東アジア金石文論考』吉川弘文館、一九九五年

栄原永遠男「舟運の展開とその条件」『奈良時代流通経済史の研究』塙書房、一九九二年

「国府市・国府交易圏に関する再論」『国立歴史民俗博物館研究報告　第63集』一九九五年

「郡的世界の内実―播磨国賀茂郡の場合―」『人文研究』五一―二、一九九九年

坂本太郎「郡司の非律令的性格」『歴史地理』五三―一、一九二九年

「日本書紀と蝦夷」『日本古代史の基礎的研究』上、東京大学出版会、一九六四年

「大和の古駅」『古代学論叢』末永先生古稀記念会、一九六七年

『聖徳太子』吉川弘文館、一九七九年

鷺森浩幸『日本古代の王家・寺院と所領』塙書房、二〇〇一年
佐藤　信「石山寺所蔵の奈良朝社旗様―播磨国既多寺の知識経『大智度論』をめぐって―」『古代遺跡と文字資料』名著刊行会、一九九九年
潮見　浩「鉄・鉄器の生産」『岩波講座　日本考古学』3、岩波書店、一九八六年
　「安芸―国分寺」『新修国分寺の研究』第四巻、山陰道と山陽道、吉川弘文館、一九九一年
篠川　賢『日本古代国造制の研究』吉川弘文館、一九九六年
清水真二『日本の古代遺跡』9鳥取、保育社、一九八三年
清水三男「村落と市場」『日本中世の村落』日本評論社、一九四二年
神野清一「令集解『讃説』の性格分析」『続日本紀研究』一三八・九、一九六八年
　「天武十年紀の天下大解除と祓柱奴婢」『日本古代奴婢の研究』名古屋大学出版会、一九九三年
鈴木靖民「百済救援の役後の日唐交渉」『続日本古代史論集』上巻、吉川弘文館、一九七二年
須田　勉「千葉県古代寺院跡発掘の現状」『歴史手帳』一〇―一〇、一九八二年
澄田正一「伊勢湾沿岸の画文帯神獣鏡について―櫛田川流域の調査を中心にして―」『近畿古文化論』吉川弘文館、一九六三年
妹尾周三「広島県東広島市西本6号遺跡」『日本考古学年報』四六、吉川弘文館、一九九五年
関　晃「甲斐の勇者」『甲斐史学』一、一九五七年
関口裕子「『大化改新』批判により律令制成立過程の再構築」『日本史研究』一三二・一三三、一九七三年
相田則美「4・5世紀伊予の首長墓」『「社会科」学研究』一、一九八〇年
　「愛媛県伊予市吹き上げの森1号墳の出土遺物」『「社会科」学研究』第八号、一九八四年
十亀幸雄『日本の古代遺跡』22愛媛、保育社、一九八五年
薗田香融「国衙と土豪との政治的関係」『古代の日本』9、角川書店、一九七一年
　「法隆寺僧善愷訴訟事件に関する覚え書き」『平安仏教の研究』法蔵館、一九八一年
高木市之助「日本文学における叙事詩時代」『吉野の鮎』岩波書店、一九四一年
高重　進「律令制的国郡津制の成立と崩壊」『岡山史学』一八、一九六六年
高島弘志「律令新国造についての一試論」『日本古代史論考』吉川弘文館、一九八〇年

高橋　崇「天武・持統朝の兵制」『芸林』六―六、一九五五年
高橋富雄「大伴氏と来目部」『日本歴史』一六六、一九六二年
竹内理三「八世紀における大伴的と藤原的」『史淵』五二、一九五二年
辰巳和弘『高殿の古代学―豪族の居館と王権祭儀』白水社、一九九〇年
「豪族居館の諸相」『季刊考古学』三六、一九九一年
田中塊堂『日本写経綜覧』思文閣、一九七四年
田中勝弘「近畿東部（滋賀・三重）」『古墳時代の研究』10、地域の古墳1　西日本、雄山閣出版、一九九〇年
田中　卓「郡司制の成立」『律令制の諸問題』国書刊行会、一九八六年
『和気氏系図』の校訂」『日本古代国家の成立と諸氏族』国書刊行会、一九八六年
田中久雄「大阪府青谷遺跡」『日本考古学年報』三七、一九八四年
谷若倫郎「来島海人の動向」『斎灘・燧灘の考古学』大西町教育委員会、一九九三年
伊達宗泰「新沢千塚古墳群」『探訪日本の古墳　西日本編』有斐閣、一九八一年
塚口義信「葛城の一言主大神と雄略天皇」『堺女子短期大学紀要』二〇、一九八五年
次田真幸『日本神話の構成』明治書院、一九七三年
津田左右吉『日本上代史の研究』岩波書店、一九七二年
角田文衛「宇陀の高城」『近畿古文化論攷』吉川弘文館、一九六三年
寺内　浩「斉明天皇と熟田津―その寄港・滞在の理由をめぐって―」『「社会科」学研究』二六、一九九三年
東野治之「四等官制成立以前におけるわが国の職官制度」『ヒストリア』五八、一九七一年
「日本語論―漢字・漢文の受容と展開」『新版　古代の日本』1、角川書店、一九九三年
「法隆寺伝来の幡墨書銘」『日本古代の葬制と社会関係の基礎的研究』大阪大学文学部、一九九五年
「法隆寺金堂釈迦三尊像の光背銘」『日本古代の金石文の研究』岩波書店、二〇〇四年。
藤間生大「日本に於ける英雄時代」『歴史科学体系1　日本原始共産制社会と国家の形成』校倉書房、一九七二年
常磐　茂「道後平野の前半期古墳」『遺跡』三五、一九九六年
戸田芳実「山野の貴族的領有と中世の初期の村落」『日本領主制成立氏の研究』岩波書店、一九六七年

土橋　寛「古代の文学と歴史─英雄説話を中心として─」『日本史研究』三六、一九五八年
「久米歌と英雄物語」『古代歌謡論』三一書房、一九六〇年
虎尾俊哉「大化改新の国造」『芸林』四─四、一九五三年
「大化改新後国造再論」『弘前大学国史研究』六、一九五七年
直木孝次郎「物部連に関する二、三の考察」『日本書紀研究』二、一九六六年
『日本古代兵制史の研究』吉川弘文館、一九六八年
中村太一「日本古代の都鄙間交通─交易圏モデルの再検討から─」『国史学』一九一、二〇〇七年
中山　学「広島県東広島市西本6号遺跡」『日本考古学年報』四六、吉川弘文館、一九九五年
「東広島市高屋町西本6号遺跡の調査」『考古学ジャーナル』三八八、一九九五年
永山卯三郎『岡山県史』一九三一年
「古瓦より観たる吉備古文化」『吉備考古』九、一九三一年
長山源雄「伊豫出土の古瓦と當時の文化」『伊予史談』七三、一九三二年
新野直吉「大化改新後の国造」『岩手大学学芸学部研究年報』七、一九五二年
「奈良平安時代の国造」『文化』一八─一、一九五四年
「再び『大化改新後の国造』について」『岩手大学学芸学部研究年報』二二、一九五六年
「『国造田』小論」『日本歴史』一五七、一九六一年
「律令国造が大祓に馬を出すこと小考」『続日本紀研究』一五八、一九七一年
『研究史　国造』吉川弘文館、一九七四年
『謎の国造』学生社、一九七五年
西嶋定生「六～八世紀の東アジア」『岩波講座　日本歴史』古代2、岩波書店、一九六二年
「七世紀の東アジアと日本」『東アジア世界における日本古代史講座』5、学生社、一九八一年
西村真次『日本古代経済　交換篇第2冊　市場』東京堂、一九三三年
西山良平「奈良時代『山野』領有の考察」『史林』六〇─四、一九七七年
仁藤敦史「『斑鳩宮』の経済的基盤」『古代王権と都城』吉川弘文館、一九九八年

野田久男『日本の古代遺跡』9鳥取、保育社、一九八三年
原島礼二『日本古代王権の形成』校倉書房、一九七七年
原秀三郎「日本における科学的原始・古代史研究の成立と展開」『歴史科学体系1　日本原始共産制社会と国家の形成』校倉書房、一九七二年
樋口隆康『古鏡』新潮社、一九七九年
「埼玉稲荷山古墳出土鏡をめぐって」『考古学』メモワール、一九八〇年
平野邦雄『和気清麻呂』吉川弘文館、一九六四年
『大化前代社会組織の研究』吉川弘文館、一九六九年
藤岡謙二郎『国府』吉川弘文館、一九六九年
古瀬清秀「安芸」『前方後円墳集成』中国・四国編、山川出版社、一九九一年
北條秀樹「初期大宰府軍制と防人」『新版古代の日本』3九州・沖縄、角川書店、一九九一年
北郷美保「顕宗・仁賢即位伝承考」『日本古代史論考』吉川弘文館、一九八〇年
星山晋也『飛鳥・白鳳の在銘金銅仏』同朋舎、一九七九年
本位田菊士「伊予国風土記所載いわゆる『道後温泉碑』に関する一考察」『続日本紀研究』一四二、一九六八年
前島己基『日本の古代遺跡』20島根、保育社、一九八五年
前園実知雄「馬見古墳群」『探訪日本の古墳　西日本編』有斐閣、一九八一年
間壁忠彦『日本の古代遺跡』23岡山、保育社、一九八五年
「大飛嶋遺跡」『倉敷考古館研究小報』一九六四年
間壁葭子『日本の古代遺跡』23岡山、保育社、一九八五年
牧　英正「日本古代贖罪制度考」『法学雑誌』四―三・四、一九五八年
正岡睦夫『日本の古代遺跡』22愛媛、保育社、一九八五年
松下勝共「大溝出土土器の概観」兵庫県文化財調査報告第一二冊『長越遺跡』、一九七八年
「播磨の中の四国系土器」『播磨考古学論叢』精文舎、一九九〇年
松田好弘「天智朝の外交について―壬申の乱との関連をめぐって―」『立命館文学』四一五・六・七、一九八〇年

松原弘宣『日本古代水上交通史の研究』吉川弘文館、一九八五年
『古代の地方豪族』吉川弘文館、一九八八年
『熟田津と古代伊予国』創風社出版、一九九二年
『古代国家と瀬戸内海交通』吉川弘文館、二〇〇四年
「『讃岐国戸籍』断簡と物部借馬連氏」『古代の地方豪族』吉川弘文館、一九八八年
「伊予国の地方豪族」『古代の地方豪族』吉川弘文館、一九八八年
「讃岐国西部地域における地方豪族」『古代の地方豪族』吉川弘文館、一九八八年
「讃岐国東・中部の地方豪族」『古代の地方豪族』吉川弘文館、一九八八年
「豊前国の地方豪族」「豊前国の地方豪族について」『愛媛大学教養部紀要』二一、一九八八年
「令制駅家の成立過程について」『古代史論集』上巻、塙書房、一九八八年
「総領と評領」『日本歴史』四九二、一九八九年
「伊予国久米評の成立と回廊状遺構」『日本歴史』五〇四、一九九〇年
「大化前代における瀬戸内海交通―政治的交通を中心にして―」『愛媛大学教養部紀要』二三、一九九〇年
「古代国家の海上交通体系について」『続日本研究紀』二七三、一九九一年
「孝徳立評と百済の役」『愛媛大学教養部紀要』二四、一九九一年
「法隆寺と瀬戸内海交通」『愛媛大学教養部紀要』二六、一九九三年
「久米氏についての一考察」『日本書紀研究』一九、一九九四年
「松山市来住台地上における7世紀代の官衙関連遺構について」『条里制研究』一〇、一九九四年
「孝徳立評と立郡」『瀬戸内海地域における交流の展開』名著出版、一九九五年
「回廊状遺構再論」『愛媛大学法文学部論集―人文学科編』二、一九九七年
「孝徳立評について」『日本古代の国家と村落』塙書房、一九九八年
「飛鳥池遺跡と古代伊予国」『日本歴史』六一八、一九九九年
「古代伊予国の出土文字資料について」『愛媛大学法文学部論集―人文学科編』八、二〇〇〇年
「地域交易圏と水上交通―周防灘と伊予灘を中心にして―」『古代国家と瀬戸内海交通』吉川弘文館、二〇〇四年

「大化前代の瀬戸内海交通」『古代国家と瀬戸内海交通』吉川弘文館、二〇〇四年
「九世紀における対外交易とその流通」『古代国家と瀬戸内海交通』吉川弘文館、二〇〇四年
「久米官衙遺跡群の成立と展開」『続日本紀研究』三五六、二〇〇五
「日本古代の情報伝達と交通」『古代東アジアの情報伝達』汲古書院、二〇〇八年
黛　弘道「官位十二階考」『律令国家成立史の研究』吉川弘文館、一九八二年
丸山幸彦「水上交通路としての南海道支道と東大寺庄園」『古代東大寺庄園の研究』渓水社、二〇〇一年
水口昌也「伊賀・伊勢」『季刊考古学』一〇、雄山閣出版、一九八五年
水田義一「安芸国」『古代日本の交通路』Ⅲ　大明堂、一九七八年
水野　祐『日本古代王朝史論序説』小宮山書店、一九六八年
光永真一「まがねふく吉備」『えとのす』二五、一九八四年
湊　敏郎「律令的公民身分の成立過程」『姓と日本古代国家』吉川弘文館、一九八九年
三宅和朗「諸国大祓考」『古代王権と祭儀』吉川弘文館、一九九〇年
宮本長二郎『日本原始古代の住居建築』中央公論美術出版、一九九六年
村上幸雄『稼山遺跡群Ⅱ』一九八〇年
森内秀造「神戸市須磨区大田町遺跡出土『荒田郡』銘硯」『考古学雑誌』八〇―二、一九九五年
森　公章「評の成立と評造」『日本史研究』二九九、一九八七年
『古代郡司制度の研究』吉川弘文館、二〇〇〇年
八木　充「山陽と南海の渦」『古代の日本』四、角川書店、一九七〇年
「凡直国造と屯倉」『古代の地方史』2、朝倉書店、一九七七年
安田龍太郎「安芸―国分寺」『新修国分寺の研究』四　山陰道と山陽道、吉川弘文館、一九九一年
柳沢一男「福岡市比恵遺跡の官衙的建物群」『日本歴史』四六五、一九八七年
柳原多美雄「埴輪楯発見記」『伊予史談』六〇、一九二七年
「中予地方の埴輪について」『伊予史談』一九五、一九六九年
矢野健一「天下（四方）大祓の成立と公民意識」『歴史学研究』六二〇、一九九一年

山内幸子「古代地方豪族の中央進出―和気氏の場合―」『九州史学』八、一九五八年
山尾幸久「日本古代王権の成立過程について」『立命館文学』二九六〜二九八、一九七〇年
山中敏史「評・郡衙成立とその意義」『文化財論叢』同朋舎出版、一九八三年
『古代地方官衙遺跡の研究』塙書房、一九九四年
「一評制の成立過程と領域区分―評衙の構造と評支配域に関する試論―」『考古学の学際的研究』岸和田市・岸和田市教育委員会、二〇〇一年
横田健一「上代地方豪族存在形態の一考察」『史林』三三―二、一九五〇年
「大安寺の経済に関する二三の問題」『ヒストリア』一〇、一九五四年
「中臣氏と卜部」『日本書紀研究』第五冊、一九七一年
義江明子『日本古代の氏の構造』吉川弘文館、一九八六年
吉田　晶「石母田正『古代貴族の英雄時代』に関する覚え書き」『歴史科学』三一、一九七〇年
「評制の成立過程」『日本古代国家成立史論』東京大学出版会、一九七三年
『日本古代国家成立史論』東京大学出版会、一九七三年
「古代邑久地域史に関する一考察」『吉備古代史の展開』塙書房、一九九五年
「稲荷山古墳出土鉄剣銘に関する一考察」『日本古代の国家と宗教』下巻、吉川弘文館、一九八〇年
吉田　孝「律令時代の交易」『日本経済史大系』1　古代、東京大学出版会、一九六五年
『律令国家と古代の社会』岩波書店、一九八三年
吉田東伍『大日本地名辞書』冨山房、一九〇二年
吉野健志「広島県西本6号遺跡―飛鳥時代の大規模祭祀跡―」『祭祀考古』六、一九九六年
吉村武彦「八世紀律令国家の土地政策の基本的性格」『史学雑誌』八一―一〇、一九七二年
米田雄介「古代地方豪族に関する一考察」『続日本紀研究』九―一・二、一九六二年
『郡司の研究』法政大学出版会、一九七六年
「評の成立と構造」『郡司の研究』法政大学出版会、一九七六年
脇坂光彦『日本の古代遺跡』26広島、保育社、一九八六年

渡部育子『郡司制の成立』吉川弘文館、一九八九年
渡辺則文『日本塩業史研究』三一書房、一九七一年
渡辺　昇「長越遺跡における土器の搬入形態」『播磨考古学論叢』精文舎、一九九〇年

あとがき

　終章でも述べたように、本書のもととなった論文はこの二〇年間で瀬戸内海地域社会について論じたものであり、その間に、拙著『古代の地方豪族』（吉川弘文館、一九八八年）で古代四国に分布した地方豪族について論じ、『古代国家と瀬戸内海交通』（吉川弘文館、二〇〇四年）においては畿内豪族による列島支配を瀬戸内海交通の支配という政治的交通との視点で論じたところである。こうした研究の間、常に念頭においていた事柄は、律令制的地方支配の確立と孝徳立評の関係であり、大宝地方行政組織の成立の意義はいかなるものであったのかという問題であった。別な言い方をすれば、「郡評論争」は藤原宮から出土した評木簡によって一応の決着をみ、立評も孝徳朝に始まるとの見解が大方の支持をえて終了し、大宝令における郡制移行は単に行政組織を「評」と記していたのを「郡」と表記するように代えたとの理解が成立するのか、また、異なった考え方が存在しうるのかという疑問であった。というのは、もしも上述したように考えると、律令制的な地方支配成立の画期は何時に求めるべきかが必ずしも明確ではなくなるからである。全国立評であった孝徳朝の評が、それ以前の国造制とはまったく異なった新たな地方支配システムによるものとすると、正しく孝徳立評こそが地方支配確立の画期ということになり、その法的論拠であった大化の改新詔をいかに評価すべきかという問題に至るのである。つまり、『日本書紀』にみえる大化改新詔の実在を主張する論者の基本的な考えは改新の詔は到達すべき姿を示したものと理解することにあるとき、評制移行の法的論拠たる改新の原詔もあるべき地方行政組織を述べたものに過ぎないと考えるのか、あるいは原詔によりただちに編戸を単位とする五十戸（里）へ完全に移行したと考えるのかが不明瞭である。さらに、わが国の古代国家の確立が七〇一年の大宝令の制定・施行によると考えるならば、そうした大宝令における地方支配のあり方で、単に「評」字から「郡」字使用へ変更しただけと理解することも納得できないものであり、大宝令の制定・施行は地方行政制度においての画期であったと考えられ、正しく、「郡評論争」は終了していないと考えていた。

そうしたとき、筆者が居住する愛媛県松山市で七世紀代の諸遺構より構成される久米官衙遺跡群の発掘調査が進められた。七世紀後半の法隆寺式伽藍配置を有した地方寺院と考えられていた史跡来住廃寺の性格の再検討がおこなわれるようになり、発掘調査の進展により、来住廃寺を囲むと考えられていた回廊はまったく別な建物であることが明らかになった。さらには台地の北側に七世紀代の官衙遺構が分布し、同遺跡群が国造制→評制→郡制への歴史的展開を示すことが明らかになり、筆者は、その発掘調査の進展にともなって次のような論文を発表することができた。すなわち、「伊予国久米評の成立と回廊状遺構」（『日本歴史』五〇四号、一九九〇年）、「久米氏についての一考察」（『日本書紀研究』一九冊、一九九四年）、「松山市来住台地上における七世紀代の官衙関連遺構について」（『条里制研究』一〇、一九九四年）、「孝徳立評と立郡」（『瀬戸内海地域における交流の展開』名著出版、一九九五年）、「回廊状遺構再論」（『愛媛大学法文学部論集　人文学科編』第二号、一九九七年）、「孝徳立評について」（吉田晶編『日本古代の国家と村落』塙書房、一九九八年）、「久米官衙遺跡群の成立と展開」（『続日本紀研究』三五六、二〇〇五年）などであった。こうした諸論文で論じた国造制→評制→郡制への展開が本書の中心テーマとなったのである。その意味では孝徳立評の意味を論じた「孝徳立評について」も再論したかったのではあるが、瀬戸内海地域とは直接的ではなかったので採録できなかったが、参照していただければ幸いである。なお、もう一つのテーマは、古代国家成立過程において大伴・紀氏が瀬戸内海地域を権力基盤としていたとの考えを論証しようとしたことであり、この点は、法隆寺経営を媒介とすることによってある程度成功したのではないかと考えている。

ただし、瀬戸内海地域社会の研究としながらも吉備地域の検討が手薄であることは否めず、吉田晶氏の吉備の国造についての一連の見解を全面的に論ずる必要がある。また、瀬戸内海地域は畿内王権・律令国家にとっての基礎的な物資である塩と鉄の産地でもあり、なかでも鉄の問題については雑令国内条に規定される鉄や銅などの地下資源の開発と吉備支配の関連で検討する必要があると考えている。このように、瀬戸内海地域社会の解明にとって残された問題は数多いが、それらは今後の課題としたいと考える。最後に、学術書の刊行が困難な状況下で本書を古代史選書の一冊として出版されたことに感謝したい。

二〇〇八年七月

松原弘宣

索　引

〔I　項目索引〕

(A) 一般項目

あ行

か行

さ行

た行

な行

は行

ま行

や～わ行

(B) 国造名

〔Ⅱ　地名・遺跡索引〕

(A) 地名一般

あ行

か行

さ行

た行

(B) 遺跡関係

あ行

か行

さ行

た行

な行

は行

ま行

や～わ行

〔Ⅲ　氏族人名・研究者索引〕

(A) 氏族人名

あ行

か行

さ行

た行

な行

は行

(B) 研究者名

か行

さ行

た行

な行

は行

ま行

や～わ行

古代《こだい》瀬戸内《せとうち》の地域社会《ちいきしゃかい》

■著者略歴■

松原弘宣（まつばら　ひろのぶ）

1946年　岐阜県に生まれる

1975年　関西学院大学文学研究科博士課程修了

現　在　愛媛大学法文学部教授　文学博士

主要著書

『日本古代水上交通史の研究』吉川弘文館、1985年、『古代の地方豪族』吉川弘文館、1988年、『熟田津と古代伊予国』創風社出版、1992年、『藤原純友』吉川弘文館、1999年、『古代国家と瀬戸内海交通』吉川弘文館、2004年、『瀬戸内海地域における交流の展開』（編著）名著出版、1995年、『古代東アジアの情報伝達』（編著）汲古書院、2008年

2008年９月30日発行

著 者　松 原 弘 宣

発行者　山 脇 洋 亮

印 刷　亜細亜印刷㈱

発行所　東京都千代田区飯田橋 4-4-8東京中央ビル内　㈱ 同 成 社

TEL03-3239-1467　振替00140-0-20618

ISBN978-4-88621-455-3　C3321